AF523543

Kyra Sänger
Christian Sänger

Canon EOS M5

für bessere Fotos von Anfang an!

BILDNER

Verlag: BILDNER Verlag GmbH
Bahnhofstraße 8
94032 Passau
http://www.bildner-verlag.de
info@bildner-verlag.de
Tel.: + 49 851-6700
Fax: +49 851-6624

ISBN: 978-3-8328-0229-5

Covergestaltung: Christian Dadlhuber

Produktmanagement und Konzeption: Lothar Schlömer

Layout und Gestaltung: Christian Dadlhuber

Autoren: Kyra Sänger, Christian Sänger

Coverhintergrund: Kyra Sänger, Christian Sänger

Herausgeber: Christian Bildner

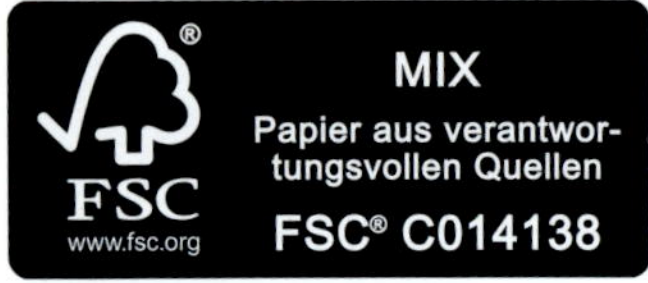

Das FSC®-Label auf einem Holz- oder Papierprodukt ist ein eindeutiger Indikator dafür, dass das Produkt aus verantwortungsvoller Waldwirtschaft stammt. Und auf seinem Weg zum Konsumenten über die gesamte Verarbeitungs- und Handelskette nicht mit nicht-zertifiziertem, also nicht kontrolliertem, Holz oder Papier vermischt wurde. Produkte mit FSC®-Label sichern die Nutzung der Wälder gemäß den sozialen, ökonomischen und ökologischen Bedürfnissen heutiger und zukünftiger Generationen.

Wichtige Hinweise

Inhaltsverzeichnis

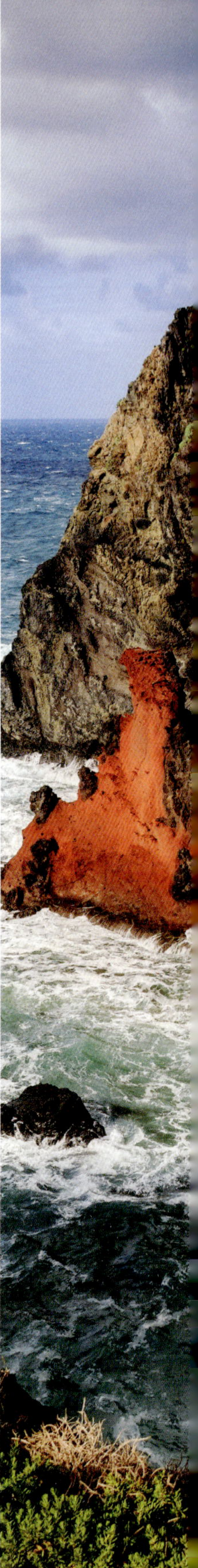

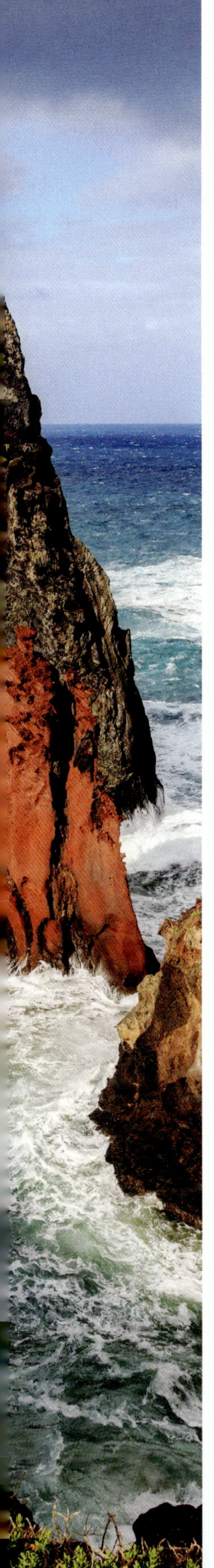

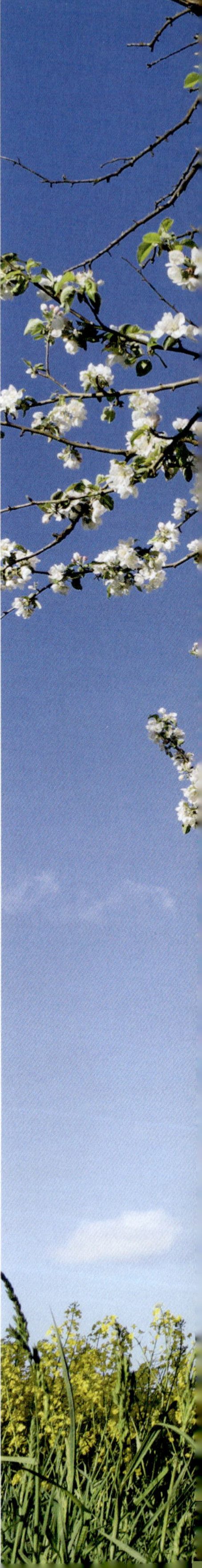

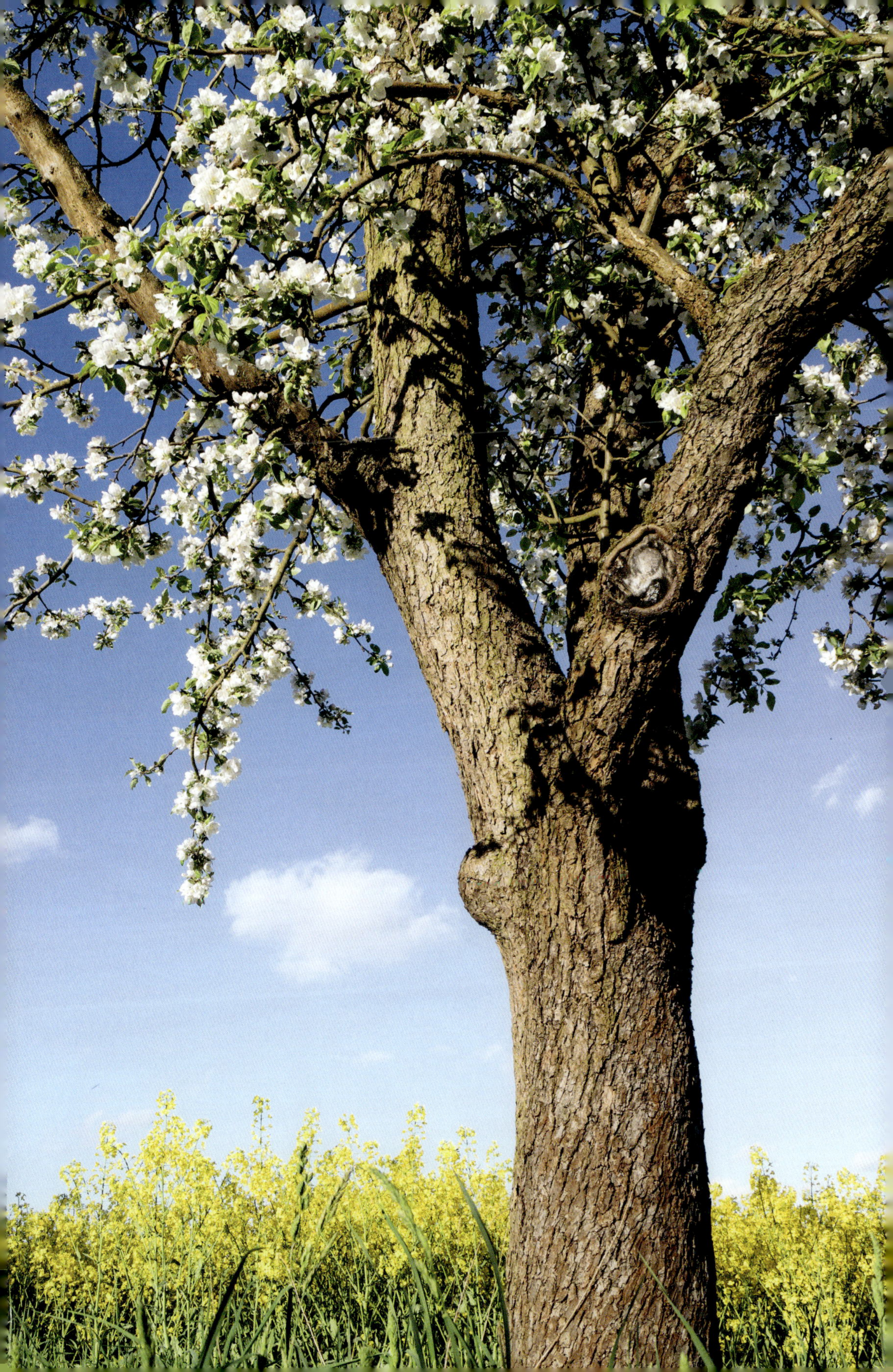

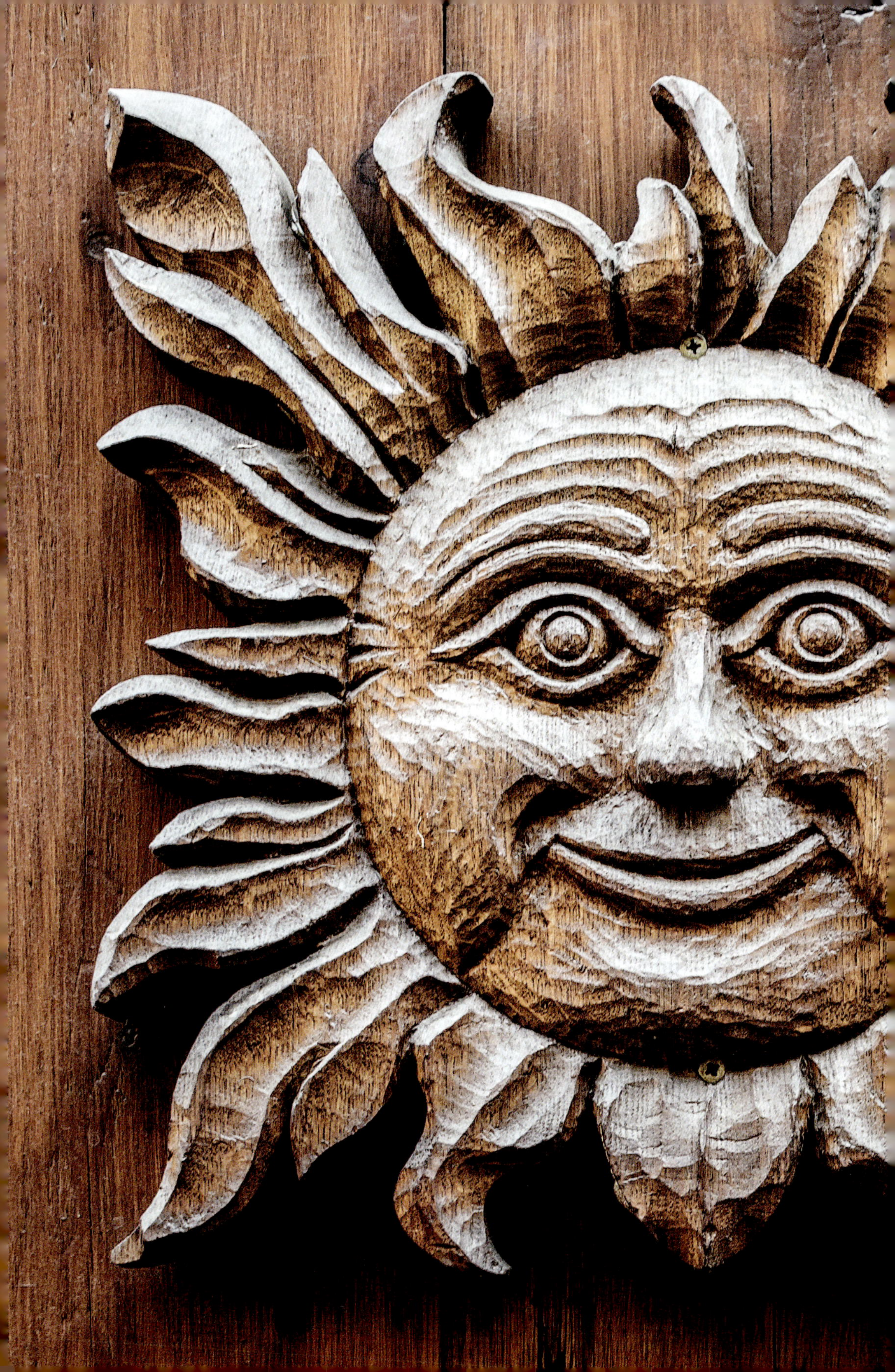

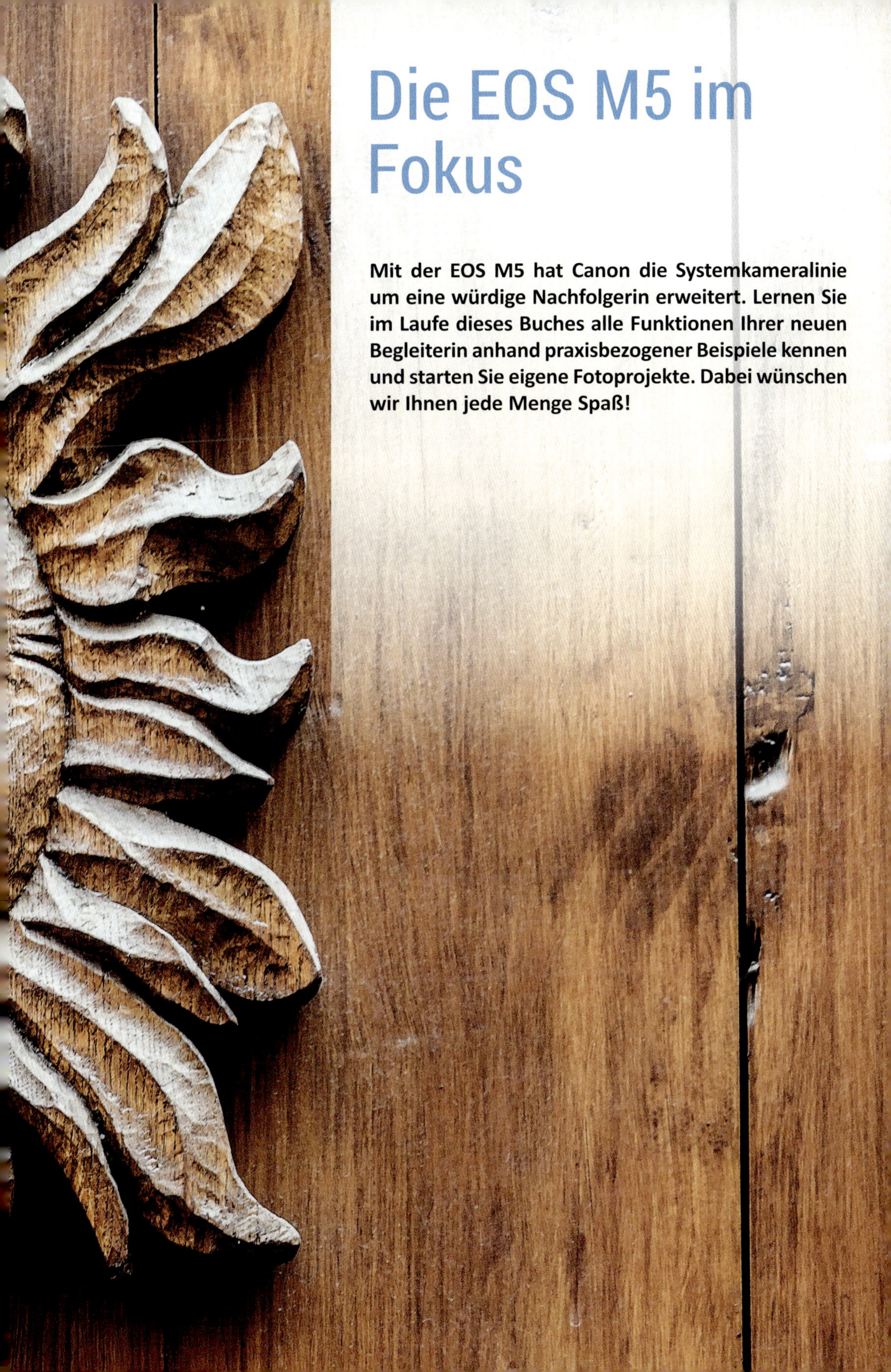

Die EOS M5 im Fokus

Mit der EOS M5 hat Canon die Systemkameralinie um eine würdige Nachfolgerin erweitert. Lernen Sie im Laufe dieses Buches alle Funktionen Ihrer neuen Begleiterin anhand praxisbezogener Beispiele kennen und starten Sie eigene Fotoprojekte. Dabei wünschen wir Ihnen jede Menge Spaß!

1.1 Die wichtigsten Features der EOS M5

Mit der EOS M5 hat Canon im Vergleich zur Vorgängerin, der EOS M3, einen deutlichen Sprung nach vorne gemacht.

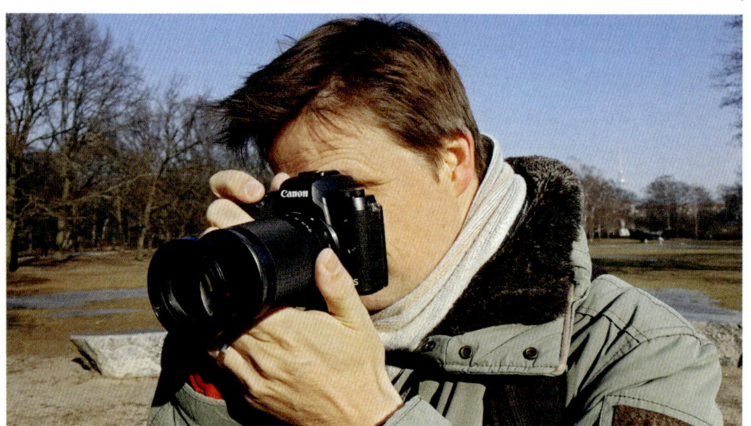

▲ *Canon EOS M5 im Einsatz.*

Das betrifft sowohl die Bedienung der Kamera als auch die Bildqualität und Autofokusleistung. Damit erweitern sich zum Beispiel die Möglichkeiten beim Fotografieren actionreicher Motive enorm und auch die Filmaufnahmen profitieren von den Verbesserungen.

In Sachen Bildaufnahme setzt die EOS M5 auf einen *CMOS-Sensor* mit 24,2 Megapixeln Auflösung und einer Größe von 22,3 × 14,9 mm (APS-C). Dank des darin eingebauten *Dual Pixel CMOS AF*-Systems stellt die Kamera über 49 AF-Felder äußerst flott scharf und kann bewegte Objekte schnell erfassen und sicher verfolgen. In Sachen Livebild-Autofokus hält die EOS M5 damit locker mit den Canon-Spiegelreflexkameras EOS 80D oder EOS 5D Mark IV mit.

Auch beim Fotografieren lässt sich die Schärfe über den *Touchscreen-Monitor* direkt an die richtige Stelle leiten, und das funktioniert dank der neuen *Touch & Drag AF-Steuerung* auch bei Sucheraufnahmen sehr gut.

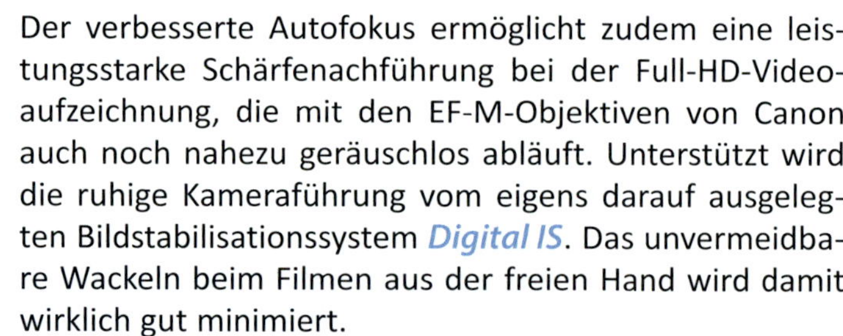

Der verbesserte Autofokus ermöglicht zudem eine leistungsstarke Schärfenachführung bei der Full-HD-Videoaufzeichnung, die mit den EF-M-Objektiven von Canon auch noch nahezu geräuschlos abläuft. Unterstützt wird die ruhige Kameraführung vom eigens darauf ausgelegten Bildstabilisationssystem *Digital IS*. Das unvermeidbare Wackeln beim Filmen aus der freien Hand wird damit wirklich gut minimiert.

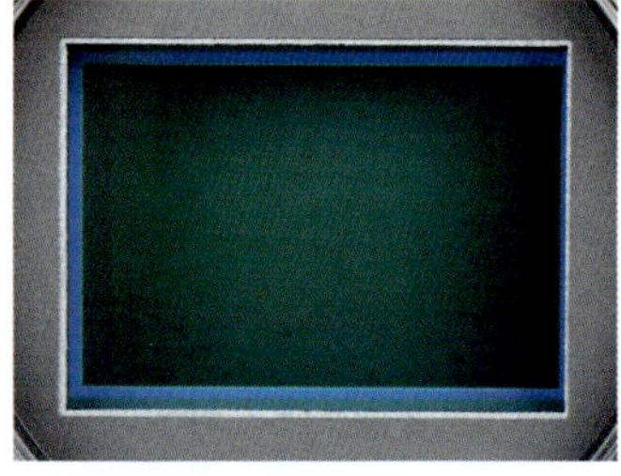

▲ *CMOS-Sensor der EOS M5 mit integriertem Dual Pixel CMOS AF, über den auf 80% der Sensorfläche scharf gestellt werden kann.*

Für die zügige Bearbeitung der Autofokusinformationen und Sensordaten sorgt der Prozessor . Er ermöglicht auch die Reihenaufnahmegeschwindigkeit von *9 Bildern/Sek.*

ohne und *7 Bildern/Sek.* mit Autofokus zwischen jedem Bild. Objektivbedingte Bildfehler (chromatische Aberration, Vignettierung, Beugungsunschärfe) werden dabei gleich mit entfernt.

Sehr gut gefällt uns zudem der eingebaute *elektronische Sucher*, der das Livebild klar und deutlich anzeigt und sich auch für die Bildkontrolle in der Wiedergabeansicht anbietet. Ein externer Sucher ist nun nicht mehr notwendig, und der Zubehörschuh bleibt für optionale Systemblitzgeräte frei.

Zusammen mit der praktischen *WLAN-* und *Bluetooth-Funktionalität*, mit der das Senden von Bildern an Smartgeräte oder die Fernsteuerung der Kamera möglich ist, und den vielen anderen Möglichkeiten, die Sie im Laufe dieses Buches kennenlernen werden, steht Ihnen die ganze Welt der Digitalfotografie offen. Also, legen Sie selbst gleich einmal los mit dem Erkunden Ihrer EOS M5.

1.2 Alle Tasten und Räder in der Übersicht

Auch wenn später im Buch auf die verschiedenen Bedienelemente im Detail eingegangen wird, kann es nicht schaden, mit einem kompakten Überblick über Ihr neu erworbenes Arbeitsgerät zu beginnen. Die folgenden Übersichten können Sie auch verwenden, falls Sie sich im Laufe dieses Buches die Positionierung einzelner Bedienelemente erneut ins Gedächtnis rufen möchten.

Die EOS M5 von schräg vorne betrachtet

Wenn Sie sich die EOS M5 von schräg vorne ohne angesetztes Objektiv anschauen, springt Ihnen sicherlich der *Auslöser* ❶ als eines der wichtigsten gleich ins Auge. Er wird zum Fokussieren bis auf den ersten Druckpunkt und für die Bildaufnahme ganz heruntergedrückt. Die Druckpunktstufen sind allerdings recht weich eingestellt, daher muss der Auslöser besonders sanft gedrückt werden, um ihn auf dem ersten Druckpunkt zu halten.

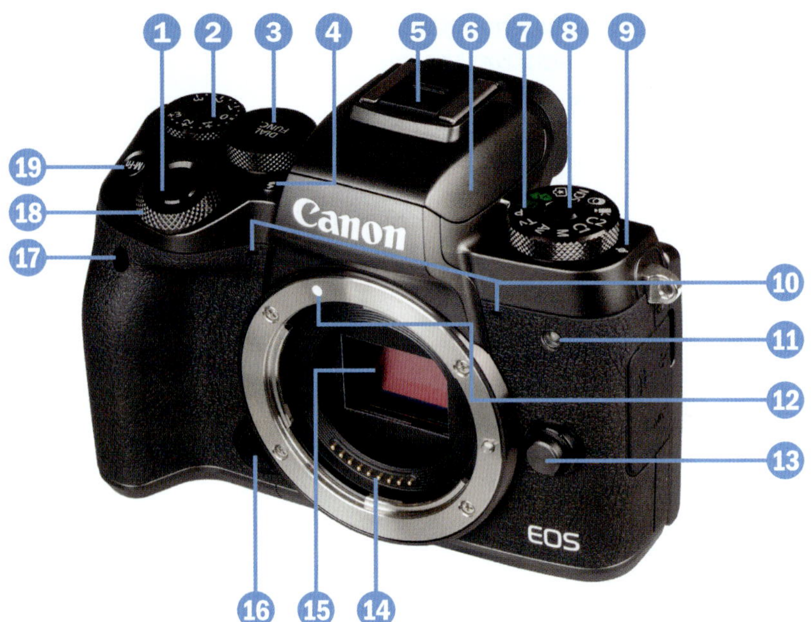

▲ *Bedienelemente auf der Vorder- und Oberseite der EOS M5.*

Etwas nach hinten versetzt, bietet die EOS M5 mit dem *Belichtungskorrekturrad* ❷ eine schnelle und intuitive Möglichkeit, die Bildhelligkeit an die Situation anzupassen. Rechts daneben befindet sich die *DIAL/FUNC.-Taste* ❸, mit der der ISO-Wert (Lichtempfindlichkeit des Sensors) oder der Weißabgleich (Farbanpassung an die vorhandene Lichtquelle) direkt aufgerufen und mit dem außen angebrachten *DIAL/FUNC.-Rad* eingestellt werden können. Im Wiedergabemodus können Sie mit diesem Wahlrad durch Drehen nach links den *Bildindex* aufrufen oder durch Drehen nach rechts den *Wiedergabezoom* starten. Mit der *Blitztaste* ❹ lässt sich der kamerainterne *Blitz* ❻ manuell aus dem Gehäuse klappen. Darüber befindet sich der *Zubehörschuh* ❺ an dem, nach Abziehen der schwarzen Schutzkappe, Systemblitzgeräte oder andere Zubehörkomponenten wie Fernauslöser oder Mikrofone angeschlossen werden. Zum Einstellen der verschiedenen Aufnahmeprogramme der EOS M5 dient das *Modus-Wahlrad* ❼. Damit sich dieses nicht versehentlich verstellt, kann es nur bei gleichzeitigem Drücken der *Sperrtaste* ❽ gedreht werden. Mit der Markierung für die *Bildebene* ❾ wird die Position des Sensors verdeutlicht. Hinter den beiden kleinen Öffnungen oberhalb der frontalen Kameraöffnung verbirgt sich das *integrierte Mikrofon* ❿, das den Ton beim Filmen in Stereo aufzeichnet. Die *Lampe* ⓫ visualisiert bei Selbstauslöser-Aufnahmen die verstreichende Vorlaufzeit, oder unterstützt als AF-Hilfslicht den Autofokus in dunkler Umgebung beim Scharfstellen. Bei Blitzaufnahmen dient die Lampe zur Verringerung roter Augen.

Im Zentrum der EOS M5 ist der silberne *Bajonettring* lokalisiert. Er trägt die *EF-M-Objektivbajonett-Markierung* ⓬, die benötigt wird, um das Objektiv an der richtigen Stelle anzusetzen und mit einer Drehung im Uhrzeigersinn an der Kamera zu befestigen. Zum Lösen des Objektivs drücken Sie die *Objektiventriegelungstaste* ⓭ und drehen das Objektiv gegen den Uhrzeigersinn. Die *elektrischen Kontakte* ⓮ am Bajonett sorgen für eine einwandfreie Kommunikation zwischen Kameragehäuse und Objektiv. Darüber sehen Sie im Innern der EOS M5 den *Sensor* ⓯. Dieser nimmt Ihre Bilder mit einer Auflösung von 24,2 Millionen Pixeln auf einer Fläche von 22,3 × 14,9 mm auf. Mit der *Touch & Drag AF-Taste* ⓰ können Sie wählen, ob sich der Fokusrahmen durch Antippen des Monitors verschieben lässt oder nicht, wobei dies nur beim Scharfstellen über den elektronischen Sucher gilt. Zum Fernauslösen der EOS M5 können Sie eine Infrarot-Fernbedienung verwenden (zum Beispiel Canon RC-6), die über den *Fernsteuerungssensor* ⓱ der EOS M5 Kontakt mit der Kamera aufnimmt. Ein weiteres wichtiges Bedienelement befindet sich um den Auslöser herum und wird als *Hauptwahlrad* ⓲ bezeichnet. Dieses werden Sie häufig benötigen, um Aufnahme- und Kameraeinstellungen auszuwählen. Mit der *M-Fn-Taste* (Multifunktionstaste) ⓳ schließen wir den Rundgang durch die frontalen und oberseitigen Bedienelemente der EOS M5 ab. Diese Taste, die standardmäßig noch mit keiner Funktion belegt ist, kann mit einer Reihe sinnvoller Funktionen verknüpft werden (siehe ab Seite 188).

Bedienelemente auf der Kamerarückseite

Von hinten betrachtet präsentiert sich die EOS M5 zwar mit zahlreichen Bedienelementen, aber dennoch gut aufgeräumt und übersichtlich. Auffällig ist der zentral über dem Monitor angeordnete Sucherkasten, der den *elektronischen Sucher* (EVF, Electronic View Finder) ❶ beherbergt. Über den rechts daneben angeordneten *Augensensor* ❷ erkennt die EOS M5, wenn Sie sich mit dem Auge dem Sensor nähern, und schaltet dann automatisch von der Monitor- auf die Sucheranzeige um. Das hilft, Akkustrom zu sparen. Um das Sucherbild auch ohne Brille detailliert zu erkennen, drehen Sie das Rad für die *Dioptrien-*

einstellung ③, das sich unterhalb des Suchers befindet, nach links oder rechts, bis Sie das Sucherbild scharf sehen.

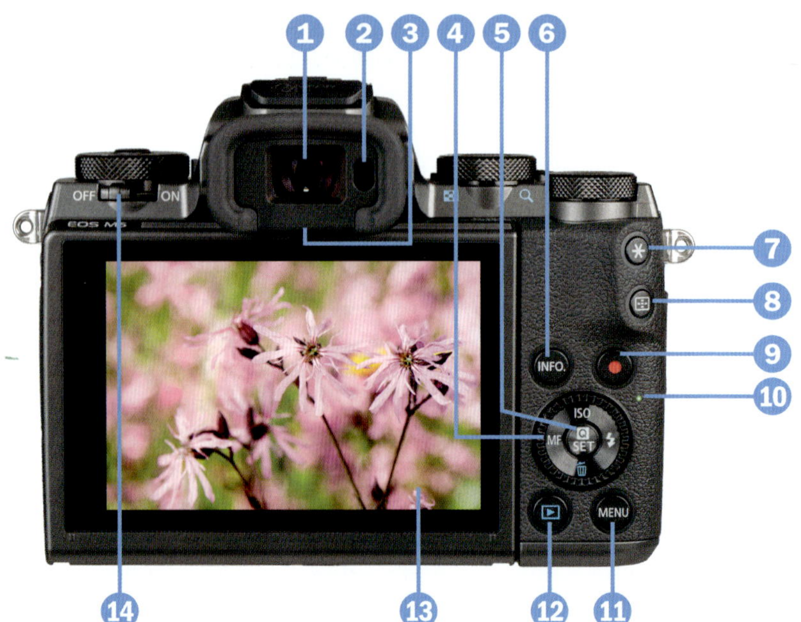

▶ *Bedienelemente auf der Rückseite der EOS M5.*

Viele Menü- und Aufnahmeeinstellungen lassen sich durch Drehen am *Einstellungs-Wahlrad* ④ anpassen. Außerdem befinden sich vier Druckpunkte auf diesem Bedienelement, die mit den folgenden Funktionen belegt sind:

- Mit der *ISO-Taste* oben lässt sich die Lichtempfindlichkeit des Sensors steuern oder im Menü nach oben ▲ navigieren.
- Die *Blitztaste* ϟ rechts dient der Steuerung des internen Blitzgeräts. Alternativ navigieren Sie mit der Taste in den Menüs nach rechts ▶.
- Um Bilder von der Speicherkarte zu entfernen, betätigen Sie die *Löschtaste* 🗑 unten, oder navigieren Sie mit der Taste in den Menüs nach unten ▼.
- Wenn Sie ein EF-M-Objektiv verwenden, können Sie mit der *MF-Taste* direkt den manuellen Fokus aktivieren. In den Menüs gelangen Sie mit dieser Taste nach links ◀.

In der Mitte des Einstellungs-Wahlrads sehen Sie die *Q/SET-Taste* ⑤. Verwenden Sie diese, um Einstellungsänderungen zu bestätigen oder das *Schnellmenü* Q aufzurufen.

Mit der *INFO.-Taste* ❻ lassen sich die unterschiedlichen Monitoranzeigen im Aufnahme- und Wiedergabemodus wählen. Die *Sterntaste* ✱ ❼ dient dem Speichern der Belichtung ohne (AE-Speicherung) und mit Blitz (FE-Speicherung). Darunter befindet sich die Taste zur *AF-Rahmenauswahl* ❽ für die Auswahl des AF-Rahmentyps. Dieser dirigiert den Autofokus an eine bestimmte Bildstelle oder kann Gesichter erkennen. Zum Starten und Stoppen einer Filmaufnahme wird die *Movie-Taste* ● ❾ benötigt. Die Kontrollleuchte ❿ springt immer dann an, wenn die EOS M5 im Ruhe- oder Eco-Modus zwar den Monitor schon ausgeschaltet hat, sich aber durch Antippen des Auslösers schnell wieder aktivieren lässt.

In das Kameramenü gelangen Sie über die *MENU-Taste* ⓫, und wenn Sie bereits aufgenommene Bilder betrachten möchten, starten Sie die Bildpräsentation mit der *Wiedergabetaste* ▶ ⓬. Zum Abschluss sei der *TFT-LCD-Farbmonitor* ⓭ mit 8 cm Bilddiagonale (3,2 Zoll) erwähnt. Er zeigt das Livebild oder die bereits aufgenommenen Bilder und Movies mit einer Auflösung von 1.620.000 Bildpunkten an und besitzt eine *Touchscreen*-Funktion. Viele Einstellungen können somit durch Antippen, Wischen oder andere Gesten mit den Fingern vorgenommen werden. Zudem lässt er sich ausklappen und um 85° nach oben oder 180° nach unten neigen. Und wenn Sie die vielen Informationen jetzt erst einmal sacken lassen möchten, schalten Sie die EOS M5 mit dem *Hauptschalter* ⓮ zwischenzeitlich einfach aus.

Suchervorteile

Durch den elektronischen Sucher sehen Sie das Livebild zu 100% bis in die Bildecken und mit einer Auflösung von 2.360.000 Bildpunkten klar und deutlich. Auch in heller Umgebung oder bei Gegenlicht lässt sich das Bild damit gut beurteilen. Auf dem Monitor stören Spiegelungen die Bildansicht hingegen häufiger. Im Sucher sind alle wichtigen Einstellungen ablesbar und Änderungen werden ebenfalls direkt angezeigt. Das Sucherbild läuft wie eine Filmaufnahme vor Ihrem Auge ab, und zwar mit einer sehr hohen Bildfrequenz von 120p (120 Bilder pro Sekunde). So haben Sie beim Bewegen der Kamera stets alle Details im Blick. Lediglich bei stärkerem Schwenken der EOS M5 in dunkler Umgebung kann das Sucherbild kurzzeitig etwas ruckeln, was sich aber schnell wieder gibt, wenn die Kamera etwas ruhiger geführt wird. Wird der Sucher fest an die Augenbraue gedrückt, lässt sich die EOS M5 stabil halten und Verwacklungen werden minimiert.

Seitenansichten und Unterseite

▲ *Die Anschlussbuchsen der EOS M5.*

An der von hinten betrachtet linken Seite besitzt die EOS M5 eine Abdeckung, hinter der sich die Anschlüsse befinden, die für das Koppeln der Kamera mit verschiedenen Zubehörkomponenten benötigt werden. Dazu gehört der *Auslösekabelanschluss* ❶, über den Fernauslöser vom Typ RS-60E3 angebracht werden können.

Über den *Digital-Anschluss* ❷ und das mitgelieferte Mikro-USB-Schnittstellenkabel IFC-600PCU lässt sich eine USB-Verbindung zu Druckern und Computern herstellen. Hinzu gesellt sich die Eingangsbuchse *MIC* ❸ zum Anschließen externer Mikrofone, die die Tonaufnahme beim Filmen entscheidend verbessern können.

Auf der von hinten betrachtet rechten Kameraseite ist die Buchse *HDMI* ❹ zu finden. Mit einem handelsüblichen Mini-HDMI-Kabel (HDMI-Stecker Typ C auf Typ A), das sich nicht im Lieferumfang befindet, können Sie Ihre Bilder und Movies auf Fernsehern oder Computern in höchster Qualität betrachten. Darunter sehen Sie die *WLAN-Taste* ❺ für den direkten Verbindungsaufbau zwischen der EOS M5 mit einem Smartphone oder Tablet-Computer.

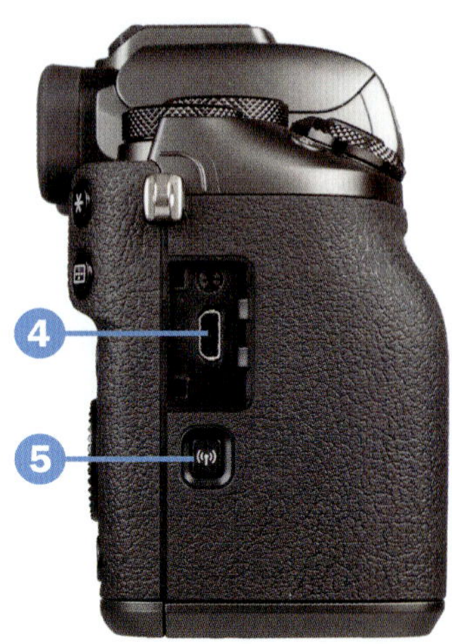

▲ *Die Anschlussbuchsen der EOS M5.*

An der Unterseite ist die sogenannte *NFC-Antenne* ❻ lokalisiert, die für den drahtlosen Verbindungsaufbau zu einem NFC-tauglichen Smartphone/Tablet-Computer verwendet werden kann. Über die *Stativbuchse* ❼ (1/8 Zoll Gewinde) können Sie die EOS M5 auf einem Stativ befestigen oder eine Stativplatte an der Kamera anbringen. Das Fach für die *Speicherkarte* und den *Akku* ❽ befindet sich daneben. Es besitzt eine kleine Klappe ❾, die benötigt wird, um das Kabel des optionalen *DC-Kupplers* DR-E17 hindurch zu leiten. Der DC-Kuppler zusammen mit dem Netzadapter CA-PS700 erlaubt das Fotografieren mit Strom aus der Steckdose.

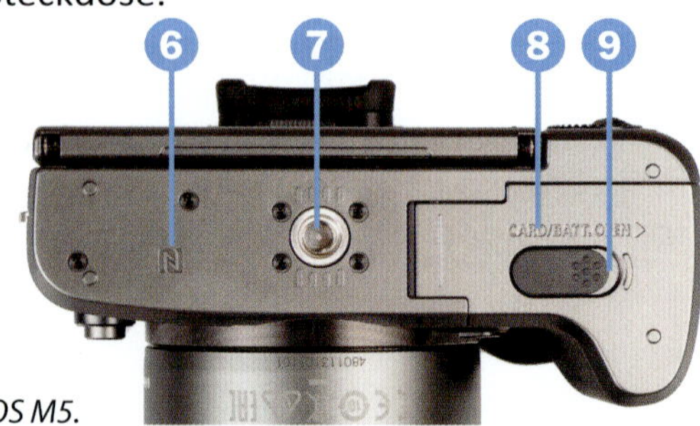

▶ *Unterseite der EOS M5.*

1.3 Startklar mit Akku und Speicherkarte

Um die Lebensgeister Ihrer neuen EOS M5 zu wecken, ist es als erstes notwendig, ihr etwas Energie zu spendieren. Dazu laden Sie gleich einmal den neuen Akku im mitgelieferten Ladegerät auf, was etwa 1,5 Stunden dauert. Die Ladelampe leuchtet grün, sobald der Akku vollgeladen ist. Am besten nehmen Sie ihn dann auch gleich wieder aus dem Ladegerät heraus, da sich ein längeres Verweilen im Ladegerät negativ auf die Haltbarkeit und Funktion des Energiespeichers auswirkt. Auch sollten Sie den Akku möglichst nicht fast (blinkt rot) oder vollständig entleeren, da sich die Lebensdauer sonst zunehmend verkürzen kann.

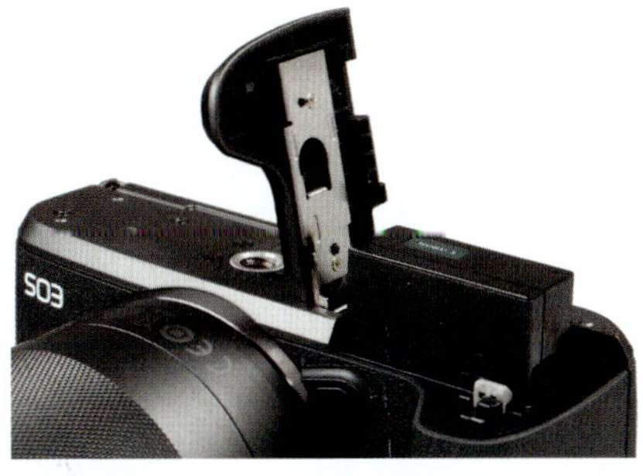

◄ In der EOS M5 werden Lithium-Ionen-Akkus vom Typ LP-E17 (7,2 V, 1040 mAh) verwendet.

Der vollgeladene spendet für circa 400 monitorbasierte bzw. 300 sucherbasierte Aufnahmen oder für etwa 90 Minuten Filmen Strom. Häufiges Fokussieren, ohne auszulösen, lange Belichtungszeiten, häufiges Blitzen und der Einsatz der WLAN-Funktionen reduziert die tatsächliche Anzahl an Aufnahmen aber teils erheblich. Nehmen Sie für intensive Fototouren am besten einen zweiten Akku mit und verwenden Sie diesen am besten immer im Wechsel mit dem ersten Akku. Um gleich zu erkennen, ob der Ersatz-Akku schon wieder aufgeladen wurde, können Sie dessen Schutzabdeckung so anbringen, dass der Pfeil ▲ zu sehen ist.

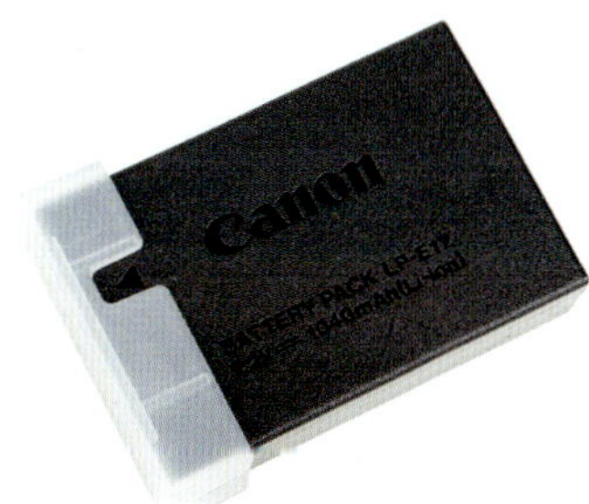

▲ Pfeilmarkierung als „Akku geladen"-Hinweis.

Fremdhersteller-Akkus

Der Original-Akku LP-E17 von Canon ist nicht gerade günstig. Dennoch sollten Sie sich gut überlegen, Akkus anderer Hersteller zu verwenden, denn es kann vorkommen, dass die EOS M5 den Akku nicht akzeptiert. Außerdem kann es bei Schäden durch den fremden Akku zu Problemen mit den Garantieansprüchen kommen.

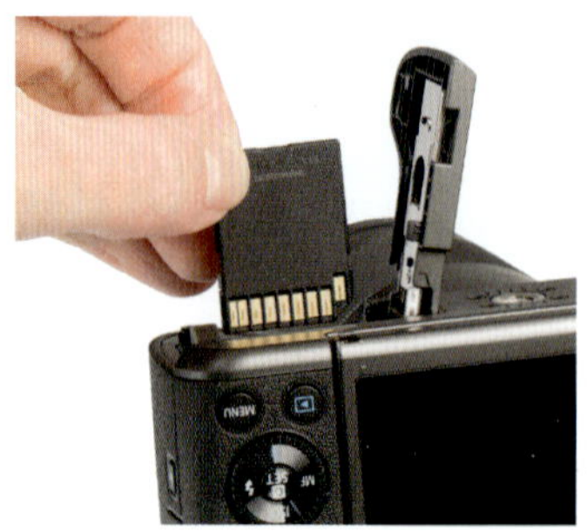

▲ *Einlegen der Speicherkarte.*

Der Slot für die Speicherkarte befindet sich hinter der Klappe an der Unterseite der Kamera direkt neben dem Akku. Schieben Sie die Karte, deren Kontakte vom Akku wegzeigen, einfach in den Schlitz, bis sie mit einem Klick einrastet. Möchten Sie die Karte wieder entnehmen, drücken Sie darauf bis es erneut klickt. Die Karte kommt Ihnen etwas entgegen und kann entnommen werden.

In der EOS M5 werden die Bilder auf sogenannten SD, SDHC oder SDXC Memory Cards gespeichert (SD = **S**ecure **D**igital, HC = **H**igh **C**apacity, XC = e**X**tended **C**apacity). Mit Modellen von SanDisk, Kingston, Lexar Media, Canon oder Toshiba sollten Sie hier in Sachen Zuverlässigkeit und Performance stets gut beraten sein.

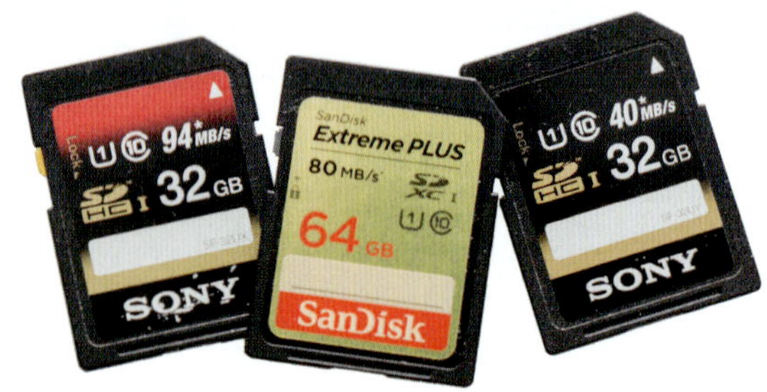

▶ *Schnelle und zuverlässige UHS-1-Speicherkarten.*

In Bezug auf die Schnelligkeit, mit der die Karten die Bilder und Movies in der Kamera sichern und anschließend auf den Computer übertragen können, empfehlen wir Ihnen für Fotoaufnahmen und Filme bis hin zum Format Full-HD eine UHS-1-Karte mit 16, 32 oder 64 GB Volumen der Geschwindigkeitsklasse U1. Sie können auch Karten der älteren Kategorie Class 10 verwenden, aber wenn Sie sich eine neue Karte zulegen, setzen Sie besser auf den moderneren UHS-Standard. Diese sind speziell auf die Übertragung großer Datenmengen ausgelegt.

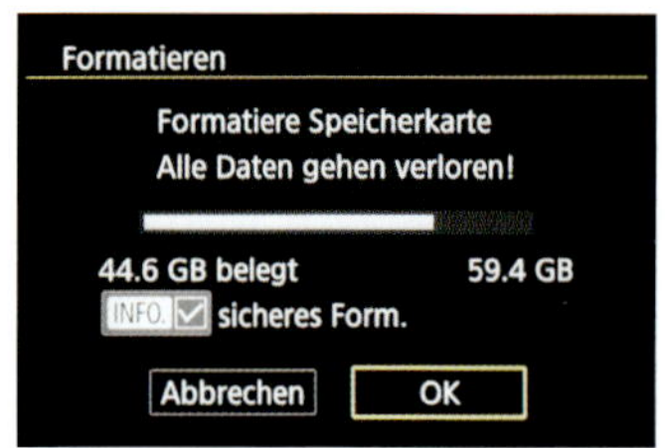

▲ *Das Formatieren der Speicherkarte ist die schnellste Methode, um alle Bilder und Movies zu löschen.*

Speicherkarten, die Sie zum ersten Mal in der EOS M5 verwenden oder die zuvor in einer anderen Kamera eingesetzt wurden, sollten vor dem Gebrauch über den Eintrag *Formatieren* im Einstellungsmenü 1 formatiert werden (wie sich das Menü der EOS M5 bedienen lässt, erfahren Sie im nächsten Abschnitt). Wenn zuvor eine Speicherkarten-Fehlermeldung auftritt oder die Karte an andere weitergegeben werden soll, aktivieren Sie mit der INFO.-Taste/-Touchfläche zudem die Option *sicheres Form.*. Dann werden alle Daten und Ordnerstrukturen vollständig gelöscht.

Bedenken Sie, dass mit dem Formatieren alle Daten verloren gehen. Sie können später nur noch mit spezieller Software ohne eine Garantie auf Vollständigkeit wieder zurückgeholt werden (z. B. Recuva, CardRecovery, Wondershare Data Recovery). Sichern Sie also vorher alle wichtigen Dateien.

1.4 Die EOS M5 situationsabhängig bedienen

Wenn Sie mit Ihrer EOS M5 unterwegs sind oder daheim ein paar Aufnahmen von der Familie machen möchten, fragen Sie sich bestimmt, welche Wege Ihnen nun offenstehen, um die Einstellungen an die jeweilige Situation anzupassen. Die EOS M5 bietet hierzu drei grundlegende Vorgehensweisen an. So können Sie die Kamera je nach der Funktion und Ihren individuellen Vorlieben bedienen. Die drei Säulen sind das *Schnellmenü* [Q], die *Direkttasten* für grundlegende Funktionen sowie das umfangreiche *Kameramenü*.

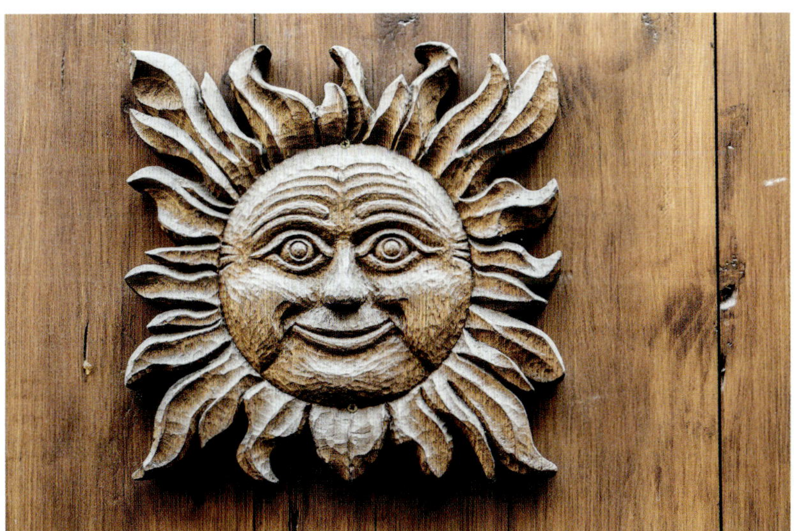

50 mm | f/5 | 1/20 Sek. | ISO 400

▲ *Für das Anpassen von Aufnahmeeinstellungen bietet die EOS M5 viele Schnelleinstellungsmöglichkeiten.*

Das Schnellmenü Q

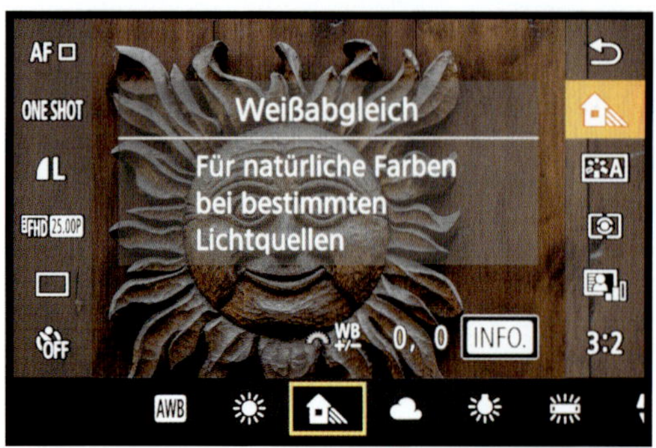

▲ *Schnelleinstellung des Weißabgleichs.*

Mit dem Schnelleinstellungsmenü, oder kürzer *Schnellmenü*, lassen sich die wichtigsten Aufnahme- und Wiedergabefunktionen direkt anpassen. Drücken Sie dazu einfach die Q/SET-Taste auf der Kamerarückseite oder tippen Sie die Touchfläche [Q] am Monitor an. Anschließend wählen Sie die gewünschte Funktion mit den Tasten ▲▼ des Einstellungs-Wahlrads aus oder durch Antippen des Monitors mit dem Finger, beispielsweise den Weißabgleich. Durch Drehen am Hauptwahlrad oder am DIAL/FUNC.-Rad oder durch Drücken der Tasten ◄► oder auch durch Antippen des Symbols am Monitor lässt sich die Einstellung flink festlegen – hier haben wir die Vorgabe Schatten gewählt. Wenn Sie die Menüzeile am Touchscreen-Monitor verschieben müssen, um die gewünschte Einstellung aufzurufen, wischen Sie mit einem Finger horizontal nach links oder rechts über die Menüzeile.

Sollten weitere Funktionseinstellungen verfügbar sein, wird die Touchfläche INFO. eingeblendet. Drücken Sie dann die INFO.-Taste oder tippen Sie die INFO.-Touchfläche an, um den jeweiligen Einstellungsbildschirm zu öffnen.

Änderungen im Schnellmenü werden automatisch übernommen, wenn Sie die Q/SET-Taste drücken, die Touchfläche ↶ antippen oder den Auslöser bis zum ersten Druckpunkt herunterdrücken.

Das INFO.-Schnellmenü

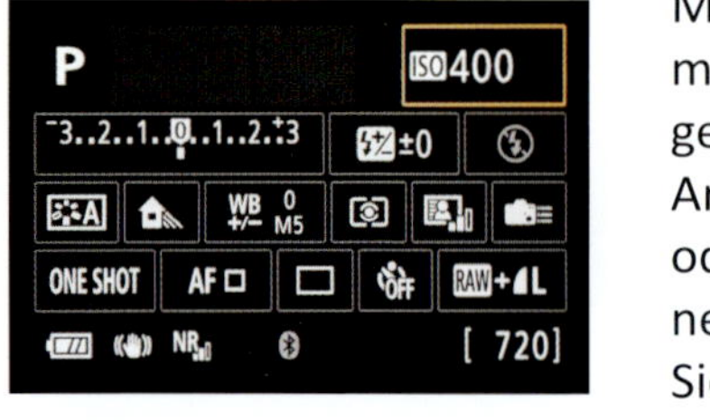

▲ *Das INFO.-Schnellmenü bietet zahlreiche Einstellungsmöglichkeiten.*

Mit der INFO.-Taste können Sie die unterschiedlichen formen des Suchers und Monitors aufrufen. Dadurch gelangen Sie zur Anzeige der Aufnahmeinformationen, zur Anzeige mit Wasserwaage, Histogramm und Gitterlinien, oder zur Anzeige des Livebilds ohne zusätzliche Informationen. Durch mehrfaches Betätigen der INFO.-Taste springen Sie also von einer Anzeigeform zur nächsten und wieder zurück auf die erste.

Wenn Sie dies in den Programmen P, Tv, Av, M, C1, C2 oder 🎥 tun, können Sie als vierte Monitoransicht das sogenannte *INFO.-Schnellmenü* aufrufen. Hier haben Sie Zugriff auf viel mehr Funktionen als im normalen Schnellmenü. Unser Tipp: Verwenden Sie das INFO.-Schnellmenü für Einstellungen am Monitor und den Sucher für die Bildaufnahme.

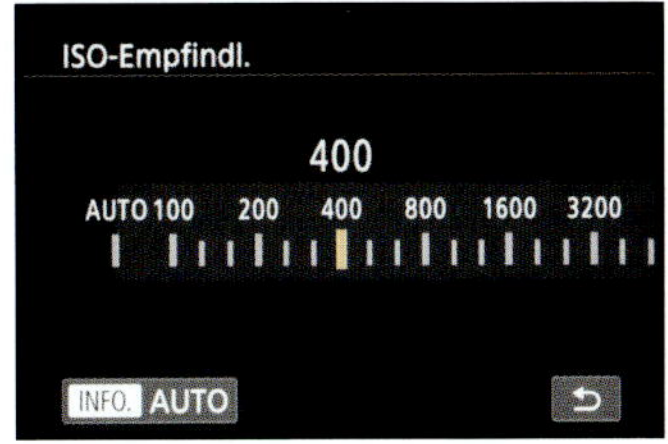

▲ *Einstellen der ISO-Empfindlichkeit im zugehörigen Funktionsmenü.*

Im INFO.-Schnellmenü lassen sich die Funktionen flink mit den Tasten ▲ ▼ ◀ ▶ aufrufen und mit dem Hauptwahlrad oder dem Einstellungs-Wahlrad ändern. Möglich ist aber auch, das jeweils zugehörige Menü mit der Q/SET-Taste oder durch Antippen aufzurufen und die Einstellung darin vorzunehmen. Wird der Auslöser angetippt, sehen Sie wieder das INFO.-Schnellmenü. Die Einstellung wurde direkt übernommen.

Direkteinstellungstasten

Für einige besonders häufig verwendete Funktionen hat Canon der EOS M5 ein paar Tasten für den Direktzugriff spendiert. Möchten Sie zum Beispiel die Lichtempfindlichkeit des Sensors verändern, drücken Sie einfach die *ISO-Taste* auf der Kamerarückseite. Wählen Sie den Wert anschließend gleich mit dem Einstellungs-Wahlrad oder dem DIAL/FUNC.-Rad aus oder tippen Sie mit dem Finger auf die gewünschte Einstellung. Um seitlich zu navigieren, ziehen Sie den Finger in horizontaler Richtung über die Menüzeile.

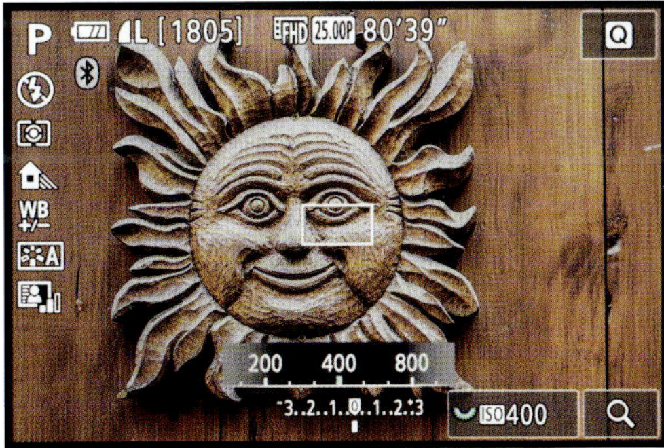

▲ *Ändern der ISO-Empfindlichkeit über die ISO-Taste.*

Neben der ISO-Taste stellt die EOS M5 noch die folgenden Direkttasten zur Verfügung: die *Blitztaste* ϟ zur Auswahl des Blitzmodus, die *Löschtaste* 🗑 zum Entfernen von Bildern und Movies, die *MF-Taste* zum Umschalten auf die manuelle Scharfstellung, die *AF-Rahmenauswahltaste* zum Verschieben des Fokusrahmens, die *Sterntaste* ✱ für die Belichtungsspeicherung, die *M-Fn-Taste* (belegbar mit verschiedenen Funktionen aus einer Auswahlliste, siehe Seite 188), die *Wiedergabetaste* ▶ und die *Movie-Taste* ● zum Starten und Stoppen von Filmaufnahmen. Hinzu kommt die neue *DIAL/FUNC.-Taste*, die mit zwei Funktionen belegt ist, dem Weißabgleich und der ISO-Empfindlichkeit. Drücken Sie die Taste ein- oder zweimal hintereinander, um die gewünschte Funktion aufzurufen, und passen Sie den Wert anschließend durch Drehen am *DIAL/FUNC.-Rad* an.

Einstellungen im Kameramenü

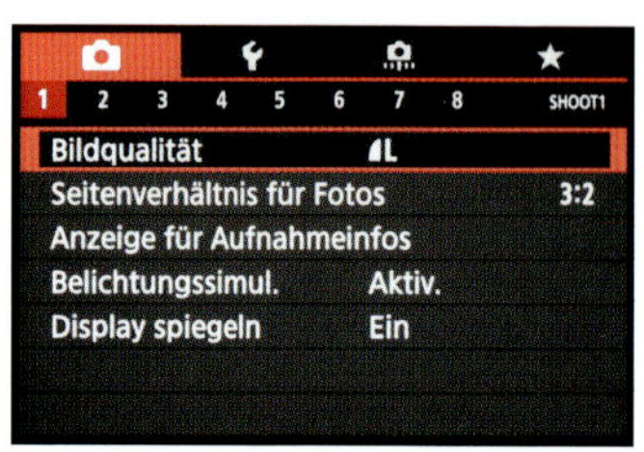

▲ *Aufnahmemenü mit dem ausgewählten Menüelement für die Bildqualität.*

Das Kameramenü ist die Steuerzentrale Ihrer EOS M5. Hier können Sie sowohl allgemeine Einstellungen verändern als auch Aufnahmeeinstellungen anpassen. Drücken Sie dazu die MENU-Taste.

Das Menü präsentiert Ihnen ganz oben die *primären Registerkarten* mit den Symbolen , , , ★ im Aufnahmemodus und , im Wiedergabemodus. Darunter werden die *sekundären Registerkarten* mit fortlaufender Nummerierung nebeneinander aufgelistet. Die eigentlichen *Menüelemente* befinden sich darunter mit der aktuell gewählten *Einstellung*, die sich rechts ablesen lässt.

Mit der M-Fn-Taste oder durch Antippen können Sie flink von einer primären Registerkarte zur nächsten springen. Zum Navigieren auf der Ebene der sekundären Registerkarten verwenden Sie das Hauptwahlrad oder die Tasten ◀ ▶ oder tippen die gewünschte Zahl an. Die Menüelemente können Sie per Einstellungs-Wahlrad oder DIAL/FUNC.-Rad markieren. Zum Öffnen eines Menüelements drücken Sie die Q/SET-Taste oder tippen das Menüelement mit dem Finger an.

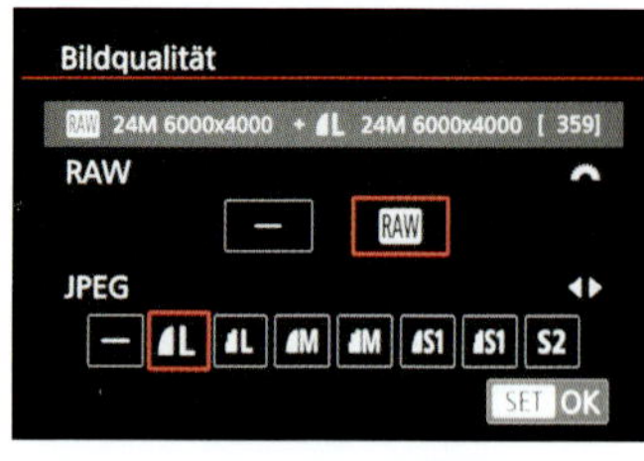

▲ *Menüeinstellung ändern.*

Im Menübildschirm werden die benötigten Bedienelemente praktischer Weise eingeblendet, hier das Hauptwahlrad für die RAW-Einstellung und die Tasten ◀ ▶ für die JPEG-Qualität. Wenn Sie eine Einstellung geändert haben, bestätigen Sie die Auswahl mit der Q/SET-Taste oder durch Antippen der Touchfläche **SET**, damit sie übernommen wird. Natürlich können Sie die Aktion auch unverrichteter Dinge abbrechen, indem Sie die MENU-Taste betätigen. Mit dieser Taste können Sie im Menü auch schrittweise rückwärts navigieren. Um das Menü schließlich ganz zu verlassen, tippen Sie einfach kurz den Auslöser bis zum ersten Druckpunkt an.

Das Menü gliedert sich in die folgenden Teilbereiche. Welche davon angezeigt werden, hängt vom gewählten Kameraprogramm ab:

- Das *Aufnahmemenü* enthält alle Funktionen, die für die Aufnahme von Bildern und Movies benötigt werden.
- Das *Wiedergabemenü* bietet Funktionen für die Bildbetrachtung, die Bewertung und zum Schützen und Löschen von Bildern und Movies.
- Im *Einstellungsmenü* sind alle Funktionen für grundlegende Kameraeinstellungen aufgelistet.
- Mit den *Individualfunktionen* können Sie einige Kamerafunktionen anpassen und eigene Aufnahmeprogramme speichern.
- Im *My Menu* ★ können bis zu fünf Registerkarten angelegt und darin jeweils sechs Funktionen gespeichert werden, um schnell darauf zugreifen zu können (siehe ab Seite 190).

Durch die Fülle der Funktionen erscheint das Menü anfangs sicherlich noch etwas unübersichtlich, aber Sie werden sich bestimmt schnell an die Struktur gewöhnen und die für Sie essenziellen Elemente dann ganz intuitiv ansteuern.

Den Touchscreen verwenden

Den Touchscreen der EOS M5 können Sie prinzipiell auf allen Einstellungsebenen und in allen Menüs nutzen, und selbst der Autofokus kann damit flink an die gewünschte Position gelegt werden. In manchen Fällen ist eine Touch-Bedienung allerdings nicht möglich, etwa im Fall der Belichtungszeit und Blende. Die entsprechende Monitorfläche besitzt dann keine helle Umrahmung. Sollte Ihre EOS M5 auf keinerlei Touch-Steuerung reagieren, navigieren Sie zum Einstellungsmenü 3 und schauen Sie nach, ob bei *Touch-Bedien.* der Eintrag *Standard* gewählt ist. Wenn Ihnen die Reaktion der Touch-Steuerung zu unsensibel vorkommt, weil Sie zum Beispiel sehr trockene Finger haben, können Sie auch die Vorgabe *Empfindlich* wählen, dann sollte es noch besser gehen.

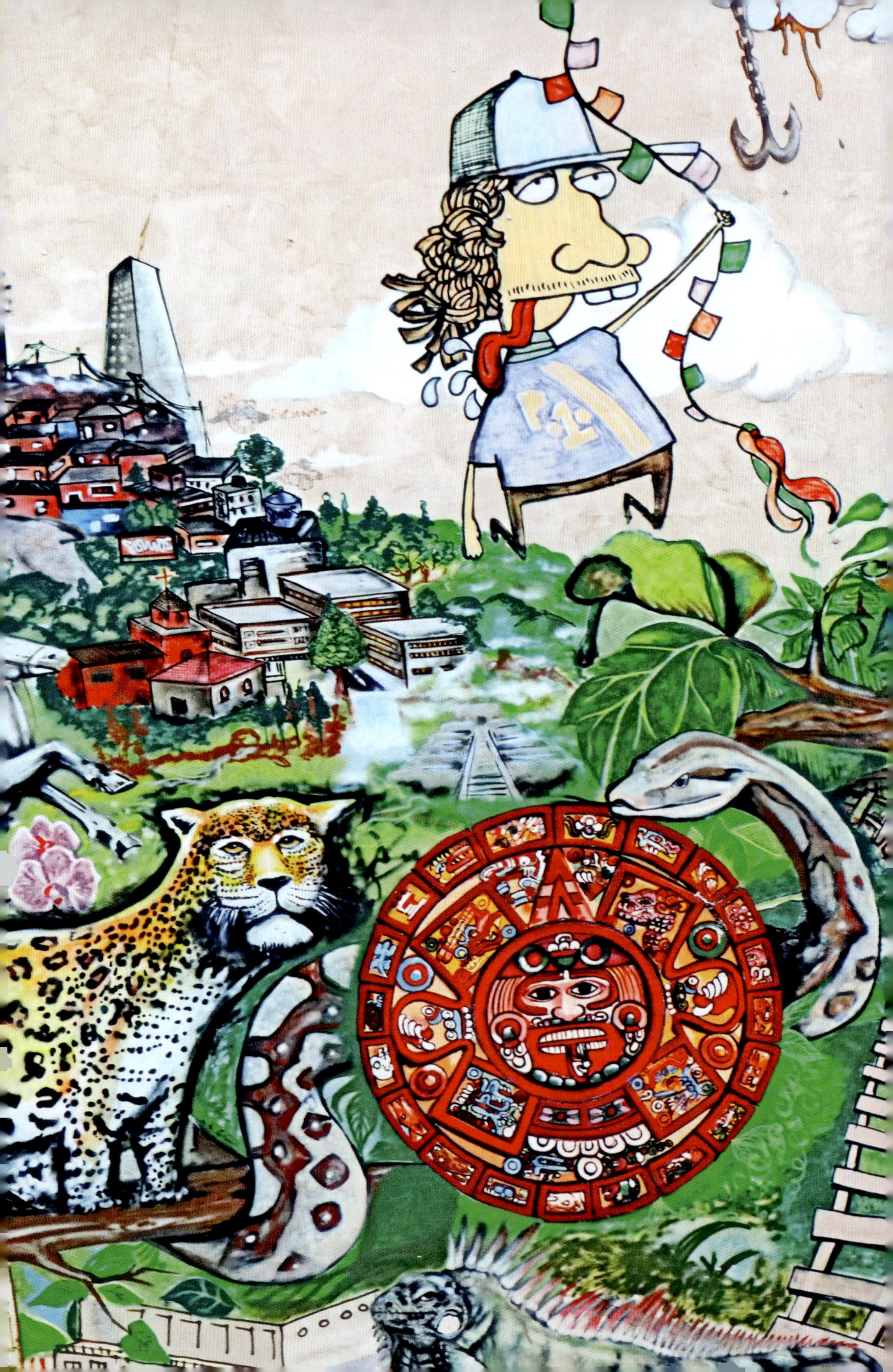

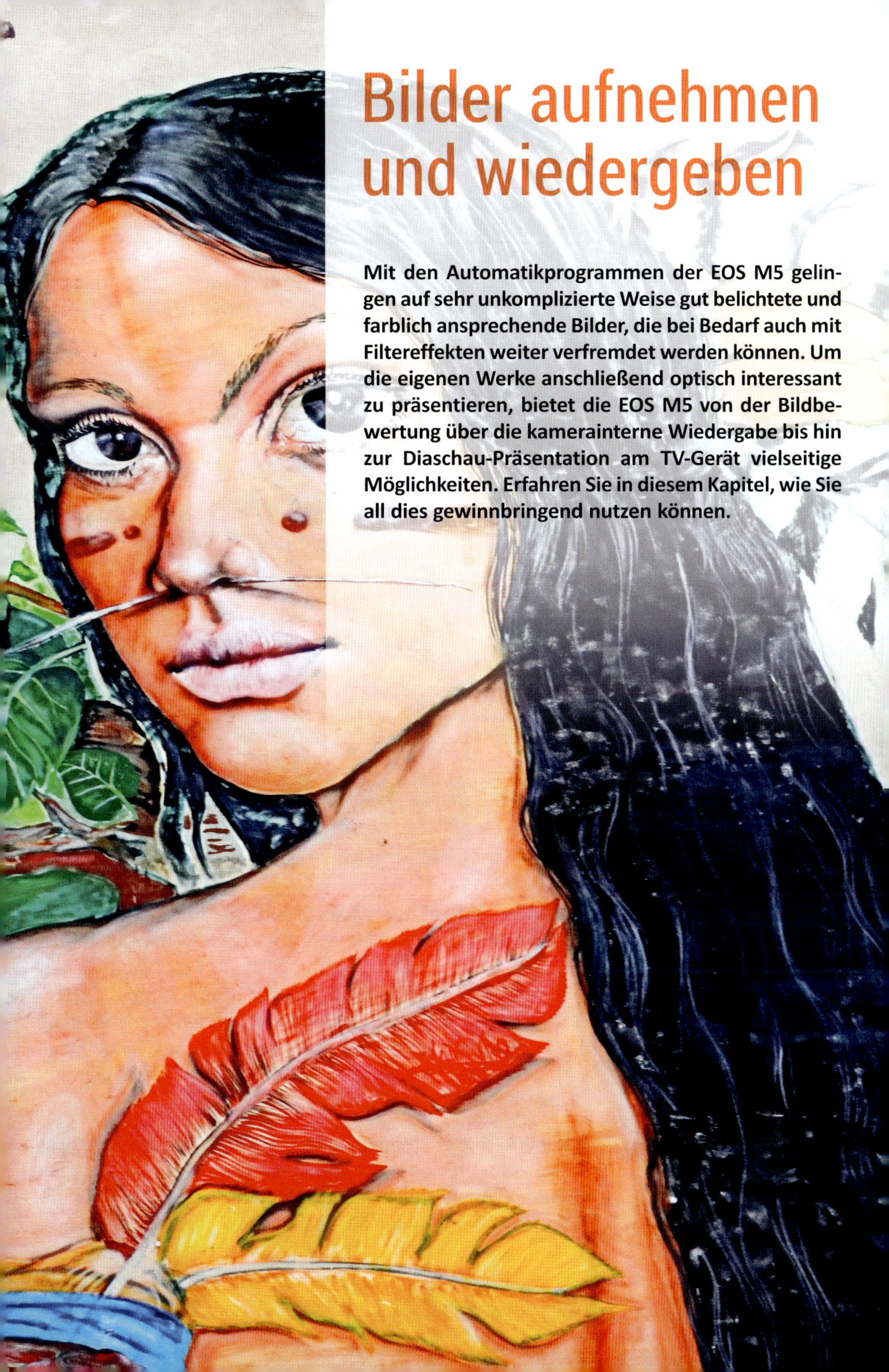

Bilder aufnehmen und wiedergeben

Mit den Automatikprogrammen der EOS M5 gelingen auf sehr unkomplizierte Weise gut belichtete und farblich ansprechende Bilder, die bei Bedarf auch mit Filtereffekten weiter verfremdet werden können. Um die eigenen Werke anschließend optisch interessant zu präsentieren, bietet die EOS M5 von der Bildbewertung über die kamerainterne Wiedergabe bis hin zur Diaschau-Präsentation am TV-Gerät vielseitige Möglichkeiten. Erfahren Sie in diesem Kapitel, wie Sie all dies gewinnbringend nutzen können.

2.1 Wissenswertes über die Bildqualität

Bevor es mit dem Fotografieren so richtig losgeht, ist es sinnvoll, einen kurzen Blick auf die verfügbaren Bildqualitäten und Bildgrößen der EOS M5 zu werfen. Dazu zählen die JPEG-Bildgrößen Large (Groß) *L*, Medium (Mittelgroß) *M* und Small (Klein) *S1* und *S2*, sowie das Rohdatenformat *RAW*.

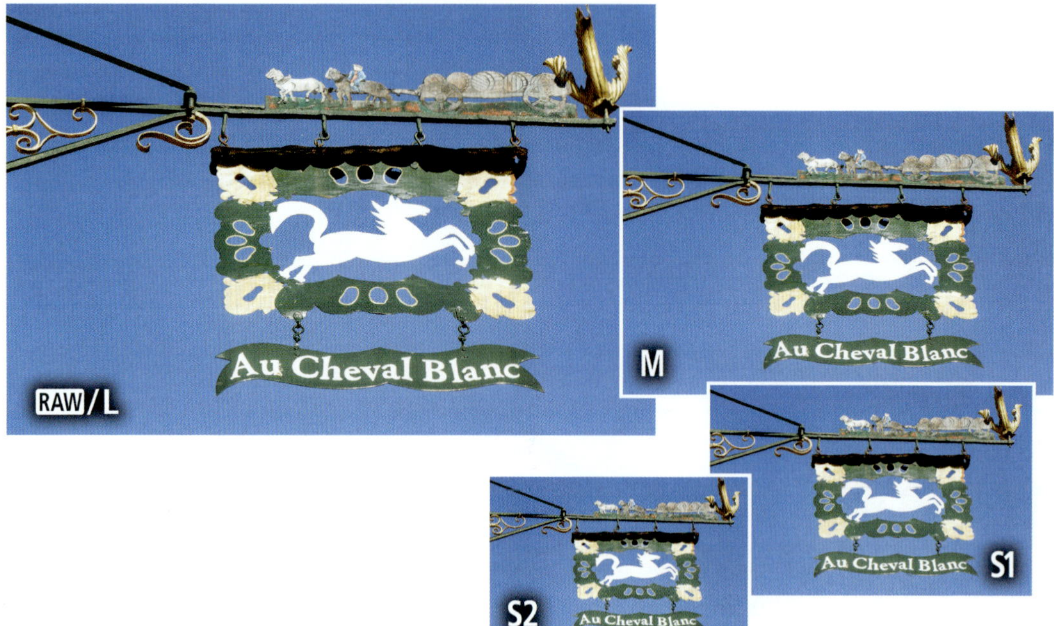

▲ *Die vier Bildgrößen der EOS M5 im Seitenverhältnis 3:2.*

Zudem gibt es die Möglichkeit, die JPEG-Bilder unterschiedlich komprimiert abzuspeichern. Dabei liefert die Einstellung ***Fein*** die bestmögliche Auflösung und Schärfe und somit die höchste Qualität. Die Kompressionsstufe ***Normal*** produziert kleinere Dateien mit etwa halb so großem Speichervolumen, was sich bei nachträglich nicht weiter bearbeiteten Bildern optisch kaum bemerkbar macht.

Um bei dieser umfangreichen Auswahl nicht die Übersicht zu verlieren, haben wir Ihnen die verschiedenen Formate einmal übersichtlich in der folgenden Tabelle zusammengefasst. Darin finden Sie auch die jeweilige Anzahl an Aufnahmen, die auf eine Speicherkarte mit einer Größe von 32 GB passen würden.

Bildgröße	Pixelmaße	Bilder auf 32-GByte-Karte		Druckbare Größe (Auflösung 300 dpi)
		Fein	Normal	
RAW	6000 × 4000	ca. 986		50,8 × 33,9 cm (bis DIN A2, großes Poster)
RAW + L	6000 × 4000	ca. 720	ca. 772	50,8 × 33,9 cm (bis DIN A2, großes Poster)
L	6000 × 4000	ca. 3674	ca. 5492	50,8 × 33,9 cm (bis DIN A2, großes Poster)
M	3984 × 2656	ca. 6196	ca. 9295	33,7 × 22,5 cm (bis DIN A3, Poster)
S1	2976 × 1984	ca. 9385	ca. 13312	25,2 × 16,8 cm (bis DIN A4, kleines Poster)
S2	2400 × 1600	ca. 16196		20,3 × 13,6 cm (bis DIN A5, Internet, digitale Fotorahmen)

▲ *JPEG- und RAW-Formate im Seitenverhältnis 2:3. Bei der Wahl eines anderen Seitenverhältnisses kann sich die Anzahl möglicher Bilder etwas ändern.*

Die verfügbaren Dateigrößen finden Sie im Aufnahmemenü 1 bei *Bildqualität*, im INFO.-Schnellmenü oder im Schnellmenü Q. Wählen Sie einfach die gewünschten Qualitäten aus, dabei können Sie alle JPEG-Formate (Einstellungs-Wahlrad, Tasten ◀ ▶) mit dem RAW-Format (Hauptwahlrad) kombinieren, oder auch nur auf JPEG oder nur auf RAW setzen.

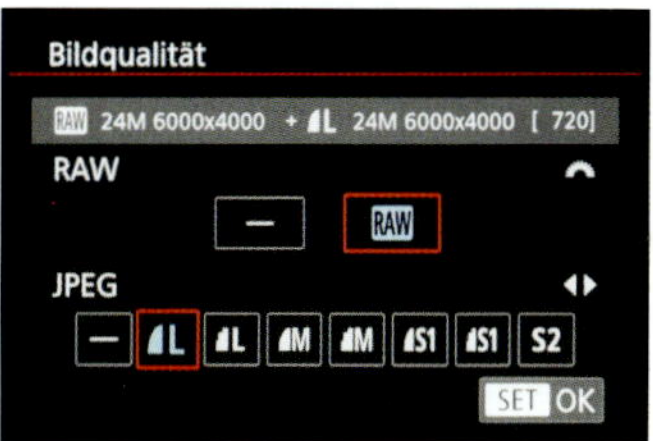

▲ *Auswahl der Kombination RAW plus JPEG L-fein. Die Pixelmaße und die möglichen Aufnahmen in der Klammer werden stets mit angegeben.*

JPEG liefert optimale Bildresultate, wenn die Lichtverhältnisse ausgewogen sind und die Kontraste nicht zu hart erscheinen. Bei kontrastreicheren Motiven oder Aufnahmen bei Gegenlicht können in JPEG-Fotos jedoch überstrahlte Bereiche mit weißen Flecken auftauchen, die sich nachträglich nicht mehr retten lassen.

Das RAW-Format CR2 (**C**anon **R**AW) besitzt mehr Reserven. Die Bilder lassen sich damit nicht nur umfassender optimieren, auch kann die Wirkung selbst im Vergleich zu gut belichteten JPEG-Fotos noch weiter übertroffen werden. Allerdings lassen sich Über- oder Unterbelichtungen von mehr als zwei ganzen Stufen auch bei RAW nicht mehr perfekt retten. Und weil die RAW-Dateien größer sind, schafft die EOS M5 auch nur bis zu 17 Reihenaufnahmen mit höchster Geschwindigkeit. Dennoch können wir Ihnen das RAW-Format wärmstens empfehlen.

RAW nicht verfügbar

In einigen Aufnahmeprogrammen der EOS M5 steht das RAW-Format nicht zur Verfügung: Hybrid Auto, Kreativassistent, Selbstporträt, Landschaft, Nahaufnahme, Speisen, Schwenken, Nachtaufnahmen o. Stativ, HDR-Gegenlicht und bei allen Kreativfiltern.

Das Seitenverhältnis ändern

Neben den unterschiedlichen Bildgrößen stellt Ihnen die EOS M5 auch zur Wahl, in welchem Seitenverhältnis das Foto aufgezeichnet werden soll. So können Sie das klassische Bildformat 3:2 beispielsweise in das Kompaktkameraformat 4:3, in ein quadratisches Bild im Format 1:1 oder ins Breitbildformat 16:9 umwandeln. Letzteres kann auf Flachbildfernsehern formatfüllend wiedergegeben werden.

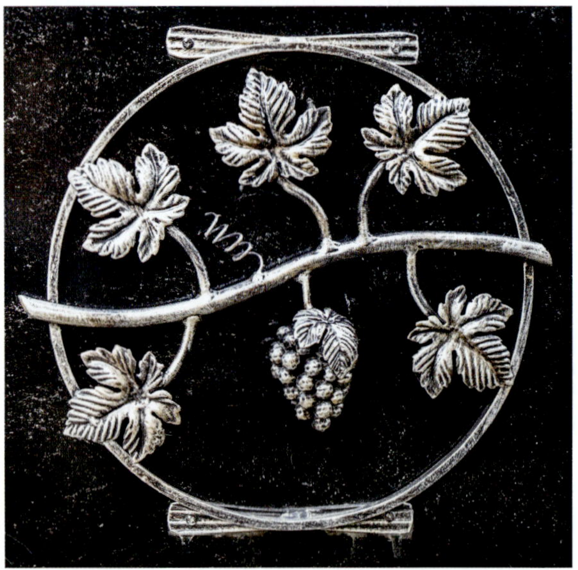

50 mm | f/5 | 1/30 Sek. | ISO 1600

▶ *Ornament an einem Metalltor, aufgenommen im Seitenverhältnis 1:1.*

Andere Seitenverhältnisse als das native 3:2-Format können Sie in fast allen Aufnahmeprogrammen nutzen, außer im Modus Hybrid Auto und bei Movie-Aufnahmen. Den entsprechenden Menüeintrag finden Sie im Aufnahmemenü 1 bei ***Seitenverhältnis für Fotos***. Der geänderte Bildausschnitt wird im Sucher durch dicke Linien und bei Livebild-Aufnahmen anhand schwarzer Bildränder verdeutlicht. Bei JPEG-Fotos sind die beschnittenen Ränder aber für immer verloren. Im Fall von RAW-Aufnahmen werden die Seitenverhältnisinformationen verlustfrei gespeichert. In der Wiedergabe sehen Sie daher das 3:2-Bild mit blauen Linien, die den Seitenverhältnisausschnitt andeuten. Später bei der Konvertierung der Datei mit der Canon-Software Digital Photo Professional können Sie das Bild dann mit dem gewählten Seitenverhältnis entwickeln. Aber auch mit anderen Konvertern lässt sich ein beschnittenes RAW-Bild nachträglich erzeugen.

2.2 Sofort starten mit der Automatischen Motiverkennung

Wenn Sie gleich mit dem Fotografieren loslegen möchten, sich aber mit den verschiedenen Aufnahmeprogrammen noch nicht auseinandergesetzt haben, ist die *Automatische Motiverkennung* der EOS M5 bestens geeignet. Drehen Sie das Modus-Wahlrad auf der Kameraoberseite dazu auf A+.

50 mm | f/5,6 | 1/80 Sek. | ISO 125

▼ *Spontan fotografierte Nahansicht farbenfroh gestalteter Tischsets.*

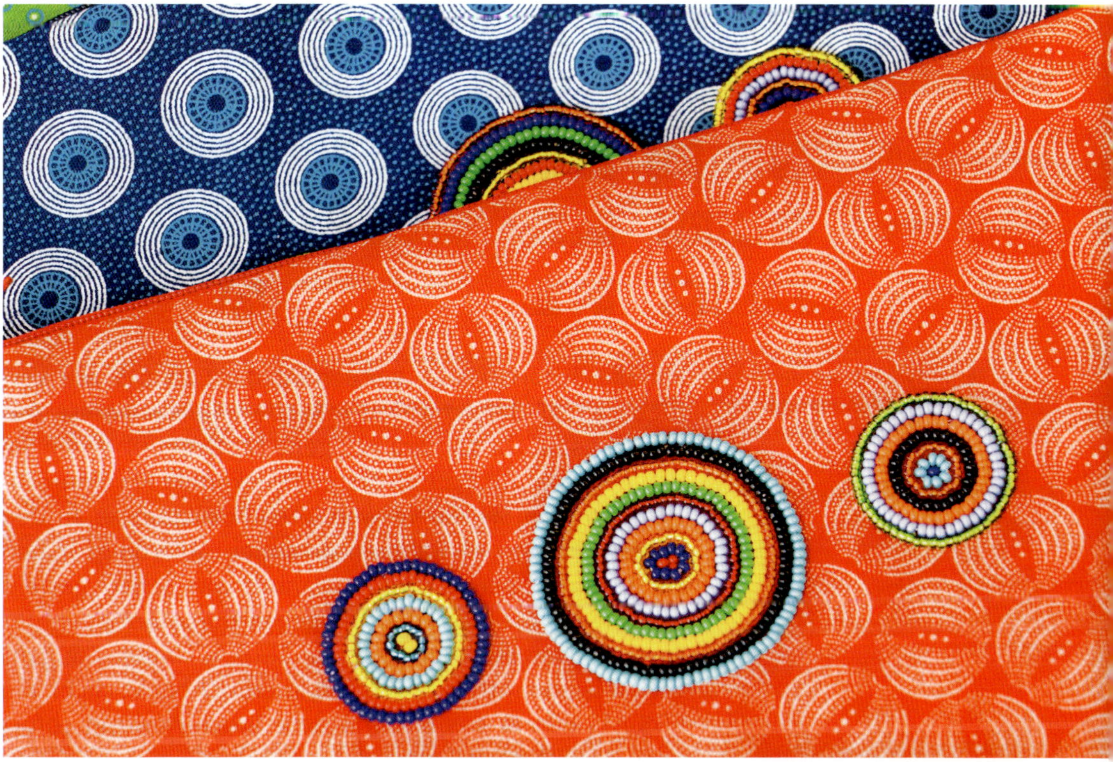

Alle wichtigen Belichtungseinstellungen und die Farben werden automatisch an die jeweilige Situation angepasst. Auf diese Weise werden Aufnahmen im Freien bis hin zu Sonnenuntergängen farbintensiver präsentiert als beispielsweise Innenaufnahmen bei künstlicher Beleuchtung.

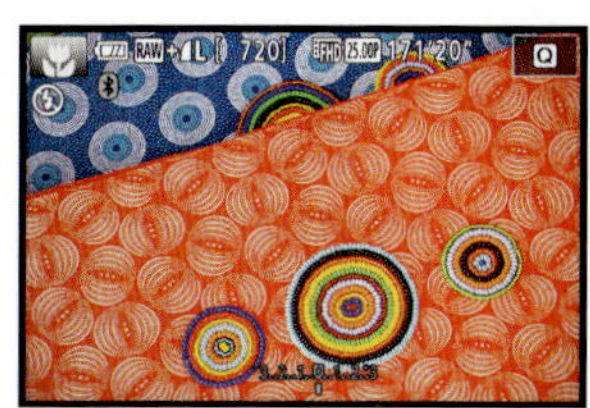

▲ *Automatische Motiverkennung mit dem Szenensymbol für Nahaufnahmen in heller Umgebung oben links.*

Welchen Szenetyp die EOS M5 erkannt hat, können Sie am Symbol oben links im Monitor oder Sucher ablesen. Hierbei verdeutlicht die Hintergrundfarbe, ob sich das Motiv vor blauem Himmel ( ), einem anders gearteten hellen Hintergrund ( ) oder vor einem dunklen Hintergrund ( ) befindet. Sollte die EOS M5 die Szene nicht richtig interpretieren, können die Farben und Helligkeit des Bildes falsch dargestellt werden. Wechseln Sie dann besser in den Modus P. Dieser funktioniert im Prinzip genauso wie die Automatische Motiverkennung, besitzt aber die Szeneneinstellung nicht.

	Normales Licht	Gegenlicht	Sonnenuntergang	Spotlicht	Dunkel, mit Stativ
Person					
Person in Bewegung					
Landschaft, Objekte					
Objekte in Bewegung					
Nahaufnahme					

▲ *Die Motiv-Symbole werden abhängig von der Aufnahmesituation eingeblendet, wobei die Symbole für Menschen nur bei eingeschalteter Gesichtserkennung angezeigt werden.*

Für die Scharfstellung verwendet die EOS M5 alle verfügbaren AF-Bereiche und fokussiert üblicherweise das am nächsten zur Kamera gelegene Motivdetail. Wenn Sie den Auslöser nur bis zum ersten Druckpunkt herunterdrücken, können Sie die verwendeten Fokuspunkte an den eingeblendeten AF-Rahmen erkennen. Allerdings haben Sie so kaum einen Einfluss darauf, was scharf gestellt wird. Wenn Sie den Fokus hingegen durch Antippen der gewünschten Stelle am Monitor setzen, können Sie ganz gezielt bestimmte Bereiche fokussieren. Aber Vorsicht, die EOS M5 nimmt das Bild mit dem Touch-Auslöser sofort nach der Scharfstellung auf.

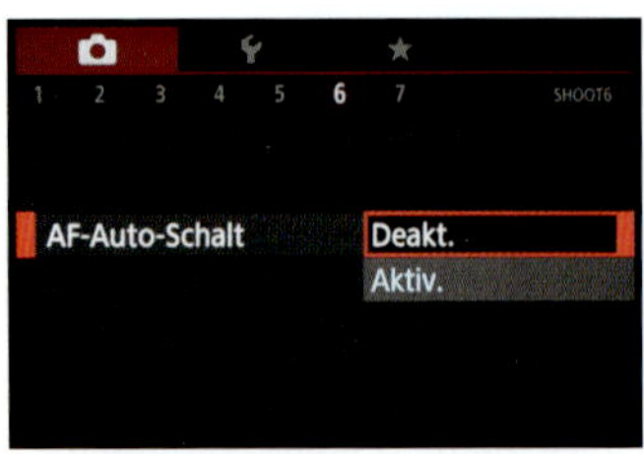

▲ *Motivverfolgung aktivieren oder deaktivieren.*

Die EOS M5 kann beim Scharfstellen auch Gesichter detektieren, was Porträtaufnahmen erleichtert, und sie kann erkennen, ob sie ein statisches oder ein bewegtes Objekt vor sich hat. Halten Sie bei bewegten Motiven den Auslöser konstant auf halber Stufe und verfolgen Sie das Objekt, sodass die Schärfe sich kontinuierlich anpassen kann. Der Fokusrahmen nimmt in diesem Fall eine blaue Farbe an. Wenn Sie die Motivverfolgung nicht verwenden möchten, stellen Sie im Aufnahmemenü 6 bei ***AF-Auto-Schalt.***

den Wert *Deakt.* ein. Die Gesichtserkennung lässt sich mit der Taste zur AF-Rahmenauswahl aus- oder wieder einschalten.

Neben all den automatisch gesetzten Funktionen gibt es ein paar Funktionen, die Sie selbst beeinflussen können. Dazu zählen die Betriebsart (Einzelbild, Reihenaufnahme schnell H oder langsam), der Selbstauslöser (2, 10, C), die Bildqualität und das Seitenverhältnis. Vor allem die Möglichkeit, das RAW-Format nutzen zu können, hilft enorm, falls die Automatische Motiverkennung die Einstellungen einmal nicht ganz so optimal gesetzt haben sollte. Die Funktionen sind alle im Schnellmenü Q zu finden.

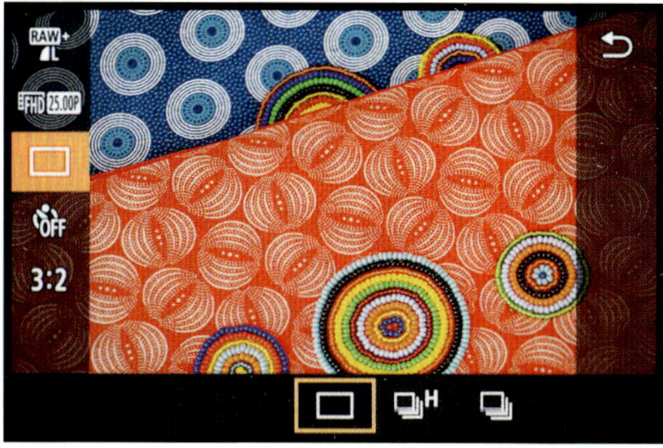

▲ *Schnelleinstellungsoptionen im Modus Automatische Motiverkennung.*

Aufgrund der insgesamt geringeren Einflussmöglichkeiten ist der gestalterische Spielraum für die kreative Fotografie mit A+ zwar etwas eingeschränkter – aber für Schnappschüsse ist die gut funktionierende Automatik allemal empfehlenswert.

Blitzen, ja oder nein?

Die EOS M5 kann automatisch für eine angemessene Blitzaufhellung sorgen. Praktischerweise schaltet die Kamera bei schwachem Licht eine Verwacklungswarnung und den Schriftzug ***Blitz zuschalten*** ein, was bedeutet, dass das Bild ohne Blitz vermutlich unscharf wird. Klappen Sie den Blitz dann mit der Blitzentriegelungstaste aus oder bringen Sie einen Systemblitz am Zubehörschuh an.

2.3 Mit Hybrid Auto Filmtagebücher aufzeichnen

Mit dem Modus *Hybrid Auto* bietet die EOS M5 eine Möglichkeit an, parallel zum Foto auch ein kurzes Video aufzuzeichnen. Die Filmsequenz wird aber nur dann gespeichert, wenn per Auslöser ein Bild aufgenommen wird. Zudem werden stets die dem Foto vorausgegangenen 2–4 Sekunden als Filmclip aufgenommen. Richten Sie die EOS M5 daher schon vor dem Auslösen für mindestens vier Sekunden ruhig auf den gewünschten Bildausschnitt aus, sonst entstehen total verwackelte Filme.

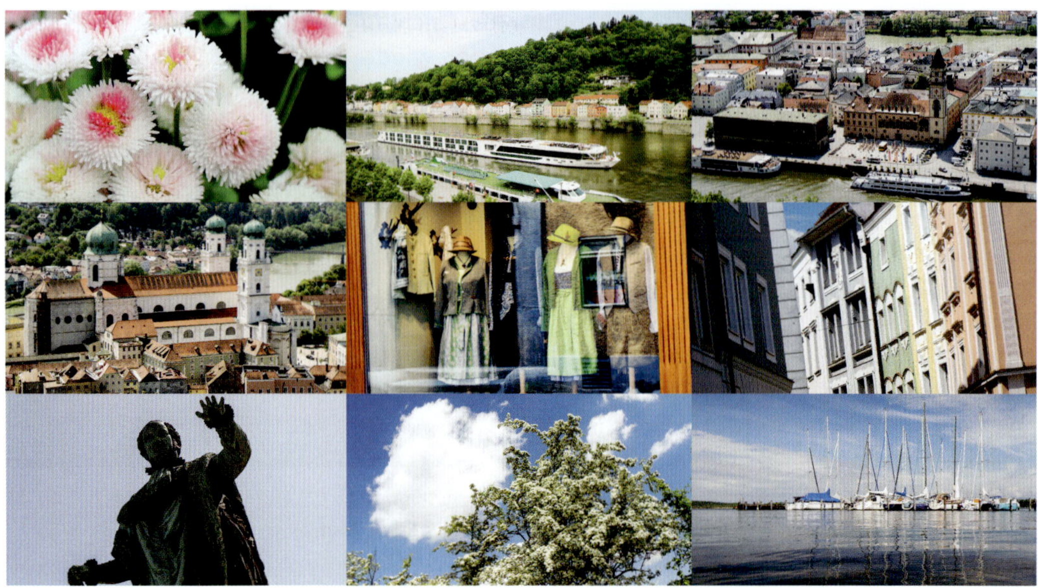

▲ *Mit Hybrid Auto werden die Erlebnisse des Tages als Filmtagebuch wiedergegeben.*

Bei der Bildaufnahme verhält sich die EOS M5 wie im Modus Automatische Motiverkennung [A+]. Allerdings steht das RAW-Format hier nicht zur Verfügung, was die Nachbearbeitungsmöglichkeiten der Standbilder einschränkt.

Die Videos werden auch nur im HD-Format mit 1280 × 720 Pixeln (720p) Auflösung gespeichert und in einer MP4-Datei auf der Speicherkarte abgelegt. Diese kann maximal 4 GB groß oder 16 Minuten und 40 Sekunden lang sein und enthält alle Filmschnipsel in der Reihenfolge ihrer Aufnahme.

Standardmäßig präsentiert Ihnen die EOS M5 bei der Wiedergabe eines Filmtagebuchs hinter jedem Filmclip das parallel aufgezeichnete Standbild. Eine attraktive und flüssige Videobetrachtung kommt so nicht zustande. Um dies zu verhindern, können Sie aber im Aufnahmemenü 6 [Kamera-Symbol] bei ***Filmtagebuchtyp*** den Eintrag ***Keine Standb.*** einstellen. Es werden dann keine Fotos aufgezeichnet, sondern nur noch die Videoclips. Bei der Betrachtung wird dann eine Szene nach der anderen abgespielt, sodass sich eine bewegte Bildergeschichte ergibt – eben ein richtiges Filmtagebuch.

Experimentieren Sie ruhig ein wenig beim Filmen, indem Sie die EOS M5 mal stillhalten oder sie langsam über die Szene schwenken. Gehen Sie beim Schwenken langsam vor, sonst kann das Gesamtergebnis schnell zu unruhig und zappelig wirken.

Störenden Szenen entfernen

Sollten nicht ganz so optimal aufgenommene Videoclips das Filmtagebuch stören, können Sie einzelne Abschnitte aus dem Gesamtfilm entfernen. Dazu drücken Sie die Wiedergabetaste [▶] und wählen das Filmtagebuch mit den Tasten ◀ ▶ oder durch horizontales Wischen mit dem Finger aus. Drücken Sie anschließend die die Q/SET-Taste und bestätigen Sie den Eintrag *Wiedergabe* mit der Q/SET-Taste oder durch Antippen. Rufen Sie anschließend mit der Q/SET-Taste die Filmsteuerung auf und navigieren Sie zur Schaltfläche *Nächster Clip* ▶| ❶. Drücken Sie die Q/SET-Taste so oft, bis die störende Szene am Monitor erscheint. Navigieren Sie dann zur Schaltfläche *Clip löschen* ❷. Drücken Sie die Q/SET-Taste und bestätigen Sie danach auch die Schaltfläche *OK* mit der Q/SET-Taste oder durch Antippen. Der Clip wird unwiederbringlich entfernt.

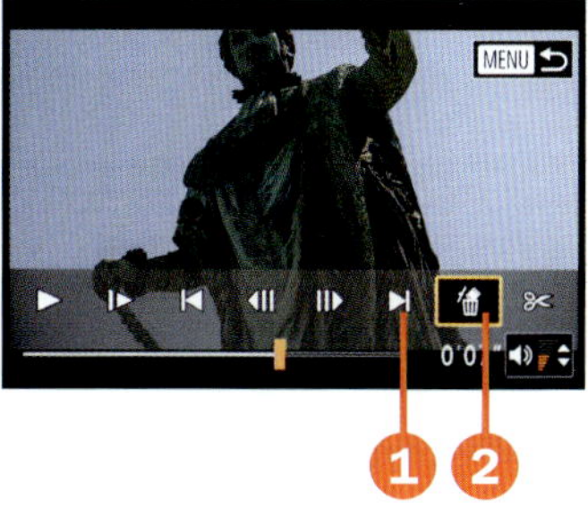

▲ *Löschen einzelner Clips aus dem Filmtagebuch.*

2.4 Individuelle Bilder dank Kreativassistent

Mit dem *Kreativassistent* können Sie Ihren Bildern im Nu eine individuellere Note verleihen. Oft sind nur wenige Anpassungen notwendig. Bei dem gezeigten Gebäudedetail konnten wir im Vergleich zum unveränderten Original ganz unkompliziert ein Foto mit einer besseren Belichtung und kräftigeren Farben erzielen.

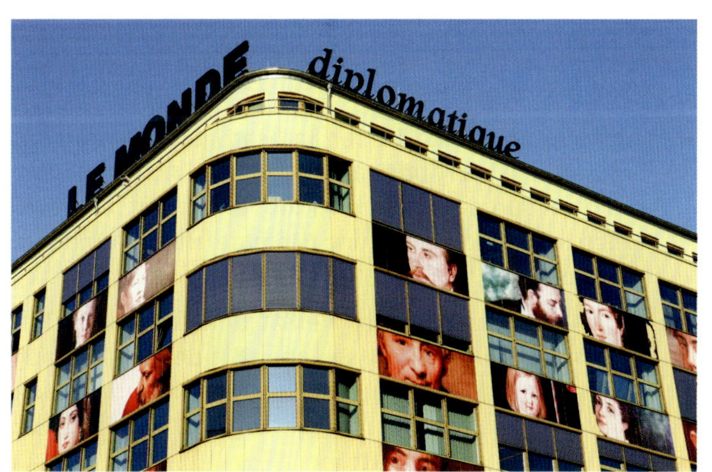

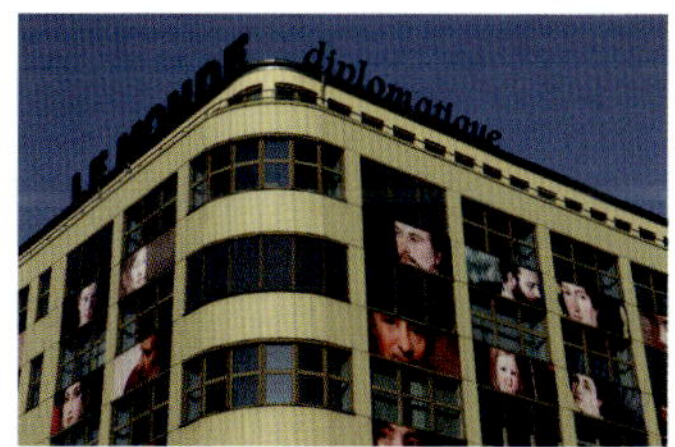

41 mm | f/10 | 1/250 Sek. | ISO 100

▲ *Ausgangsbild.*

41 mm | f/9 | 1/200 Sek. | ISO 100 | +1

◀ *Ergebnis mit den geänderten Einstellungen.*

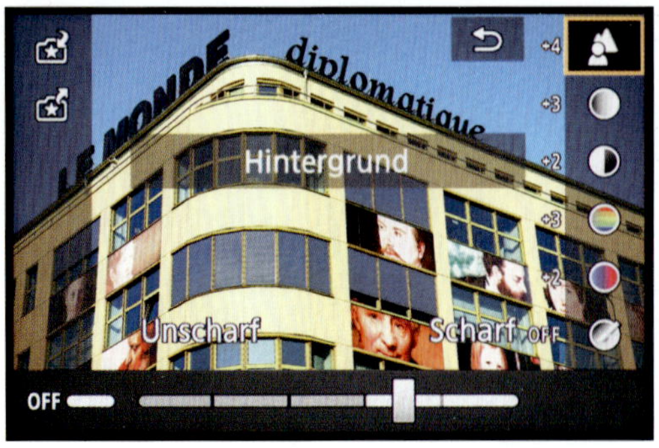

▲ *Schnellmenü des Kreativassistenten.*

Um die Aufnahmewerte zu ändern, wählen Sie mit den Tasten ▲ ▼ die gewünschte Option am rechten Monitorrand aus und stellen die Änderung mit dem Hauptwahlrad ein. Alternativ können Sie auch das Schnellmenü Q öffnen und die Anpassungen darin vornehmen, was dann auch durch Antippen des Touchscreens möglich ist. Am Monitor werden Ihnen die Änderungen live präsentiert, sodass Sie die Kontrolle über die Bildwirkung nicht verlieren. Folgende Aufnahmewerte können Sie beeinflussen:

- *Hintergrund*: Für Porträts oder Nahaufnahmen, die vor einem unscharfen Hintergrund dargestellt werden sollen, stellen Sie den Regler am besten ganz links auf *OFF*, dann bleibt die Schärfentiefe gering. Landschaften oder Architekturaufnahmen von Gebäuden können hingegen etwas mehr Schärfentiefe vertragen. Versetzen Sie den Regler dazu nach rechts. Jede Rasterstufe entspricht einer Erhöhung des Blendenwerts um eine ganze Stufe. Wird der interne Blitz aktiviert oder ein externer Blitz angeschlossen, stehen nur die Stufen *OFF*, *+4* und *+5* zur Verfügung.
- *Helligkeit*: Passen Sie die Helligkeit des Bildes an, wobei jede Rasterstufe einer Korrektur von ±1/3 Stufen entspricht. Wenn Sie mit Blitzlicht fotografieren, wird auch die Blitzlichtmenge variiert.
- *Kontrast*: Bei Motiven in der prallen Mittagssonne oder bei Gegenlicht können Sie die Durchzeichnung des Bildes mit einer Verringerung des Kontrasts verbessern. Aufnahmen bei diffusem Licht oder Nebel können hingegen mit einer Kontrasteerhöhung prägnanter wirken.
- *Farbsättigung*: Mit der Farbsättigung werden die Farben intensiviert oder abgeschwächt. Achten Sie bei an sich schon sehr bunten Motiven darauf, dass die Farben nicht überreißen und Motivdetails dadurch verloren gehen.
- *Farbton* (ähnlich einer Weißabgleichkorrektur): Für eine kühlere Bildwirkung schieben Sie den Regler nach links in Richtung der Blautöne und für wärmere Farben nach rechts in Richtung roter Tonwerte. Achten Sie bei Porträts gut auf die Hauttöne.

- *Monochrome* : Entfärben Sie das Bild und fügen Sie je nach Geschmack eine Sepia-, Blau-, Lila- oder Grüntonung ein.

In den Aufnahmemenüs können Sie zudem die Bildqualität und vieles Mehr einstellen. Das RAW-Format steht aber in diesem Modus nicht zur Verfügung. Wird die Kamera ausgeschaltet, springen alle geänderten Aufnahmewerte des Kreativassistenten auf den Ausgangspunkt zurück. Wenn Sie dies nicht möchten, stellen Sie im Aufnahmemenü 6 die Option *Einst.* *beib.* auf *Aktiv.*.

Aufnahmewerte speichern/laden

Sehr praktisch finden wir die Möglichkeit, anhand sechs freier Speicherplätze die geänderten Aufnahmewerte des Kreativassistenten in der EOS M5 sichern zu können, um sie bei wiederkehrenden Situationen schnell parat zu haben.

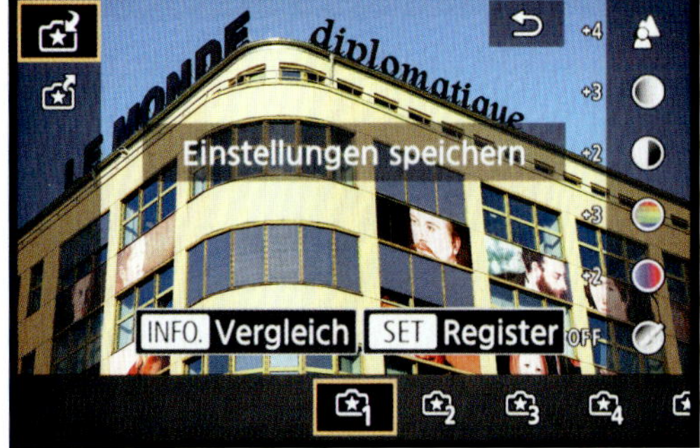

▲ *Speichern der gewählten Einstellungen.*

Navigieren Sie dazu im Schnellmenü zur Option *Einstellungen speichern* . Wählen Sie dann unten einen der sechs Speicherplätze aus und bestätigen Sie die Registrierung mit der Q/SET-Taste oder der Touchfläche SET. Um die Einstellungen später wieder aufzurufen, steuern Sie die Schaltfläche *Einstellungen laden* an, tippen danach den Speicherplatz an oder wählen ihn mit den Tasten ◀▶ aus und drücken die Q/SET-Taste.

Auf diese Weise könnten Sie auch die Aufnahmewerte von der EOS M5 eines Freundes auf Ihre EOS M5 übertragen. Dazu legen Sie die Speicherkarte mit dem Bild ein, dessen Kreativeinstellungen übertragen werden sollen. Rufen Sie das Bild in der Wiedergabeansicht auf. Öffnen Sie das Schnellmenü und bestätigen Sie die Option *Einst. anw. und aufn.* . Tippen Sie den Auslöser an, rufen Sie den Kreativassistent auf und speichern Sie die Einstellungen in Ihrer Kamera, wie zuvor gezeigt. Legen Sie dann ggf. eine andere Speicherkarte ein und laden Sie die zuvor gespeicherten Einstellungen, um selbst damit zu fotografieren.

2.5 Szene-Programme für besondere Situationen

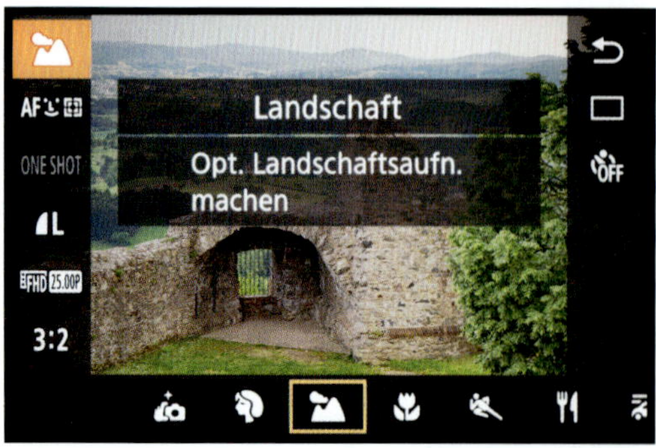

▲ *Szene-Typ im Schnellmenü des SCN-Modus auswählen.*

Um Ihnen die Möglichkeit zu geben, typische Fotosituationen wie Porträt-, Landschafts- oder Nahaufnahmen schnell in den Griff zu bekommen, hat Canon der EOS M5 neun Programme für ***besondere Szenen*** mit auf den Weg gegeben: Selbstporträt, Portät, Landschaft, Nahaufnahme, Sport, Speisen, Schwenken, Nachtaufnahmen ohne Stativ und HDR-Gegenlicht. Erfahren Sie im Folgenden was mit ihnen möglich ist und wo die Programme an ihre Grenzen stoßen. Um den SCN-Modus auszuwählen, Sie das Modus-Wahlrad auf *SCN*. Steuern Sie anschließend im Schnellmenü Q das Motivsymbol oben links im Monitor an und wählen Sie den gewünschten Szene-Typ aus. Alternativ können Sie das Programm auch im Aufnahmemenü 1 bei ***Aufnahmemodus*** auswählen.

Erweiterte Funktionen

In allen SCN-Programmen können Sie die wichtigsten Einstellungen über das Schnellmenü Q erledigen. Hinzu kommt die Möglichkeit, die Bildhelligkeit mit einer Belichtungskorrektur anzupassen. Dazu drehen Sie einfach das Belichtungskorrekturrad auf der Kameraoberseite in die gewünschte Richtung.

Unkomplizierte Selbstporträts

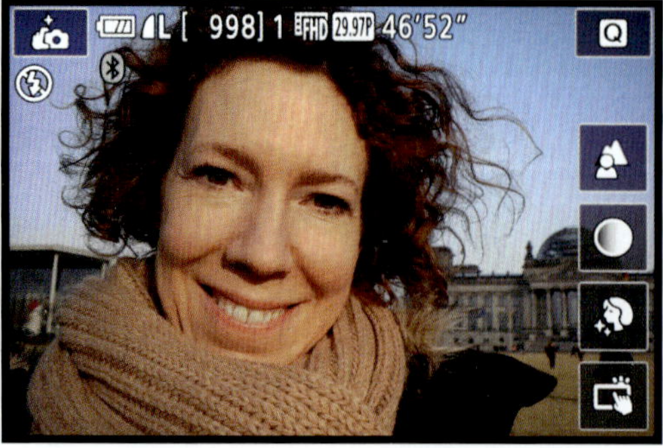

▲ *Einstellungsmöglichkeiten im Modus Selbstporträt.*

Ob im Urlaub vor atemberaubender Kulisse oder beim Zusammentreffen mit dem Lieblingspromi, Selfies gehören heutzutage einfach mit dazu. Das neue Szeneprogramm ***Selbstporträt*** unterstützt Sie dabei, indem Sie die Hintergrundunschärfe, Helligkeit und Hautglättung stufenweise anpassen können, um ein schickes Selfie zu gestalten. Die Symbole tauchen als Touch-Felder auf der rechten Monitorseite auf.

Nachdem wir verschiedene Einstellungen ausprobiert haben, neigen wir zu der Empfehlung, bei der Hautglättung die mittlere Stufe zu wählen, damit das Gesicht ein wenig, aber nicht zu auffällig weichgezeichnet wird.

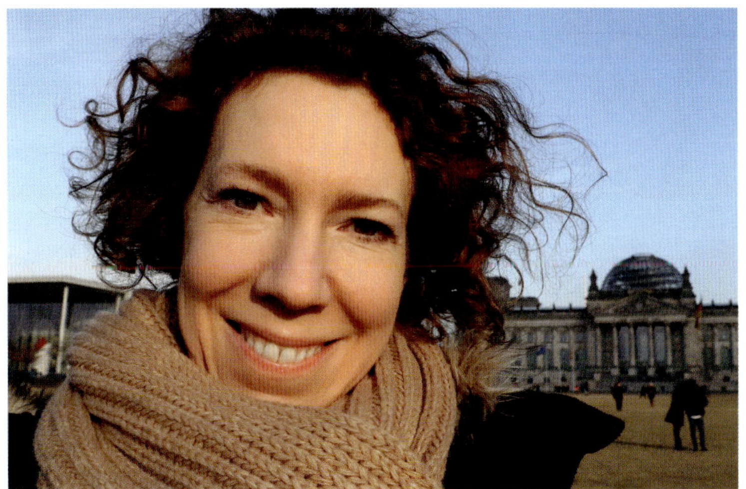

18 mm | f/11 | 1/80 Sek. | ISO 100

▲ *Hautglättung auf niedrigster Stufe, Hintergrund maximal scharf.*

Mit der Helligkeitsoption können Sie die Bildhelligkeit direkt am Bildschirm einstellen. Ganz unten bietet sich schließlich die Möglichkeit, den Touch-Auslöser zu aktivieren – ein Fingertipp auf das Gesicht, und schon wird das Selfie aufgenommen.

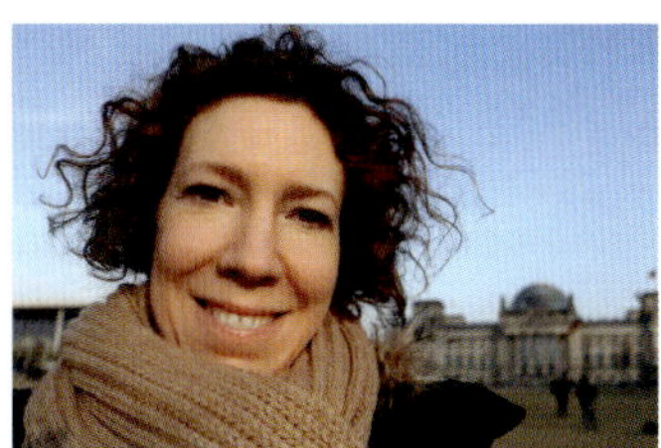

18 mm | f/4 | 1/640 Sek. | ISO 100

▲ *Hautglättung auf höchster Stufe, Hintergrund maximal unscharf.*

Porträts gestalten

Der SCN-Modus *Porträt* ermöglicht es Ihnen, auf einfache Art und Weise Aufnahmen von Ihren Familie, Freunden und Bekannten anzufertigen. Die EOS M5 wählt die Einstellungen so aus, dass Gesichter oder Personen vor einem weichen, unscharfen Hintergrund prägnant herausgestellt werden, also ungefähr so, wie es ein versierter Fotograf prinzipiell auch manuell einstellen würde. Die beste Freistellung erzielen Sie, wenn Sie den Telebereich des Objektivs verwenden und möglichst viel Abstand zwischen Person und Hintergrund haben. Wenn Sie den Auslöser länger durchdrücken, können Sie Reihenaufnahmen anfertigen, um mit höherer Sicherheit ein Foto ohne Blinzler oder geschlossene Augen dabei zu haben.

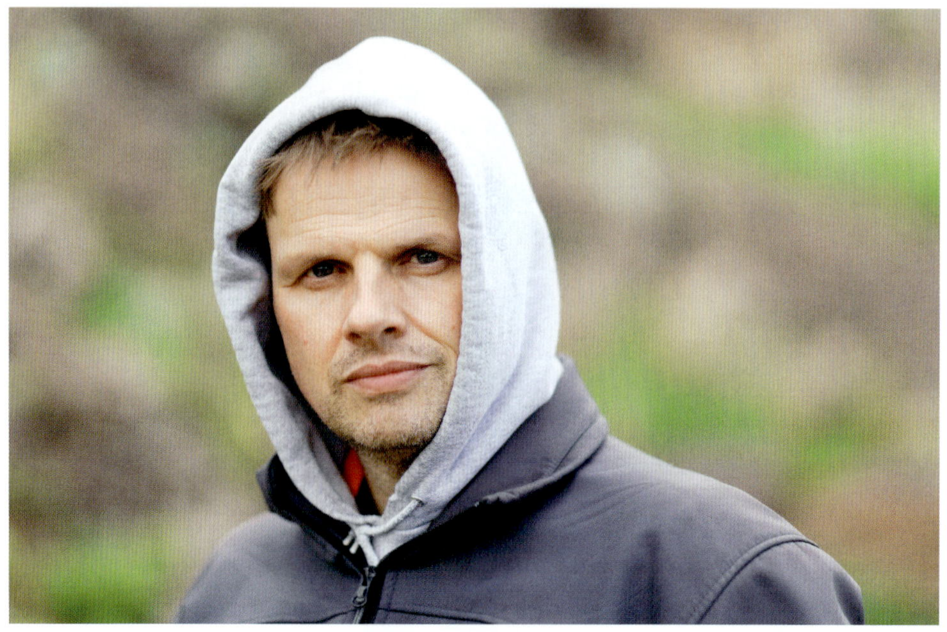

85 mm | f/1,4 | 1/3200 Sek. | ISO 200

▲ *Mit maximaler Brennweite erzielen Sie im Porträtmodus natürliche Proportionen und eine gute Freistellung von Menschen vor einem diffusen Hintergrund.*

Für das unkomplizierte Scharfstellen wird die Gesichtserkennung AF automatisch aktiviert, aber Sie können im Schnellmenü auch auf den Einzelfeld AF AF☐ umschalten. Das kann hilfreich sein, wenn Sie die Schärfe nicht auf die vorderen, sondern gezielt auf weiter hinten stehende Personen ausrichten möchten. Kombiniert mit dem Touch-Auslöser, den wir Ihnen später noch vorstellen, funktioniert das wunderbar.

Programmalternativen

Um mehr Einfluss auf die Hintergrundschärfe nehmen zu können, empfehlen sich die Programme Blendenvorwahl (Av) oder Manuelle Belichtung (M) als tolle Alternativen für Porträtaufnahmen.

In dunkler Umgebung oder bei Gegenlicht können Sie den internen Blitz verwenden, um die bildwichtigen Bereiche aufzuhellen. Ist die Umgebung sehr dunkel, wird jedoch meist nur die Person richtig belichtet und der Hintergrund ist ziemlich finster. Bei schwachem Licht ist der Modus Nachtaufnahme ohne Stativ daher besser geeignet.

Bei Tage ist es hingegen möglich, die harten Schatten mit Diffusoren abzumildern und das Sonnenlicht indirekt mit Reflektoren auf Ihr Model umzulenken. Für die Bildwirkung können Sie somit unabhängig vom Aufnahmeprogramm eine Menge tun, um zum besseren Foto zu kommen.

Landschaften und Architektur in Szene setzen

Ob am Strand oder in den Bergen, mit dem SCN-Modus *Landschaft* haben Sie einen Spezialisten an Bord, der Ihnen mit den passenden Einstellungen unter die Arme greift. Das Programm sorgt für eine möglichst durchgehende Schärfe vom Vorder- bis zum Hintergrund. Zudem werden die Farbsättigung für Blau- und Grüntöne und der Kontrast angehoben, um den Bildern einen frischen und knackig scharfen Eindruck zu verleihen.

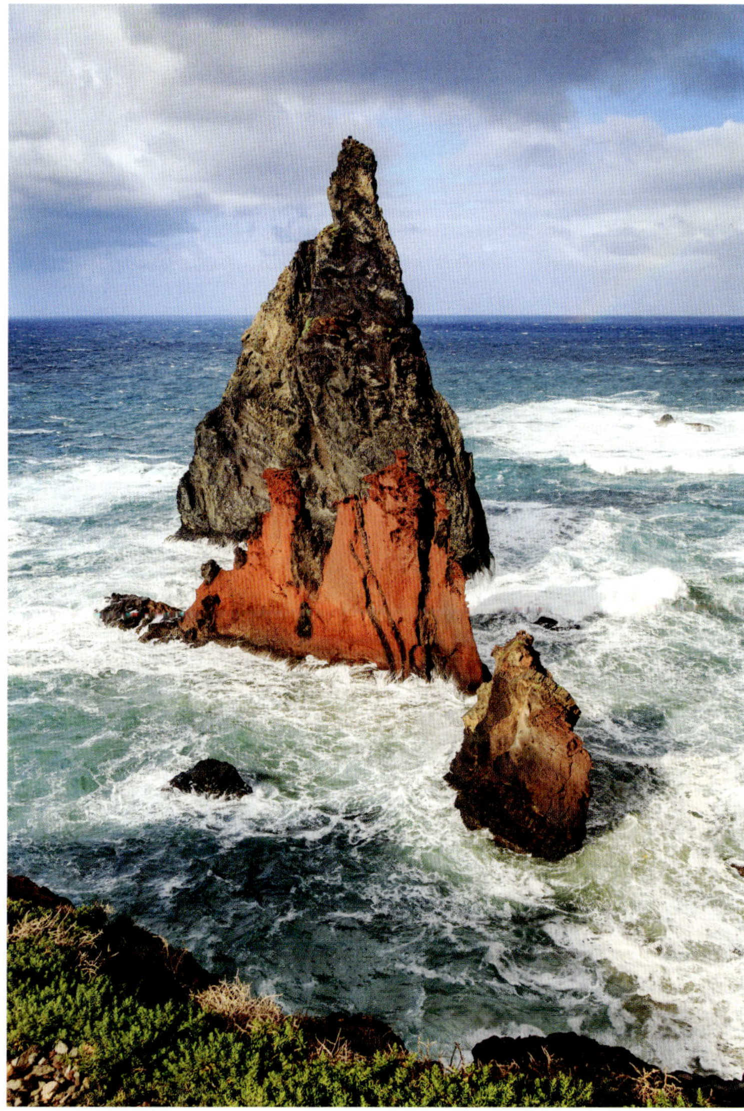

20 mm | f/7,1 | 1/500 Sek. | ISO 200 | Polfilter

◄ *Kräftige Farben und viel Schärfe liefert der Landschaftsmodus.*

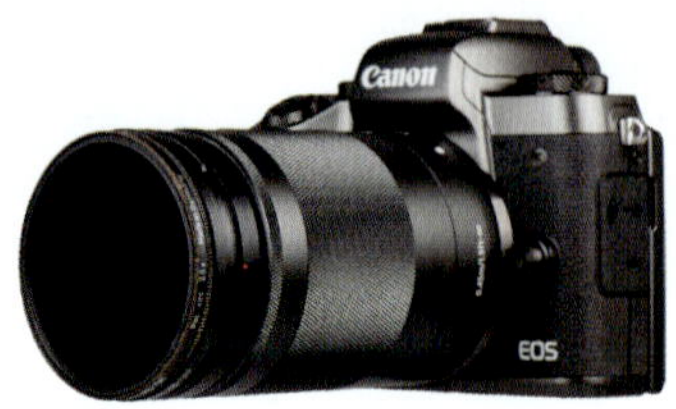

▲ *Zirkularer Polfilter mit 58 mm Durchmesser, am 18-150 mm-Objektiv angebracht über einen 55 mm-58 mm Step-up-Filteradapter.*

Der Landschaftsmodus eignet sich auch sehr gut für Architekturmotive. Um Weite in das Bild zu bekommen, fotografieren Sie am besten mit den niedrigen Brennweiten Ihres Objektivs. Dann wird auch der Schärfeneindruck besonders hoch sein. Auch spricht nichts dagegen, einen zirkularen Polfilter für kräftigere Farben, einen ausgeglicheneren Kontrast und weniger Spiegelung auf Blättern und nassen Steinen einzusetzen.

Das Mehr an Schärfe erzielt die EOS M5 im Landschaftsmodus durch Erhöhen des Blendenwerts. Dies schafft sie jedoch nur in heller Umgebung. Bei wenig Licht sinkt der Blendenwert und damit auch der Schärfeeindruck. Um den Fokus an die gewünschte Stelle zu dirigieren, tippen Sie einfach mit dem Finger auf die gewünschte Monitorstelle.

Programmalternativen

Bei Aufnahmen aus einem Fahrzeug oder Boot heraus empfehlen wir als Programmalternative die Modi Sport oder Zeitvorwahl (Tv). Dann können Sie mit kürzeren Belichtungszeiten Verwackler besser vermeiden. Für qualitativ hochwertige Aufnahmen bei wenig Licht sind die Blendenvorwahl (Av) oder die Manuelle Belichtung (M) in Kombination mit dem Stativ eine noch bessere Wahl.

Im Landschaftsmodus ist es leider nicht möglich, den Vordergrund mit Blitzlicht aufzuhellen, weder mit dem eingebauten, noch mit einem angebrachten Systemblitz. Dafür wäre das Fotografieren im Modus Blendenvorwahl (Av) besser geeignet.

Was uns zugegebener Maßen auch ziemlich schleierhaft ist, warum im Landschaftsmodus das RAW-Format als Bildqualität nicht verfügbar ist. Das schränkt die optionalen Möglichkeiten in der Nachbearbeitung am Computer unnötig ein.

Details im Modus Nahaufnahme inszenieren

Ziel des Modus *Nahaufnahme* ist die Freistellung nahegelegener Objekte. Hierbei stehen Blüten, Insekten oder andere kleinere Gegenstände im Fokus, auf die die Farbe und der Kontrast automatisch abgestimmt werden. Versuchen Sie, einen möglichst ruhigen Hintergrund zu wählen, um das Motiv schön davor herauszustellen. Der Abstand zum Hintergrund sollte hoch sein, damit die Strukturen nicht zu scharf werden und stören. Bei flächigen Motiven achten Sie darauf, die EOS M5 parallel zum Objekt auszurichten, damit die Bildränder nicht zu unscharf werden.

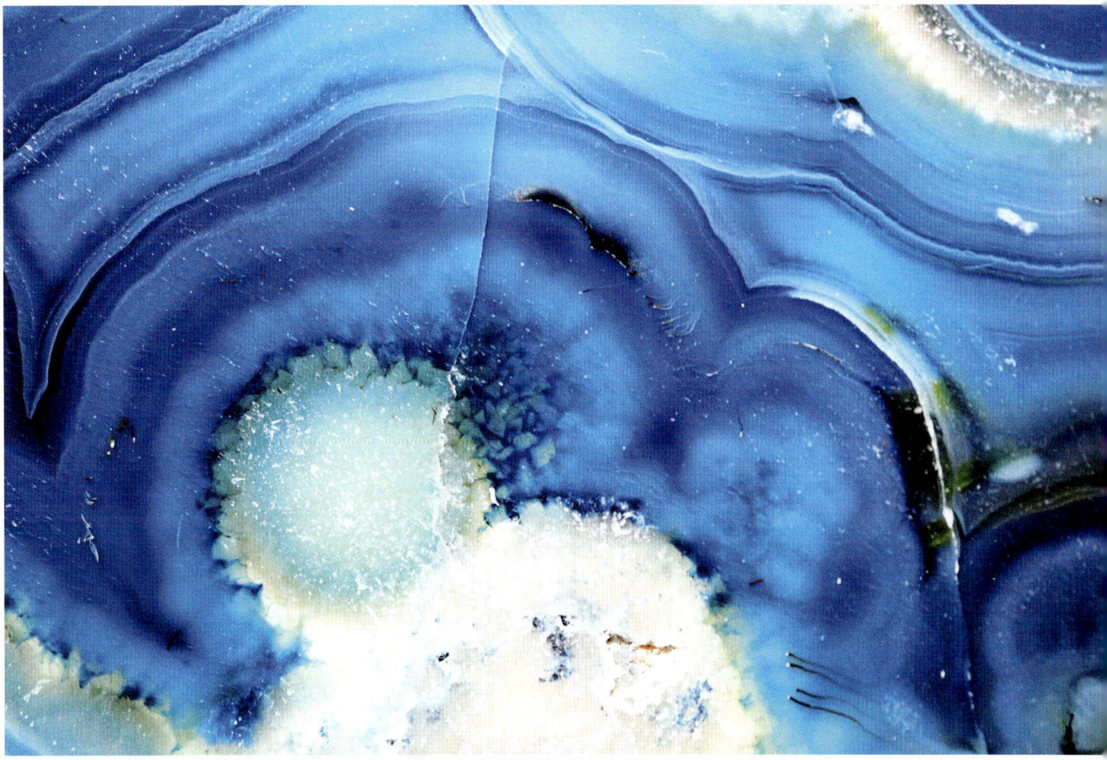

Wenn die EOS M5 dunkle Schatten erkennt, kann sich der ausgeklappte integrierte Blitz für eine adäquate Aufhellung automatisch zuschalten. Bei schwachem Umgebungslicht können jedoch recht dunkle Hintergründe entstehen. Außerdem kann die Blitzausleuchtung bei dichtem Aufnahmeabstand ungleichmäßig ausfallen, weil das Objektiv das Blitzlicht nach unten hin abschattet. Nehmen Sie daher die Streulichtblende des Objektivs ab oder setzen Sie ein Systemblitzgerät ein, gegebenenfalls mit ausgeklappter Weitwinkelstreuscheibe, oder für schönes weiches Licht, mit einer aufsteckbaren Softbox (zum Beispiel LumiQuest Softbox III).

28 mm | f/4 | 1/60 Sek. | ISO 1250 | +1

▲ *Detail eines Schmucksteins, aufgenommen mit dem Objektiv Canon EF-M 28mm f/3,5 Makro IS STM im Maßstab 1:1.*

Damit Sie Ihre Motive auch wirklich vergrößert aufnehmen können, führen Sie das Objektiv so dicht wie möglich an das Motiv heran. Mit der angegebenen Naheinstellgrenze Ihres Objektivs können Sie abschätzen, wie kurz der Aufnahmeabstand im Minimalfall sein darf.

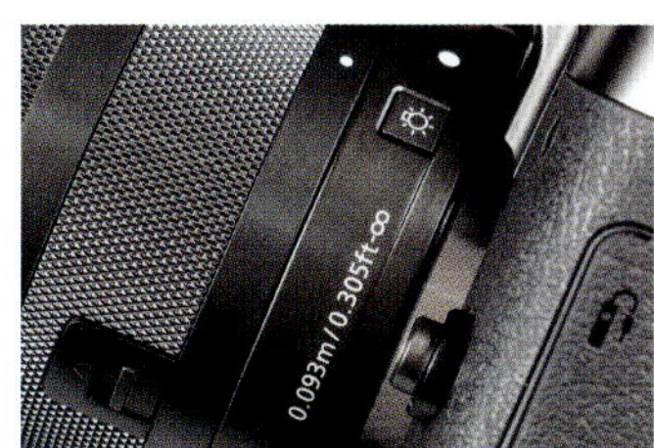

▲ *Das Makroobjektiv Canon EF-M 28mm f/3,5 Makro IS STM hat eine Naheinstellgrenze von nur 9,3 cm.*

Um auch mit einem Standardobjektiv sehr nah an das Objekt heranzukommen und es möglichst groß abzubilden, können Sie eine Nahvorsatzlinse am frontalen Objektivge-

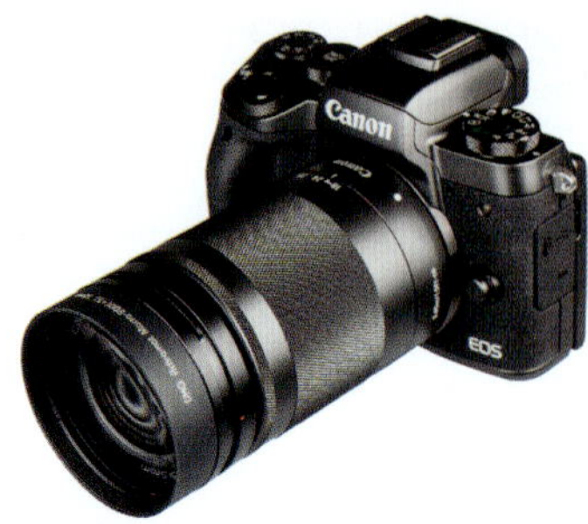

▲ *EOS M5 mit 18-150 mm-Objektiv und Vorsatzachromat Marumi DHG Achromat +5.*

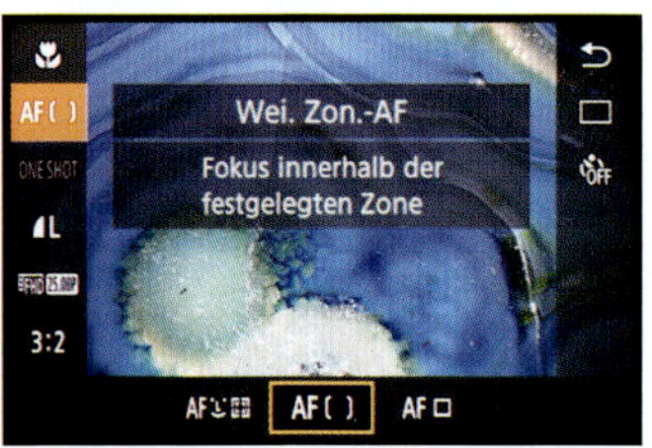

▲ *Umschalten auf den Weichzeichnungszonen-AF.*

Programmalternativen

Um Nahaufnahmen unbewegter Objekte mehr Schärfentiefe zu verleihen, fotografieren Sie am besten mit der Blendenvorwahl (Av) und Blendenwerten von f/8 bis f/16, ohne Blitz und vom Stativ aus. In diesen Modi können Sie zudem das RAW-Format einsetzen, um sich die Möglichkeit einer guten Nachbearbeitung am Computer offen zu halten. Alternativ bietet sich der Kreativassistent mit erhöhter Hintergrundschärfe an.

winde anbringen, am besten in Form eines mehrlinsigen Vorsatzachromaten. Gute Kombinationen sind Nahlinsen mit 4–5 Dioptrien Stärke bei 50–70 mm Brennweite (zum Beispiel Marumi DHG Achromat +5, Canon 250D 4 dpt) und 2–3 Dioptrien bei 100–150 mm Brennweite (zum Beispiel Marumi DHG Achromat +3, Canon 500D 2 dpt) oder 1–2 Dioptrien bei 150–200 mm Brennweite.

Möglich ist auch der Einsatz von EF-M-kompatiblen Zwischenringen, zum Beispiel Quenox Autofokus-Zwischenringe für Canon EOS-M. Diese müssen aber etwas umständlicher zwischen Objektiv und Kameragehäuse geschraubt werden. Auch verringert sich die eintreffende Lichtmenge dadurch etwas, sodass die Bildqualität aufgrund höherer ISO-Werte schneller leiden kann.

Im Idealfall verwenden Sie ein Makroobjektiv. Damit können Fotoobjekte mit einer hervorragenden Bildqualität in ihrer realen Größe, also im Abbildungsmaßstab 1:1, dargestellt werden.

Durch die starke Vergrößerung des Motivs kann es dazu kommen, dass der Einzelfeld-AF **AF□** nicht greift. Wählen Sie dann im Schnellmenü den Weichzeichnungszonen-AF **AF( )**, um innerhalb des weißen Rahmens mit einer größeren Anzahl an aktiven AF-Feldern zu fokussieren.

Sollte dennoch nicht der Bildbereich scharf gestellt werden, der Ihnen am wichtigsten ist, aktivieren Sie mit der MF-Taste des Einstellungs-Wahlrads den ***manuellen Fokus***. Die Schärfe kann dann mit dem Entfernungsring des Objektivs genau auf die Ihnen wichtige Bildebene gelegt werden.

Sportmodus für schnelle Bewegungen

Der Modus *Sport* steht für Dynamik und ist prädestiniert für scharfe Freihandaufnahmen von Bewegungsabläufen. Dazu gehören Aufnahmen von Sportlern, Bilder von rennenden oder spielenden Kindern, laufenden und springenden Tieren, fahrenden Autos und vieles mehr.

Die automatischen Einstellungen sind darauf ausgelegt, Bewegungen möglichst scharf abzubilden, sie quasi „einzufrieren“. Die Lichtempfindlichkeit steigt bei schlechten Lichtverhältnissen, wie etwa in der Sporthalle, allerdings schnell stark an, worunter die Detailauflösung leidet. Andererseits wäre das auch in anderen Programmen fast unvermeidbar, denn Sie benötigen nun einmal kurze Belichtungszeiten, um die Bewegungen scharf abzubilden. Da kann man dem Sportmodus keinen Vorwurf machen.

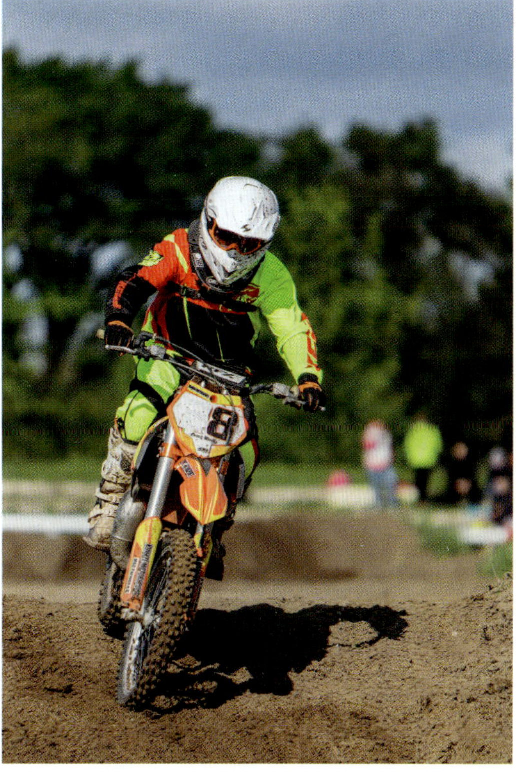

200 mm | f/2,8 | 1/3200 Sek. | ISO 200

▲ *Menschen und Tiere in Bewegung setzen Sie mit dem Sportmodus scharf in Szene.*

Damit Sie keine wichtige Sequenz verpassen, können Sie bei längerem Durchdrücken des Auslösers schnelle Reihenaufnahmen mit maximal sieben Bildern pro Sekunde aufnehmen. Die Schärfe wird hierbei über die blau umrahmten AF-Messfelder dem Objekt nachgeführt, sofern sich die Distanz nicht plötzlich stark ändert, etwa bei einem Schwenk vom Vorder- auf den weit entfernten Hintergrund. Der Sportmodus zerrt daher auch stärker an den Akkureserven. Verwenden Sie am besten den Gesicht+Verfolg.-AF AF, den Sie im Schnellmenü auswählen können. Dann sind alle 49 AF-Messfelder zum Scharfstellen bereit und die EOS M5 fokussiert schnell und mit einer hohen Trefferquote.

Sollten keine blauen Rähmchen zu sehen sein, hat der Autofokus sein Ziel gerade nicht im Visier. Führen Sie die EOS M5 dann so gut es geht stabil und ruhig mit dem Motiv mit, damit der Autofokus wieder greifen kann. Oder lassen Sie den Auslöser kurz los und fokussieren dann erneut.

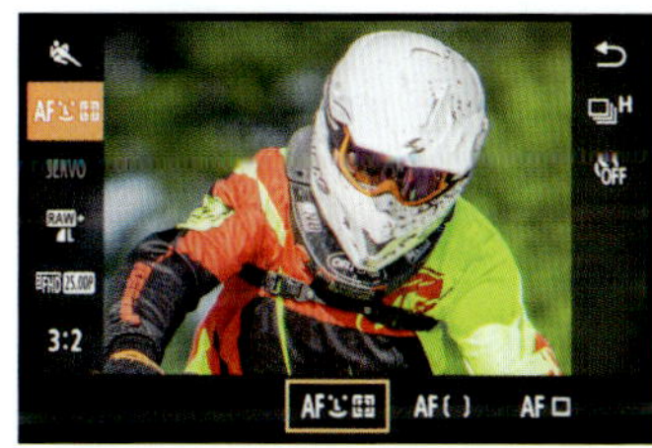

▲ *Trefferquote mit der AF-Methode Gesicht+Verfolg. erhöhen.*

Blitzen oder dynamische Wischeffekte

Aufgrund der schnellen Bildfolge kann der interne Blitz im Sportmodus nicht verwendet werden, er würde die Reihenaufnahmegeschwindigkeit drosseln. Gleiches gilt für einen am Zubehörschuh angebrachten Systemblitz. Aber es gibt ja die Zeitvorwahl (Tv), mit der solche Vorhaben perfekt umzusetzen sind. Möchten Sie vorbeifahrende Fahrzeuge oder laufende Sportler besonders dynamisch abbilden, indem Sie absichtlich Bewegungsunschärfe ins Bild einbauen, bieten sich der SCN-Modus Schwenken oder die Zeitvorwahl (Tv) an.

Food-Fotografie mit dem Modus Speisen

Haben Sie etwas Leckeres gekocht oder sitzen Sie im Urlaub vor einem schön angerichteten Teller im Restaurant? Dann probieren Sie doch gleich einmal den SCN-Modus ***Speisen*** aus. Dieser ist darauf ausgelegt, das Gericht farbenfroh und mit einem frischen Kontrast in Szene zu setzen.

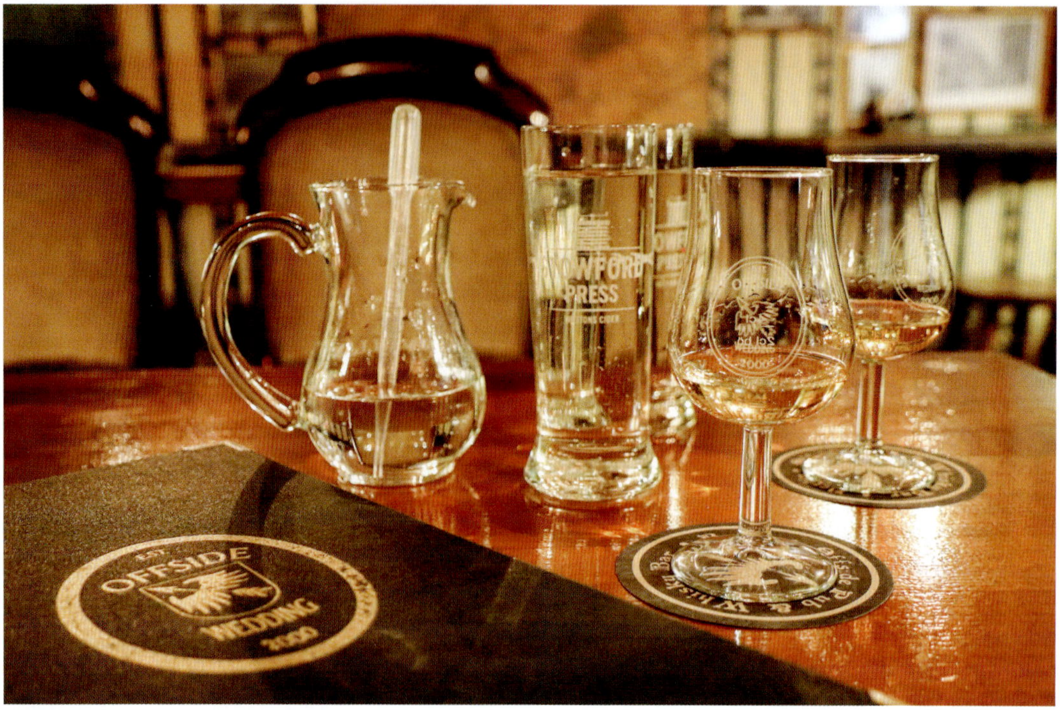

18 mm | f/3,5 | 1/30 Sek. | ISO 3200

▲ *Whiskey-Verkostung, unkompliziert ohne Blitz mit dem Speisen-Modus der EOS M5 aufgenommen. Die Farben wurden um zwei Stufen in Richtung Rot verschoben, um die warme Kneipenbeleuchtung zu erhalten.*

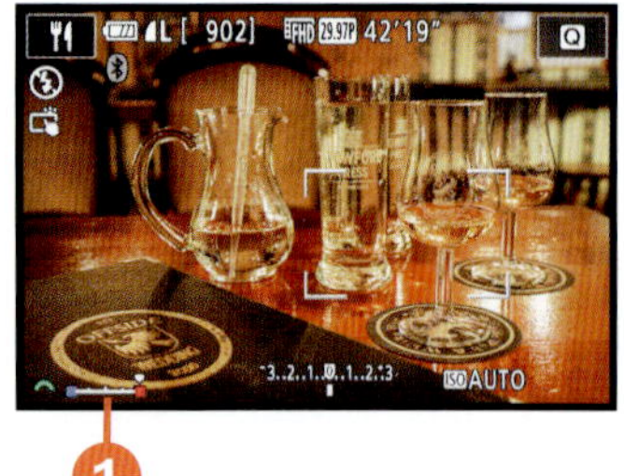

▲ *Die Farbgebung anpassen.*

Um die Bildfarben an Ihr Motiv anzupassen, können Sie die Farbtöne mit dem Hauptwahlrad hin zu kühleren (Blau) oder wärmeren (Rot) Farben verschieben 1. Wenn Sie den Blitz aus dem Gehäuse locken und über die Blitztaste den Blitzmodus ***Blitz ein*** wählen oder einen Systemblitz anbringen und einschalten, ist die Farbanpassung allerdings nicht mehr möglich.

Mit dem Blitz können Sie jedoch noch mehr Frische ins Bild zaubern, in dem das Blitzlicht einige Reflexionen auf den

Speisen erzeugt. Damit diese nicht zu hart wirken, empfehlen wir Ihnen, einen Systemblitz zu verwenden und mit dem schwenkbaren Blitzkopf indirekt über eine Seitenwand oder die Decke zu blitzen und die Ausleuchtung so noch besser zu modellieren.

Besonders frisch wirken die Bilder zudem, wenn sie hell sind. Dazu können Sie mit dem Belichtungskorrekturrad absichtlich eine Überbelichtung erzeugen. Achten Sie aber darauf, dass weiße Bildelemente nicht strukturlos überstrahlen.

Dynamische Mitzieher gestalten

Der Modus *Schwenken* ermöglicht es Ihnen, präzisere Mitziehaufnahmen von sich bewegenden Objekten anzufertigen. Die EOS M5 wählt die Belichtungseinstellungen so, dass das Objekt in Bewegung möglichst unverwackelt vor einem deutlich verwischten Hintergrund abgebildet wird und sich dadurch der Eindruck dynamischer Bewegung erhöht.

50 mm | f/16 | 1/30 Sek. | ISO 100

▼ *Mit der mittleren Effektstufe ließ sich der Sightseeing-Bus scharf vor einem bewegungsunscharf verwischten Hintergrund in Szene setzen.*

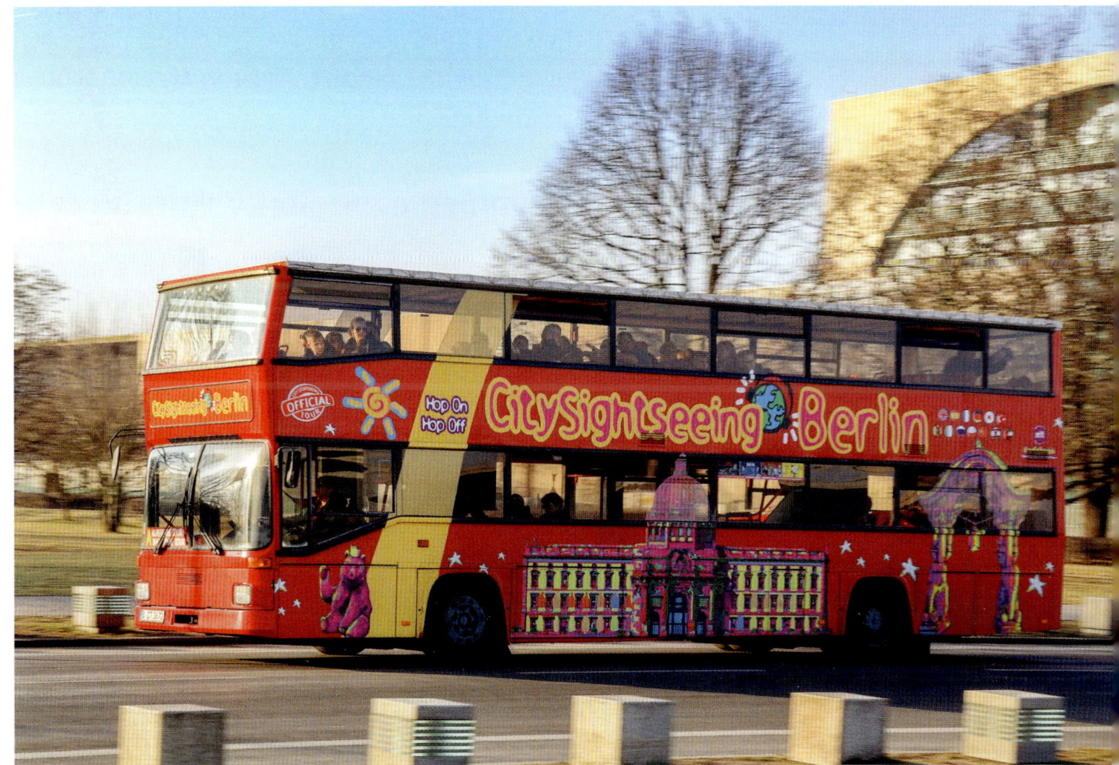

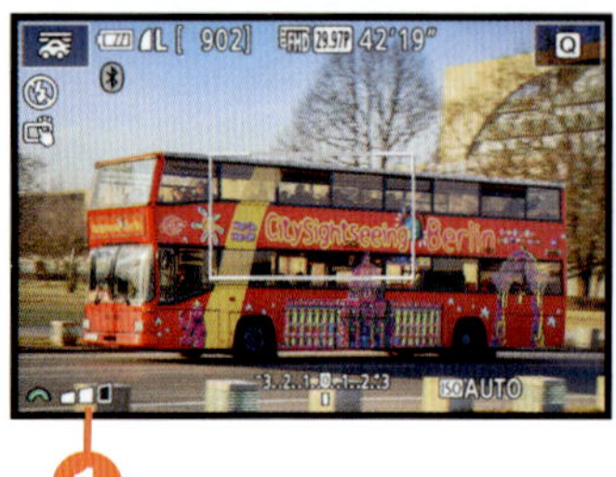

▲ *Die Effektstärke an die Situation anpassen.*

Die drei verfügbaren Effektstärken 1, die Sie mit dem Hauptwahlrad einstellen können, wirken sich auf die Belichtungszeit aus, um für unterschiedlich schnelle Bewegungen optimale Voraussetzungen zu gewährleisten. Am besten wählen Sie die kürzeren Zeiten der ersten beiden Stufen für schnelle Bewegungen, die dicht vor der Kamera ablaufen. Wichtig ist auf jeden Fall, dass Sie die EOS M5 exakt mit der Schnelligkeit des bewegten Objekts mitziehen und dabei nicht nach oben oder unten wackeln. Peilen Sie das Objekt mit halb heruntergedrücktem Auslöser an, sobald es groß genug und gut fokussierbar im Monitor auftaucht. Schwenken Sie die EOS M5 dann mit dem Objekt mit und lösen Sie im richtigen Moment ein Bild aus.

Es ist zwar möglich, mit der langsamen Reihenaufnahme mehrere Bilder zu schießen, aber die Pausen zwischen den Aufnahmen sind recht lang, sodass genau der richtige Moment, in dem das Objekt parallel zur Kamera positioniert ist, oftmals nicht getroffen wird – zumindest war es bei uns so. Auch sollte sich das Objekt möglichst linear bewegen. Autos, Züge oder Motorräder einzufangen, gestaltet sich somit leichter als beispielsweise galoppierende Pferde oder joggende Menschen. Anfangs braucht das Mitziehen meistens noch ein wenig Übung, aber nach etwas Probieren haben Sie den Dreh bestimmt schnell heraus.

Nachtaufnahmen ohne Stativ anfertigen

Der Modus *Nachtaufnahmen o. Stativ* ist eine tolle Hilfe, um Motive in der Dämmerung oder Aufnahmen beleuchteter Gebäude in der Stadt anzufertigen. Halten Sie Ihre EOS M5 nach dem Auslösen so ruhig wie möglich, denn es werden automatisch mehrere Bilder aufgezeichnet. Diese müssen deckungsgleich sein, denn sie werden kameraintern zur finalen Aufnahme verrechnet. Daher steht das RAW-Format in diesem Modus auch nicht zur Verfügung.

Trotz hoher Werte für die Lichtempfindlichkeit bis ISO 12800 sind die Aufnahmen qualitativ erstaunlich gut, wenn auch die Detailzeichnung gegenüber Bildern niedrigerer ISO-Zahlen sichtlich abnimmt. Allerdings wird das Bild an den Rändern etwas beschnitten, sodass der Weitwinkelausschnitt nicht vollständig ausgenutzt werden kann. Dies ist notwendig, da die einzelnen Bilder aus der Hand nie zu 100% deckungsgleich sind und nach dem Verschmelzen ungleichmäßige Ränder entstünden.

Für schöne Nachtporträts können Sie zudem den internen Blitz oder einen Systemblitz verwenden. Dieser wirkt sich aber nur auf das erste Foto aus. Dennoch ist es wichtig, dass sich Ihr Model auch während der folgenden Serienbilder nicht bewegt. Wenn Sie indirekt über die Decke oder eine Seitenwand blitzen, entsteht eine wirklich gute Mischung aus Blitzaufhellung und hellem Hintergrund.

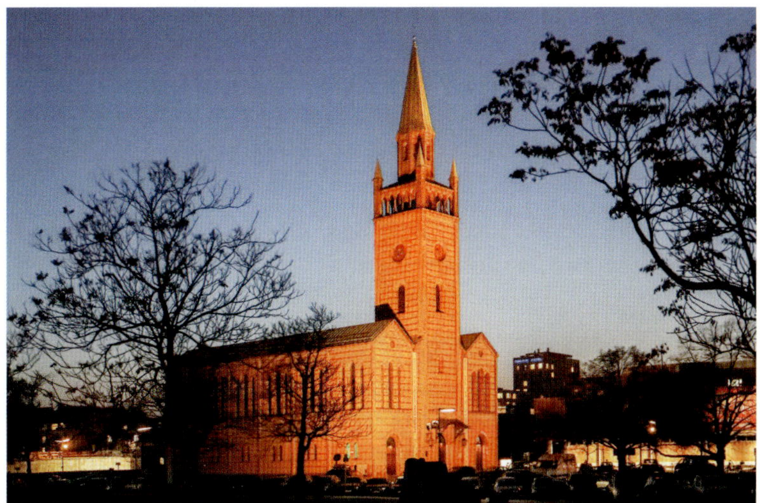

24 mm | f/5 | 1/60 Sek. | ISO 12800

◀ *Obwohl es schon ziemlich dunkel war, ließ sich die beleuchtete Kirche gut belichtet vor einem angenehm hellen Abendhimmel in Szene setzen.*

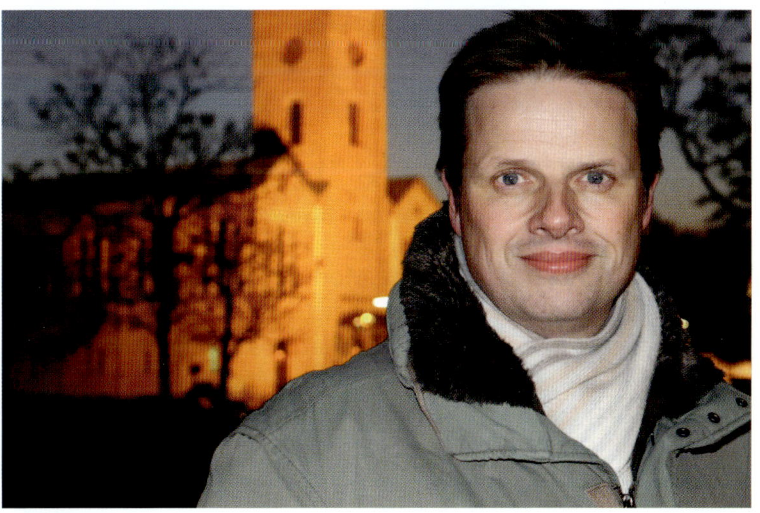

43 mm | f/5,6 | 1/20 Sek. | ISO 12800

◀ *Nachtporträt, aufgehellt mit dem internen Blitz der EOS M5.*

Unterbelichtung möglich

Wenn es sehr dunkel ist und Telebrennweiten verwendet werden, können unterbelichtete Bilder entstehen. Schalten Sie dann am besten in die Programmautomatik (P) um und verwenden Sie die Multi-Shot-Rauschreduzierung. Die Belichtungszeit wird dann zwar verlängert, aber dafür erhalten Sie ein korrekt belichtetes Foto. Um zu qualitativ hochwertigen Nachtaufnahmen mit mehr Schärfentiefe zu kommen, empfiehlt sich die Manuelle Belichtung (M), dann allerdings vom Stativ aus.

Optimaler Kontrast dank HDR-Gegenlicht

Im SCN-Programm *HDR-Gegenlicht* nimmt die EOS M5 automatisch drei unterschiedlich belichtete Fotos auf, die anschließend zu einem Bild verrechnet werden. Dadurch werden alle Helligkeitsbereiche besser durchzeichnet. Es entsteht ein harmonischer Gesamteindruck und überstrahlte Bereiche treten weniger häufig auf.

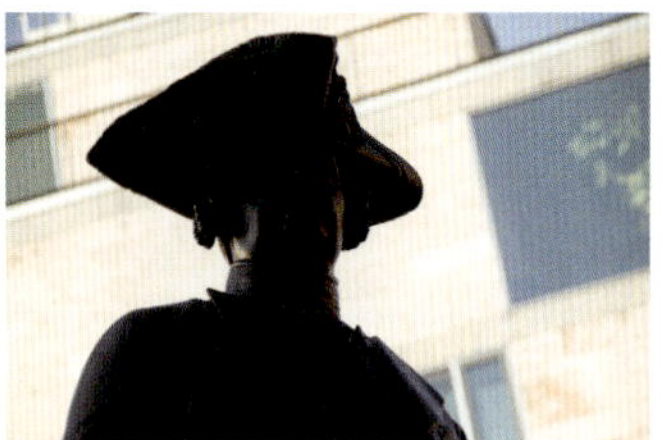

100 mm | f/6,3 | 1/160 Sek. | ISO 100

▲ *Mit der Programmautomatik (P) wurde die Figur zu dunkel dargestellt.*

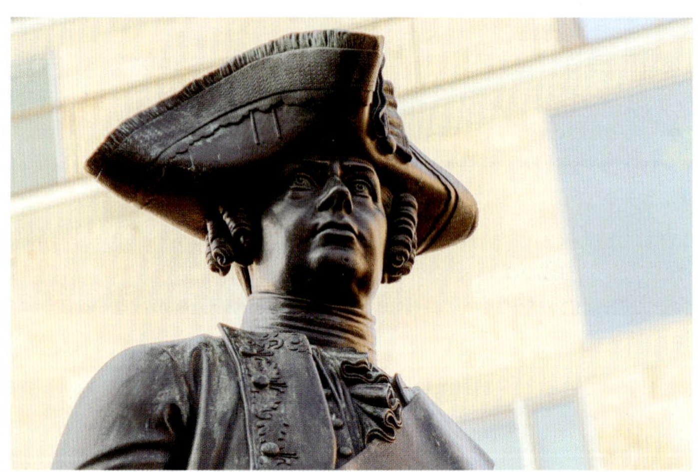

100 mm | f/6,3 | 1/320 Sek. | ISO 1000

▲ *Im Modus HDR-Gegenlicht ließen sich die dunkle Figur und der sehr helle Hintergrund gut durchzeichnet wiedergeben.*

Damit eignet sich dieser Modus vor allem für Aufnahmen bei hohem Kontrast oder Gegenlicht. Wenn Sie sich die beiden Vergleichsbilder hier anschauen, hat sich die HDR-Automatik auch in der Praxis wirklich gut geschlagen. Zu sehen ist auch, dass der Bildausschnitt bei HDR-Gegenlicht etwas enger ist, weil leichte Bildverschiebungen durch einen Randbeschnitt entfernt werden.

Bei starken Kameraschwankungen, oder wenn sich das Motiv bewegt, werden die Bilder allerdings nicht korrekt miteinander verschmolzen. Es entstehen Fotos mit mehr oder weniger deutlichem Unschärfeeindruck oder gedoppelten Motivrändern. Halten Sie die Kamera daher besonders ruhig und nehmen Sie statische Motive ins Visier.

Etwas schade finden wir, dass weder der interne Blitz noch externe Systemblitzgeräte gezündet werden können. Die Aufhellung eines Vordergrundmotivs mit Blitzlicht ist somit nicht möglich. Aber bei kleinen Objekten oder Porträts können Sie natürlich einen weißen oder silbernen Reflektor verwenden, um das natürliche Licht auf Ihr Objekt umzuleiten und es dadurch harmonisch aufzuhellen.

Weitere Möglichkeiten

Das HDR-Gegenlicht-Programm sorgt bei Gegenlicht zwar für eine bessere Durchzeichnung des Motivs. Mit richtigen HDR-Fotografien ist das aber nicht vergleichbar. Auf Seite 93 und 99 stellen wir Ihnen daher vor, wie Sie mit der Automatischen Belichtungsreihe oder dem HDR-Modus noch bessere HDR-Fotos realisieren können.

2.6 Kreative Filtereffekte einbauen

Der Einsatz der *Kreativfilter* macht uns immer wieder besonders viel Spaß. Die Bilder können anhand vorgewählter Filtertypen mehr oder weniger stark verfremdet werden. So entsteht im Nu der Eindruck einer Miniaturwelt oder einer Aufnahme aus einer Spielzeugkamera. Wählen Sie den Effekt einfach aus dem Schnellmenü Q oder im Aufnahmemenü 1 bei *Aufnahmemodus* aus. Je nach Filtertyp lassen sich zusätzliche Optionen einstellen.

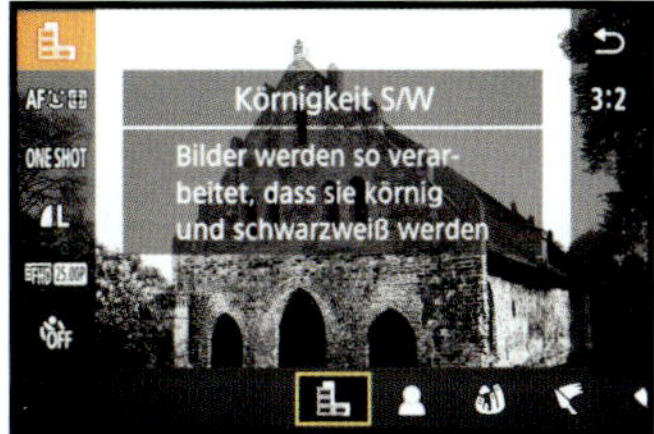

▲ *Kreativfilter im Schnellmenü auswählen.*

Denken Sie beim Einsatz der Kreativfilter daran, dass Sie gegebenenfalls ein Parallelfoto ohne Effekt mitspeichern. Alternativ können Sie einige, aber nicht alle Filtereffekte, auch nachträglich in der EOS M5 auf JPEG-Fotos anwenden, wie ab Seite 168 gezeigt. Wie sich die Filter auf das Bild auswirken, erfahren Sie in der folgenden Übersicht.

- Mit dem Effektfilter ***Körnigkeit S/W*** können Sie Ihre Motive im Schwarzweiß-Stil sehr schön wie alte Fotos wirken lassen. Über drei Stufen lässt sich mit dem Hauptwahlrad die Körnigkeit des Bildes erhöhen. Achten Sie gut auf die hellen und dunklen Bildbereiche, denn der Kontrast wird in der zweiten und dritten Effektstufe so stark angehoben, dass schnell zeichnungslose weiße und schwarze Flecken entstehen.

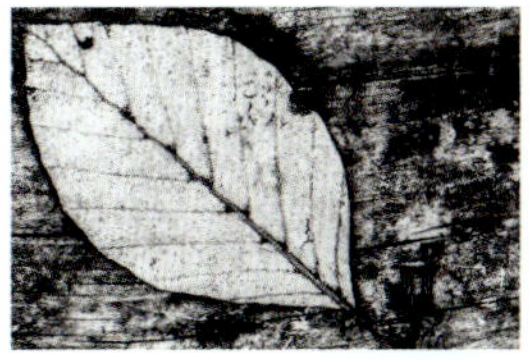

▲ *Körnigkeit S/W.*

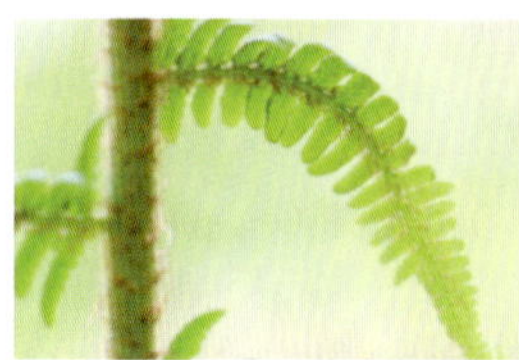

▲ *Weichzeichner.*

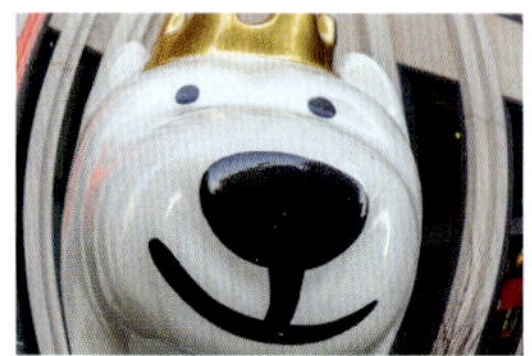

▲ *Fisheye-Effekt.*

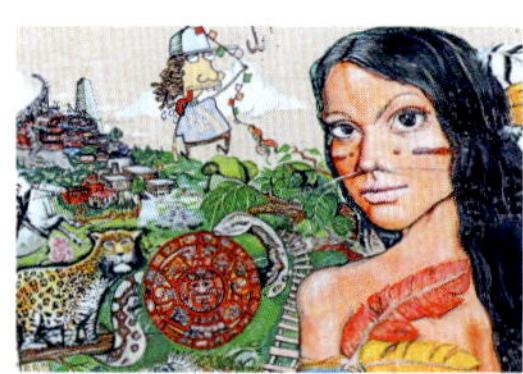

▲ *Ölgemälde-Effekt.*

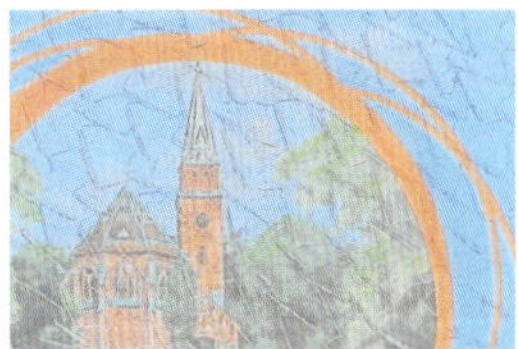

▲ *Aquarell-Effekt.*

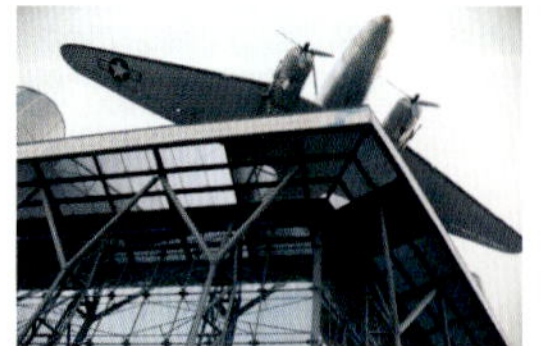

▲ *Spielzeugkamera-Effekt.*

- Der ***Weichzeichner*** verleiht Ihren Bildern ein sanftes, luftiges Aussehen, wobei Sie die Stärke der Weichzeichnung mit dem Hauptwahlrad in drei Stufen einstellen können. Der Effekt eignet sich beispielsweise für Blüten im romantischen Look. Aber auch Porträts lassen sich mit dem Weichzeichner gefühlvoll veredeln.
- Bei dem ***Fisheye-Effekt*** wird die Mitte des Bildes konzentrisch nach außen gewölbt, sodass der Eindruck entsteht, das Bild sei mit einem extremen Weitwinkelobjektiv, einem sogenannten Fischaugenobjektiv, aufgenommen worden. Über das Hauptwahlrad können Sie drei verschiedene Stärken einstellen.
- Mit dem ***Ölgemälde-Effekt*** wird das Bild sehr farbintensiv und mit hohem Kontrast aufgenommen. Dadurch wirkt das Foto ein wenig wie gemalt. Es können aber auch deutlich sichtbare helle Säume an den Kontrastkanten entstehen (Halo-Effekte). Außerdem kann sich das Bildrauschen auf wenig strukturierten Flächen verstärken. Mit dem Hauptwahlrad können Sie drei Effektstärken einstellen.
- Ähnlich einem gemalten Aquarell werden die Farben mit dem ***Aquarell-Effekt*** der EOS M5 blasser dargestellt und die Kontraste zurückgenommen. Variierbar mit dem Hauptwahlrad ist hierbei die Intensität der Farben. Da die Konturen und Farben der Bilder aber extrem blass aussehen können, ist je nach Geschmack eine nachträgliche leichte Kontrasterhöhung am Computer nicht verkehrt. Auch eignet sich dieser Stil nicht unbedingt für Nachtaufnahmen, da sich das Bildrauschen stark erhöhen kann und ungleichmäßige Farbabstufungen entstehen können.
- Der ***Spielzeugkamera-Effekt*** erzeugt Fotos mit stark abgedunkelten Bildecken. Diese Vignettierung lenkt einerseits den Blick des Betrachters auf das Bildzentrum und ist andererseits prima geeignet, um unschöne Artefakte am Bildrand, wie Straßenlaternen, Rohrleitungen oder Ähnliches aus dem Bild verschwinden zu lassen. Über das Hauptwahlrad haben Sie die Wahl zwischen drei Farbvarianten: ***Standard***, ***Warm*** (Gelb-Orange-Töne erhöht) und ***Kalt*** (stärkere Blaufärbung).

- Mit dem ***Miniatureffekt*** sehen Menschen, Fahrräder und Autos wie kleine Miniaturfiguren aus, die sich geschäftig auf ihren Straßen durch den Gebäudedschungel bewegen. Die Wirkung entsteht, weil nur ein schmaler Streifen scharf erkennbar ist und das Bild zu den Rändern hin extrem unscharf ausläuft. Beim Miniatureffekt können Sie ein paar Parameter selbst bestimmen. Wählen Sie dazu erst die ISO-Taste/-Touchfläche. Anschließend können Sie die Breite des scharfen Bildstreifens mit der INFO.-Taste/-Touchfläche bestimmen und die Position mit dem Einstellungs-Wahlrad oder durch Verschieben mit dem Finger wählen. Mit den Tasten ◀ ▶ lässt sich der scharfe Bildstreifen hochformatig positionieren und mit ▲ ▼ wieder querformatig. Bestätigen Sie alle Änderungen mit der Q/SET-Taste/-Touchfläche. Wenn Ihnen das voreingestellte 4:3-Seitenverhältnis nicht so ganz zusagt, können Sie im Schnellmenü auch auf das breitere 16:9-Format umstellen.

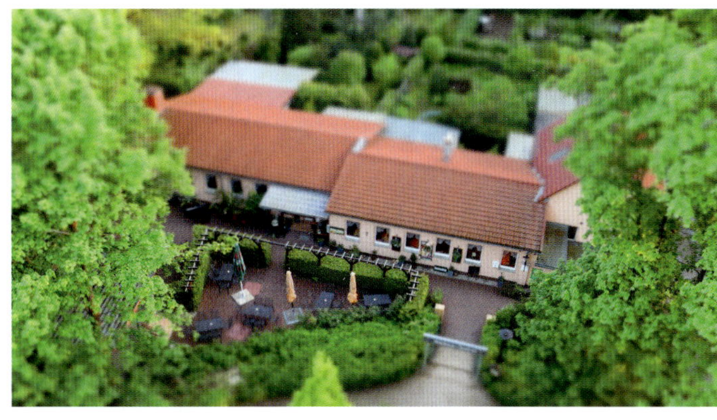

▲ *Miniatureffekt im Seitenverhältnis 16:9.*

Zeitrafferfilme im Miniaturmodus

Besonders lustig wird es, wenn Sie im Miniatureffekt-Modus die Movie-Taste betätigen. Die EOS M5 nimmt dann automatisch Zeitraffervideos auf, allerdings ohne Ton. Stellen Sie die Kamera dazu am besten auf ein Stativ. Die Geschwindigkeit können Sie mit dem Hauptwahlrad festlegen (5×, 10× oder 20×). Je höher der Beschleunigungsfaktor, desto rasanter wuseln die Autos, Menschen & Co. durchs Bild, desto länger muss der Film aber auch dauern, um genügend Material für das Zeitraffervideo zu erhalten. Im Seitenverhältnis 16:9 erhalten Sie HD-Videos mit einer Auflösung von 1280 × 720 Pixeln.

Geschwindigkeit	5×	10×	20×
Aufnahmezeit	5 Min.	5 Min.	5 Min.
Wiedergabezeit	circa 1 Min.	circa 30 Sek.	circa 15 Sek.

▲ *Aufnahme- und Wiedergabezeit in Abhängigkeit vom Geschwindigkeitsfaktor.*

2.7 Wiedergabe, Schützen und Löschen

Nachdem Sie mit Ihrer EOS M5 eine Menge Bilder aufgenommen haben, steht ganz klar die Präsentation der Motive und Szenen auf dem Plan, egal ob alleine im stillen Kämmerlein oder mit der Familie, Freunden und Bekannten am großen Flachbild-TV. Im Folgenden zeigen wir Ihnen, welche Möglichkeiten Sie hierbei haben.

Wiedergabe von Einzelbildern

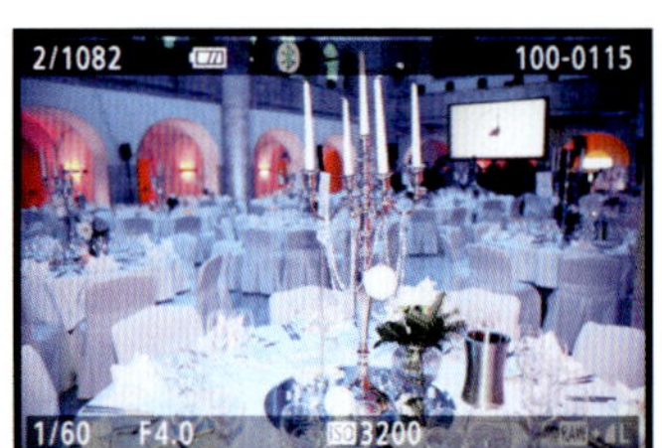

▲ *Einzelbildwiedergabe: Mit der INFO.-Taste können Sie zwischen den verschiedenen Anzeigeformen mit und ohne eingeblendeten Aufnahmewerten wechseln.*

Für die Betrachtung der Fotos und Movies auf der Speicherkarte starten Sie die Wiedergabe mit der Taste ▶. Das funktioniert auch, wenn sich die EOS M5 zuvor automatisch abgeschaltet hat, der Hauptschalter aber noch auf *ON* steht. Anschließend können Sie mit dem Einstellungs-Wahlrad, den Tasten ◀ ▶ oder durch horizontaler Wischen mit dem Finger über den Monitor von Bild zu Bild springen und alle Aufnahmen in Augenschein nehmen.

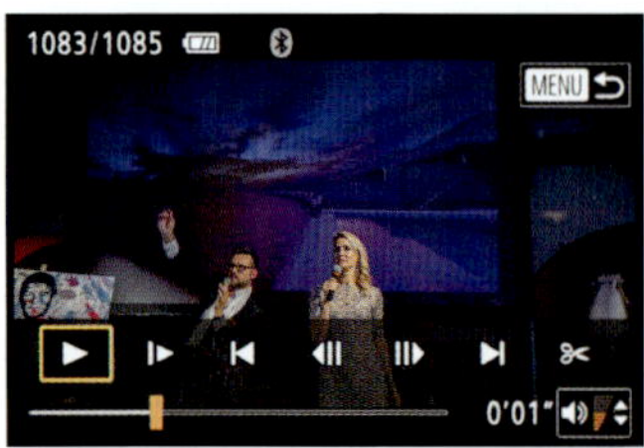

▲ *Filmsteuerung.*

Movies erkennen Sie an der Schaltfläche ▶ in der Monitormitte. Tippen Sie diese einfach mit dem Finger an, um den Film direkt zu starten. Alternativ können Sie die Q/SET-Taste drücken und den Menübildschirm *Movie abspielen* ebenfalls mit Q/SET bestätigen. Die Lautstärke lässt sich mit den Tasten ▲ ▼ regulieren und die Movie-Wiedergabe bei Bedarf mit der Q/SET-Taste oder durch Antippen des Monitors auch pausieren. Um die Wiedergabeansicht wieder zu verlassen, drücken Sie die Wiedergabetaste erneut oder tippen einfach den Auslöser an.

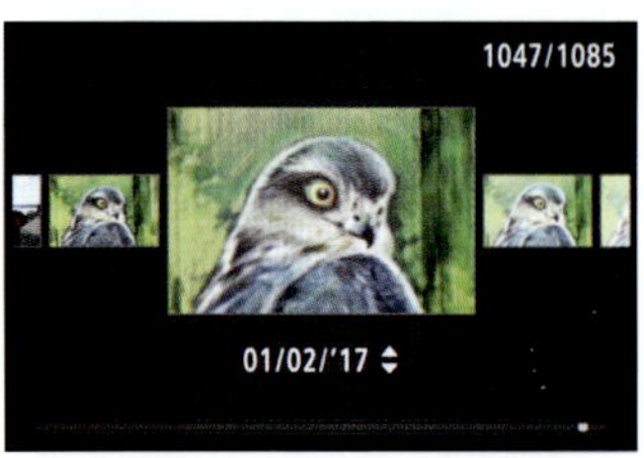

▲ *Scroll-Ansicht mit der Möglichkeit, ein bestimmtes Datum aufzurufen.*

Wenn Sie schneller durch den Bildbestand scrollen möchten, halten Sie die Tasten ◀ oder ▶ gedrückt oder wischen schneller mit dem Finger über den Monitor. Die Bilder werden dann in der Scroll-Anzeige verkleinert aufgelistet. Mit den Tasten ▲ ▼ oder durch Wischen mit dem Finger nach oben oder unten können Sie nun auch von Datum zu Datum springen. Wenn Sie diese Anzeigeform nicht nutzen möchten, lässt sie sich im Wiedergabemenü 4 ▶ bei *Anz. scrollen* aber auch deaktivieren.

Mit dem Hauptwahlrad oder durch horizontales Wischen mit zwei Fingern über den Monitor lässt sich der Bildbestand in Sprungabständen von einem 1, zehn 10 oder 100 Bildern 100 oder nach den Kriterien Aufnahmedatum oder Bewertung ★ durchforsten. Das Kriterium können Sie festlegen, indem Sie einmal kurz das Hauptwahlrad andrehen und dann die Taste ▲ oder ▼ drücken. Alternativ navigieren Sie im Wiedergabemenü 5 ▶ zur Option *Bildsprung mit* .

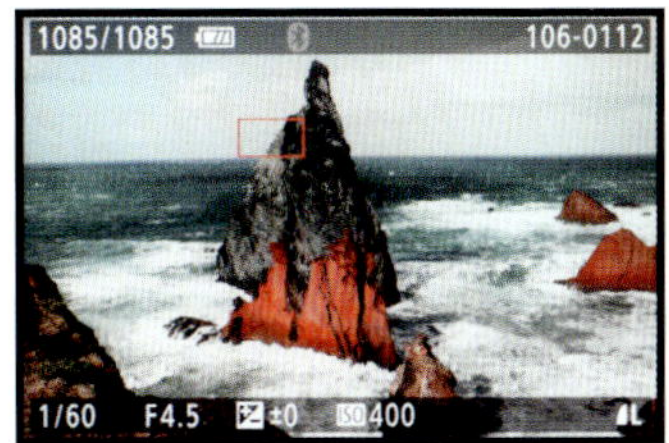

▲ *Ein AF-Messfeld hat dieses Motiv scharf gestellt.*

Möglich ist auch, sich die AF-Messfelder anzeigen zu lassen, die die EOS M5 zum Zeitpunkt des Auslösens verwendet hat, und zwar sowohl bei Sucher- als auch bei Livebildaufnahmen. Aktivieren Sie hierzu im Wiedergabemenü 4 ▶ die Option *AF-Feldanzeige*.

Die Wiedergabe individualisieren

Wer die Bilder nach der Aufnahme häufig kontrolliert, ist am besten damit beraten, dass beim Wiedergabestart stets das zuletzt aufgenommene Foto erscheint. Dazu stellen Sie im Wiedergabemenü 5 ▶ bei ***Wiedergabe*** die Option ***Letzte Aufn*** ein. Im Wiedergabemenü 4 ▶ bei ***Übergangseffekt*** können Sie zudem festlegen, ob die Bilder mit oder ohne Überblendung präsentiert werden sollen. Im selben Menü bei ***Autom. Drehen*** bestimmen Sie, ob Fotos im Hochformat auch als solche gezeigt werden. Da die EOS M5 die Fotos monitorfüllend anzeigt, wenn Sie die Kamera ins Hochformat drehen, spricht nichts dagegen, die Funktion aktiviert zu lassen.

Detaillierte Informationsanzeige

Falls Sie neben der Bildansicht noch genauer wissen möchten, mit welchen Einstellungen die Aufnahme gemacht wurde, oder Sie die Belichtung anhand des Histogramms kontrollieren wollen, ist auch das kein Problem. Drücken Sie die INFO.-Taste so oft, bis die Ansicht der detaillierten Aufnahmeinformationen erscheint. Je nach Aufnahmeprogramm ändern sich die zugehörige Informationen etwas. Es sind also nicht immer alle Einträge vorhanden oder tauchen an der gleichen Stelle auf.

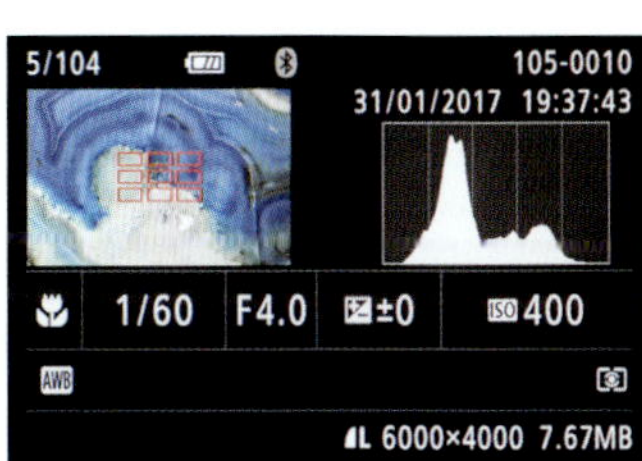

▲ *Detaillierte Informationsanzeige.*

Im Wiedergabemenü 4 ▶ bei *Auf d. Infobildschirm wiedergeb.* können Sie festlegen, welche der sechs verfügbaren Informationsanzeigen mit der INFO.-Taste aufrufbar sein sollen: Grundinformationen (1), Details mit Histogramm (2), RGB-Histogramm (3), Weißabgleichinformationen (4), Bildstildaten (5), Rauschreduzierungsin-

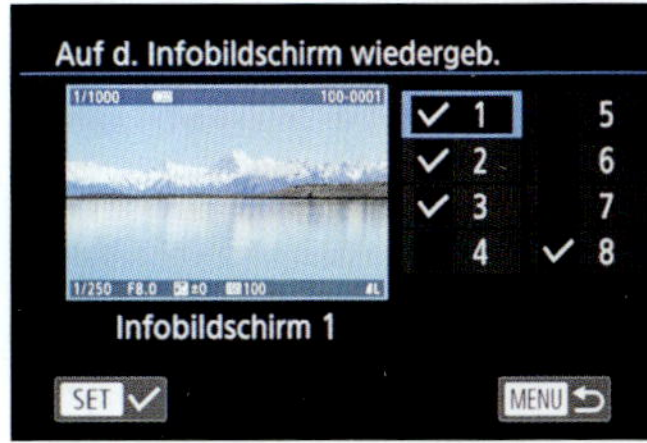

▲ *Auswahl der aufrufbaren Infobildschirme.*

formationen (6), Objektivkorrekturdaten (7) und GPS-Informationen (8). Um nicht zu oft die INFO.-Taste drücken zu müssen, sind bei uns die Infobildschirme 4, 5, 6 und 7 deaktiviert.

Vom Bildindex bis zur vergrößerten Kontrollansicht

Eine Übersicht über den Bildbestand lässt sich mit dem *Bildindex* aufrufen. Drehen Sie dazu das DIAL/FUNC.-Rad nach links. Es werden erst 6 dann 12, 42 und schließlich 110 Bilder gleichzeitig am Monitor präsentiert. Alternativ ziehen Sie einfach Daumen und Zeigefinger auf dem Touchscreen-Monitor zusammen.

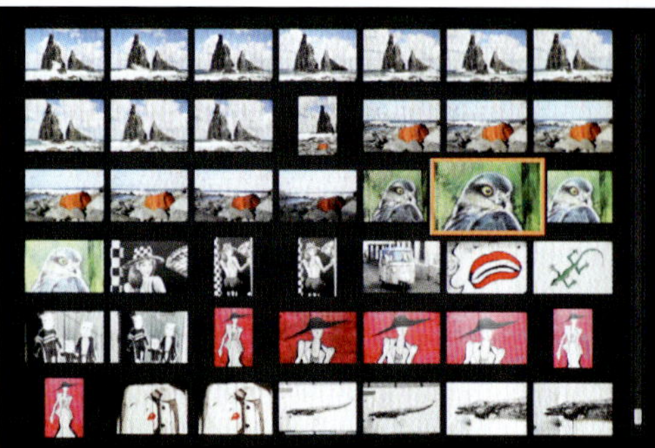

▲ *Bildindex mit 42 Bildern.*

Wenn Sie nun am Einstellungs-Wahlrad drehen oder mit dem Finger nach oben oder unten über den Monitor wischen, gelangen Sie in der jeweiligen Indexstufe von Bildset zu Bildset. Dies ermöglicht ein schnelles Durchforsten der gespeicherten Bilder und Movies. Um ein Bild in die Vollbildansicht aufzurufen, steuern Sie es mit den Tasten ▲▼◀▶ an und drücken die Q/SET-Taste oder tippen es mit dem Finger an.

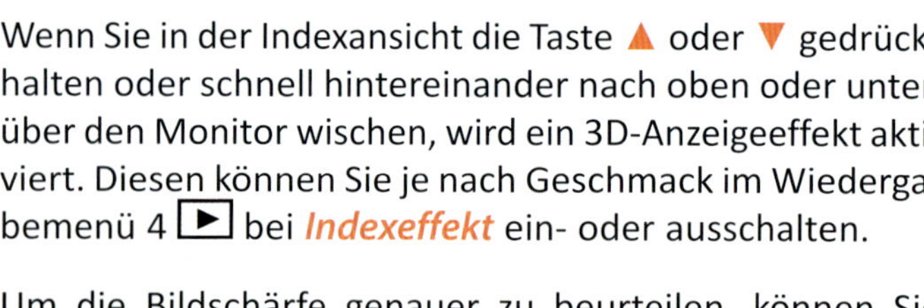

Wenn Sie in der Indexansicht die Taste ▲ oder ▼ gedrückt halten oder schnell hintereinander nach oben oder unten über den Monitor wischen, wird ein 3D-Anzeigeeffekt aktiviert. Diesen können Sie je nach Geschmack im Wiedergabemenü 4 ▶ bei *Indexeffekt* ein- oder ausschalten.

Um die Bildschärfe genauer zu beurteilen, können Sie in das Bild hineinzoomen, indem Sie das DIAL/FUNC.-Rad nach rechts in Richtunger Lupe drehen oder zwei Finger auf dem Monitor auseinanderziehen. Möglich ist auch, zweimal kurz hintereinander auf den Monitor zu tippen und so eine 3-fache Vergrößerung aufzurufen. In der vergrößerten Ansicht lässt sich der Bildausschnitt mit den Tasten ▲▼◀▶ oder mit dem Finger an die gewünschte Stelle verschieben.

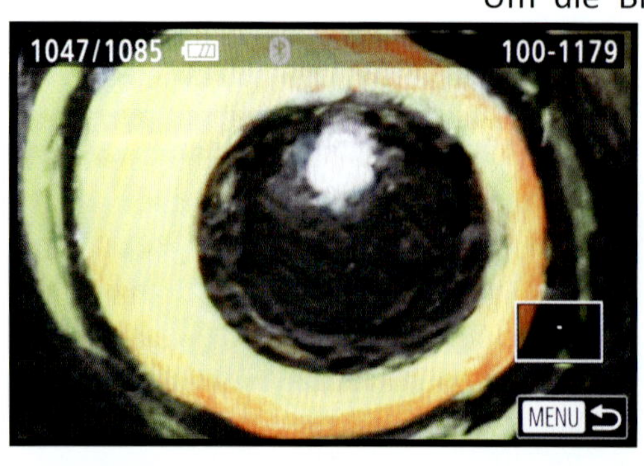

▲ *Maximale Vergrößerung.*

Mit welchem Faktor Ihre EOS M5 die Bilder beim ersten Dreh am DIAL/FUNC.-Rad  in Richtung Lupe anzeigen soll, können Sie im Wiedergabemenü 5 bei *Vergrößerung(ca.)* festlegen. Wir haben uns für *Tatsächl. Größe (ausgew. Pkt.)* entschieden, weil sich in dieser Vergrößerung die Schärfe gut beurteilen lässt. Mit der Q/SET-Taste/-Touchfläche lässt sich dann auch gleich die fokussierte Stelle ansteuern. Bei erkannten Gesichtern wird das primär fokussierte Gesicht in die Bildmitte gerufen.

Um in der vergrößerten Ansicht von Bild zu Bild zu springen, drehen Sie am Hauptwahlrad, und mit der MENU-Taste/-Touchfläche gelangen Sie schnell wieder zur Einzelbildanzeige zurück.

Bedienung ändern

Geht Ihnen die Bedienung mit dem DIAL/FUNC.-Rad nicht so flüssig von der Hand? Dann können Sie zum Vergrößern alternativ die Sterntaste ✱ verwenden und für den Bildindex die Taste zur AF-Rahmenauswahl. Voraussetzung ist, dass im Wiedergabemenü 5 bei *Gr: ✱* die Vorgabe *Aktiv.* gewählt ist.

Bildsuche nach bestimmten Kriterien

Ihre EOS M5 ist in der Lage, Bilder und Movies automatisch vier Kategorien zuzuordnen: *Bewertung* ★, *Aufnahmedatum*, *Foto/Movie* und *Menschen* (Bilder mit erkannten Gesichtern). Die einer bestimmten Kategorie zugehörigen Fotos oder Movies können gezielt ausgewählt und unabhängig von allen anderen betrachtet werden. Öffnen Sie dazu in der Wiedergabeansicht das Schnellmenü und bestätigen Sie die Option *Bildsuche* mit der Q/SET-Taste oder durch Antippen der Touchfläche SET am unteren Monitorrand. Alternativ können Sie auch im Wiedergabemenü 2 die Option *Bildsuche* aufrufen.

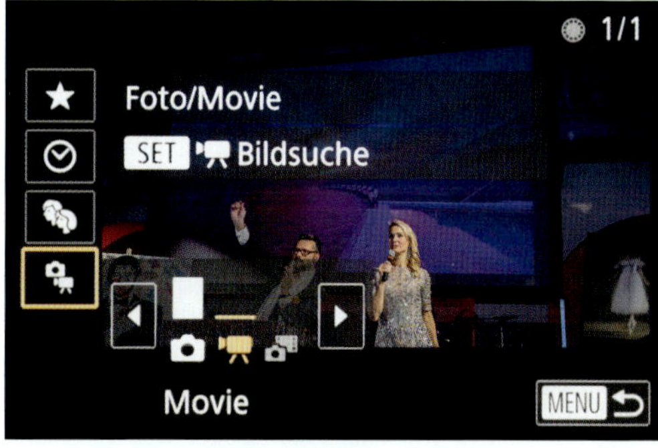

▲ *Schnell alle Movies auf der Speicherkarte finden.*

Wählen Sie anschließend die gewünschte Kategorie aus. Wenn Sie sich für Bewertung ★, Aufnahmedatum oder Foto/Movie entscheiden, legen Sie anschließend mit den Tasten ◄► eine Bewertungshöhe, ein bestimmtes Datum oder einen bestimmten Dateityp als Suchkriterium fest. Mit der Q/SET-Taste werden Ihnen nun alle ausgewählten Bilder, Filme oder Filmtagebücher präsentiert, erkennbar an der gelben Monitorumrahmung, und Sie können wie gewohnt Bild für Bild betrachten. Um die Bildsuche zu beenden, drücken Sie zweimal hintereinander die Q/SET-Taste oder tippen einfach den Auslöser an.

Filmtagebücher wiederfinden

Die im Modus Hybrid Auto  aufgenommenen Filmtagebücher können auch gezielt über das Wiedergabemenü 2 und die Option *Filmt.b. aufl./wied.g.* ausgewählt werden. Markieren Sie im nächsten Menüfenster das gewünschte Filmtagebuch und starten Sie die Präsentation mit der Q/SET-Taste oder durch Antippen.

Favoritensterne vergeben

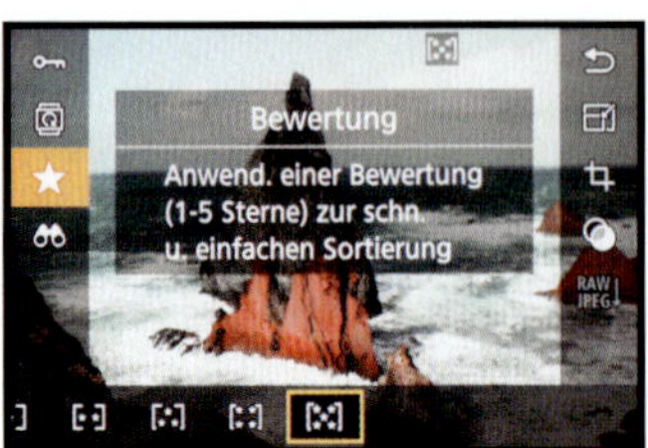

▲ *Bildbewertung im Schnellmenü.*

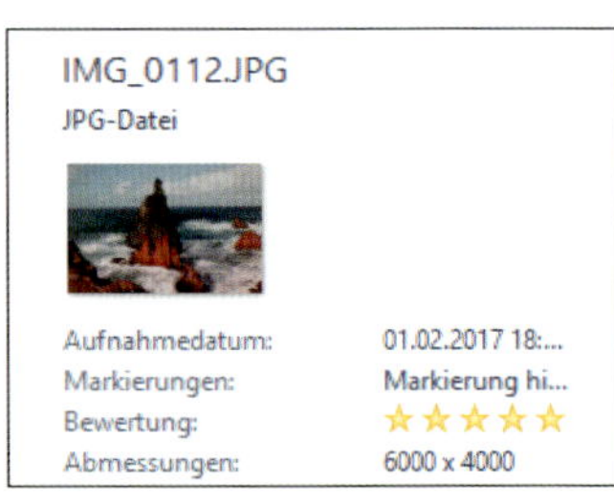

▲ *Das mit fünf Sternen bewertete Bild im Windows-Explorer.*

Eine praktische Möglichkeit, die besten Bilder des Tages bereits in der EOS M5 als solche zu markieren und sie später schnell wiederzufinden, bietet das kamerainterne Bewertungssystem. Bis zu fünf Sterne können hier vergeben werden.

Rufen Sie das Bild dazu in der Wiedergabeansicht auf und öffnen Sie das Schnellmenü. Wählen Sie das Symbol ★ aus und stellen Sie mit dem Hauptwahlrad oder per Fingertipp die gewünschte Sternanzahl ein. Alternativ lässt sich die Vergabe der Sterne auch im Wiedergabemenü 1 ▶ bei *Bewertung* durchführen.

Führen Sie die Bewertung am besten nur für die wirklichen Topaufnahmen und maximal noch die zweitbesten Fotos durch, sonst wird die Aktion schnell sehr zeitaufwändig. Wenn Sie die markierten Fotos auf einen Computer mit dem Betriebssystem Windows Vista, 7, 8 oder 10 übertragen, wird die Bewertung übernommen.

Bildpräsentation als Diaschau

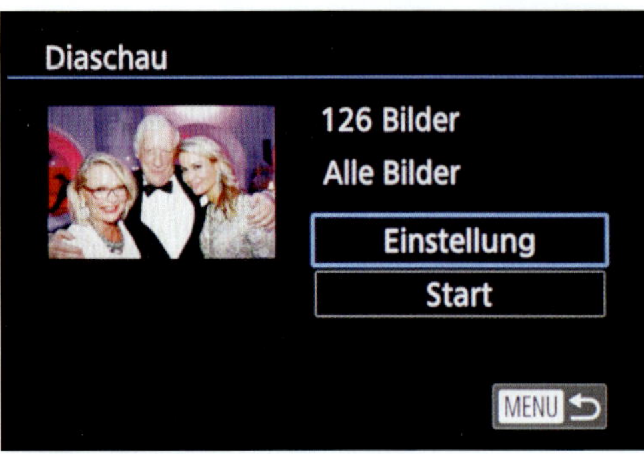

▲ *Vorbereiten der Diaschaupräsentation.*

Die Diashow-Funktion der EOS M5 kommt gerade recht, wenn es um die Präsentation der schönsten Bilder und Filme am Computer oder dem Fernseher geht. Steuern Sie dazu im Wiedergabemenü 1 ▶ die Option *Diaschau* an. Um die Schau direkt zu beginnen, bestätigen Sie die Schaltfläche *Start* mit der Q/SET-Taste oder durch Antippen. Mit den Tasten ◀ ▶ können Sie manuell von Bild zu Bild springen oder durch Halten der Tasten einen schnellen Durchlauf starten. Mit der Q/SET-Taste wird die Schau pausiert und mit der MENU-Taste oder durch Antippen des Monitors ganz beendet.

Wenn Sie vor dem Diaschaustart die Option *Einstellung* wählen, können Sie zudem die *Abspieldauer* der Bilder festlegen (30 Sek. maximal). Soll die Diaschau nach dem letzten Foto wieder von vorne beginnen, aktivieren Sie den Eintrag *Wiederholen*. Mit aktiviertem *Effekt* werden die Bilder animiert eingeblendet.

Um nur bestimmte Bilder zu zeigen, wählen Sie die Aufnahmen anhand der Bildsuche aus dem vorigen Abschnitt sortiert nach Bewertung, Datum, Menschen oder Dateityp aus. Anschließend starten Sie die Diaschau aus dieser gefilterten Wiedergabe heraus.

Bilder am Fernseher wiedergeben

Besonders eindrucksvoll wirken die Bilder am großen TV-Bildschirm. Bei modernen Flachbild-TV-Geräten benötigen Sie hierfür ein maximal 2,5 m langes Micro-HDMI-Kabel mit einem kameraseitigen Micro-Stecker vom Typ D und einem TV-seitigen Stecker vom Typ A.

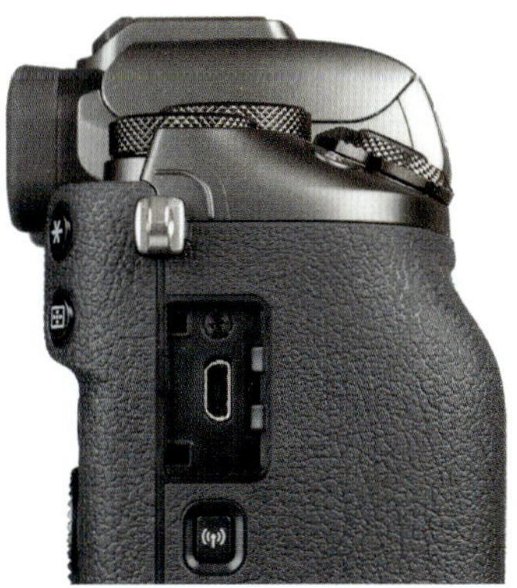

▲ *Kameraseitiger HDMI-Anschluss.*

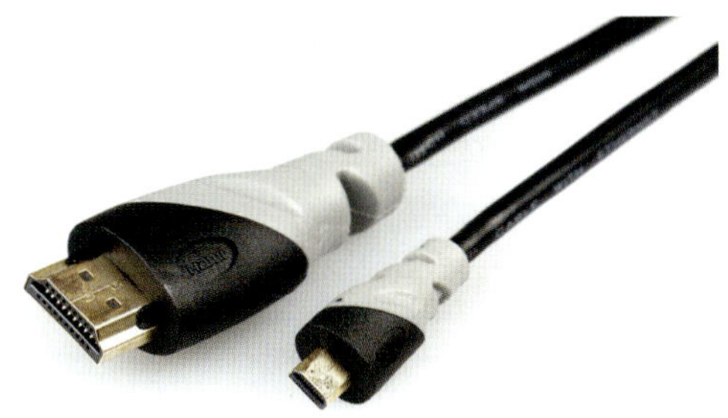

▲ *Micro-HDMI-Kabel mit HDMI-Anschluss Typ A (Fernseher) zu Micro-Anschluss Typ D (Kamera).*

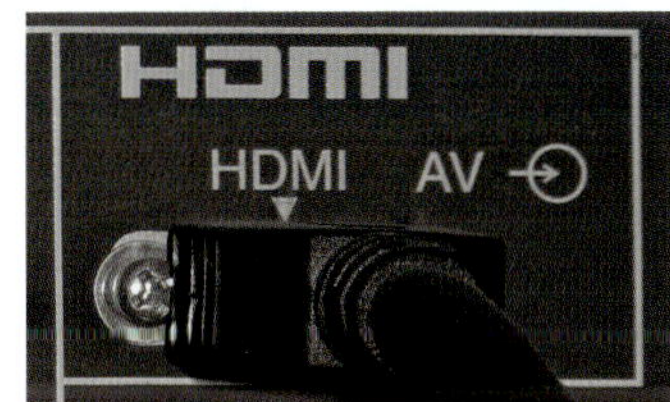

▲ *HDMI-Anschluss am Fernseher.*

Schalten Sie nun als erstes die EOS M5 und den Fernseher aus, schließen Sie den HDMI-Microstecker am HDMI-Ausgang Ihrer Kamera und das größere HDMI-Ende am entsprechenden Eingang des TV-Geräts an. Schalten Sie dann den Fernseher ein und wählen Sie den Kanal, der den verwendeten Anschlussbuchsen zugeordnet ist (hier: *HDMI*). Anschließend schalten Sie die EOS M5 wieder ein und starten die Bildansicht mit der Wiedergabetaste ▶. Nun können Sie die Bilder oder Videos einzeln aufrufen oder, wie zuvor gezeigt, eine Bildwiedergabe als Diaschau starten.

Schutz vor versehentlichem Löschen

Stellen Sie sich vor, Sie konnten einen ganz besonderen Moment mit Ihrer EOS M5 festhalten. Nichts wäre ärgerlicher, als wenn diese Fotos oder Movies versehentlich gelöscht würden. Um dies zu verhindern, können Sie die Dateien mit einem Schutzstatus versehen.

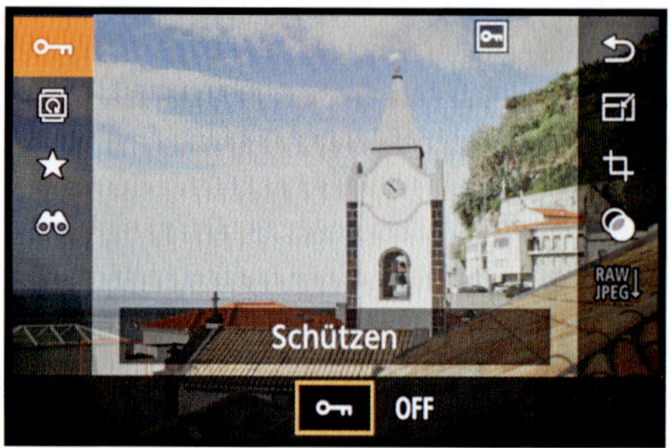

▲ *Ausgewähltes Bild über das Schnellmenü schützen.*

Suchen Sie sich das Bild oder den Film dazu im Wiedergabemodus aus. Öffnen Sie anschließend das Schnellmenü und navigieren Sie zum Schlüsselsymbol **O┳**. Wählen Sie die Schaltfläche ***Schützen*** aus und schon wird die Datei mit einem Schutzstatus versehen. Sie kann mit den normalen Löschfunktionen nun nicht mehr entfernt werden. Es sei denn, Sie formatieren die Speicherkart. Dann werden auch die geschützten Bilder gelöscht. Nutzen Sie daher besser die nachfolgend beschriebenen Löschfunktionen, wenn Sie alle nicht mehr benötigten Fotos in einem Schritt entfernen möchten und nur die geschützten Dateien behalten wollen.

Wenn Sie mehrere Bilder oder Movies schützen möchten, navigieren Sie im Wiedergabemenü 1 ▶ zur Option ***Bilder schützen***. Entscheiden Sie sich dann für ***Wählen***, um einzelne Dateien mit der Q/SET-Taste zu schützen. Mit ***Bereich wählen*** oder ***Alle Bilder schützen*** können gleich mehrere Dateien am Stück geschützt werden. Umgekehrt lässt sich der Schutz auch wieder aufheben, indem Sie ***Nicht alle Bilder schützen*** wählen. Alle Dateien auf der Speicherkarte verlieren ihren Schutzstatus dadurch wieder.

Bilder und Movies sicher löschen

Es liegt in der Natur der Sache, dass nicht jede Aufnahme gelingt. Daher ist es sinnvoll, die eindeutig vermasselten

Fotos oder Movies gleich in der EOS M5 zu löschen. Um einzelne Dateien zu verwerfen, rufen Sie die Bilder oder Movies in der Wiedergabe auf und drücken dann einfach die Löschtaste 🗑. Anschließend bestätigen Sie die Schaltfläche für den jeweiligen Dateityp (RAW, JPEG oder beide), und schon ist die zugehörige Datei verschwunden. Zum Löschen mehrerer Bilder öffnen Sie im Wiedergabemenü 1 ▶ den Eintrag ***Löschen***. Bestätigen Sie darin die Rubrik ***Wählen***, ***Bereich wählen*** oder ***Auswahl aller Bilder***. Denken Sie daran, dass alle geschützten Bilder erhalten bleiben. Um diese zu löschen, müssen Sie den Schutzstatus vorab wieder aufheben.

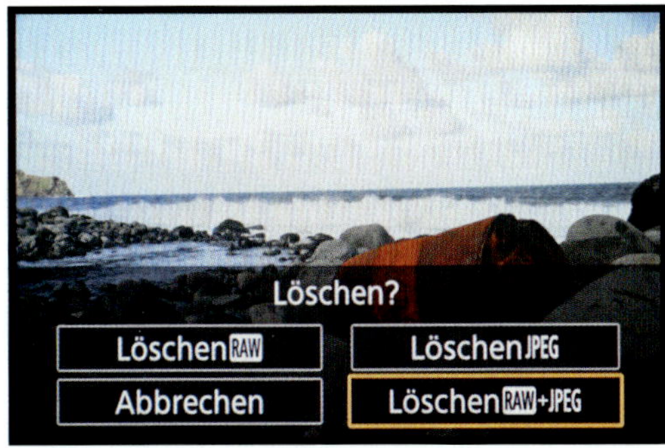

▲ *Entfernen eines misslungenen Bildes mit der Löschtaste.*

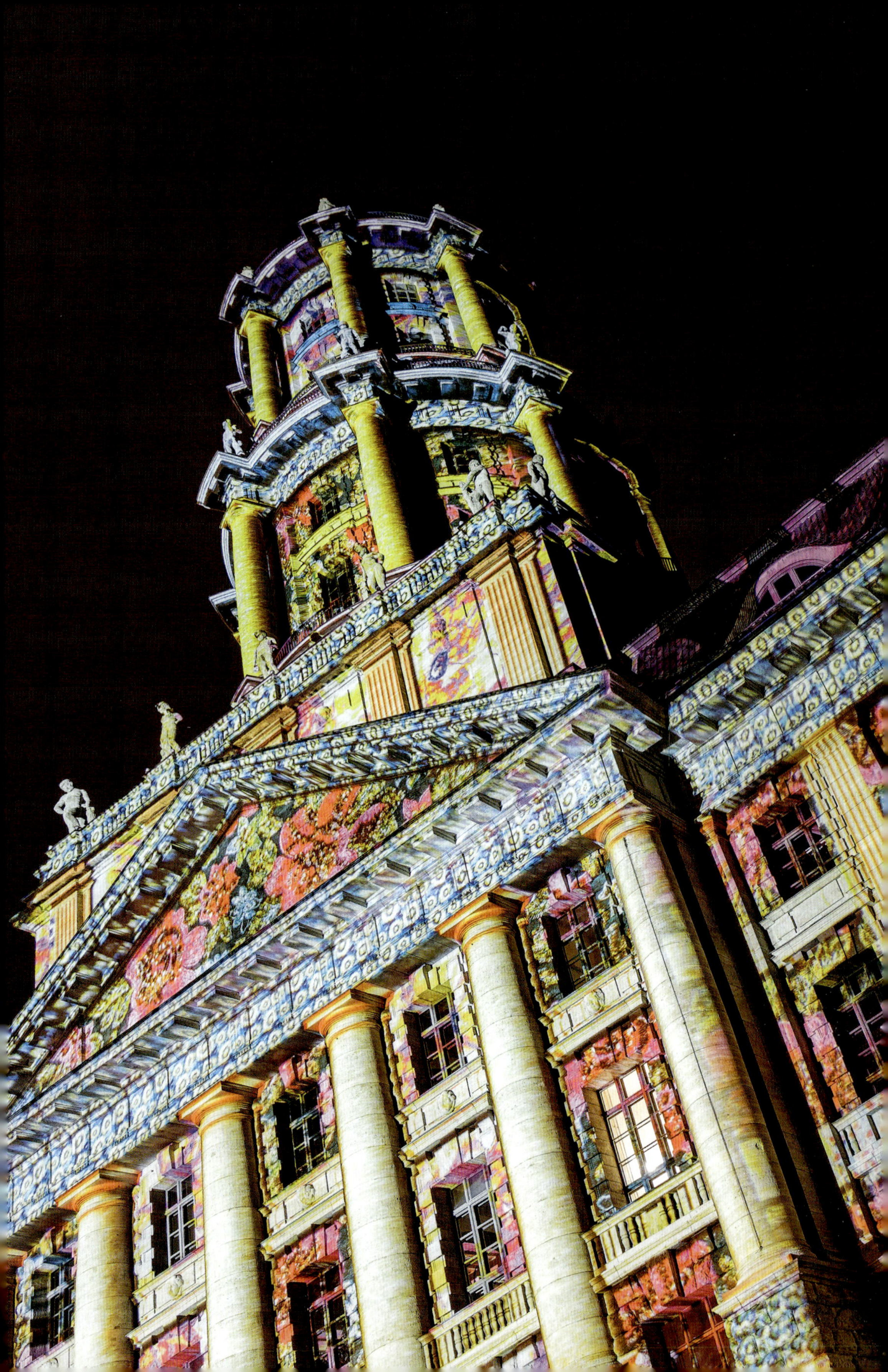

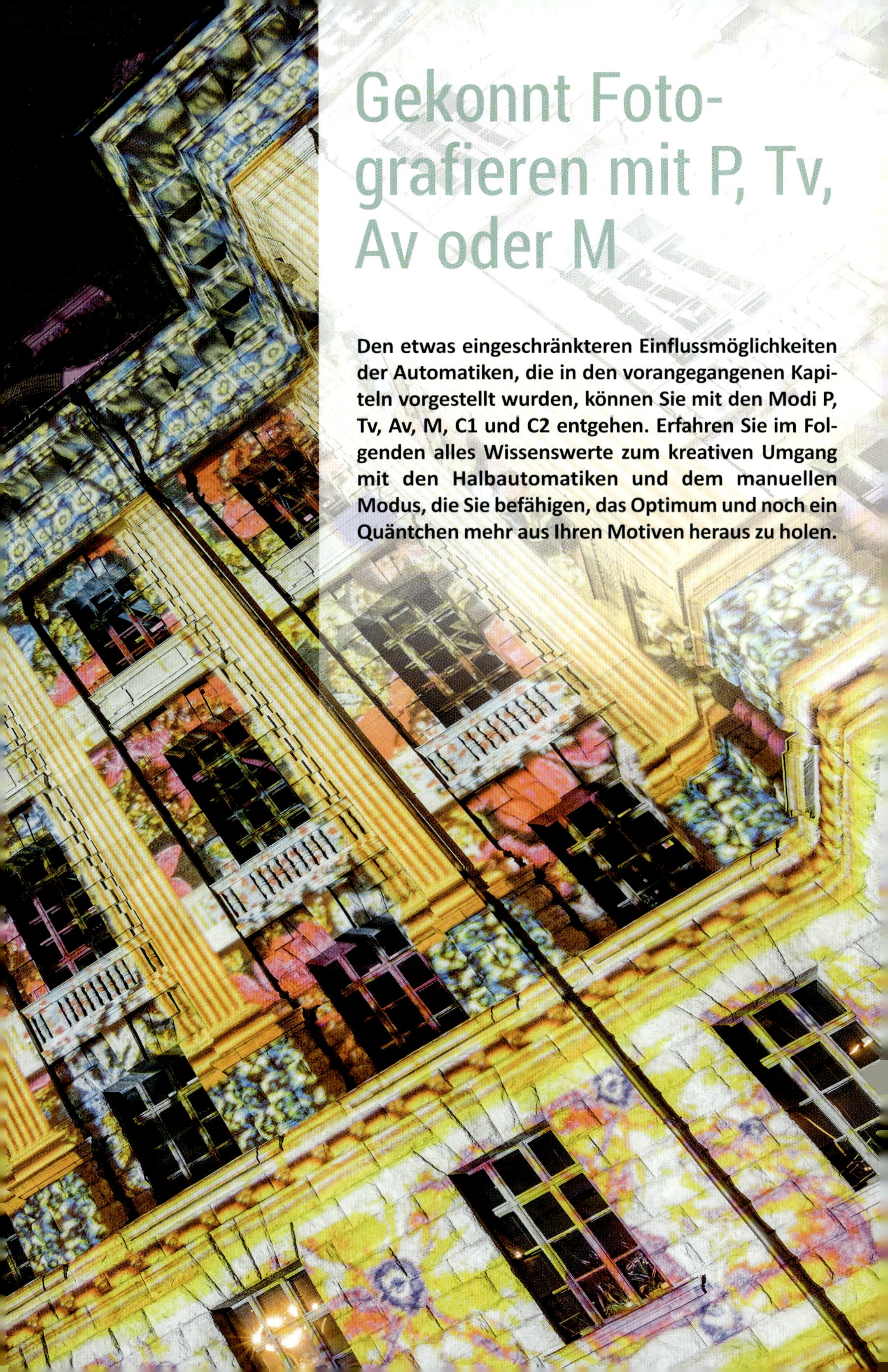

Gekonnt Fotografieren mit P, Tv, Av oder M

Den etwas eingeschränkteren Einflussmöglichkeiten der Automatiken, die in den vorangegangenen Kapiteln vorgestellt wurden, können Sie mit den Modi P, Tv, Av, M, C1 und C2 entgehen. Erfahren Sie im Folgenden alles Wissenswerte zum kreativen Umgang mit den Halbautomatiken und dem manuellen Modus, die Sie befähigen, das Optimum und noch ein Quäntchen mehr aus Ihren Motiven heraus zu holen.

3.1 Programmautomatik für spontane Situationen

Die *Programmautomatik* (*P*) ist prima für Schnappschüsse geeignet, da in diesem Modus alle Belichtungseinstellungen automatisch gesetzt werden. Gegenüber den Automatiken besteht jedoch der große Vorteil, dass Sie die Lichtempfindlichkeit des Sensors (ISO-Wert), die Autofokussteuerung und vieles mehr individuell anpassen können. Die Programmautomatik bietet sich somit an, wenn Sie gerne spontan fotografieren, die Rahmenbedingungen aber etwas stärker beeinflussen möchten.

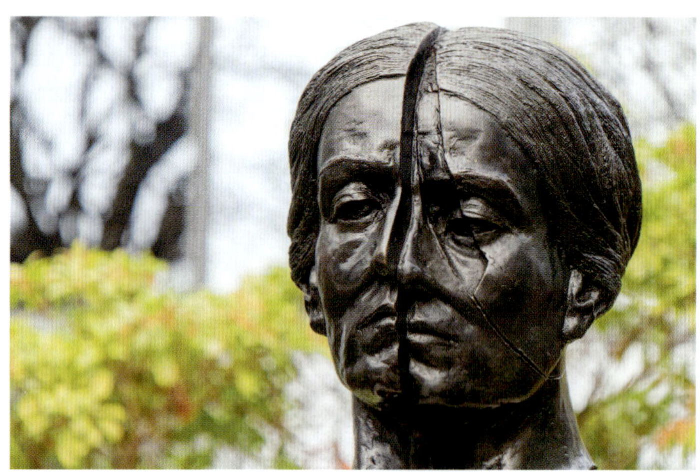

111 mm | f/6,3 | 1/125 Sek. | ISO 1600 | +1/3

▶ *Mithilfe des Programmwechsels konnte die Schärfentiefe des Bildes verringert warden, sodass sich die Edith-Stein-Büste vor einem unscharfen Hintergrund prägnant hervorhebt.*

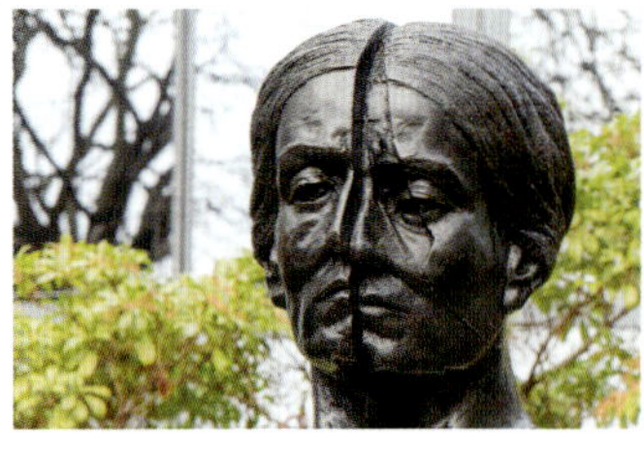

111 mm | f/16 | 1/20 Sek. | ISO 1600 | +1/3

▲ *Durch Erhöhen des Blendenwerts erzielten wir einen schärferen Hintergrund, von dem sich die Büste aber weniger gut abhebt.*

Passen Sie beispielsweise auch die Kombination aus Belichtungszeit und Blendenwert flexibel an Ihr Motiv an. Um einen solchen *Programmwechsel* durchzuführen, richten Sie zuerst den Bildausschnitt ein und behalten Sie ihn bei, sonst kann es im weiteren Verlauf schnell zu Fehlbelichtungen kommen. Speichern Sie anschließend die Belichtung mit der Sterntaste ✱. Jetzt können Sie die Zeit-Blende-Kombination mit dem Hauptwahlrad verändern und anschließend mehrere Bilder damit aufnehmen.

Nach rechts gedreht verkürzt sich die Belichtungszeit und der Blendenwert sinkt. Auf diese Weise setzen Sie die Schärfentiefe herab, was einer schönen Motivfreistellung vor einem diffusen Hintergrund zugutekommt. Die verkürzte Zeit kann aber auch nützlich sein, um bewegte Motive, wie spielende Kinder oder Tiere, scharf auf den Sensor zu bekommen.

Im Gegenzug können Sie die Schärfentiefe mit dem Drehen des Hauptwahlrads nach links steigern, indem Sie den Blendenwert erhöhen. Bei Landschafts- und Architekturmotiven wäre das beispielsweise ganz passend. Die gleichzeitig verlängerte Belichtungszeit kann aber auch für spannende Wischeffekte im Bild sorgen, denken Sie an verwischtes fließendes Wasser.

Ein solcher *Programmwechsel* ist aber kein Muss. Er bleibt auch nur so lange aufrecht bis die EOS M5 den Monitor automatisch ausschaltet. Daher ist es sinnvoll, im Einstellungsmenü 2 bei *Stromsparmodus* und *Display aus* und *auto.Abschalt* längere Zeiten zu wählen, zum Beispiel 3 Minuten und 5 Minuten. Der Programmwechsel wird auch verworfen, sobald Sie das Schnellmenü oder Menü aufrufen. Für mehrere Bilder mit der gleichen individuellen Zeit- oder Blendeneinstellung sind die Modi Tv, Av oder M besser geeignet.

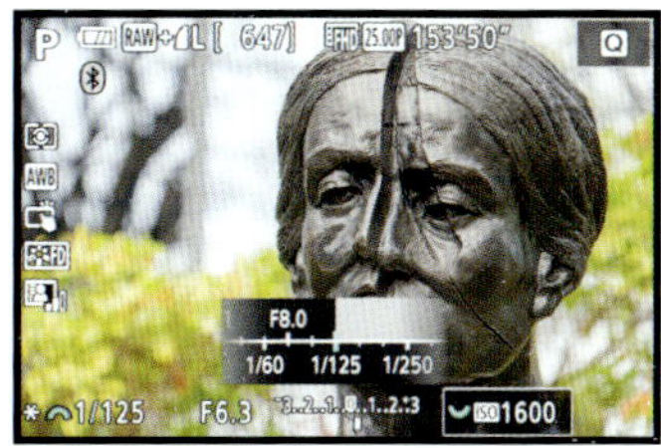

▲ *Die Belichtung wurde gespeichert (Stern unten links) und das Hauptwahlrad nach rechts gedreht, um den Blendenwert zu verringern.*

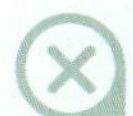

Belichtungswarnung

Ist das vorhandene Licht für die gewählte Einstellung zu schwach oder zu stark, werden die Zeit-Blende-Werte orange angezeigt. Um Unterbelichtungen zu vermeiden, erhöhen Sie den ISO-Wert oder hellen Sie Ihr Motiv mit dem Blitz auf. Überbelichtungen können Sie mit niedrigen ISO-Werten oder einem lichtschluckenden Grau- oder Polfilter am Objektiv entgegensteuern.

Den ISO-Wert richtig einsetzen

Wenn Sie uns nach der absolut besten Strategie für rauscharme Fotos bei wenig Licht fragen, geht eigentlich nichts über ISO 100-200 – bei wenig Licht kombiniert mit dem Stativ. Es gibt aber zwei Gründe, die dafür sprechen, auch nach der optimalen Strategie für Freihandaufnahmen zu suchen: Erstens, Sie haben kein Stativ dabei oder können keines aufstellen, und zweitens, das Motiv bewegt sich und erfordert entsprechend kürzere Belichtungszeiten.

Die EOS M5 gibt Ihnen zum Glück viele Möglichkeiten zur ISO-Kontrolle. Legen Sie selbst Hand an oder lassen Sie die ISO-Automatik alles übernehmen. Der Sensor erlaubt Lichtempfindlichkeiten bis ISO 25600 bei Standbildern und bis ISO 6400 bei Movies.

Zum Einstellen des ISO-Werts drücken Sie die ISO-Taste und wählen die Lichtempfindlichkeit mit dem Einstellungs-Wahlrad aus. Alternativ können Sie auch die DIAL/FUNC.-Taste so oft drücken, bis die ISO-Funktion aktiviert ist und dann am DIAL/FUNC.-Rad drehen. Oder Sie nehmen die ISO-Einstellung im INFO.-Schnellmenü oder im Aufnahmemenü 5 /*ISO-Empfindl.*/*ISO-Empfindl.* vor.

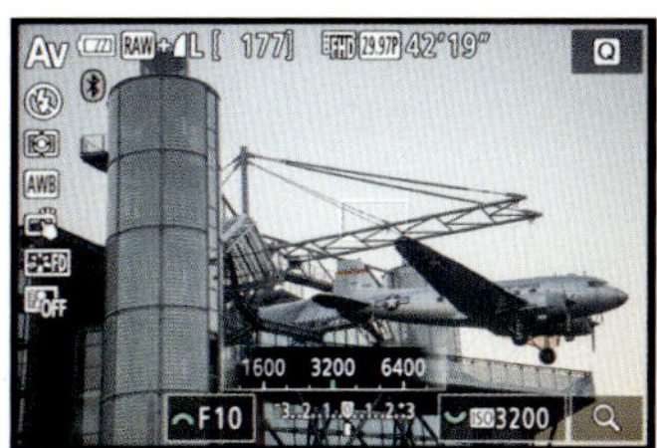

▲ *Die ISO-Wahl ist in den Modi P, Tv, Av, M, C1, C2 und im manuellen Movie-Modus möglich.*

Steigende ISO-Werte bewirken jedoch die Zunahme von Bildrauschen mit unterschiedlich hellen oder bunten Störpixeln, die Sie in den Detailausschnitten auf dieser Seite sehen können. Wenn Sie eine möglichst hohe Bildqualität erhalten möchten, fotografieren Sie, wenn es die Bedingungen zulassen, mit Einstellungen im Bereich von ISO 100 bis ISO 3200 und nur, wenn es nicht anders geht, auch mit höheren Werten.

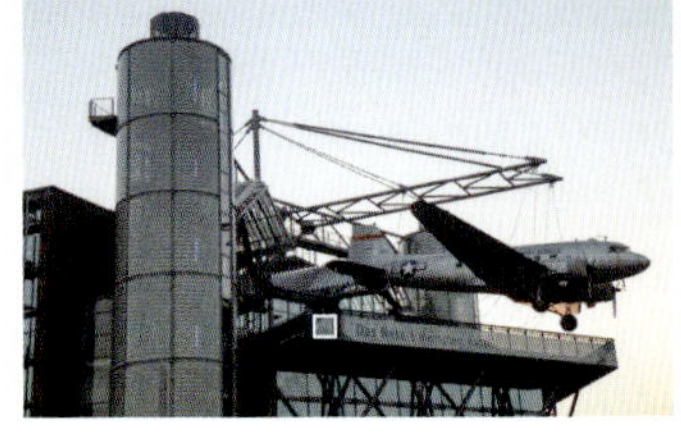

40 mm | f/10 | 1/4000 Sek. | ISO 25600

▲ *JPEG direkt aus der EOS M5 mit High ISO-Rauschreduzierung Standard.*

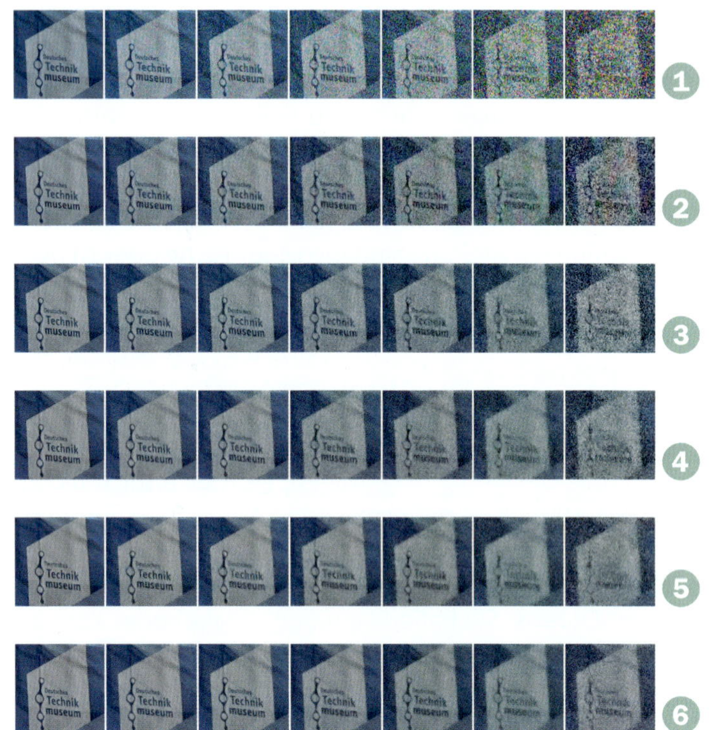

▶ *Bildrauschen in Abhängigkeit vom ISO-Wert: RAW-Aufnahme ohne Rauschunterdrückung 1, JPEG mit High ISO-Rauschreduz. Aus 2, Gering 3, Standard 4, Stark 5 und Multi-Shot-Rauschreduz. 6 (jeweils von links nach rechts: ISO 100, ISO 800, ISO 1600, ISO 3200, ISO 6400, ISO 12800, ISO 25600).*

Bildrauschen unterdrücken

Um das Bildrauschen zu unterdrücken, werden die JPEG-Bilder kameraintern mit der Funktion *High ISO-Rauschreduzierung* entrauscht, zu finden im Aufnahmemenü 6 📷. Damit wird das Bildrauschen über den gesamten ISO-Bereich sehr gut unterdrückt. Allerdings sinkt gleichzeitig die Detailauflösung, weshalb die feinen Strukturen ab ISO 3200 immer deutlicher verschwimmen. Die am meisten störenden Farbunregelmäßigkeiten werden aber sehr gut kompensiert.

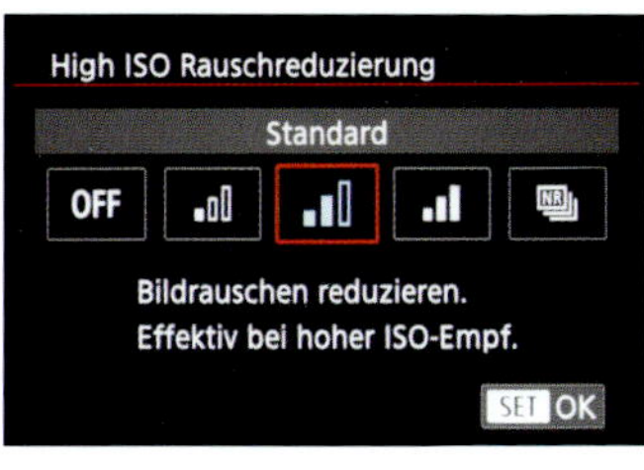

▲ *Die vier Stärken der High ISO Rauschreduzierung.*

Aus eigener Erfahrung können wir empfehlen, die Funktion auf dem voreingestellten Wert *Standard* zu belassen und nur bei Aufnahmen bewegter Motive mit ISO-Werten von 6400 oder mehr auf *Stark* zu erhöhen. Die *Multi-Shot-Rauschreduzierung* NR, bei der die EOS M5 mehrere Bilder aufnimmt und diese zu einem Foto mit geringeren Störpixeln verrechnet, ist hingegen für statische Motive ab ISO 3200 bestens geeignet. Sie steht aber nur zur Verfügung, wenn die Rauschreduzierung bei Langzeitbelichtung ausgeschaltet ist. Außerdem können Sie das RAW-Format nicht nutzen und den Blitz nicht verwenden, genauso wenig wie die automatische Belichtungsreihe (AEB).

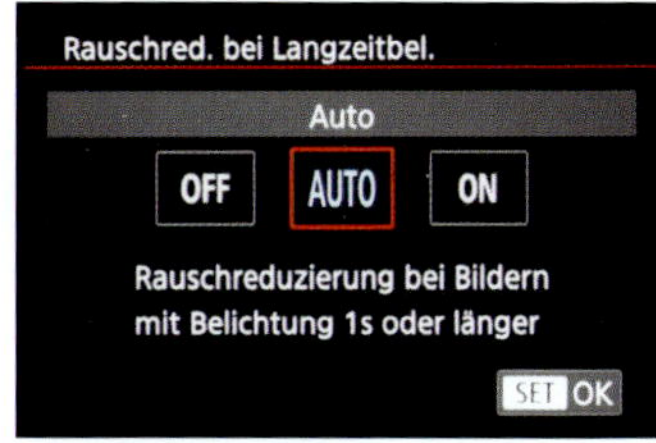

▲ *Rauschreduzierung bei Langzeitbelichtung.*

Im Falle von RAW-Bildern müssen diese beim Entwickeln von Fehlpixeln befreit werden, entweder im Rahmen der kamerainternen RAW-Bildverarbeitung (siehe ab Seite 171) oder am Computer im RAW-Converter. Mit der Canon-Software Digital Photo Professional 4 funktioniert das sehr gut, denn die Werte werden beim Öffnen des Bildes bereits automatisch angepasst. Auch Adobe Lightroom und Capture One Pro besitzen äußerst potente Rauschunterdrückungsfunktionen. Dennoch werden Sie bei hohen ISO-Werten auch bei RAW-Bildern Detailverluste in Kauf nehmen müssen.

Rauschreduzierung bei Langzeitbelichtung

Die *Rauschred. bei Langzeitbel.* aus dem Aufnahmemenü 6 unterdrückt das Grundrauschen des Sensors bei Belichtungszeiten von 1 Sek. und mehr, wobei die Bearbeitung des Bildes in etwa genauso lange dauert wie die Belichtung. Für die meisten Situationen eignet sich die Einstellung *AUTO*. Bei Feuerwerksaufnahmen empfehlen wir hingegen die Deaktivierung, da es sonst einfach zu lange dauert, bis nach dem ersten Foto das nächste aufgenommen werden kann.

Flexibel reagieren mit der ISO-Automatik

Mit der ISO-Automatik (ISO-Einstellung auf *AUTO*) können Sie die Wahl der Lichtempfindlichkeit getrost Ihrer EOS M5 überlassen, und die macht das wirklich gut.

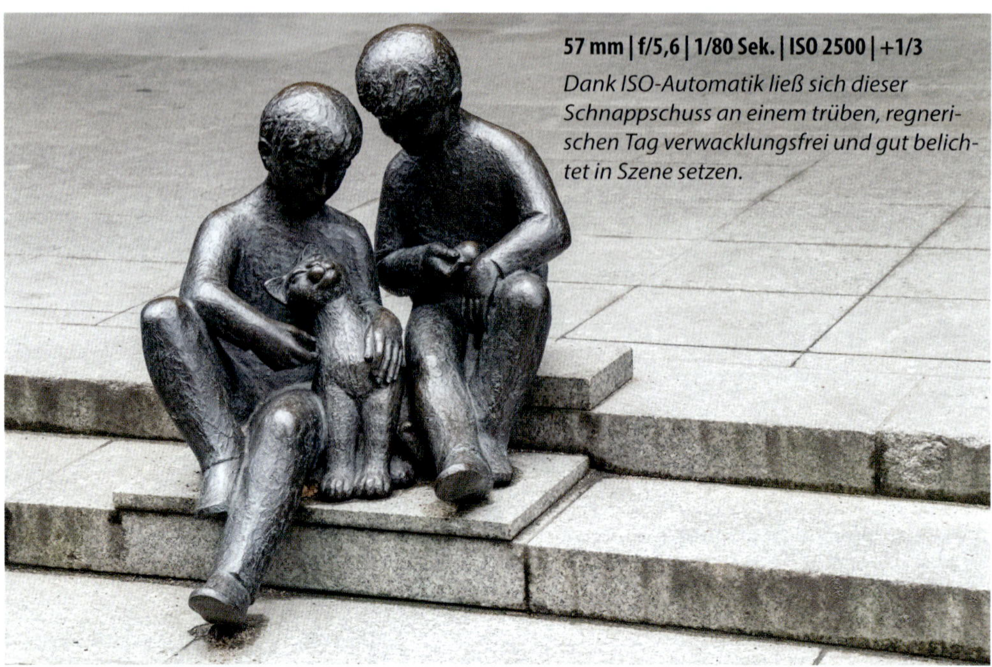

57 mm | f/5,6 | 1/80 Sek. | ISO 2500 | +1/3
Dank ISO-Automatik ließ sich dieser Schnappschuss an einem trüben, regnerischen Tag verwacklungsfrei und gut belichtet in Szene setzen.

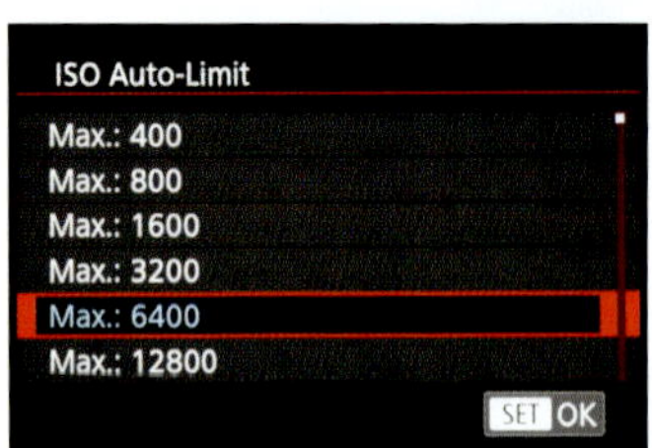

▲ *Festlegen des ISO Auto-Limits.*

Zusätzlich haben Sie die Möglichkeit, einen Maximalwert vorzugeben, den die EOS M5 keinesfalls überschreiten darf. Damit lässt sich der ISO-Bereich an die gegebene Situation anpassen und die Bildqualität so gut es geht schonen. Navigieren Sie dazu im Aufnahmemenü 5 bei *ISO-Empfindl.* zur Rubrik *ISO Auto-Limit*. Für gängige Fotosituationen empfehlen wir Ihnen folgende Werte:

- ISO 100–1600: für Außenaufnahmen bei heller Umgebung bis hin zu Sonnenuntergängen oder hell beleuchteten Innenräumen.
- ISO 100–6400: für Aufnahmen bei indirekter Beleuchtung oder trübem Wetter, Aufnahmen in schwächer beleuchteten Innenräumen oder Bilder bei Dämmerung.
- ISO 100–25600: Nachtaufnahmen, Aufnahmen in dunklen Räumen, Konzertaufnahmen, Hallensport oder andere bewegte Motive bei wenig Licht.

ISO-Automatik im Modus M

Die ISO-Automatik ist auch im manuellen Modus (M) verfügbar. In dem Fall stellt die EOS M5 die Bildhelligkeit so ein, dass die Standardbelichtung (Markierung mittig) erreicht wird. Das kann bei actionreichen Szenen, Events oder Partys mit sich ändernden Lichtverhältnissen vorteilhaft sein.

3.2 Actionszenen mit Tv einfangen

Mit der *Zeitvorwahl* (*Tv* = time value, Zeitwert) können Sie die Belichtungszeit im Bereich von 30 Sek. bis hin zu 1/4000 Sek. selbst wählen. Damit haben Sie die Möglichkeit, nur einen ganz kurzen Augenblick festzuhalten oder den Aufnahmemoment zu verlängern. Beides hat vor allem bei bewegten Motiven seinen Reiz. Die Zeitvorwahl eignet sich hervorragend für Sportaufnahmen, Bilder von rennenden Menschen oder fliegenden Tieren oder zum Einfrieren spritzenden Wassers – also alles Motive, bei denen Momentaufnahmen schneller Bewegungsabläufe im Vordergrund stehen.

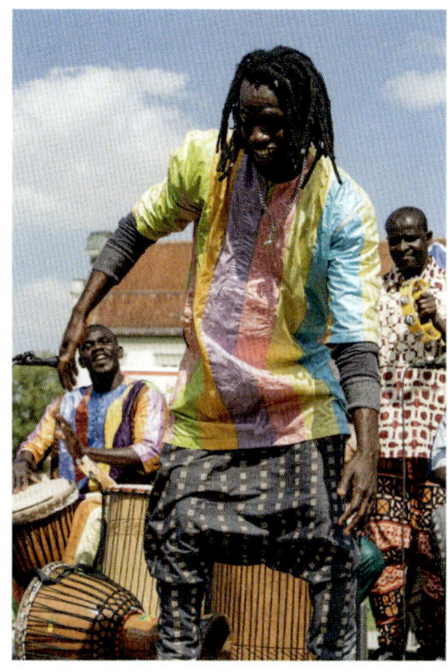

56 mm | f/5,6 | 1/640 Sek. | ISO 100

▲ *Bewegungen mit kurzen Belichtungszeiten scharf einfrieren.*

Die folgende Tabelle gibt Ihnen ein paar Anhaltspunkte für häufig fotografierte Actionmotive und die dazu passenden Belichtungszeiten.

Objekte	Bewegung auf M5 zu	Bewegung quer zur M5	Bewegung diagonal
Fußgänger	1/30 Sek.	1/125 Sek.	1/60 Sek.
Jogger	1/160 Sek.	1/800 Sek.	1/320 Sek.
Radfahrer	1/250 Sek.	1/1000 Sek.	1/500 Sek.
fliegender Vogel	1/500 Sek.	1/1600 Sek.	1/1000 Sek.
Auto	1/800 Sek.	1/2000 Sek.	1/1000 Sek.

◄ *Geeignete Belichtungszeiten für das Einfrieren von Bewegungen.*

Mit dem Modus Tv ist es aber auch möglich, kreative Wischeffekte zu erzeugen, Bilder also, in denen alle Bewegungen durch Unschärfe verdeutlicht werden. Fließendes Wasser, mit den Flügeln schlagende Vögel oder Autos und U-Bahnen lassen sich auf diese Weise sehr dynamisch in Szene setzen.

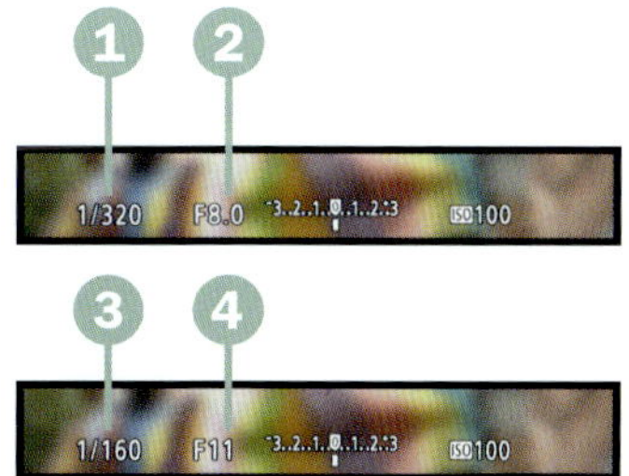

▲ *Nach dem Anpassen der Belichtungszeit im Modus Tv können Sie den automatisch gewählten Blendenwert sehen, indem Sie den Auslöser auf den ersten Druckpunkt herunterdrücken.*

Die Auswahl der Belichtungszeit lässt sich flink über das Hauptwahlrad vornehmen. Hierbei verlängern Sie die Belichtungszeit durch Drehen des Rades nach links und verkürzen sie mit einem Rechtsdreh.

Wird die Belichtungszeit um eine ganze Belichtungsstufe verlängert, hier von 1/320 Sek. ❶ auf 1/160 Sek. ❸, erhöht sich der Blendenwert um eine ganze Stufe und umgekehrt, hier von f/8 ② auf f/11 ④. So wird eine vergleichbare Bildhelligkeit garantiert. Denken Sie bei Belichtungszeiten von 1/60 Sek. und länger daran, die EOS M5 gut zu stabilisieren, damit Sie keine verwackelten Fotos erhalten. Die Verwacklungswarnung springt in diesem Modus nicht an.

Kein Verwackeln dank Bildstabilisator

Um einem versehentlichen Verwackeln so gut wie möglich entgegenzusteuern, besitzten viele Objektive von Canon oder auch kompatible Optiken anderer Hersteller einen eingebauten *Bildstabilisator*, der bei Canon als *IS* (Image Stabilizer), bei Tamron als *VC* (Vibration Compensation) und bei Sigma als *OS* (Optical Stabilizer) bezeichnet wird. Damit gelingen auch noch gestochen scharfe Fotos aus der Hand, die ohne Stabilisierungstechnik garantiert verwackelt wären.

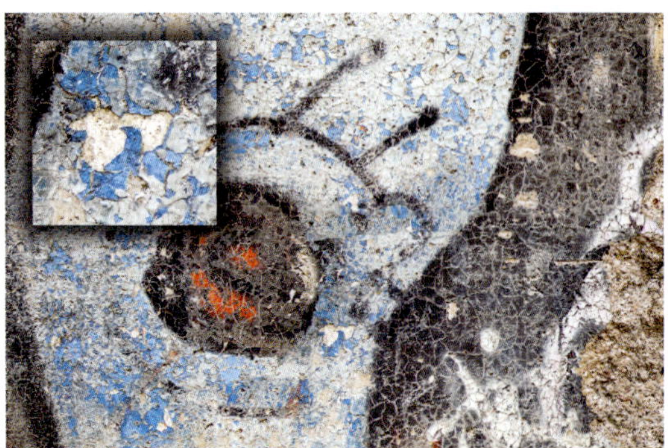

150 mm | f/6,3 | 1/20 Sek. | ISO 160

150 mm | f/6,3 | 1/20 Sek. | ISO 160

▲ *Links: Scharfe Freihandaufnahme mit Bildstabilisator. Rechts: Verwacklungsunschärfe ohne Stabilisator.*

Den höchsten Zeitgewinn von vier Belichtungsstufen erzielen Sie mit Bildstabilisatoren der neuesten, 4. Generation, etwa dem des Objektivs EF-M 18–150 mm f/3,5–6,3 IS STM. Mit älteren Stabilisatoren rechnen Sie generell etwas konservativer damit, dass Sie die Belichtungszeit um etwa eine (1. und 2. Generation) bis zwei (3. Generation) ganze Belichtungsstufen verlängern können. In der Tabelle finden Sie einige Belichtungszeiten, die geeignet sind, um bei den angegebenen Brennweiten mit hoher Wahrscheinlichkeit verwacklungsfreie Bilder aus der Hand zu erhalten.

Brennweite	Belichtungszeit ohne IS	Belichtungszeit mit IS
200 mm	1/320 Sek.	1/80 Sek.
150 mm	1/250 Sek.	1/60 Sek.
100 mm	1/160 Sek.	1/40 Sek.
55 mm	1/100 Sek.	1/25 Sek.
30 mm	1/50 Sek.	1/13 Sek.
24 mm	1/40 Sek.	1/10 Sek.
18 mm	1/30 Sek.	1/8 Sek.

◄ *Geeignete Belichtungszeiten ohne bzw. mit Bildstabilisator.*

Im Fall von EF-M-Objektiven lässt sich der Bildstabilisator für Standbilder im Aufnahmemenü 4 bei *IS-Einstellungen* und *IS-Modus* einschalten (*Kontinuierlich*) oder auch deaktivieren. Bei EF- oder EF-S-Objektiven, die mit dem Mount Adapter EF-EOS M angeschlossen sind, stellen Sie dazu den *STABILIZER*-Schalter auf *ON* oder *OFF*.

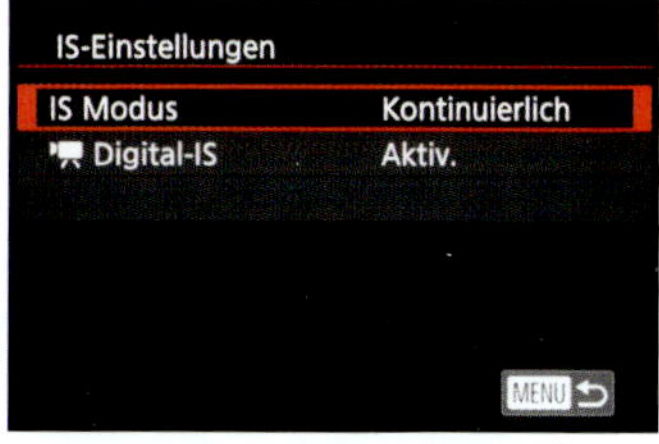

▲ *IS-Einstellungen bei EF-M-Objektiven.*

Speziell für Movie-Aufnahmen hat die EOS M5 zusätzlich den sogenannten *Digital-IS* an Bord. In der Einstellung *Aktiv.* erlaubt dieser bei normaler Kamerahaltung eine ruhigere Kameraführung. Allerdings verengt sich das Bildfeld für die Filmaufnahme etwas, sodass das Motiv leicht vergrößert erscheint. Die Aufnahme läuft aber wesentlich ruhiger ab. Wird der Digital-IS im Movie-Modus aufgerufen, können Sie auch noch die Option *Erweitert* einstellen. Diese verengt den Bildausschnitt noch stärker, kann aber gleichzeitig auch heftigeres Wackeln ausgleichen, etwa, wenn mit der EOS M5 aus dem Gehen heraus gefilmt wird. Bei seitlichen Kameraschwenks, etwa beim Verfolgen eines Flugzeugs im Landeanflug, stellten wir jedoch stärkere Ruckler fest als im Modus *Aktiv.*.

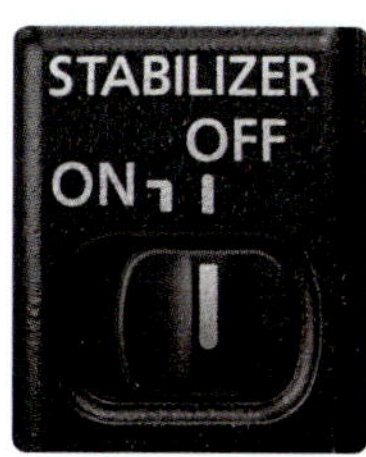

▲ *Schalter für den Bildstabilisator bei EF-/EF-S-Objektiven.*

In beiden Fällen arbeiten der Digital-IS und der normale IS zusammen, wenn ein Objektiv mit eingebautem Bildstabilisator verwendet wird. Das garantiert die bestmögliche Stabilisierung von Movie-Aufnahmen. Der Digital-IS stabilisiert das Filmbild (keine Standbilder!) aber auch, wenn das Objektiv keinen Bildstabilisator besitzt – das finden wir sehr praktisch.

Stabilisatoren neuerer Generation, zum Beispiel auch der des EF-M 18-150mm f/3,5-6,3 IS STM, funktionieren auch bei Kameraschwenks, wenn die EOS M5 zum Beispiel bei

±1/100 Sek. mit einem Motorrad mitgezogen wird, sodass der Wagen scharf und der Hintergrund verwischt aussehen.

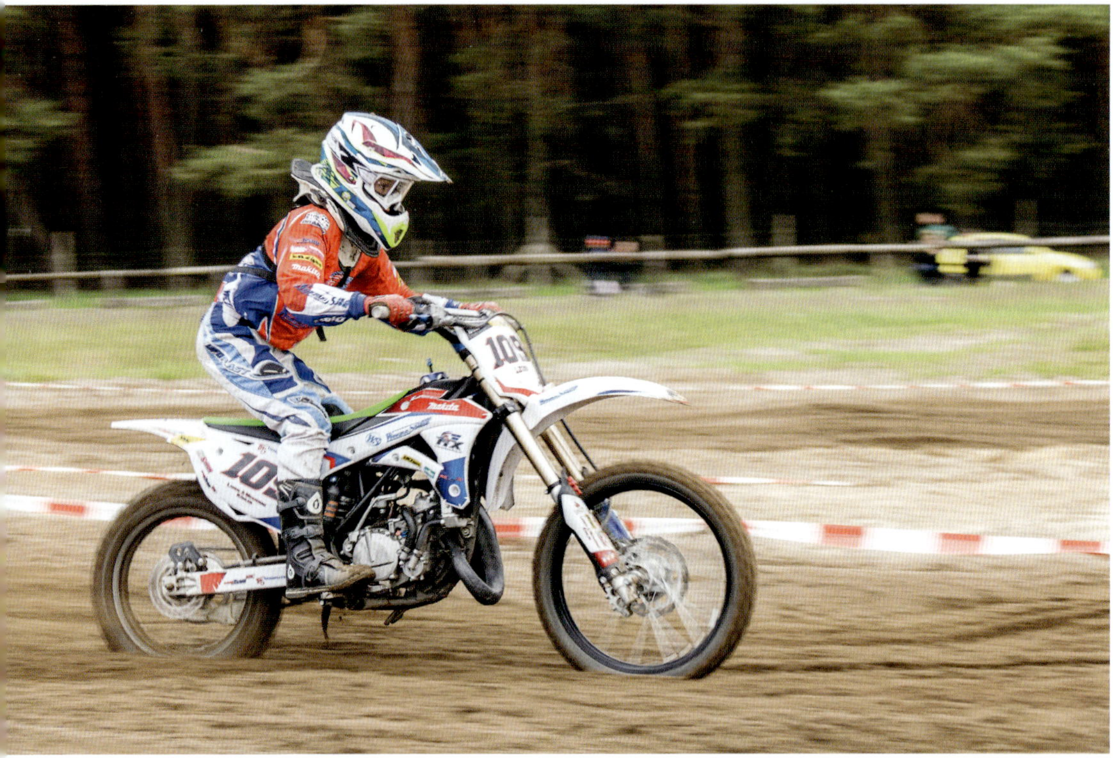

50 mm | f/5 | 1/200 Sek. | ISO 250 | +1/3

▲ *Durch das Mitziehen wird der Rennfahrer scharf vor einem verwischten Hintergrund dargestellt.*

Für schöne Mitzieher nehmen Sie das Objekt am besten mit der AF-Methode *Wei. Zon.-AF* **AF**[ ] und dem AF-Betrieb *SERVO* ins Visier und verfolgen es mit halb heruntergedrücktem Auslöser. Sobald es groß genug im Sucher erscheint, lösen Sie per Reihenaufnahme mehrere Bilder aus während Sie die EOS M5 horizontal mit dem Objekt weiter schwenken. Wichtig ist, die Kamera exakt mit der Schnelligkeit des Motivs zu drehen und dabei nicht nach oben und unten zu wackeln.

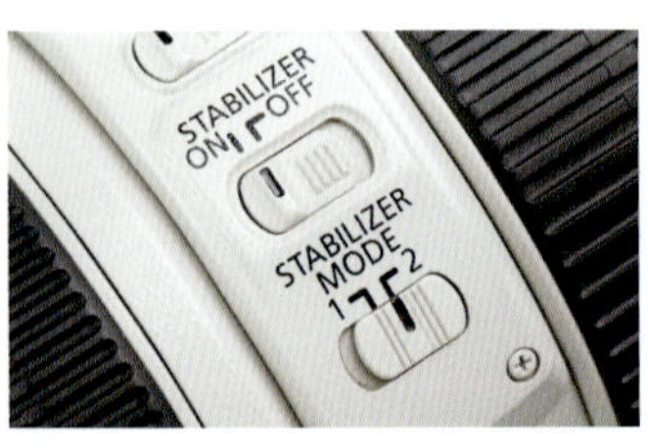

▲ *Stabilisator des EF 70–200 mm 1:2,8L IS USM im Mitziehmodus.*

Manche Canon-Objektive haben dafür einen speziellen Mitziehmodus (*Mode 2*), den Sie über einen Schieberegler am Objektiv aktivieren können. Es wird dann nur noch die der Bewegung 90° entgegengesetzte Richtung stabilisiert, also beim horizontalen Mitziehen die vertikale Achse.

Bei Aufnahmen vom Stativ aus ist es laut Canon besser, den Stabilisator auszuschalten. Aus unserer Erfahrung heraus ist dies bei sekunden- oder minutenlangen Belichtungen auch empfehlenswert. Bei kürzeren Belichtungszeiten lassen wir den Stabilisator dagegen meist eingeschaltet.

Selbst ausprobieren

Möchten Sie ausprobieren, mit welchen Belichtungszeiten Ihnen verwacklungsfreie Bilder gelingen? Dann fotografieren Sie gleich einmal ein gut strukturiertes Motiv im Modus Tv mit eingeschalteter ISO-Automatik. Wählen Sie zum Beispiel eine Objektivbrennweite von 50 mm und stellen mit dem Hauptwahlrad eine Belichtungszeit von 1/100 Sek. ein. Fotografieren Sie Ihr Motiv mit und ohne Bildstabilisator und am besten auch mehrfach, um zu sehen, wie konstant die Ergebnisse ausfallen. Dann verlängern Sie die Belichtungszeit auf 1/50 Sek. und so weiter. Um die Stabilisatorwirkung bei Stativaufnahmen zu testen, lösen Sie mit einer Fernsteuerung oder dem 2-Sek.-Selbstauslöser aus, damit das Bild nicht durch den Auslöserdruck verwackeln kann. Betrachten Sie die Fotos in der vergrößerten Wiedergabeansicht. Ab wann beginnen die Fotos zu verwackeln?

Mit der Reihenaufnahme keine gute Szene verpassen

Dank der hohen Reihenaufnahmegeschwindigkeit und des schnellen Autofokus lassen sich mit der EOS M5 die besten Szenen einer schnellen Bewegung sicher einfangen.

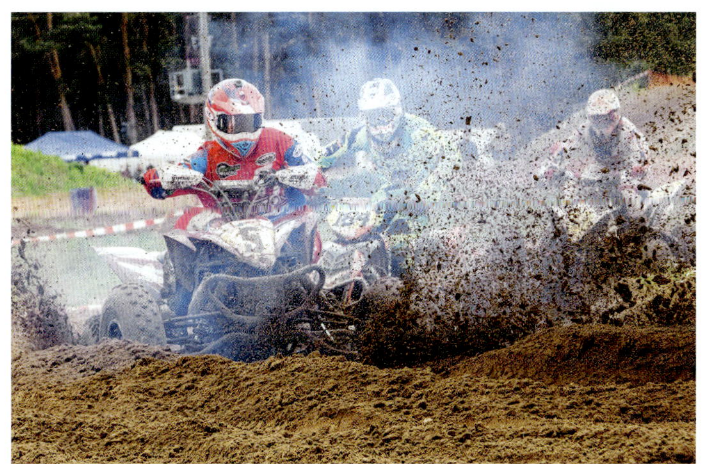

200 mm | f/3,2 | 1/1600 Sek. | ISO 100

◀ *Mit der schnellen Reihenaufnahme konnten wir problemlos die besten Szenen des Rennens festhalten.*

Die höchste Geschwindigkeit beträgt neun Bilder pro Sekunde mit einmaligem Autofokus zu Beginn der Serie (ONE SHOT) oder sieben Bilder pro Sekunde mit kontinuierlichem Autofokus (SERVO). Um diese nutzen zu können, aktivieren Sie im Schnellmenü Q die *Reihenaufnahme schnell* H. Drücken Sie den Auslöser nun einfach länger

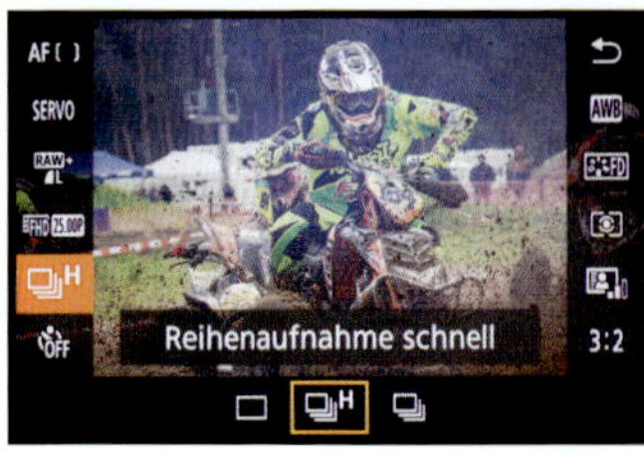

▲ *Auswahl der schnellen Reihenaufnahme.*

Geschwindigkeitsschlucker

Belichtungszeiten länger als 1/25 Sek. und Aufnahmen mit Blitz führen dazu, dass die Geschwindigkeit mit der schnellen Reihenaufnahme unter sieben Bilder pro Sek. sinkt. Beim Fotografieren mit dem Servo-AF kann es zu Geschwindigkeitsschwankungen kommen, wenn der Autofokus das Motiv nicht schnell genug Bild für Bild scharf stellen kann.

ganz herunter oder berühren Sie den Monitor etwas länger, um per Touch-Auslöser Reihenaufnahmen zu schießen, und lassen Sie Ihrer EOS M5 freien Lauf. Alternativ finden Sie die Funktion auch im INFO.-Schnellmenü oder im Aufnahmemenü 6 (7 bei P bis C2) im Bereich *Betriebsart*.

Die Höchstgeschwindigkeit ist allerdings mit gewissen Einschränkungen verbunden. So können Sie im RAW-Format nur etwa 17 Bilder in Folge aufnehmen und bei RAW + L etwa 16, bevor die Geschwindigkeit sinkt oder die Aufnahme abbricht, weil die EOS M5 mit dem Übertragen der Daten vom internen Zwischenspeicher (Pufferspeicher) auf die Speicherkarte ausgelastet ist. Während am Monitor *Daten werden bearbeitet* zu sehen ist, sind keine weiteren Einstellungen möglich. Im großen JPEG-Format L können aber immerhin 23 bis 26 Bilder in schneller Folge aufgenommen werden.

Etwas gemächlicher geht es bei der *Reihenaufnahme langsam* zu. Damit ist es aber einfacher, zum Beispiel bei einem Porträt-Shooting, spontan zwischen Einzelaufnahmen und Reihenaufnahmen zu wechseln, denn mit der schnellen Reihenaufnahme landen oft gleich zwei oder drei Bilder auf der Karte, selbst wenn der Auslöser nur kurz gedrückt oder der Monitor minimal länger berührt wird.

3.3 Mit Av die Hintergrundschärfe steuern

Die *Blendenvorwahl* (*Av* = aperture value, Blendenwert) ist das geeignete Belichtungsprogramm, mit dem Sie steuern können, ob der Bildhintergrund unscharf oder verhältnismäßig scharf abgebildet wird. Hierbei beeinflussen Sie die Schärfentiefe des Bildes, indem Sie den Blendenwert anpassen. Die Schärfentiefe ist der von unseren Augen noch als scharf wahrgenommene Bildbereich vor und hinter dem fokussierten Objekt.

Ein hoher Blendenwert von f/8 oder mehr (geschlossene Blende, kleine Blendenöffnung) liefert eine hohe Schärfentiefe, bestens einsetzbar bei Landschaften und Architekturbildern, die mit durchgehender Detailgenauigkeit abgebildet werden sollen.

Niedrige Blendenwerte von f/1,2 bis f/5,6, die eine geringe Schärfentiefe erzeugen (offene Blende, große Blendenöffnung), eignen sich, wenn es darum geht, eine gesteigerte räumliche Wirkung zu erzielen oder Menschen, Tiere oder auch Pflanzendetails vor einem diffusen Hintergrund prägnant hervorzuheben. Der Blick des Betrachters wird auf das Hauptmotiv geführt und nicht von unwichtigen Details aus dem Vorder- oder Hintergrund abgelenkt. Außerdem werden Lampen und punktuelle Lichtreflexionen groß und nahezu rund abgebildet. Lernen Sie, sich dieses Bokeh für eine schöne Hintergrundgestaltung zunutze zu machen.

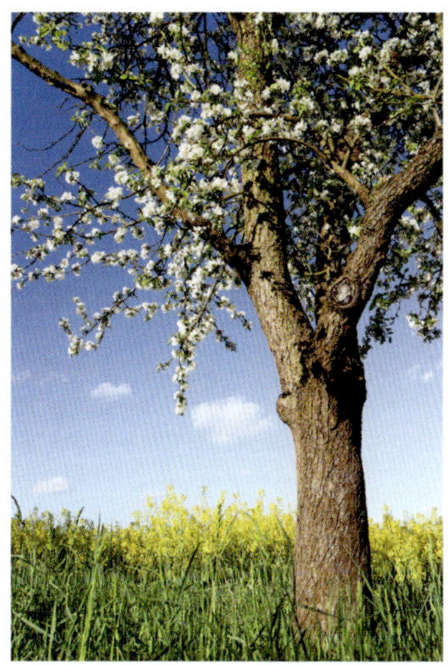

18 mm | f/8 | 1/125 Sek. | ISO 100 | +1/3

▲ *Das Bild sollte möglichst durchgehend scharf und zweidimensional wirken, daher fotografierten wir die Szene im Weitwinkel und mit einem erhöhten Blendenwert.*

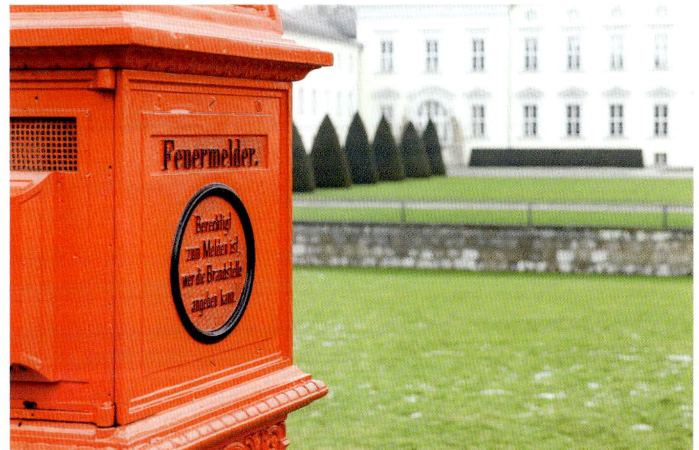

32 mm | f/5 | 1/80 Sek. | ISO 100

◄ *Durch den niedrigen Blendenwert hebt sich der fokussierte Feuermelder deutlich von Schloss Bellevue im Hintergrund ab.*

Um die Schärfentiefe zu beeinflussen, tippen Sie zuerst den Auslöser kurz an, damit die Belichtungsmessung aktiviert wird. Danach drehen Sie das Hauptwahlrad nach links, um den Blendenwert und damit die Schärfentiefe zu verringern oder nach rechts, um ihn zu erhöhen.

Die Wirkung der Schärfentiefe auf das Bild können Sie hierbei sogar live beobachten. Dazu muss allerdings vorab die Funktion *Schärfentiefe-Kontrolle* auf einer der frei belegbaren Tasten der EOS M5 gespeichert werden, zum Beispiel die Touch & Drag AF-Taste, wie auf Seite 188 gezeigt.

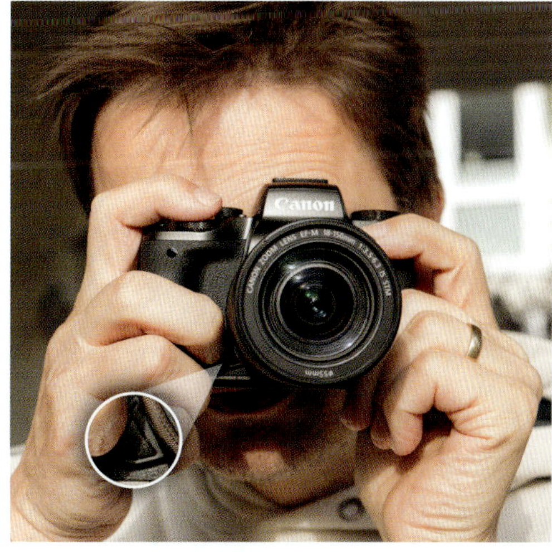

▲ *Schärfentiefe-Kontrolle.*

Wenn Sie danach die programmierte Taste gedrückt halten, schließt sich die Blende auf den gewählten Wert, die sogenannte Arbeitsblende, und das Livebild im Sucher oder Monitor zeigt die zu erwartende Schärfentiefe an.

Wird der Blendenwert 2 um eine ganze Stufe erhöht 4, hier von f/5,6 auf f/8, verlängert sich die Belichtungszeit 1 ebenfalls um eine ganze Stufe 3, damit Bilder mit gleicher Helligkeit entstehen.

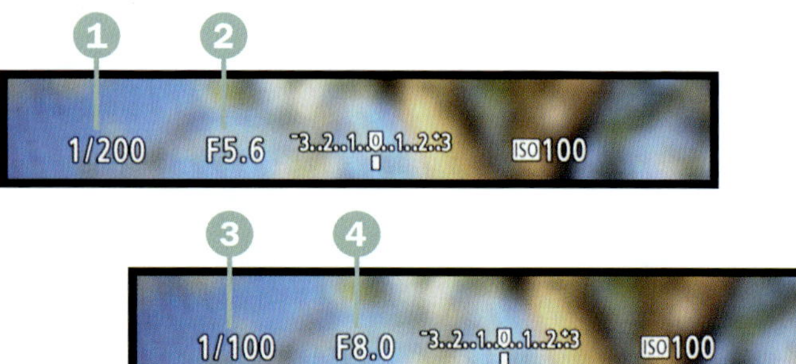

▶ *Einstellen des Blendenwerts im Modus Av, die Belichtungszeit lässt sich ablesen, wenn der Auslöser auf die erste Stufe heruntergedrückt wird.*

Sollte die Belichtungszeit im Sucher oder Monitor orange leuchten, besteht die Gefahr einer Unterbelichtung (Zeit steht auf 30 Sek.) oder einer Überbelichtung (Zeit steht auf 1/4000 Sek.). Um die Belichtung zu korrigieren, ändern Sie die Blendeneinstellung, bis die Zeitangabe wieder weiß leuchtet, oder schalten Sie die ISO-Automatik ein. Gegen eine Überbelichtung können Sie auch einen lichtschluckenden Grau- oder Polfilter am Objektiv befestigen. Gegen Unterbelichtungen können Sie mit Blitzlicht angehen. Da auch in diesem Modus die Verwacklungswarnung nicht anspringt, achten Sie generell auf die Belichtungszeit, um Aufnahmen aus der Hand nicht versehentlich zu verwackeln.

Bokeh

Mit dem Begriff Bokeh wird die subjektiv empfundene Qualität der Unschärfe beschrieben, die bei geringer Schärfentiefe besonders ausgeprägt ist. Ein schönes Bokeh zeichnet sich dadurch aus, dass unscharfe Lichtpunkte im Hintergrund einen glatten Rand besitzen und gleichmäßig hell aussehen, ohne zwiebelartige Ringe darin. Die Blende muss dazu eine kreisrunde Öffnung erzeugen, was durch eine hohe Anzahl, wie sieben oder neun, Blendenlamellen ermöglicht wird. Porträt- und Makroobjektive erzeugen meist ein angenehmes Bokeh.

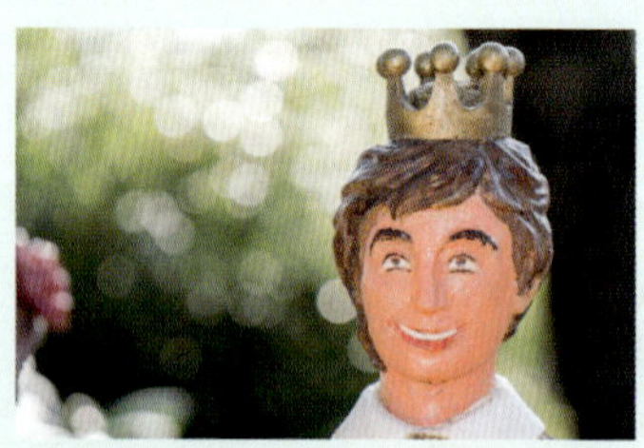

▲ *Die neun Blendenlamellen des Canon EF 100 mm f/2,8L Makro IS USM erzeugen ein schönes Bokeh.*

Achtung Beugung

Ab einem bestimmten Blendenwert nimmt die Bildschärfe durch die sogenannte Beugungsunschärfe ab. Diese entsteht, wenn das Licht an den Blendenlamellen abgelenkt wird und unkontrolliert auf den Sensor trifft. Wer absolut kein Quäntchen Schärfe einbüßen möchte, merkt sich bei der EOS M5 am besten eine Obergrenze bei Blende 11–16. Dieser Wert sollte weder im Makro-, noch im Weitwinkel- oder Telebereich überschritten werden.

▼ *An den Bildausschnitten ist die abnehmende Schärfe durch Beugung zu sehen, von links nach rechts bei f/11, f/16, f/22 und f/32.*

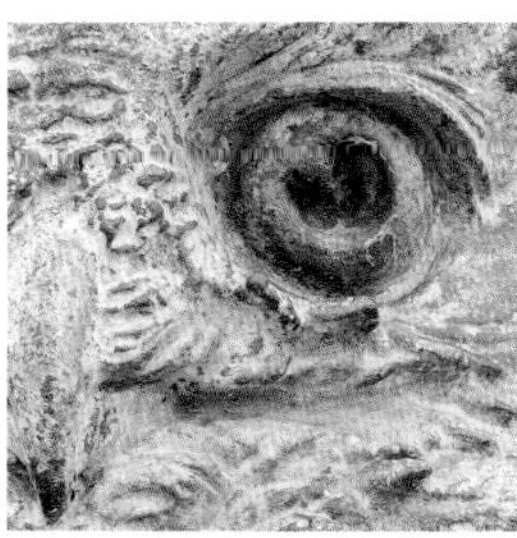
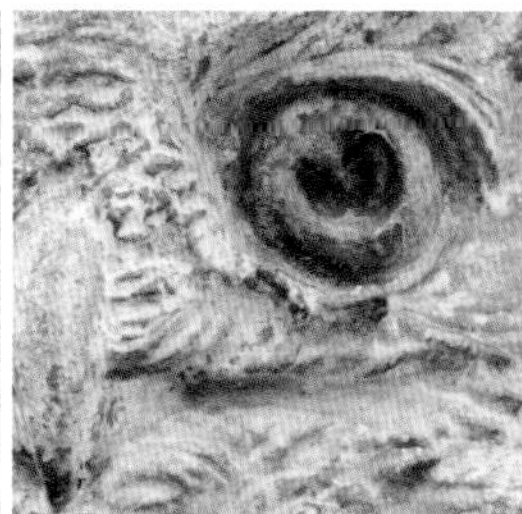
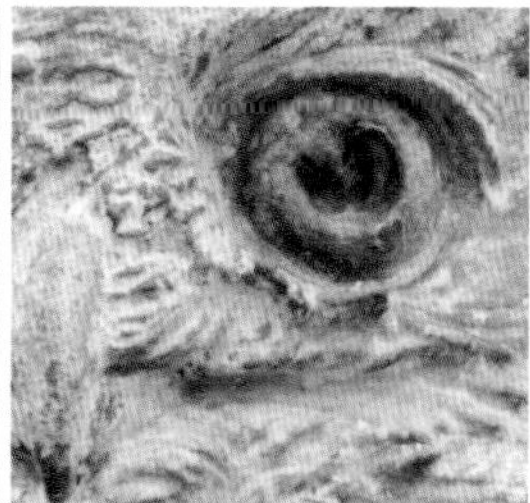
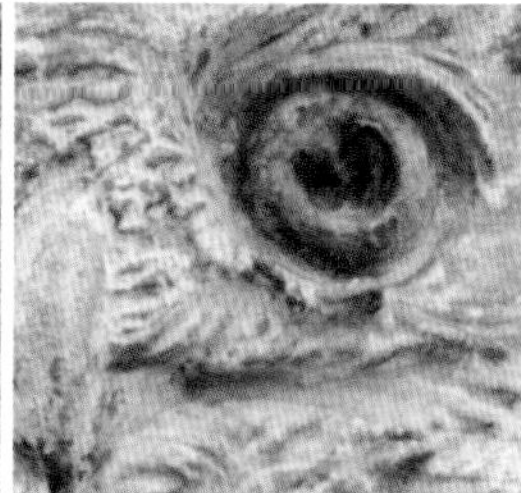

Porträts von Mensch und Tier

Bei der Porträtfotografie stehen die abgebildeten Akteure naturgemäß im Bildmittelpunkt. Das können Einzelpersonen oder Gruppen sein und dementsprechend wird der Bildausschnitt enger oder weiter zu gestalten sein.

Für schöne Einzelporträts vor einem diffusen Hintergrund eignen sich die folgenden Kombinationen aus Brennweite und Blende sehr gut: f/1,2 bis f/2 bei 50 mm, f/1,2 bis f/2,8 bei 85 mm oder f/2,8 bis f/5,6 bei 200 mm. Brennweiten im Bereich von 18 mm bis etwa 40 mm sind für Gruppenbilder gut geeignet. Damit alle Akteure ausreichend scharf abgebildet werden, sollte die Schärfentiefe bei Gruppenfotos nicht allzu gering ausfallen. Stellen Sie im Modus Av am besten einen Blendenwert von f/8 oder bei großen Gruppen bis f/16 ein.

Die Schärfe lässt sich mit dem Einzelfeld AF **AF□** ganz präzise auf das zur EOS M5 nächstgelegene Auge legen. Besonders genau erfolgt die Scharfstellung mit einem kleinen AF-Messfeld (Aufnahmemenü 3 📷/*AF-Feld Größe*/*Klein*).

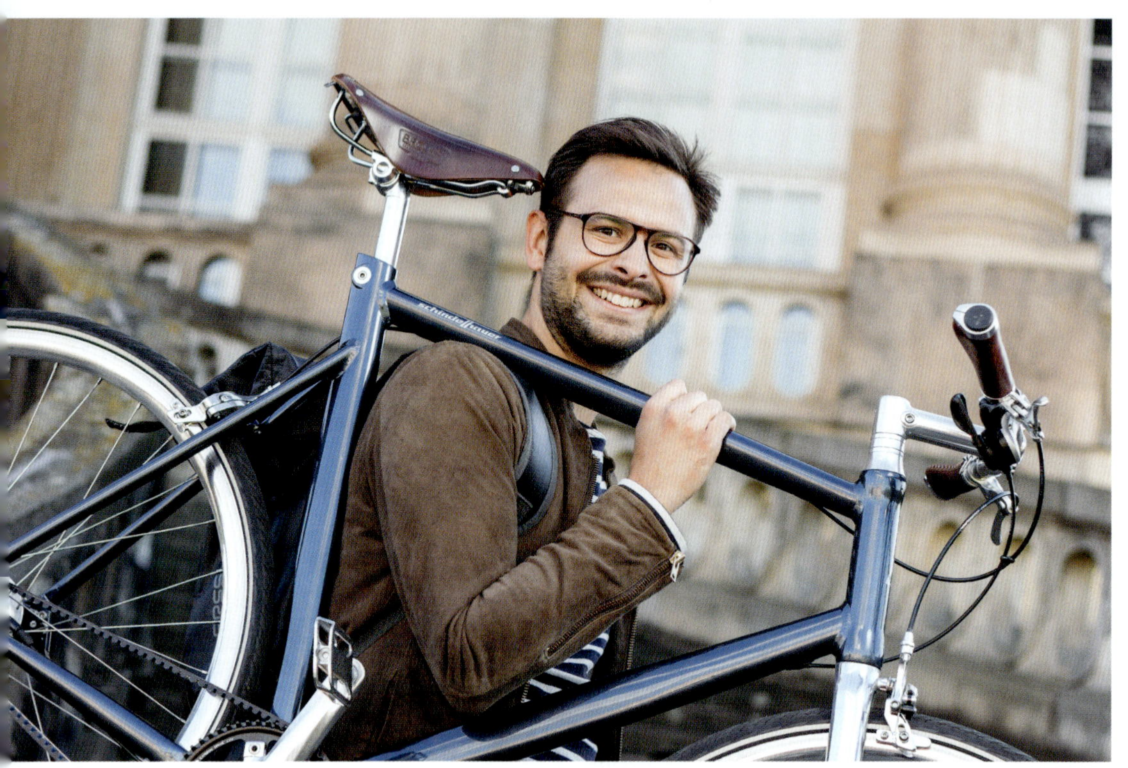

50 mm | f/2,8 | 1/250 Sek. | ISO 100 | +1/3

▲ *Prägnante Freisteller gelingen mit Teleobjektiven und offener Blende oder lichtstarken Standardobjektiven.*

Um schnell die gewünschte Stelle zu fokussieren, können Sie die sogenannte Schärfespeicherung verwenden. Zielen Sie mit dem AF-Messfeld auf das Auge, stellen Sie dann bei gehaltenem Auslöser den Bildausschnitt ein und lösen Sie anschließend sofort aus. Durch die Abstandsänderung beim Kameraschwenk kann es aber vorkommen, dass die Scharfstellung nicht ganz so optimal ausfällt, was sich vor allem bei sehr niedrigen Blendenwerten im Bild bemerkbar macht. Das Verwendete AF-Messfeld liegt daher bestenfalls schon in der Nähe des zu fokussierenden Augenbereichs. Alternativ können Sie natürlich auch den Touch-Auslöser oder die Gesichtserkennung zum Scharfstellen verwenden (siehe ab Seite 111 und 115).

Wenn Sie die Aufnahmebedingungen für die Porträtaufnahme selbst in der Hand haben, versuchen Sie, den Abstand zwischen Ihrem Model und dem Hintergrund möglichst groß zu halten. Auf diese Weise erzielen Sie die maximal mögliche Hintergrundunschärfe. Bei Veranstaltungen kann es hilfreich sein, sich halb in die Hocke zu begeben, um störende Hintergrundobjekte noch besser aus dem Bild herauszuhalten.

3.4 Mehr Sicherheit dank Safety Shift

Die EOS M5 besitzt eine automatische Korrektursteuerung, die Fehlbelichtungen verhindert. Die Funktion kann im Individualmenü /*C.Fn I: Belicht.* bei *Safety Shift* aktiviert werden. Wenn Sie die Vorgabe *Aktiv.* wählen, wird bei der Zeitvorwahl (Tv) die Belichtungszeit und bei der Blendenvorwahl (Av) der Blendenwert verändert, falls der von Ihnen gewählte Wert zu einer Fehlbelichtung führen würde. Für weniger geübte Fotografen oder in Situationen, in denen schnell und spontan gehandelt werden muss, ist das eine tolle Hilfe. Hierbei kann die Belichtungszeit aber sehr lang werden und das Bild eventuell verwackeln. Werfen Sie daher stets einen kurzen Blick auf die Belichtungszeit und erhöhen Sie gegebenenfalls den ISO-Wert, um die Zeit zu verkürzen.

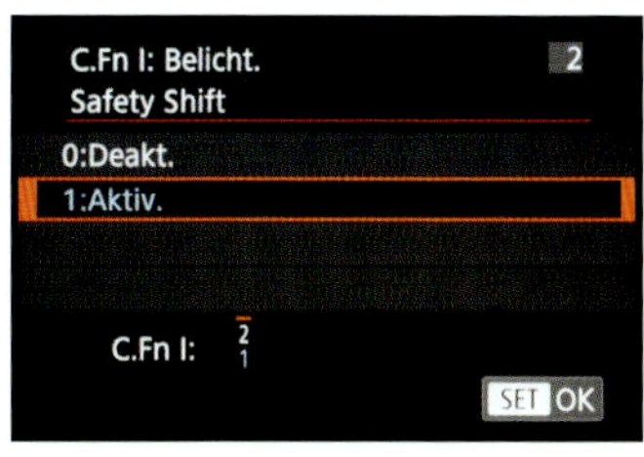

▲ *Safety Shift ist bei schwankenden Lichtbedingungen hilfreich.*

Blitzen im abgesicherten Modus

Auch für Blitzaufnahmen hat die EOS M5 eine Sicherheitsfunktion parat, die als *Safety FE* bezeichnet wird (FE = flash exposure = Blitzbelichtung). Hier werden Blende und Belichtungszeit automatisch abgeändert, um Überbelichtungen durch den Blitz zu vermeiden. Unsere Empfehlung: Lassen Sie die Funktion im Aufnahmemenü 5 bei *Blitzsteuerung* eingeschaltet.

3.5 Manuell belichten

Bei der manuellen Belichtung (M) mit der EOS M5 haben Sie in jeder Hinsicht freie Hand, denn sämtliche Belichtungseinstellungen können Sie hier selbst und unabhängig voneinander wählen. Das hat beispielsweise Vorteile bei Nachtaufnahmen, wenn es darum geht, mit hoher Schärfentiefe und geringem ISO-Wert qualitativ hochwertige Bilder anzufertigen. Oder denken Sie an das Verschmelzen von Einzelbildern zu einem Panorama. Dabei ist es notwendig, dass jedes Bild mit exakt den gleichen Einstellungen aufgenommen wird. Und auch beim Fotografieren mit Blitzlicht im kleineren oder größeren Fotostudio ist das manuelle Belichten üblich.

Um mit der manuellen Belichtung zu fotografieren, richten Sie als erstes den geplanten Bildausschnitt ein. Entscheiden Sie sich anschließend, welcher Parameter für die Aufnahme am wichtigsten ist, die Schärfentiefe (statische Motive) oder die Belichtungszeit (bewegte Motive).

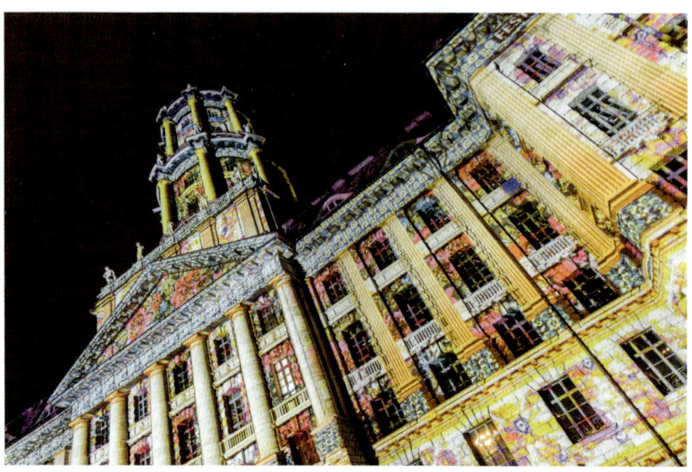

23 mm | f/8 | 13 Sek. | ISO 100

▲ *Bunt beleuchtetes Gebäude, aufgenommen im manuellen Modus vom Stativ aus für maximale Bildqualität.*

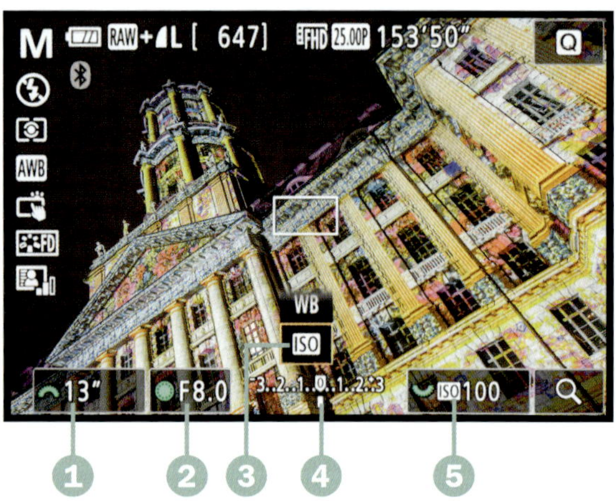

▲ *Manuelle Einstellung der Werte für die Belichtungszeit, die Blende und die ISO-Empfindlichkeit.*

Wenn die Belichtungszeit bei statischen Motiven keine Rolle spielt, fangen Sie mit einem geringen ISO-Wert 5 an. Dazu drücken Sie die DIAL/FUNC.-Taste so oft, bis die ISO-Funktion 3 aktiviert ist, und drehen dann zur Einstellung der Lichtempfindlichkeit am DIAL/FUNC.-Rad.

Stellen Sie als nächstes mit dem Einstellungs-Wahlrad eine Blende Ihrer Wahl ein 2. Mit dem Hauptwahlrad passen Sie zum Schluss die Belichtungszeit 1 so an, dass die Markierung der Belichtungsstufenanzeige 4 mittig liegt und mit der automatisch von der EOS M5 ermittelten Belichtung übereinstimmt. Kommt Ihnen das Bild nach einer Probeaufnahme zu hell oder zu dunkel vor, können Sie die Bildhelligkeit durch Ändern der Belichtungszeit anpassen.

Bei bewegten Motiven beginnen Sie die Einstellungsprozedur mit der Belichtungszeit. Stellen Sie diese so kurz ein, dass eine scharfe Darstellung möglich wird, oder wählen Sie absichtlich eine längere Zeit, um zum Beispiel Lichtspuren von Bussen oder Autos mit deutlichen Wischeffekten abzubilden. Regulieren Sie die Bildhelligkeit anschließend über die die Blende und den ISO-Wert. Wenn Sie die ISO-Automatik einschalten, richtet die EOS M5 die Lichtempfindlichkeit so ein, dass das Bild mit der Standardbelichtung 4 aufgenommen wird. Das gilt aber nur für Aufnahmen ohne Blitz. Mit Blitz wird der ISO-Wert auf 400 oder dem von Ihnen manuell gewählten ISO-Wert festgelegt. Die Bildhelligkeit wird dann durch Anpassen der Blitzlichtmenge automatisch reguliert, äußerst praktisch für manuell belichtete Eventfotos.

Probleme mit der Belichtungssimulation

In sehr heller oder sehr dunkler Umgebung kann es vorkommen, dass das Monitor- oder Sucherbild die Motivhelligkeit nicht mehr exakt simulieren kann. Orientieren Sie sich daher stets auch an der Belichtungsstufenanzeige. Ganz deaktiviert ist die Belichtungssimulation, wenn Sie mit dem internen oder einem externen Blitzgerät fotografieren oder Langzeitbelichtungen von mehr als 30 Sek. anfertigen. Wenn Sie im Fotostudio mit einer Blitzanlage arbeiten, schalten Sie die *Belichtungssimul.* im Aufnahmemenü 1 aus. Bei den dort üblichen Einstellungen (zum Beispiel 1/125 Sek. | f/8 | ISO 100) würden Sie sonst nur einen schwarzen Monitor/Sucher sehen.

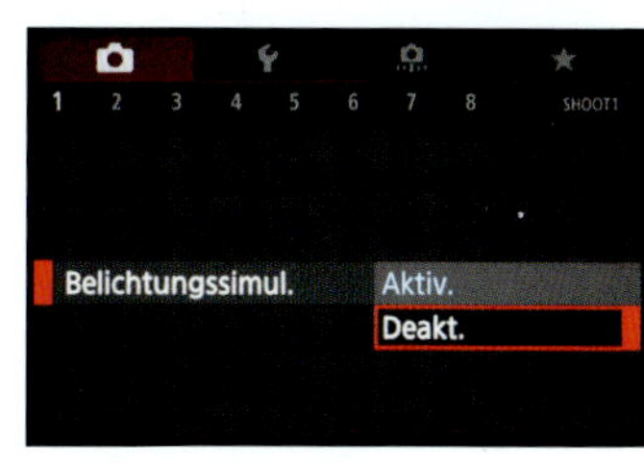

▲ *Belichtungssimulation bei Studioaufnahmen deaktivieren.*

Langzeitbelichtung für Feuerwerk & Co.

Im manuellen Modus können Sie von der flexiblen Langzeitbelichtung profitieren, indem Sie die Belichtungszeit mit dem Hauptwahlrad eine Stufe länger als 30 Sek. auf den Wert *Bulb* stellen. Der Bulb-Modus ist vor allem bei Aufnahmen von Feuerwerk und Gewittern die richtige Wahl, denn damit können Sie ganz individuell und nach Gefühl so lange belichten, bis die gewünschte Raketenzahl hochgegangen ist oder ein oder mehrere Blitze im Bildausschnitt eingefangen wurden.

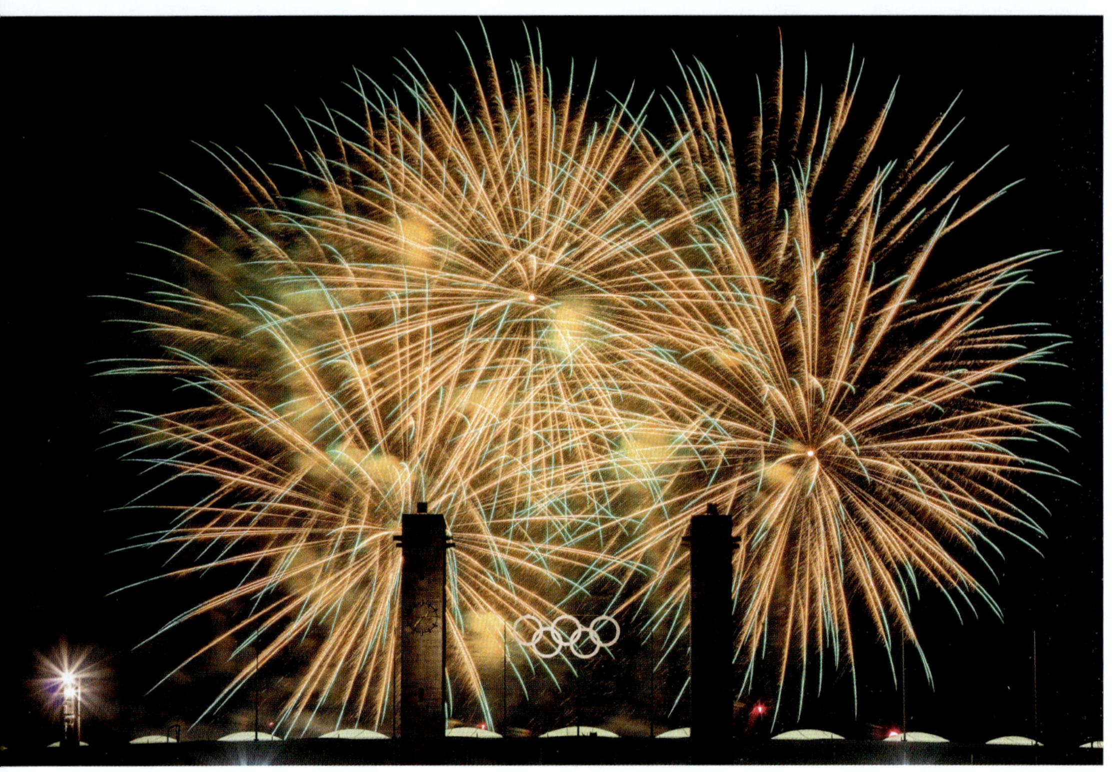

110 mm | f/8 | 3,5 Sek. | ISO 100

▲ *Die Bulb-Belichtung lässt sich per Touch-Auslöser bequem starten und beenden.*

Langzeit-Rauschreduzierung

Im Falle von Feuerwerksaufnahmen ist es sinnvoll, die Funktion *Rauschred. bei Langzeitbel.* im Aufnahmemenü 6 auszuschalten. Sonst müssen Sie nach der Aufnahme genauso lange warten wie die Belichtung gedauert hat, bevor Sie das nächste Bild auslösen können. In allen anderen Situationen lassen Sie die Funktion eingeschaltet.

Für Langzeitbelichtungen befestigen Sie die EOS M5 am besten auf einem Stativ. Stellen Sie die gewünschten Werte für Blende und ISO-Empfindlichkeit ein und fokussieren Sie am besten auch manuell. Bei hellem Feuerwerk sind höhere Blendenwerte und niedrige ISO-Werte günstig, damit die Lichtfontänen im Bild nicht überstrahlen.

Die Belichtung können Sie starten, indem Sie mit dem Finger sanft den Monitor berühren (Touch-Auslöser). Die verstreichende Belichtungszeit wird daraufhin am Monitor angezeigt. Beenden Sie die Belichtung, indem Sie den Monitor erneut vorsichtig antippen. Alternativ können Sie auch eine Kabel- oder Infrarot-Fernbedienung verwenden, um die EOS M5 komplett berührungslos auszulösen (siehe ab Seite 216).

3.6 Eigene Programme entwerfen

Vielleicht fotografieren Sie des Öfteren bei Sportveranstaltungen oder fertigen Porträts im Fotostudio an oder nehmen gerne abendlich beleuchtete Architekturmotive ins Visier. Dann wäre es doch ganz praktisch, sich ein individuelles Belichtungsprogramm zusammenzustellen, um in der Aufnahmesituation die wichtigsten Einstellungen nicht lange suchen zu müssen. Hierfür stehen die freien Plätze *C1* und *C2* auf dem Modus-Wahlrad der EOS M5 bereit.

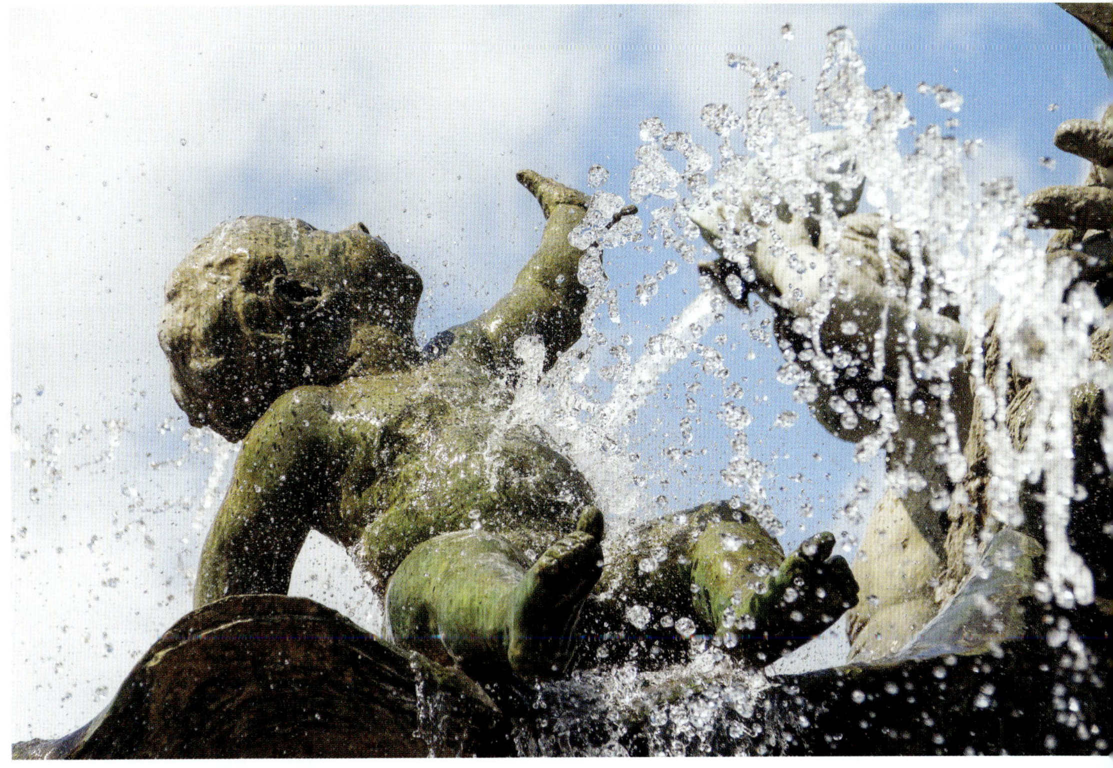

120 mm | f/5,6 | 1/2000 Sek. | ISO 400

▲ *Mit den Custom-Programmen schneller auf bestimmte Situationen reagieren.*

Um Ihr persönliches Aufnahmeprogramm einzustellen, wählen Sie zunächst eines der Programme P, Tv, Av oder M aus. Nehmen Sie alle Einstellungen vor, die Sie gerne speichern möchten. Dazu zählen die Optionen, die im Schnellmenü [Q] und in den Aufnahmemmenüs [Kamera-Symbol] verfügbar sind.

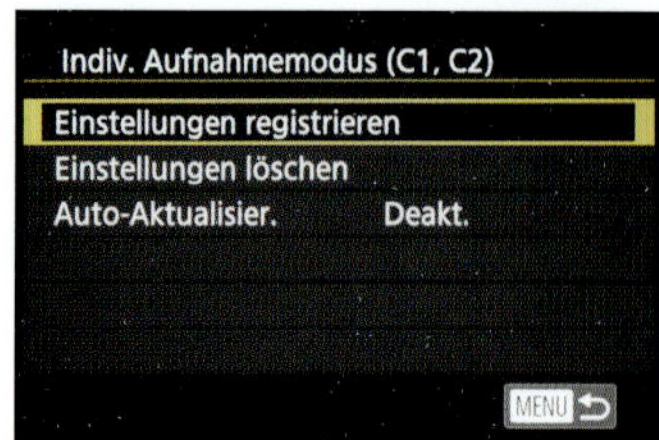

▲ *Einstellungen registrieren, löschen und die Auto-Aktualisierung ein- oder ausschalten.*

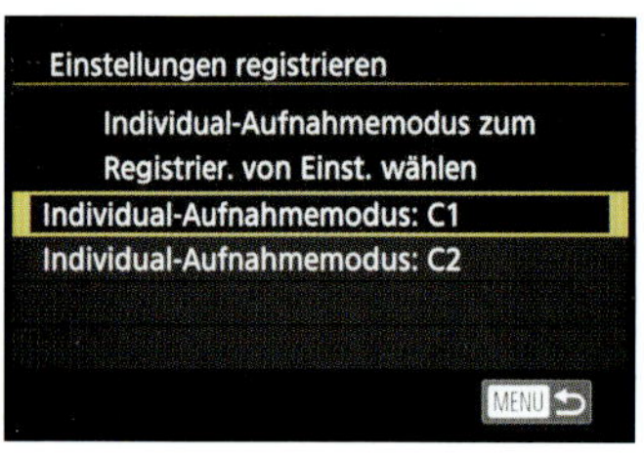

▲ *Speicherplatz C1 oder C2 auswählen.*

Navigieren Sie anschließend im Einstellungsmenü 4 🔧 zur Rubrik *Indiv. Aufnahmemodus (C1, C2)* und öffnen Sie den Eintrag *Einstellungen registrieren*. Wählen Sie einen der beiden frei belegbaren Speicherplätze *Individual-Aufnahmemodus: C1* oder *C2* aus und bestätigen im nächsten Menüfenster die Schaltfläche *OK* mit der Q/SET-Taste oder durch Antippen mit dem Finger.

Wenn Sie das Modus-Wahlrad jetzt auf die zuvor neu belegte Speicherposition C1 bzw. C2 stellen, werden alle Einstellungen aufgerufen, die Sie zuvor gespeichert haben. Diese bleiben auch aktiv, wenn Sie die EOS M5 aus- und wieder einschalten.

Möchten Sie gespeicherte Einstellungen ändern, nehmen Sie die Anpassungen im Modus C1 oder C2 vor und führen dann die beschriebenen Speicherschritte erneut aus. Wenn Sie im Einstellungsmenü 4 🔧/*Indiv. Aufnahmemodus (C1, C2)* die Option *Auto-Aktualisier.* aktivieren, werden die Änderungen, die Sie beim Fotografieren im Modus C1 oder C2 durchführen, direkt im jeweiligen Individual-Aufnahmemprogramm gespeichert, sodass ein erneuter Speicherschritt nicht durchgeführt werden muss. Soll das Programm glöscht werden, wählen Sie die Option *Einstellungen löschen*.

Im Folgenden haben wir Ihnen ein paar Programmvorschläge zusammengestellt, die sich für bestimmte Motivarten oder Fotosituationen eignen. Wenn Sie möchten, können Sie diese genauso in Ihrer EOS M5 einstellen und registrieren.

	Porträt helle Umgebung	Porträt mit Studioblitzen	Actionmotive scharf einfangen	Nachtaufnahmen vom Stativ aus	Kontrastreiche Situationen oder HDR-Ausgangsbilder
Modus	Av	M	Tv	M	Av
Blende	f/1,2 bis f/5,6	f/8 bis f/11	–	f/8	f/5,6
Belichtungszeit	–	1/125 Sek.	1/640–1/2000 Sek.	1 Sek.	–
ISO-Wert	ISO-Automatik	100–200	ISO-Automatik	100–400	ISO-Automatik
Bildqualität	RAW + L	RAW + L	RAW oder L (>99 Bilder in Folge)	RAW + L	RAW + L
Belichtungssimul.	Ein	Aus	Ein	Ein	Ein
AF-Betrieb	ONE SHOT	ONE SHOT	SERVO	ONE SHOT oder Manueller Fokus	ONE SHOT
AF-Methode	Gesicht+ Verfolg. oder Einzelfeld AF	Einzelfeld AF	Wei. Zon.-AF	Einzelfeld AF	Einzelfeld AF
AF-Feld Größe	Normal	Klein	Normal	Normal	Normal
AF-Modus	AF	AF+MF	AF	AF+MF	AF
IS-Einstellungen	Kontinuierlich	Kontinuierlich	Kontinuierlich	Aus	Kontinuierlich
AEB-Reihe	–	–	–	–	Ein, ±2 EV
Tonwert Priorität	Ein	Aus	Ein	Aus	Aus
Autom. Belichtungsoptimierung	Aus	Aus	Aus	Standard	Aus
Messmethode	Mehrfeldmessung	Mehrfeldmessung	Mittenbetont	Mehrfeldmessung	Mittenbetont
Weißabgleich	AWB	AWB oder Blitz	AWB	AWB	K mit 5.500 Kelvin
Bildstil	Feindetail	Feindetail	Standard	Feindetail	Auto
Betriebsart	Reihenaufnahme langsam	Einzelaufnahme	Reihenaufnahme schnell	Einzelaufnahme	Reihenaufnahme schnell

▲ *Speichervorschläge für besondere Fotoszenarien.*

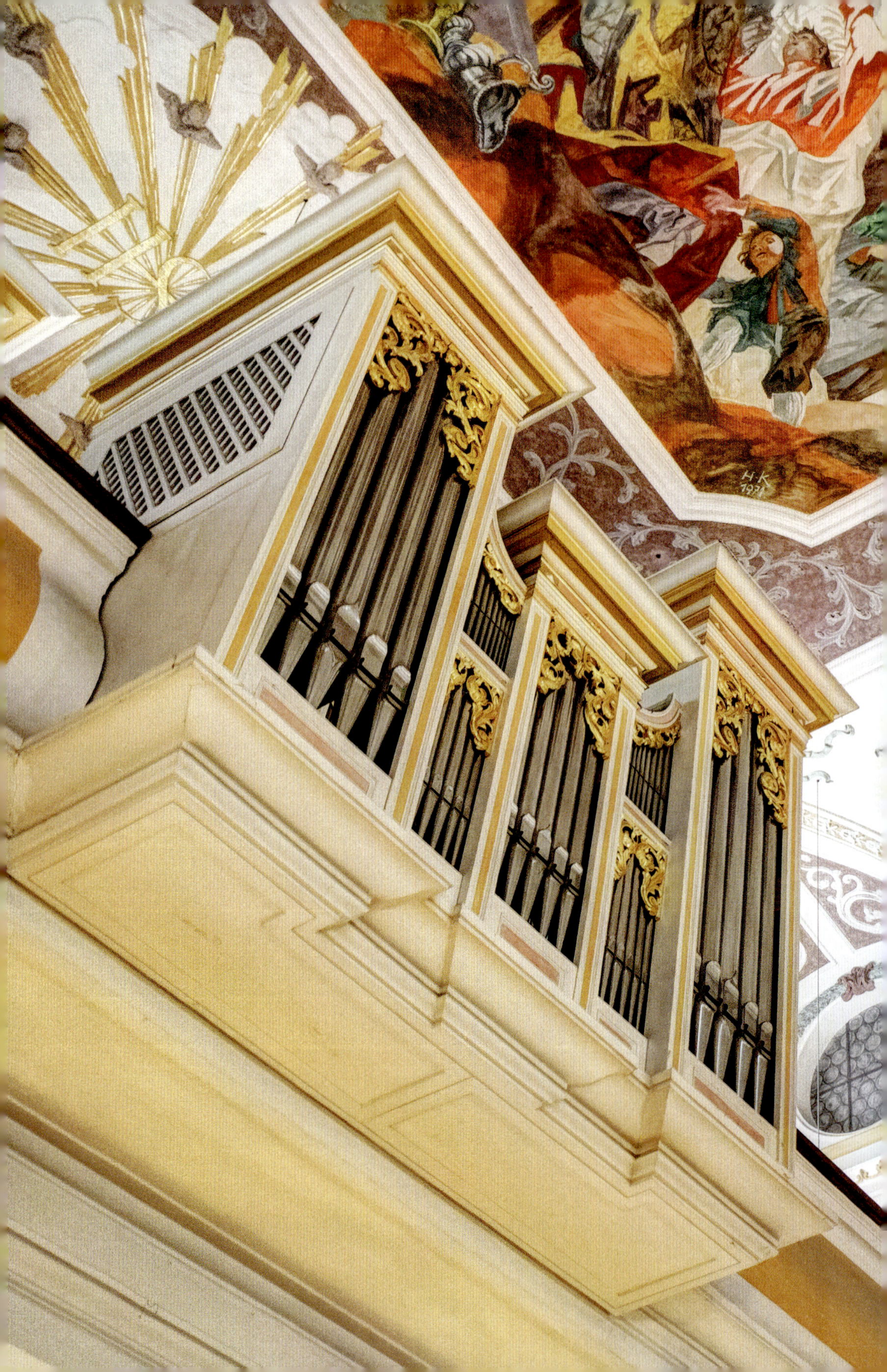
H·K
1971

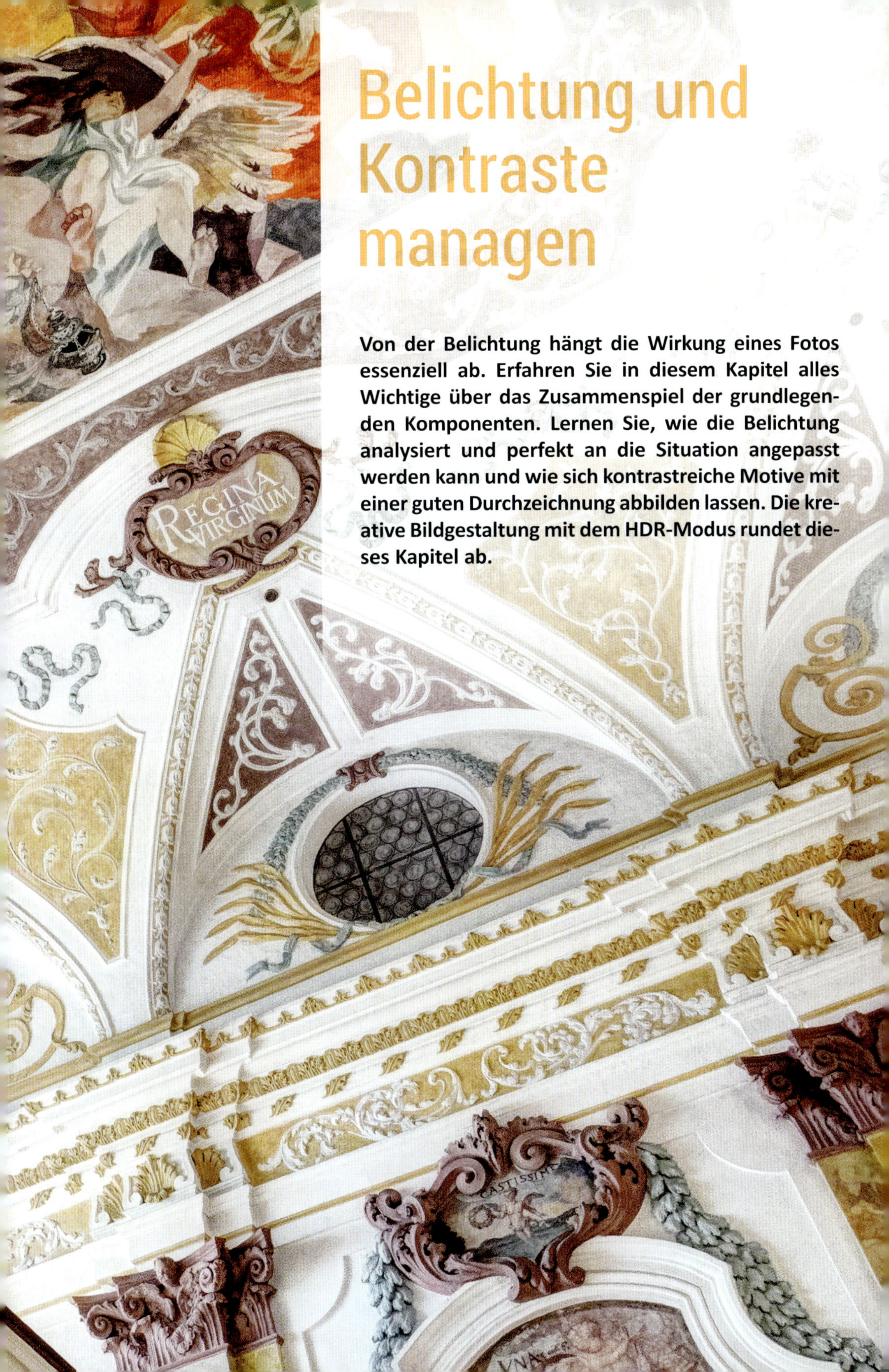

Belichtung und Kontraste managen

Von der Belichtung hängt die Wirkung eines Fotos essenziell ab. Erfahren Sie in diesem Kapitel alles Wichtige über das Zusammenspiel der grundlegenden Komponenten. Lernen Sie, wie die Belichtung analysiert und perfekt an die Situation angepasst werden kann und wie sich kontrastreiche Motive mit einer guten Durchzeichnung abbilden lassen. Die kreative Bildgestaltung mit dem HDR-Modus rundet dieses Kapitel ab.

4.1 Vier Wege zur guten Belichtung

Ob ein Gruppenbild mit Blitz auf einer Abendveranstaltung, oder eine Makroaufnahme im sanften Gegenlicht der untergehenden Sonne, der eingebaute Belichtungsmesser der EOS M5 sorgt in den meisten Situationen für eine gute Belichtung. Und wenn doch einmal Korrekturen notwendig werden, können Sie zwischen vier verschiedenen Messmethoden wählen.

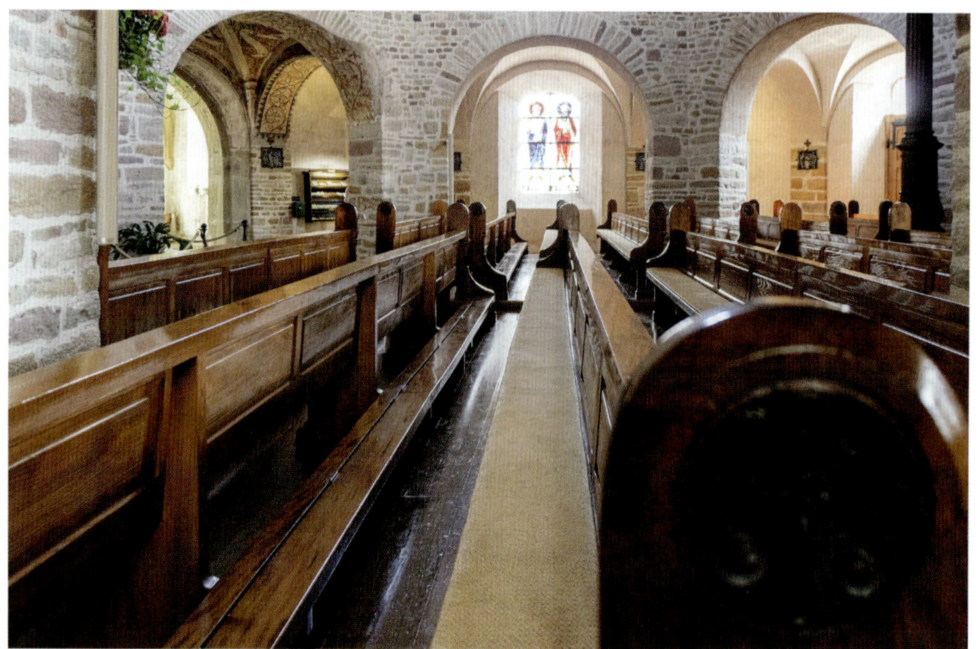

18 mm | f/3,5 | 1/40 Sek. | ISO 1000

▲ *Vom Porträt bis zur Innenraumaufnahme, die Mehrfeldmessung liefert zuverlässig gut belichtete Bilder.*

Die Allrounder: Mehrfeld- und Mittenbetonte Messung

Bei der *Mehrfeldmessung* [◉], die die EOS M5 standardmäßig verwendet, wird nahezu das gesamte Bildfeld ausgemessen. Das Besondere ist, dass der Bildinhalt hierbei mit analysiert wird und die fokussierte Bildstelle besonders gewichtet wird. Auf diese Weise kann die Belichtung möglichst optimal auf Ihr Hauptmotiv abgestimmt werden, etwa ein Gesicht im Bildausschnitt. Dies erklärt auch die hohe Flexibilität und Zuverlässigkeit der Mehrfeldmessung.

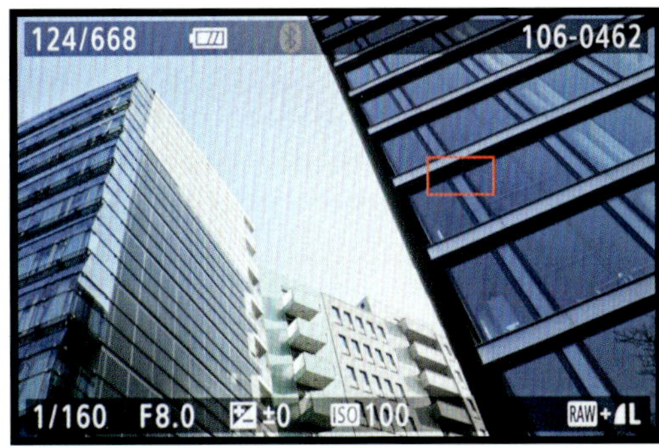

▲ *Wird auf ein dunkles Areal scharf gestellt, entsteht mit der Mehrfeldmessung ein helleres Bild.*

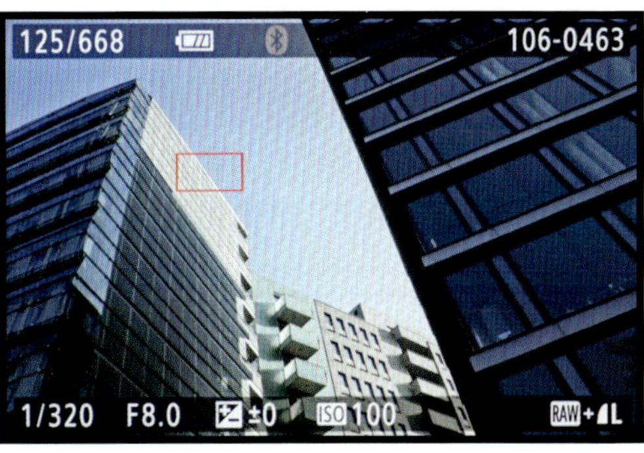

▲ *Liegt ein heller Motivbereich im Fokus, wird das Bild mit der Mehrfeldmessung knapper belichtet und dunkler dargestellt. Die Mittenbetonte Messung lieferte in dieser Situation ein Bild, das von der Helligkeit zwischen den beiden gezeigten lag (1/200 Sek.).*

Weniger gut geeignet ist die Mehrfeldmessung aus unserer Erfahrung hingegen, wenn eine Bewegungssequenz über eine weite Strecke hinweg ohne Helligkeitsschwankungen aufgezeichnet werden soll, etwa ein herannahender Läufer oder ein fliegender Vogel am blauen Himmel.

Für solche Situationen empfehlen wir Ihnen, auf die Mittenbetonte Integralmessung umzuschalten. Möglich ist dies im Schnellmenü Q, INFO.-Schnellmenü oder im Aufnahmemenü 5 bei *Messmethode*.

Die *Mittenbetonte Messung* ist eine recht alte Messmethode, die ohne digitale Motivanalyse das Bildzentrum stärker gewichtet als die Randbereiche. Auch in Situationen mit hohem Kontrast oder bei Straßenumzügen mit ständig wechselnden Lichtverhältnissen liefert diese Methode oft gute Resultate. Wichtig zu wissen ist aber auch, dass des Öfteren Belichtungskorrekturen vorgenommen werden müssen, da vor allem bei starkem Gegenlicht die Bilder schnell zu dunkel werden.

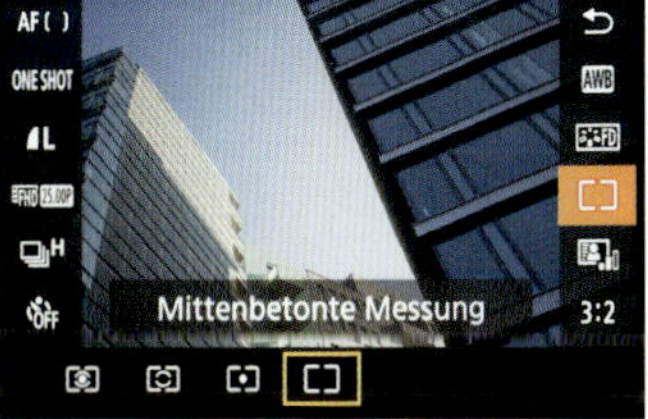

▲ *Die Messmethode kann nur in den Programmen P, Tv, Av, M, C1 und C2 geändert werden. Alle anderen Modi verwenden die Mehrfeldmessung.*

Selektiv- und Spotmessung bei Gegenlicht und hohem Kontrast

Die *Selektivmessung* und die *Spotmessung* sind die genauesten Messmethoden der EOS M5. Sie nutzen nur einen kleinen Bildkreis in der Mitte für die Belichtungsmessung. Die Umgebung bleibt komplett außen vor. Daher wirkt sich der gewählte Fokuspunkt auch nicht auf die Belichtung aus.

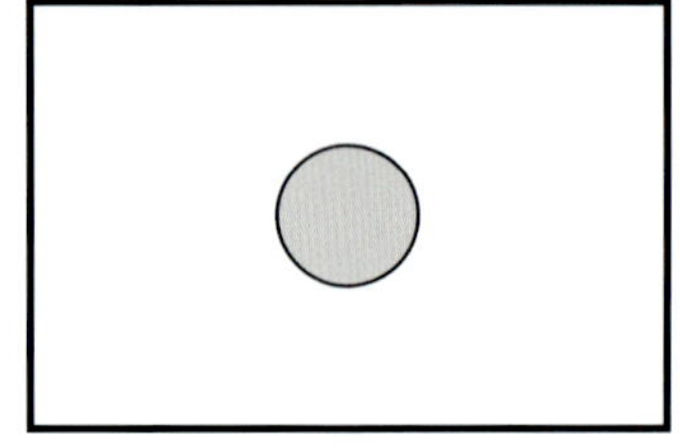

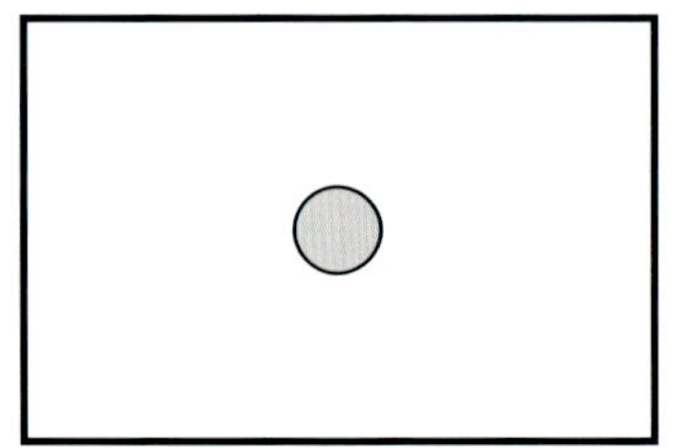

▲ *Messkreise der Selektivmessung (oben) und der Spotmessung (unten).*

Beide Messmethoden sind gut geeignet, um die Belichtung bei kontrastreichen Motiven auf einen bestimmten Bereich abzustimmen, die Belichtung dann zu speichern (*AE-Speicherung*) und das Bild mit den gespeicherten Werten aufzunehmen.

Um dies zu tun, wählen Sie einen der Modi P, Tv oder Av aus. Richten Sie das Selektiv- oder Spotmessfeld auf einen mittelhellen Bildbereich aus, etwa graues Straßenpflaster, eine Graukarte, die Handinnenfläche, blauen Himmel oder eine grüne Wiese. In unserem Beispiel haben wir eine schattige Partie innerhalb des Motivs gewählt, sodass die von der Sonne hell beleuchteten Stellen der Statue schön hell, aber nicht überstrahlt aussahen. Die zu erwartende Bildhelligkeit können Sie aufgrund der Belichtungssimulation beim Verschieben des Bildausschnitts direkt sehen.

Drücken Sie nun die Sterntaste ✱, um die Belichtungswerte zu speichern, erkennbar am Sternsymbol im Sucher oder Monitor. Anschließend richten Sie den Bildausschnitt ein und lösen das Bild aus.

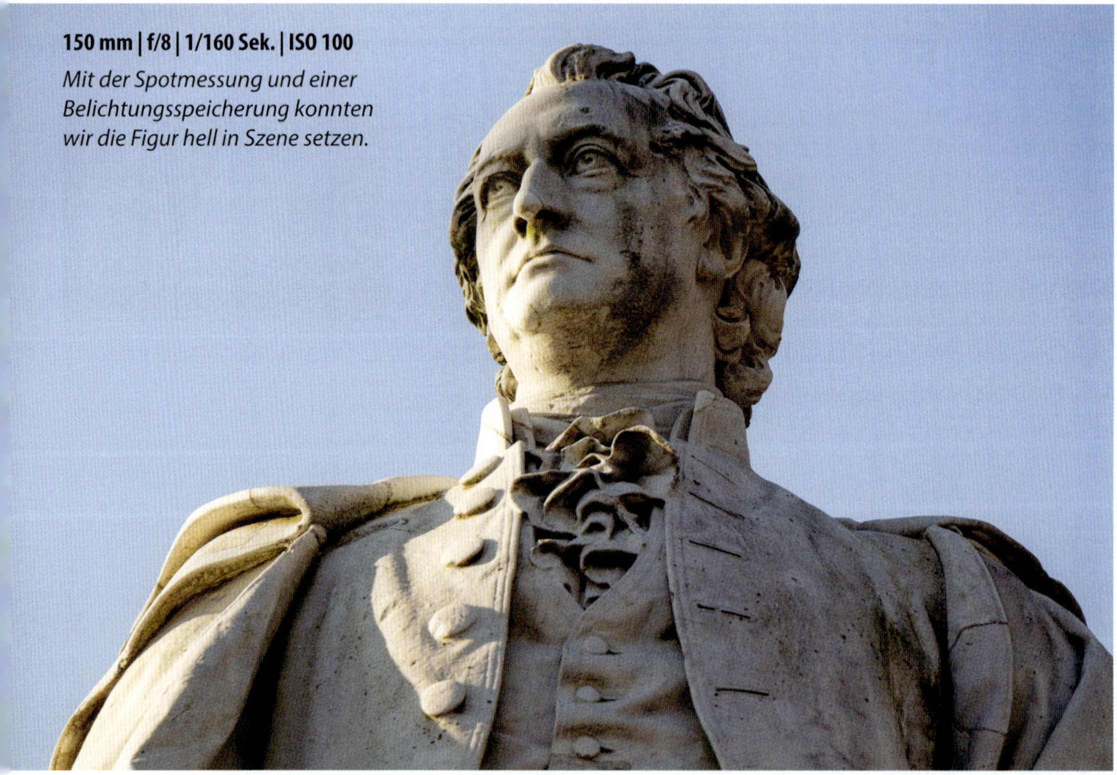

150 mm | f/8 | 1/160 Sek. | ISO 100
Mit der Spotmessung und einer Belichtungsspeicherung konnten wir die Figur hell in Szene setzen.

Einerseits bieten die Selektiv- und Spotmessung eine hohe Präzision. Andererseits kann es aber durchaus zu deutlichen Fehlbelichtungen kommen, wenn der Messkreis auf einen sehr hellen oder sehr dunklen Bildbereich trifft. Bei Motiven, die stark in Bewegung sind, liefern beide Messmethoden instabile Resultate, da mal helle, mal dunkle Motivbereiche in die kleinen Messkreise fallen. Wenn die Mehrfeldmessung bei Ihrem Motiv auch nicht die gewünschten Resultate liefern sollte, schalten Sie die Mittenbetonte Messung ein.

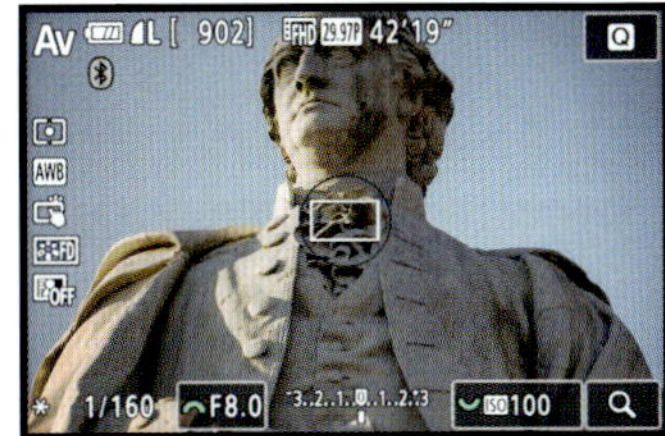

▲ *Bildausschnitt für die Belichtungsspeicherung.*

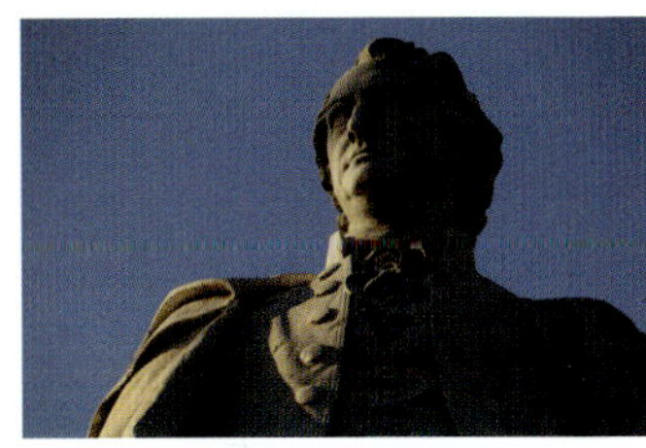

150 mm | f/8 | 1/400 Sek. | ISO 100

▲ *Ohne vorherige Belichtungsspeicherung lag das Spotmessfeld auf der hellen linken Gesichtshälfte in der Bildmitte, wodurch das Foto zu knapp belichtet wurde.*

Belichtungskorrektur statt Messmethodenwechsel

Wer sich nicht ständig damit beschäftigen möchte, die Messmethode an die Situation anzupassen, kann die Bildhelligkeit auch ganz einfach mit der später in diesem Kapitel vorgestellten Belichtungskorrektur auf Vordermann bringen. Das geht häufig schneller und intuitiver von der Hand.

4.2 Stimmt die Helligkeit? Kontrolle mit dem Histogramm

Auch wenn der Monitor und der Sucher der EOS M5 eine sehr gute Wiedergabequalität haben, ist es nicht immer möglich, die Belichtung des gerade aufgenommenen Fotos am Bildschirm optimal zu beurteilen. In solchen Situationen schlägt die Stunde des Histogramms, das viel besser zur Kontrolle etwaiger Über- oder Unterbelichtungen geeignet ist.

Um die Histogramm-Anzeige aufzurufen, drücken Sie im Aufnahme- oder Wiedergabemodus die INFO.-Taste so oft, bis das Histogramm des jeweiligen Fotos im oder neben dem Bild zu sehen ist. Sollte das Histogramm nicht angezeigt werden, schauen Sie nach, ob die Belichtungssimulation im Aufnahmemenü 1 📷 aktiviert ist.

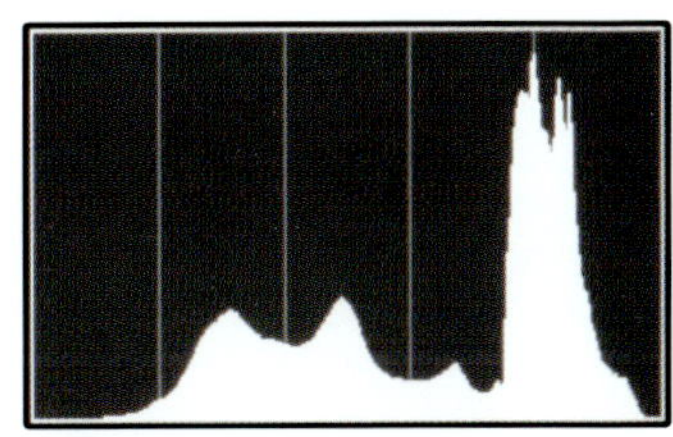

▲ *Histogramm eines gut belichteten, kontrastreichen Motivs.*

Das Histogramm sortiert alle Bildpixel nach ihrer Helligkeit, links die dunklen und rechts die hellen. Die Höhe jeder

Helligkeitsstufe zeigt an, ob viele oder wenige Pixel mit dem entsprechenden Helligkeitswert vorliegen.

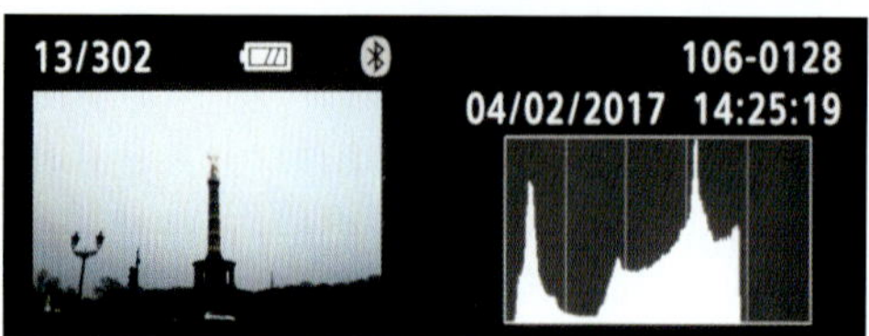

▲ *Das Bild ist nicht unrettbar, aber stark unterbelichtet. Fast alle Bildpixel befinden sich auf der linken Histogrammseite und rechts tut sich eine große Lücke auf.*

Bei einer korrekten Belichtung sammeln sich rechts und links an den Grenzen keine oder nur niedrige Werte. Ein einziger Berg in der Mitte deutet auf viele mittelhelle Farbtöne hin, zwei oder mehr getrennte Hügel zeugen von einer kontrastreicheren Szene.

Vermeiden Sie möglichst Histogramme, bei denen der Pixelberg links (Unterbelichtung) oder rechts (Überbelichtung) abgeschnitten wird. Korrigieren Sie die Belichtung lieber, wie im nächsten Abschnitt gezeigt, und nehmen Sie das Bild erneut auf.

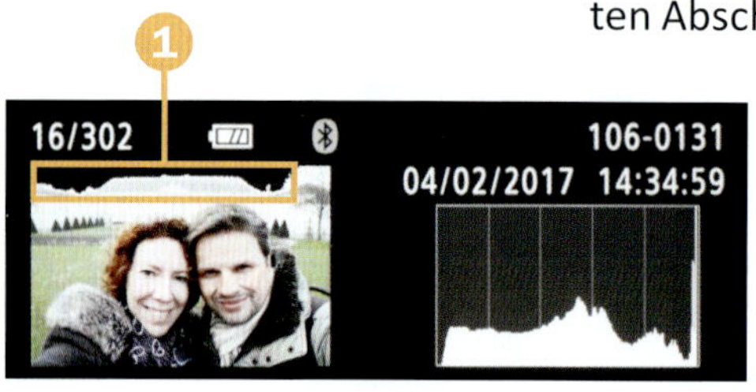

▲ *Das Histogramm stößt am rechten Rand an und die Überbelichtungswarnung blinkt. Die RAW-Datei ließ sich korrigieren, das parallel gespeicherte JPEG blieb in den überbelichteten Stellen zeichnungslos.*

Praktischerweise zeigt Ihnen die EOS M5 zu helle Areale mit der *Überbelichtungswarnung* anhand schwarz blinkender Bildflächen (1) an, allerdings nur in der Wiedergabeansicht, nicht im Livebild. Falls Sie diese Überbelichtungswarnung stört, was zum Beispiel beim Auswählen der Bilder zusammen mit Kunden oder beim Präsentieren einer Diaschau der Fall ist, können Sie sie im Wiedergabemenü 4 [Kamerasymbol] bei *Überbel.-Warn.* deaktivieren.

Grundsätzlich können Sie davon ausgehen, dass sich bei JPEG-Bildern in großflächig unter- oder überbelichtete Stellen selbst mit der besten Bildbearbeitung keine Strukturen mehr hineinzaubern lassen oder die Bereiche dann zumindest recht fleckig aussehen werden.

Im Fall von RAW-Dateien ist der Spielraum etwas größer. Fehlbelichtungen von etwa 1 2/3 Lichtwertstufen (EV) lassen sich im RAW-Konverter noch ordentlich zurückfahren. Allerdings können Sie das leider nicht am Histogramm erkennen, denn für die Histogrammanzeige wird nicht die RAW-Datei selbst verwendet, sondern ein mitgespeichertes JPEG-Vorschaubild. Es gibt somit keine Anzeige des RAW-Histogramms, was die Interpretation der RAW-Belichtung etwas erschwert.

Empfehlenswert ist, das Histogramm bei RAW-Aufnahmen bestenfalls rechts gerade so anstoßen zu lassen. Links darf ruhig eine Lücke entstehen, denn Unterbelichtungen können per Konverter zwar auch gerettet werden, aber das Bildrauschen steigt hierbei überproportional an. Also nehmen Sie das RAW-Bild lieber ein wenig zu hell als zu dunkel auf, dann bleibt die Qualität gewahrt.

Bildkontrolle mit dem RGB-Histogramm

Mit dem RGB-Histogramm lässt sich die Helligkeitsverteilung der roten, grünen und blauen Bildpixel, aus denen sich Digitalbilder zusammensetzen, getrennt darstellen, allerdings nur in der Wiedergabeansicht. Schalten Sie das RGB-Histogramm im Wiedergabemenü 4 📷 bei *Auf d. Infobildschirm wiedergeb.* frei.

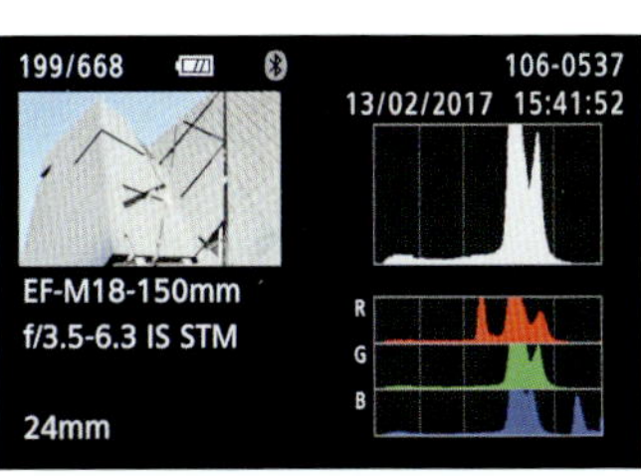

▲ *Mit dem automatischen Weißabgleich wurden die Motivfarben ins Bläuliche verschoben.*

Das Farbhistogramm ist eine gute Hilfe, um Farbverschiebungen zu erkennen. Diese äußern sich darin, dass die Histogrammhügel des roten und blauen Kanals mehr oder weniger stark gegeneinander verschoben sind. Der grüne Kanal bildet hingegen die Helligkeitsverteilung ab. Daher können Sie diesen Kanal vernachlässigen.

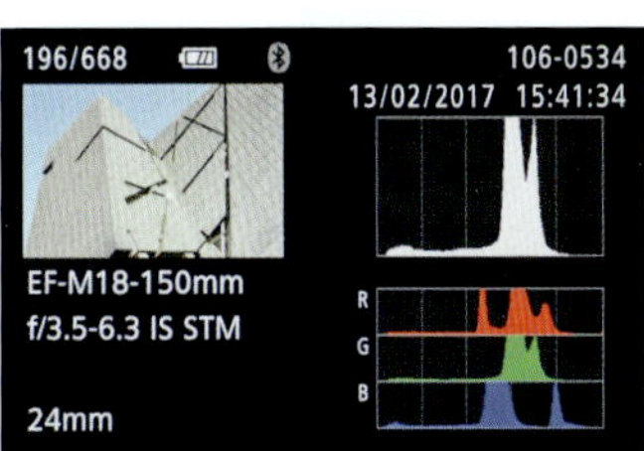

▲ *Farbverschiebung in Richtung Gelb mit dem Weißabgleich Wolkig. Am Helligkeitshistogramm wäre der Farbunterschied nicht zu erkennen gewesen.*

An den hier gezeigten Bildern ist beispielsweise zu sehen, dass der automatische Weißabgleich die Motivfarben etwas bläulich dargestellt hat. Der blaue Kanal ist gegenüber dem roten Kanal nach rechts verschoben. Nach einem Wechsel zur Weißabgleichvorgabe Wolkig wurde das Bild gelblicher und entsprach der realen Situation besser. Erkennbar ist dies an der Linksverschiebung des Blaukanals gegenüber dem Rotkanal.

Hilfreich kann das RGB Histogramm auch dann sein, wenn Sie Motive mit leuchtenden Farben aufnehmen, da hierbei einzelne Farben überstrahlen können, ohne dass dies im Helligkeitshistogramm zu erkennen ist. Beim späteren Druck können die zu kräftigen Farben dann beispielsweise Probleme bereiten, indem sie zeichnungslos und übertrieben intensiv wirken.

4.3 Belichtungskorrekturen, wann und wie?

Die EOS M5 liefert zwar in vielen Fällen eine adäquate Bildhelligkeit. Wenn jedoch großflächig sehr helle oder dunkle

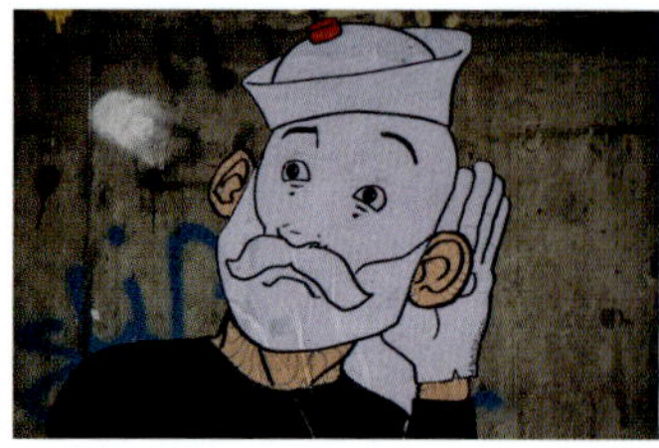

150 mm | f/6,3 | 1/40 Sek. | ISO 4000

▲ *Mit der Mehrfeldmessung wurde die Grafik zu knapp belichtet und sieht daher mittelgrau und düster aus.*

Motive vors Objektiv geraten, kann es zu Fehlbelichtungen kommen. Ohne Eingriff in die Belichtung wird zum Beispiel ein weißes Gebäude, ein Brautkleid, eine helle Grafik oder eine Schneefläche nicht weiß, sondern grau aussehen. Dabei können Sie sich generell merken: Helle Motive müssen überbelichtet werden, dunkle Motive erfordern eine Unterbelichtung.

Da die EOS M5 generell etwas zur Unterbelichtung neigt, fotografieren wir häufiger mit positiven Korrekturwerten von +1/3 bis etwa +2 als mit negativen, achten aber stets auf das Histogramm und die Überbelichtungswarnung.

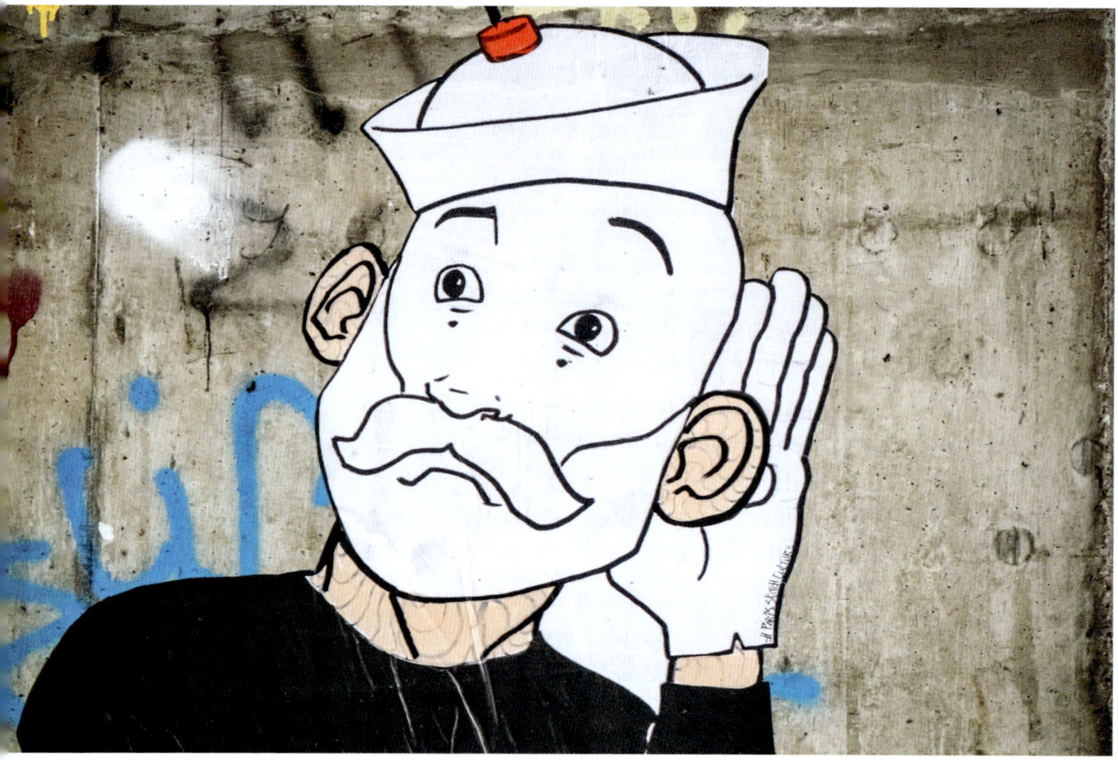

150 mm | f/6,3 | 1/15 Sek. | ISO 6400 | +2

▲ *Durch die starke Belichtungskorrektur ließ sich das Bild realistisch hell in Szene setzen.*

Wenn das Motiv kontrastreich ist, also sowohl sehr helle als auch sehr dunkle Bereiche enthält, empfehlen wir Ihnen, bei der Belichtung den hellen Stellen mehr Aufmerksamkeit zu schenken als den dunklen, und eventuell notwendige Belichtungskorrekturen so anzuwenden, dass keine großflächig überstrahlten Flächen entstehen. Mehr zum Umgang mit kontrastreichen Situationen erfahren Sie auch im nächsten Abschnitt.

Die Bildhelligkeit anpassen

Anpassen lässt sich die Bildhelligkeit bei der EOS M5 in allen Aufnahmeprogrammen außer den Modi Automatische Motiverkennung, Hybrid Auto und HDR-Gegenlicht. Dazu drehen Sie einfach das Belichtungskorrekturrad auf der Kameraoberseite nach links (Unterbelichten) oder nach rechts (Überbelichten).

Mit dieser Methode sind Helligkeitsänderungen in 1/3 Stufen von insgesamt ±3 Stufen möglich, ablesbar an der Belichtungsstufenanzeige 1. Im Modus Kreativassistent werden Belichtungskorrekturen über das programmeigene Menü eingestellt. Im Modus M (bei festgelegtem ISO-Wert) wird die Belichtungskorrektur über eine manuelle Anpassung der Belichtungszeit, des Blendenwerts und/oder des ISO-Werts durchgeführt und kann daher auch mehr als ±5 Stufen betragen.

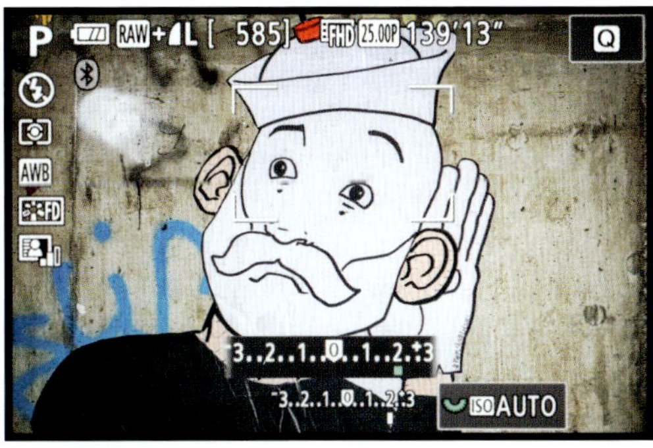

▲ *Belichtungskorrektur von +2 Stufen.*

Automatische Helligkeitsreihe (AEB)

Es gibt viele Situationen, in denen nicht viel Zeit zum Fotografieren vorhanden ist. Da ist es gut zu wissen, wie Sie mit der EOS M5 quasi im Handumdrehen schnell drei unterschiedlich helle Ausgangsbilder erstellen können. Daraus können Sie sich das Bild mit der besten Belichtung aussuchen, oder die Bilder auch nachträglich mit geeigneter Software zum HDR-Bild fusionieren.

Fotografieren Sie beispielsweise mit Av und einer Blende Ihrer Wahl. Bei wenig Licht ohne Stativ eignen sich am besten niedrige Blendenwerte (P oder Tv sind natürlich auch möglich). Wenn Sie nicht möchten, dass die Bilder mit unterschiedlichen ISO-Werten aufgenommen werden, bestimmen Sie eine feste ISO-Zahl. Dann variieren bei Av die Zeit, bei Tv die Blende und bei P beide Werte. Bei wenig Licht empfehlen wir die ISO-Automatik, da Sie damit mehr Belichtungsspielraum haben und es weniger schnell zu Verwacklungen kommt.

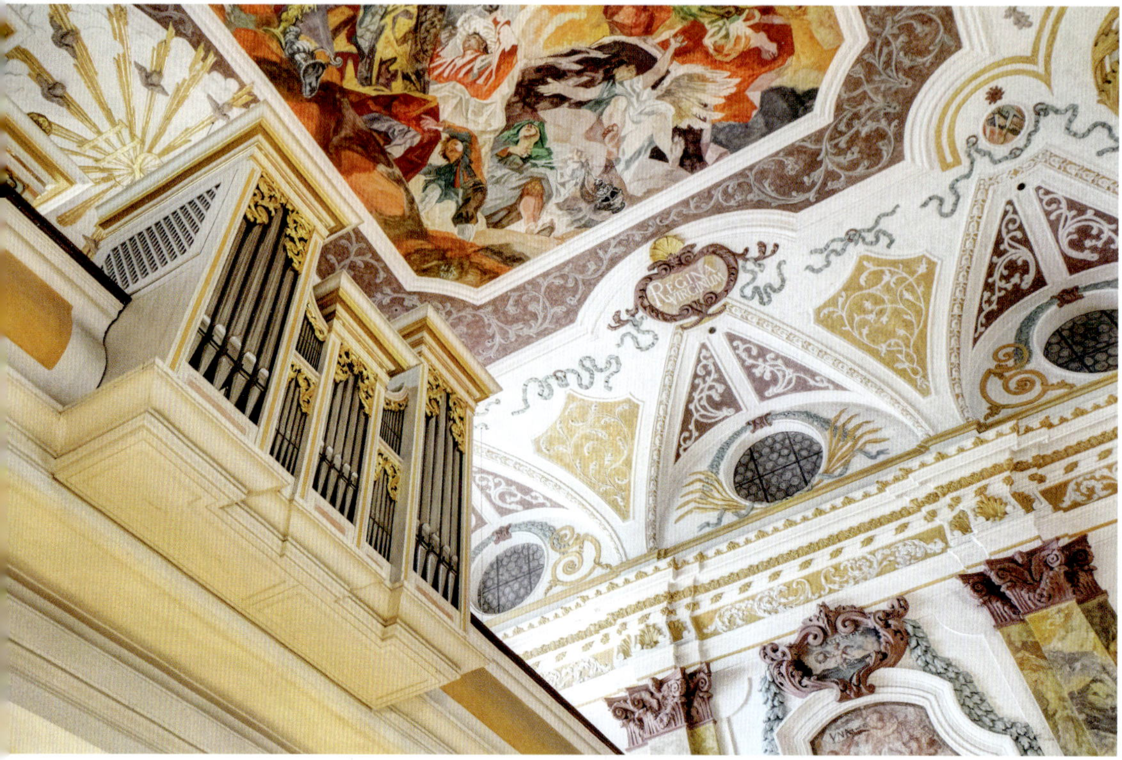

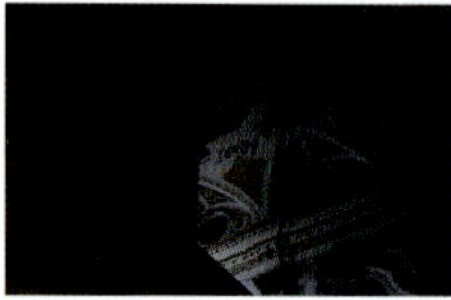
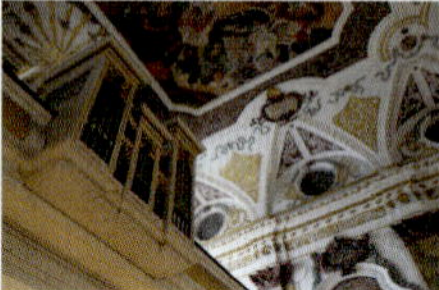
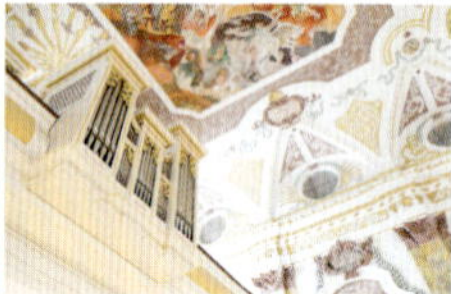

Links: 18 mm | f/3,5 | 1/60 Sek. | ISO 800
Mitte: 18 mm | f/3,5 | 1/30 Sek. | ISO 1600
Rechts: 18 mm | f/3,5 | 1/8 Sek. | ISO 1600

▲ *Automatische Belichtungsreihe mit drei Aufnahmen im Abstand von ±2 Belichtungsstufen, freihändig fotografiert und mit Photoshop deckungsgleich ausgerichtet. Anschließend wurden die Bilder mit der Software Photomatix Pro zum HDR-Bild fusioniert.*

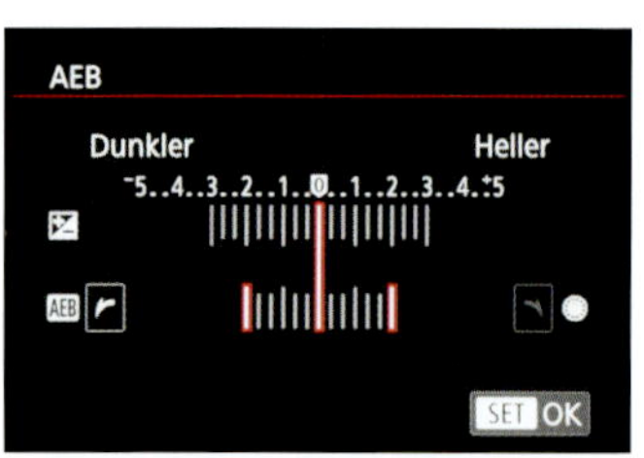

▲ *AEB-Reihe mit 2 Stufen Belichtungsunterschied. Alternativ lässt sich die AEB-Reihe auch im INFO.-Schnellmenü aufrufen. Steuern Sie dort die Belichtungsstufenanzeige an und drehen am Einstellungs-Wahlrad.*

Aktivieren Sie schließlich die AEB-Reihenautomatik (AE = Auto Exposure = automatische Belichtung, B = Bracketing = Reihenautomatik). Dazu tippen Sie im INFO.-Schnellmenü die Belichtungsstufenanzeige an oder öffnen im Aufnahmemenü 4 den Eintrag *AEB*. Drehen Sie das Einstellungs-Wahlrad nach rechts oder tippen Sie die Touchfläche rechts unterhalb der Skala an.

Neben der mittleren Strichmarkierung werden nun zwei weitere Belichtungsstufen angezeigt. Wenn es nur um die beste Belichtung eines Bildes geht, empfehlen sich Helligkeitssprünge von ±2/3 Stufen. Wenn Sie daraus HDR-Bilder erstellen möchten, sind drei Aufnahmen mit ±2 Stufen günstig.

Mit dem Belichtungskorrekturrad lässt sich die ganze Reihe zudem nach links oder rechts verschieben, um die Bilder allesamt etwas dunkler oder heller aufzunehmen. Lösen Sie die Bilder schließlich einzeln aus, oder aktivieren Sie über das Schnellmenü die schnelle Reihenaufnahme. In dem Fall drücken Sie den Auslöser so lange ganz herunter, bis die drei Bilder im Kasten sind.

4.4 Kontraste in den Griff bekommen

Unsere Augen sind in der Lage, ein sehr großes Spektrum an hellen und dunklen Farben auf einmal wahrzunehmen. Daher können wir kontrastreiche Motive im Gegenlicht ohne Fehlbelichtung erfassen. Alles sieht durchzeichnet aus, besitzt erkennbare Strukturen.

Den Helligkeitsumfang, den unsere Augen mit einem Blick wahrnehmen können, wird auch mit dem Begriff Kontrast- oder *Dynamikumfang* beschrieben und in Blendenstufen unterteilt. Die Natur hat in etwa einen Dynamikumfang von 22 Blendenstufen. Unser Auge erfasst davon circa 14. Der Sensor der EOS M5 ist weniger dynamisch veranlagt, er bewältigt nur etwa 12 (ISO 100) bis 6 Stufen (ISO 25600).

So kann es vorkommen, dass ein kontrastreiches Motiv im Foto von der eigenen Wahrnehmung abweicht. Dies macht sich in zu hellen oder stark unterbelichteten Bildpartien bemerkbar. Doch es gibt ein paar Praxistipps, mit denen selbst hochkontrastierte Motive ausgewogen auf dem EOS M5-Sensor landen.

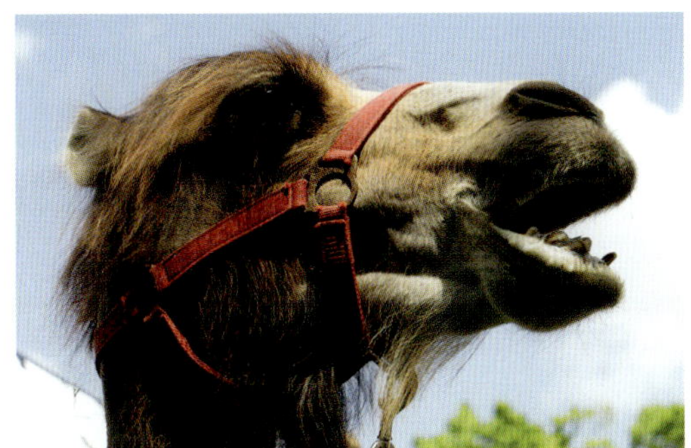

▲ *Unbearbeitetes Original mit zu dunklen Schatten.*

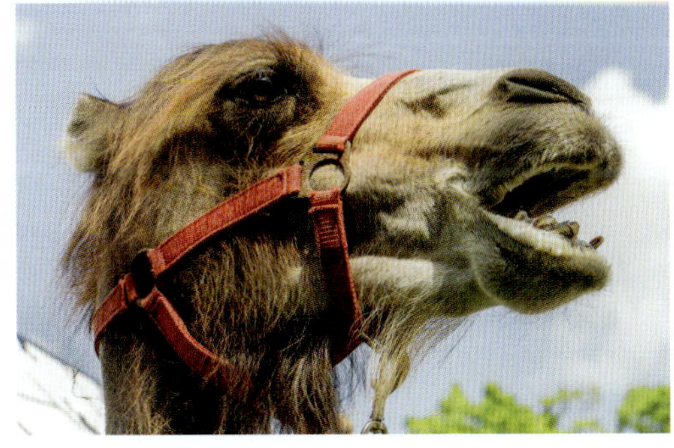

▲ *Unsere Augen erfassen solche Situationen spielend, der EOS M5-Sensor benötigt Kontrastkorrekturen während der Aufnahme oder eine nachträgliche Bildbearbeitung.*

Überstrahlung vermeiden mit der Tonwert Priorität

▲ *Aktivieren der Tonwert Priorität.*

Manchmal können bei kontrastreichen Motiven nur die ganz hellen Reflexionsstellen das Ergebnis ein wenig schmälern, indem sie überstrahlt und zeichnungslos abgebildet werden. Vergleichen Sie dazu einmal die heraus vergrößerten Bildausschnitte ③. Im ersten Bild blinkt die Überbelichtungswarnung ① und das Histogramm stößt am rechten Rand an ②. Im zweiten Bild reißen die hellen Areale indes nicht mehr aus und das Histogramm stößt rechts nicht mehr so knapp am Rand an.

Worin liegt der Unterschied zwischen den beiden Aufnahmen? Nun, das zweite Bild haben wir mit der sogenannten *Tonwert Priorität* **D+** aufgenommen. Diese lässt sich im Aufnahmemenü 5 aktivieren, wenn Sie in den Modi P, Tv, Av, M, C1, C2 oder Movie fotografieren oder filmen.

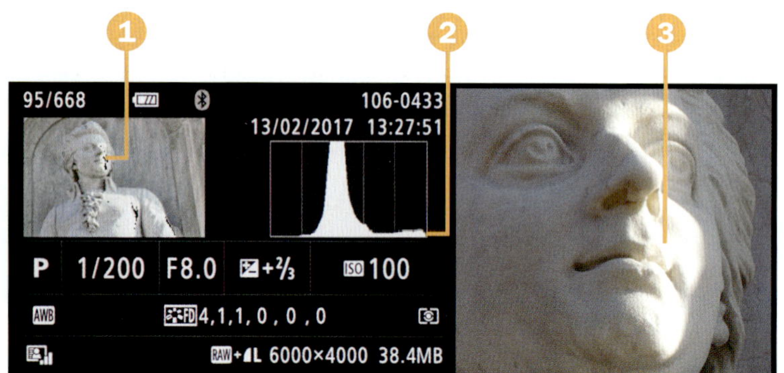

▶ *Überstrahlte Bereiche ohne Tonwert Priorität.*

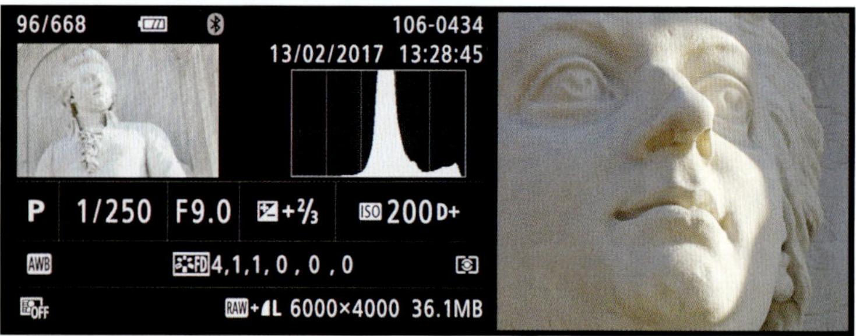

▶ *Weniger Überstrahlung mit eingeschalteter Tonwert Priorität.*

Die Tonwert Priorität schafft es ganz gut, die Spitzlichter im Bild zu schützen. Im Histogramm ist dies an der leichten Linksverschiebung der hellen Farbtöne zu erkennen. Dieser Effekt wird softwaregestützt und durch die automatische Einschränkung der Lichtempfindlichkeit erreicht. Bei Standbildern und Filmen können Sie daher ISO 100 nicht nutzen und bei Movie-Aufnahmen wird die höchste Lichtempfindlichkeitsstufe auf ISO 6400 herabgesetzt. Die Tonwert Priorität wirkt sich zudem nur auf JPEG-Bilder aus. Wenn Sie im RAW-Format fotografieren, können leichte Überstrahlungen aber bequem beim Konvertieren gerettet werden. In dem Fall benötigen Sie die Tonwert Priorität gar nicht und können im Gegenzug wieder ISO 100 verwenden.

Einschränkungen

Achten Sie stets gut auf die Grundbelichtung, denn die Tonwert Priorität kann keine überbelichteten Bilder retten. Sie ist zudem wirklich nur bei JPEG-Bildern und sehr kontrastreichen Motiven sinnvoll und sollte sonst eher abgeschaltet werden, da sie ein etwas erhöhtes Bildrauschen in den dunkleren Bildpartien bewirken kann.

Verbesserte Kontraste mit der Belichtungsoptimierung

Eine weitere Hilfe zur Optimierung von Bildhelligkeit und Kontrast hat die EOS M5 in Form der *Automatischen Belichtungsoptimierung* (Auto Lighting Optimizer) an Bord. Hierüber hellt die Kamera vor allem dunkle Bereiche etwas auf und dunkelt helle leicht ab. Bei kontrastreichen Motiven kann die Belichtungsoptimierung daher eine etwas ausgewogenere Gesamtwirkung erzeugen.

Bedenken Sie jedoch, dass sich das Bildrauschen in den dunklen Bereichen erhöhen kann, weil die Belichtungsoptimierung nachträglich auf die Bilder angewendet wird. Die Funktion ersetzt somit keinesfalls die Notwendigkeit einer korrekten Belichtung. In vielen Situationen fallen die Unterschiede zudem sehr gering aus und wir würden sie eher als leichte Schattenaufhellung denn als Belichtungsoptimierung bezeichnen.

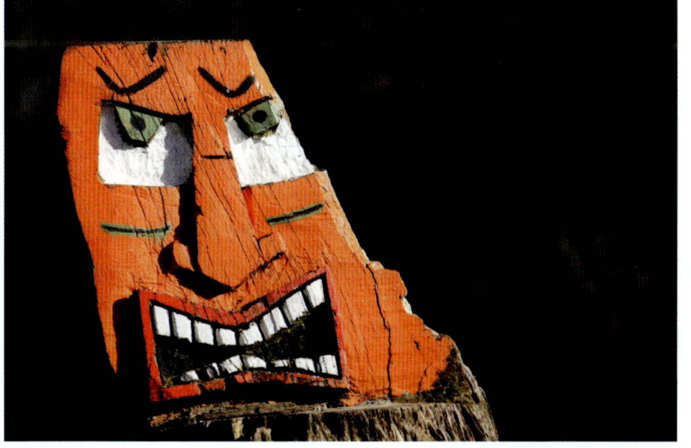

173 mm | f/2,8 | 1/1000 Sek. | ISO 100

◀ *Ohne automatische Belichtungskorrektur wirkt der Kontrast etwas unausgeglichen mit zu dunklen Schatten und zu hellen weißen Bildstellen.*

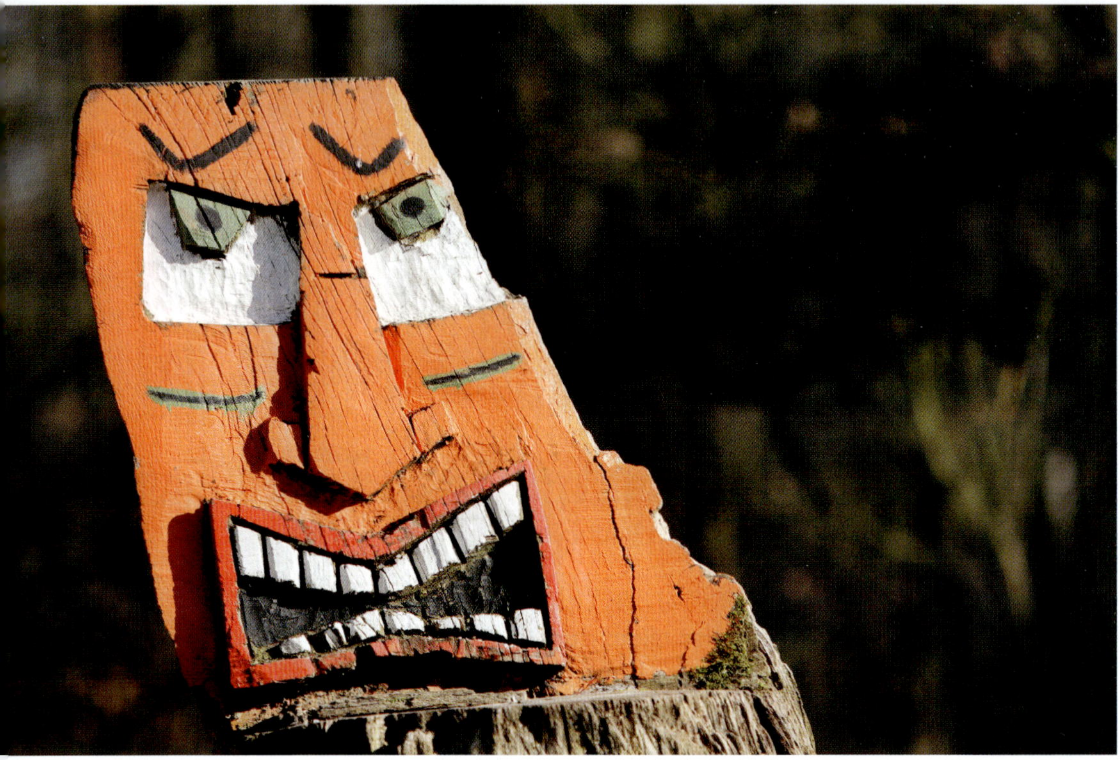

173 mm | f/2,8 | 1/1250 Sek. | ISO 100

▲ *Leichte Schattenaufhellung mit der automatischen Belichtungsoptimierung der Stufe Stark.*

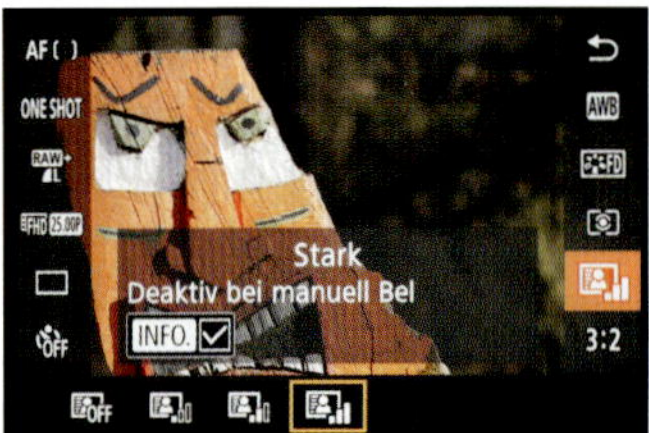

▲ *Anpassen der Automatischen Belichtungsoptimierung.*

Aktivieren und in der Stärke anpassen können Sie die *Autom. Belichtungsoptimierung* in den Modi P, Tv, Av, M, C1, C2 und im Movie-Modus. Rufen Sie die Funktion entweder über das Schnellmenü, das INFO.-Schnellmenü oder das Aufnahmemenü 5 auf. Sie steht aber nur dann zur Verfügung, wenn die Tonwert Priorität (siehe vorheriger Abschnitt) ausgeschaltet ist. Am besten belassen Sie die Einstellung auf *Standard* und verwenden die Einstellung *Stark* nur bei Motiven mit sehr hohem Kontrast. Die automatischen Programme setzen die Belichtungsoptimierung unveränderlich ein, mit Ausnahme des Kreativassistenten, des SCN-Modus Selbstporträt und aller Kreativfilter.

Zu empfehlen ist auch, den Haken bei *Deaktiv bei Manuell Bel* zu belassen. Dann wird die manuelle Belichtung nicht durch eine nachträgliche Veränderung der Bildhelligkeit beeinflusst. Es könnte sonst passieren, dass die Helligkeit von Bild zu Bild schwankt, sodass der Vorteil einer konstanten manuellen Belichtung nicht mehr zuverlässig gegeben wäre.

Die Belichtungsoptimierung wirkt sich zudem nur auf JPEG-Bilder direkt aus. Bei RAW-Fotos können Sie die Funktion aber im Canon-eigenen Konverter Digital Photo Professional 4 ein- oder ausschalten und die Effektstärke bestimmen.

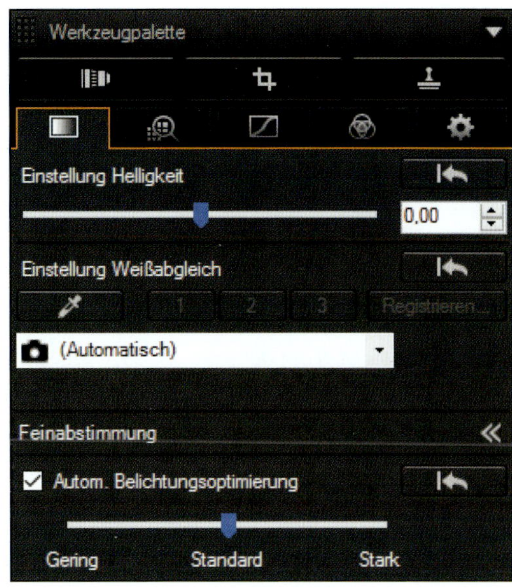

▲ *Anpassen der Automatischen Belichtungsoptimierung in Digital Photo Professional.*

Kontraste mit dem HDR-Modus managen

Sicherlich ist Ihnen das Kürzel HDR schon häufiger über den Weg gelaufen. Es steht für „high dynamic range" und bedeutet übersetzt in etwa: „Einen hohen Dynamikumfang ins Bild bringen". Grundsätzlich geht es darum, ein und dasselbe Motiv unterschiedlich hell zu fotografieren und die Einzelbilder dann so zu fusionieren, dass alle Helligkeitsstufen perfekt durchzeichnet sind. Hierfür hat die EOS M5 eigens den Effekt *HDR* im Programm, den Sie im Bereich der Kreativfilter auswählen können. Damit werden automatisch drei unterschiedlich helle Bilder aufgenommen und kameraintern verschmolzen.

Die Bildgestaltung können Sie hierbei anhand von fünf künstlerischen Effekten beeinflussen. Die Vorgabe *Natürlich* liefert einen sehr authentischen Bildeindruck, allerdings mit verbesserter Durchzeichnung gegenüber einem einfachen Bild. Es treten auch keine störenden hell oder dunkel scheinenden Lichthöfe an den Kontrastkanten (Halos) auf. Damit eignet sich diese Vorgabe gut für die individuelle Nachbearbeitung der Kontraste und Farben im Bildbearbeitungsprogramm.

Der Effekt *Standard* erzeugt bereits einen gemäldeartigen Bildeindruck und die Effekte *Gesättigt* (hohe Sättigung, illustrationsartige Darstellung), *Markant* (ausgeprägte Ränder, ähnelt Ölgemälden) und *Prägung* (ausgeprägte Ränder, wenig Sättigung, düstere Wirkung) verfremden die HDR-Aufnahmen recht stark, indem sie die Farben anheben oder deutliche Ränder um die Kontrastkanten einfügen. Es kann vorkommen, dass schattige Bildpartien dadurch zeichnungslos schwarz werden. Daher gehen Sie mit diesen Effekten vorsichtig um, wenn es Ihnen auf eine besonders gute Zeichnung Ihrer Motive ankommt.

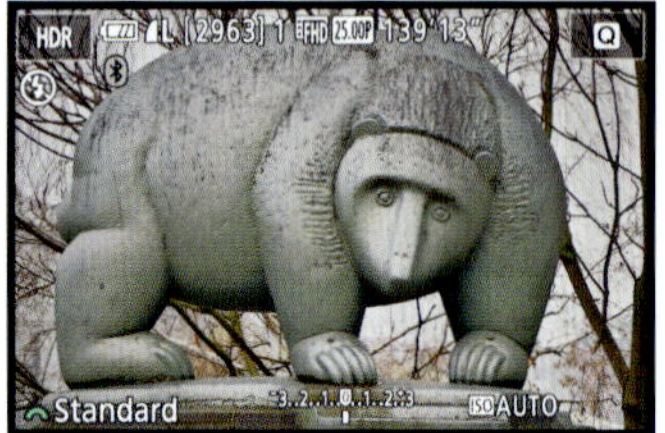

▲ *Kreativfilter HDR mit dem Effekt Standard.*

Wenn Sie sich gleich einmal selbst ein Bild vom HDR-Modus machen möchten, stellen Sie den Modus Kreativfilter ein und wählen im Schnellmenü oder im Aufnahmemenü 1 bei *Aufnahmemodus* die Vorgabe *HDR* aus. Zurück im Livebild können Sie nun mit dem Hauptwahlrad einen der beschriebenen Effekte einstellen. Lösen Sie das Bild aus und versuchen Sie, dabei so wenig wie möglich zu wackeln. Auch das Motiv selbst darf sich nicht bewegen, sonst sehen manche Bildstellen wie gedoppelt aus. In einem unserer Aufnahmen sind beispielsweise Passanten durchs Bild gelaufen und wurden von einem der drei Teilbilder des HDR-Fotos erfasst. Vermeiden Sie auch solcherlei Störungen oder Geisterbilder.

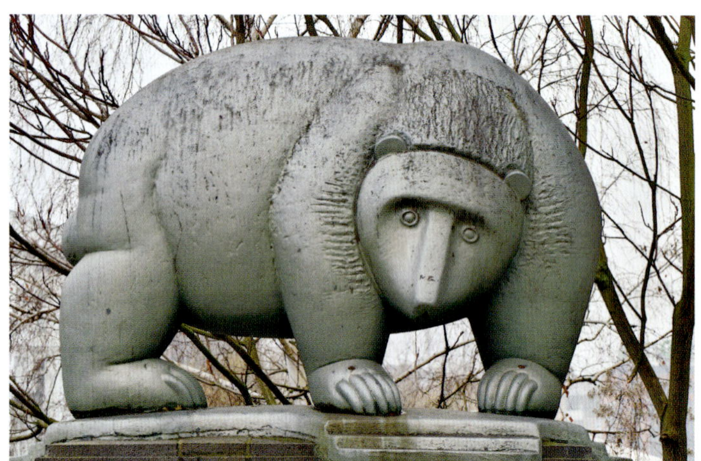

▶ *HDR-Effekt Standard*

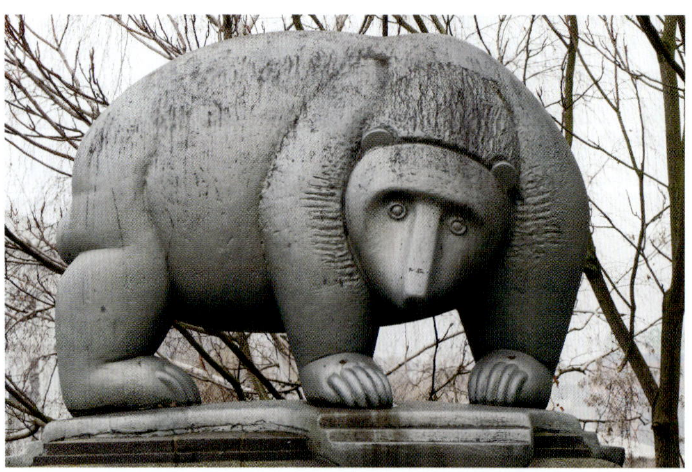

◀ *HDR-Effekt Natürlich*

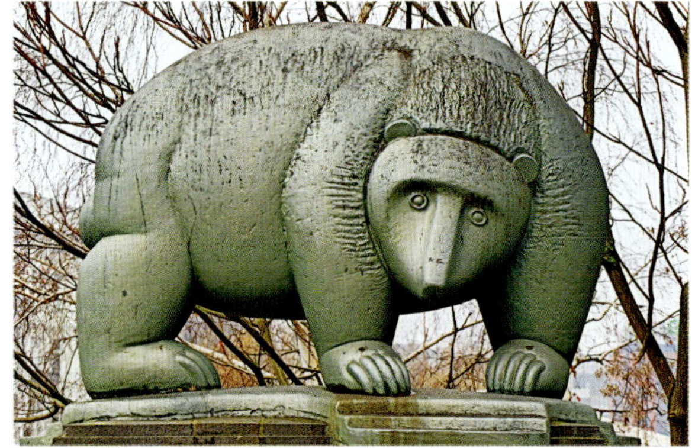

HDR-Effekt Markant

HDR-Effekt Gesättigt

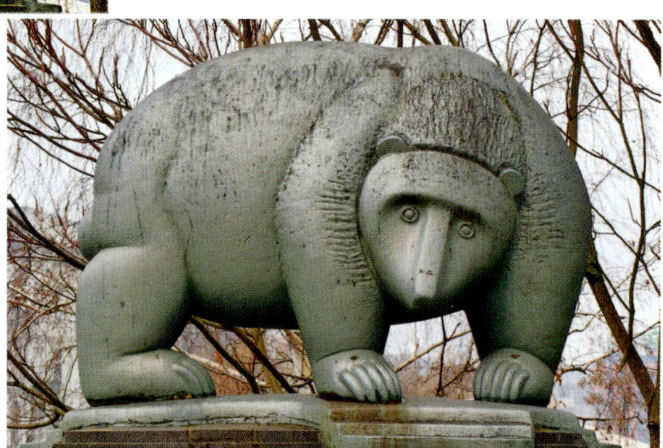

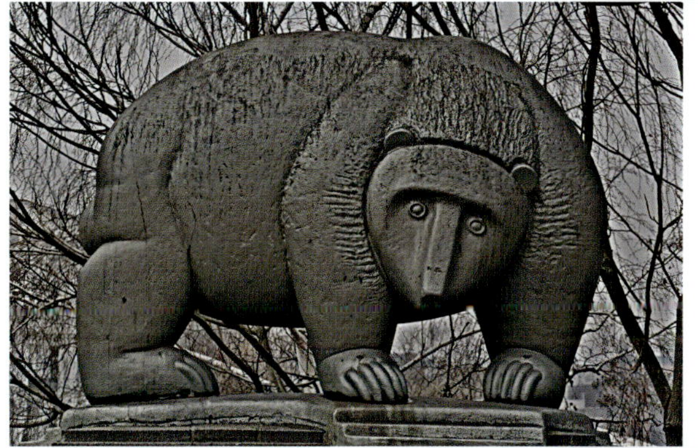

HDR-Effekt Prägung.

Störung durch bewegte Elemente.

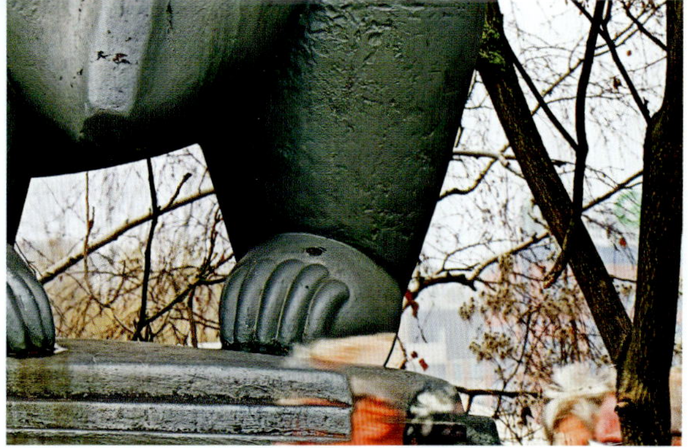

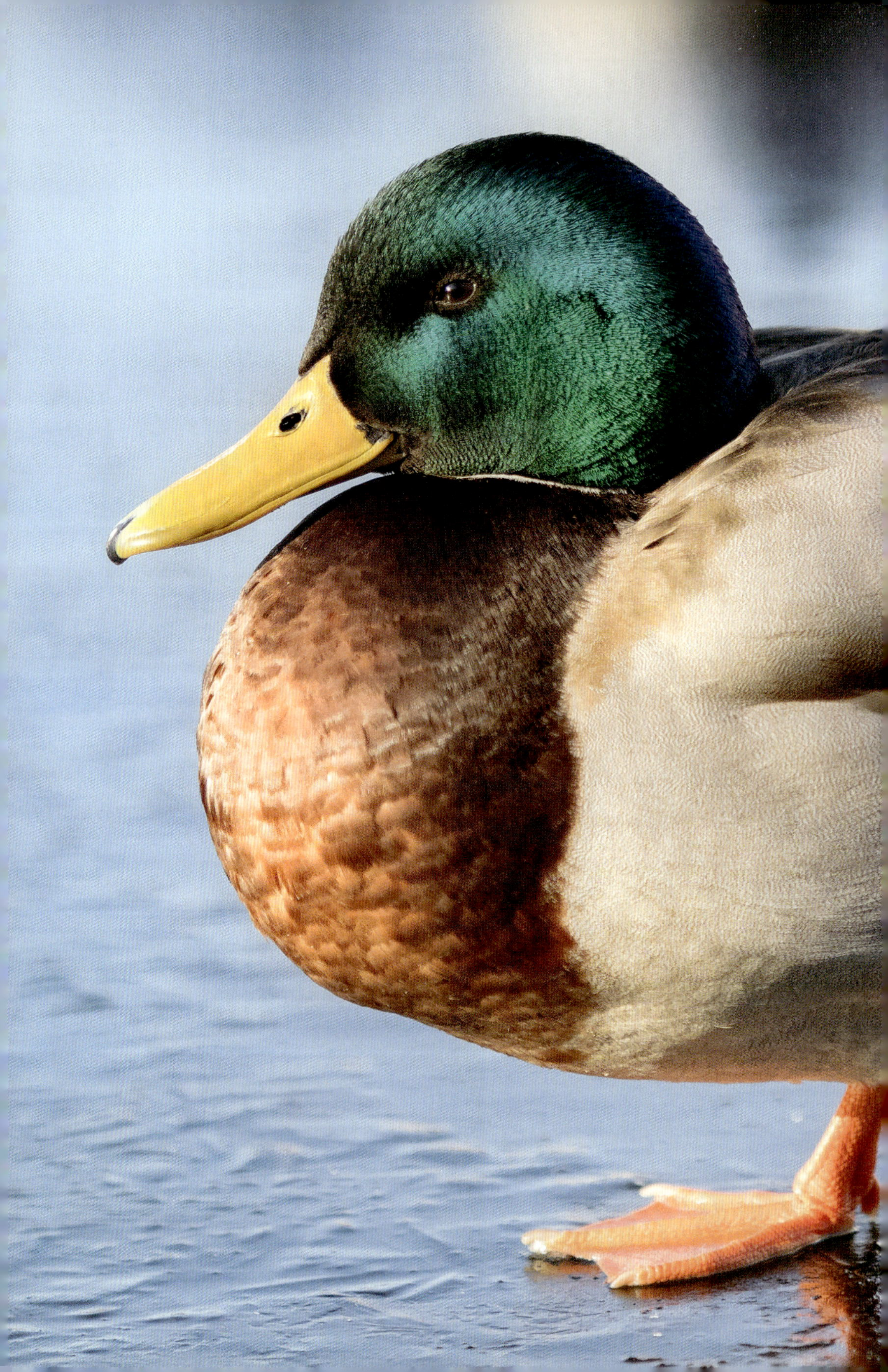

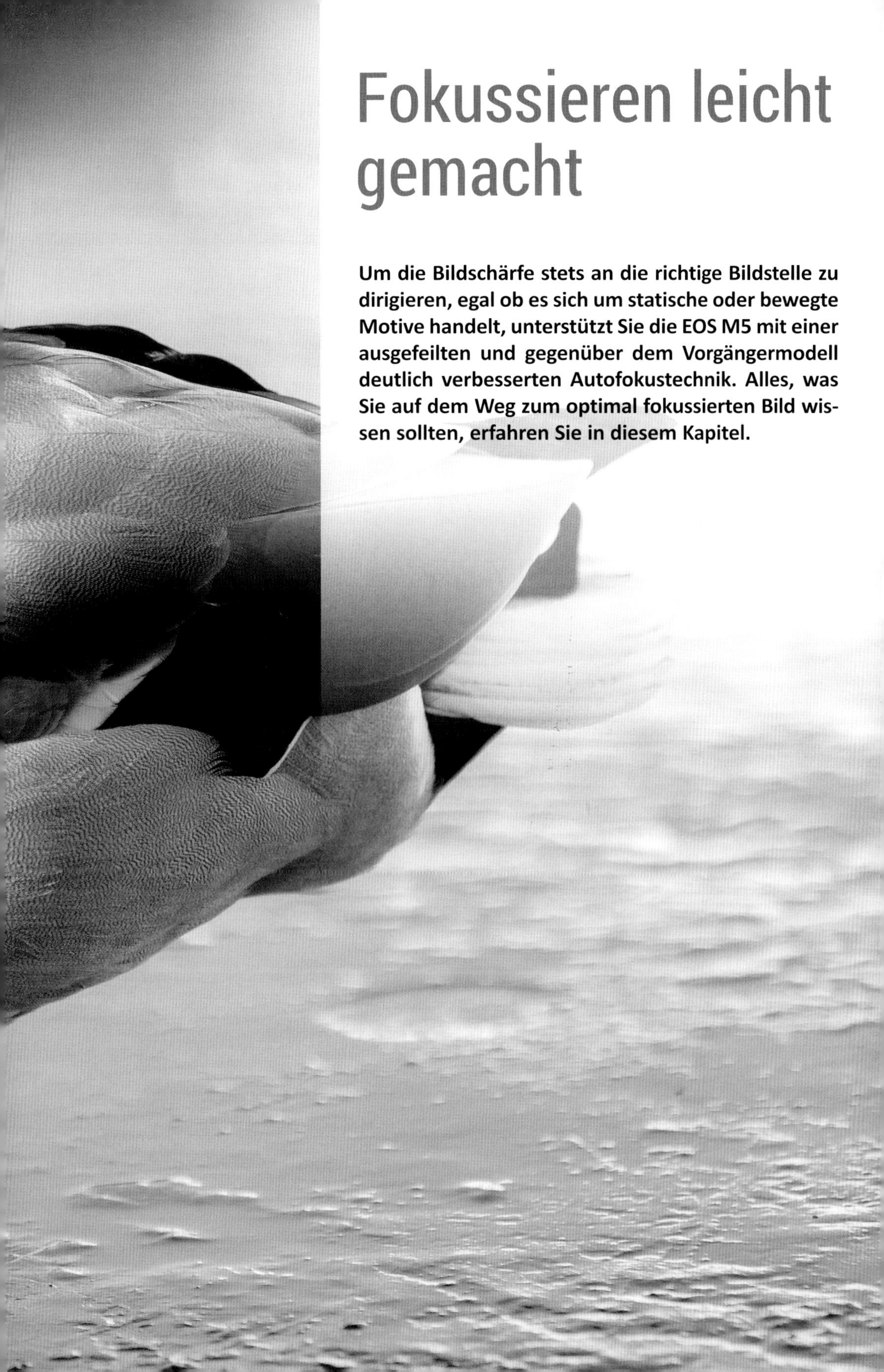

Fokussieren leicht gemacht

Um die Bildschärfe stets an die richtige Bildstelle zu dirigieren, egal ob es sich um statische oder bewegte Motive handelt, unterstützt Sie die EOS M5 mit einer ausgefeilten und gegenüber dem Vorgängermodell deutlich verbesserten Autofokustechnik. Alles, was Sie auf dem Weg zum optimal fokussierten Bild wissen sollten, erfahren Sie in diesem Kapitel.

5.1 Automatisch fokussieren

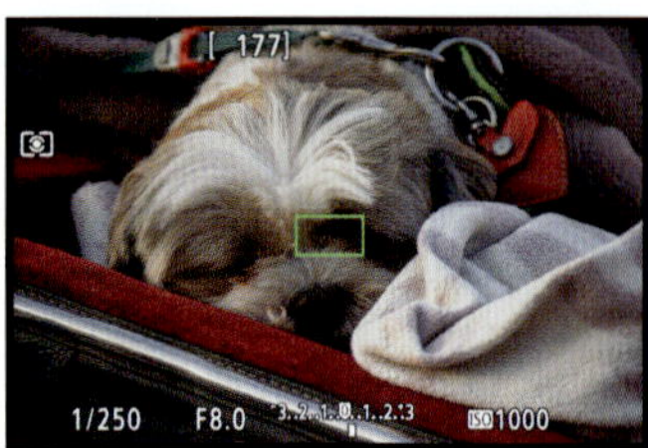

▲ *Erfolgreiche Scharfstellung.*

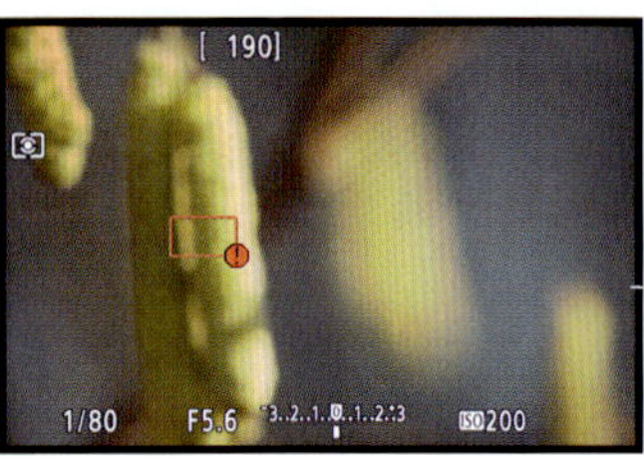

▲ *Fokuswarnung.*

Vom Scharfstellen oder Fokussieren hängt es ab, welcher Bildbereich die höchste Detailschärfe aufweisen wird. Zum Glück können Sie sich hierbei in den meisten Fällen auf den präzisen Autofokus Ihrer EOS M5 verlassen. Das Kameraauge fokussiert, sobald der Auslöser halb heruntergedrückt wird. Bei erfolgreicher Scharfstellung werden ein oder mehrere grüne *AF-Rahmen* eingeblendet, die den Ort der Scharfstellung verdeutlichen. Zudem hören Sie einen kurzen Signalton – es sei denn, Sie haben die Töne im Einstellungsmenü 3 bei *Piep-Ton* ausgeschaltet.

Falls der AF-Rahmen orange leuchtet und ein Ausrufezeichen zu sehen ist, sind Sie entweder zu nah am Objekt (Entfernungswarnung) oder das Objekt ist zu kontrastarm (zum Beispiel eine einfarbige Fläche). Im ersten Fall halten Sie die EOS M5 etwas weiter entfernt. Im zweiten Fall ändern Sie den Bildausschnitt ein wenig, um einen stärker strukturierten Motivbereich in den Bildausschnitt zu bringen. Danach sollte das Scharfstellen wieder gelingen. Sollte die EOS M5 gar nicht automatisch fokussieren, schauen Sie nach, ob im Aufnahmemenü 3 bei *Fokus-Modus* die Option *AF* gewählt ist.

Fokuspriorität

Standardmäßig steht die EOS M5 auf Fokuspriorität. Das bedeutet, dass Sie kein Bild auslösen können, wenn der Fokusrahmen orange leuchtet. Dies gilt für beide AF-Betriebsarten, ONE SHOT und SERVO. Durch Umschalten auf den manuellen Fokus kann die Fokuspriorität aber ausgehebelt werden. In dem Fall löst die EOS M5 immer aus, auch wenn die Schärfe noch nicht optimal sitzt. Scharf stellen müssen Sie dann jedoch von Hand.

Scharfstellen in dunkler Umgebung

In dunkler Umgebung kann es vorkommen, dass der Autofokus Schwierigkeiten bekommt, weil das Motiv zu wenig kontrastiert ist. Dann springt jedoch automatisch ein AF-Hilfslicht an, mit dem das Motiv nur für die Phase des Scharfstellens über ein rotes Licht aufgehellt wird.

Achten Sie darauf, die Lampe neben dem Objektiv nicht mit der Hand zu verdecken. Das passiert aufgrund der kompakten Gehäusekonstruktion sehr leicht. Uns ging es jedenfalls oft so, dass wir uns wunderten, warum der Fokus sein Ziel einfach nicht treffen wollte. Bis wir dann feststellten, dass das AF-Hilfslicht die Finger am Objektiv anstrahlte und nicht am Motiv ankam. Leuchtete das AF-Hilfslicht hingegen ungehindert auf das Motiv, lief die Scharfstellung mit der EOS M5 auch in dunkler Umgebung recht zügig ab. Es kann aber einen Tick länger dauern. Außerdem muss natürlich die Funktion ***AF-Hilfslicht(LED) Aussend.*** im Aufnahmemenü 3 aktiviert sein.

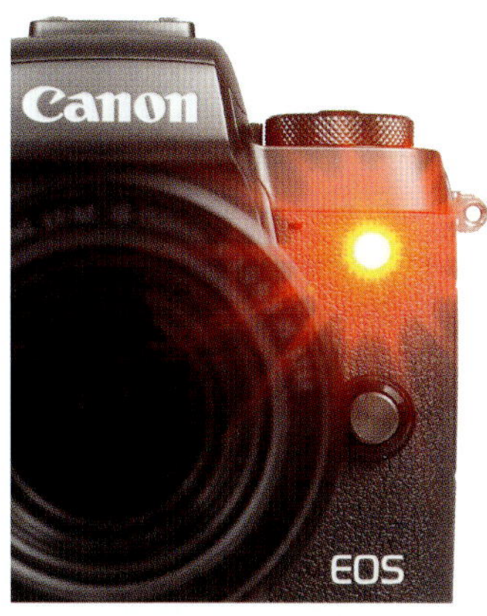

▲ *Das AF-Hilfslicht in Aktion.*

Wenn das AF-Hilfslicht bei Konzertaufnahmen oder beim Fotografieren scheuer Tiere stört oder sich die Motive ohnehin mehr als 3 m von Ihnen entfernt befinden, schalten Sie das AF-Hilfslicht am besten aus. Im SCN-Modus Sport ist das AF-Hilfslicht gar nicht verwendbar.

Kontinuierlicher AF: Vor- und Nachteile

Die EOS M5 kann die Schärfe kontinuierlich auf das Motiv einstellen, auch wenn Sie den Auslöser gar nicht betätigen. Dadurch wird das Einrichten des Bildausschnitts etwas komfortabler. Allerdings belastet das ständige Verschieben der Linsen im Objektiv die Akkureserven und die Mechanik.

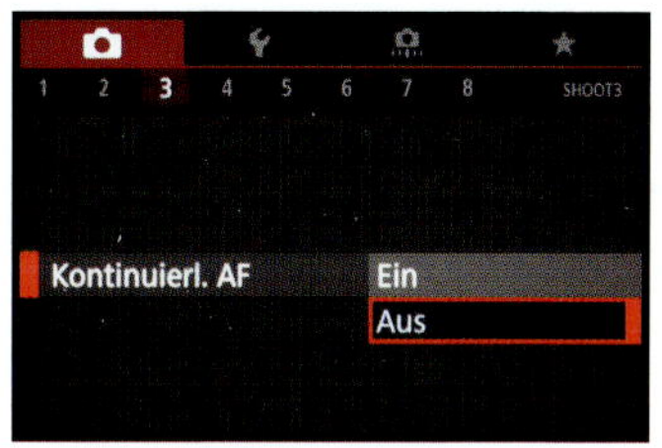

▲ *Ein- oder Ausschalten des Kontinuierlichen AF.*

Auch wird die Schnelligkeit des eigentlichen Scharfstellvorgangs per Auslöser nur dann beschleunigt, wenn Sie von einem fernen auf ein nahes Objekt oder umgekehrt umschalten. Dann kann der Kontinuierliche AF die Objektivlinsen schon vor dem Auslösen auf die neue Distanz einstellen und das eigentliche Fokussieren beim Auslösen ist schneller.

Aufgrund des Akkuverbrauchs stellen wir persönlich den ***Kontinuierl. AF*** im Aufnahmemenü 3 aber meistens aus, was in allen Modi außer dem SCN-Programm Sport und den Movie-Programmen möglich ist. Halten Sie es einfach so, wie es Ihnen von der Handhabung her besser gefällt.

Dual Pixel CMOS AF

Die EOS M5 kann über einen Bereich von 80% der Sensorfläche scharf stellen und setzt hierbei den von Canon entwickelten schnellen und präzisen ***Dual Pixel CMOS AF*** ein. Die Sensorpixel in diesem Bereich bestehen dazu aus zwei Fotodioden. Diese liefern Schärfeinformationen aus zwei unterschiedlichen Messwinkeln, ein Prozess, der mit dem Begriff Phasenerkennungs-AF beschrieben wird. Aus den daraus entstehenden leicht gegeneinander verschobenen Halbbildern lässt sich der Verstellweg für die Objektivlinsen in nur einem Durchgang berechnen, um die gewählte Fokusstelle scharf zu stellen. Das ist so ähnlich wie die beiden Halbbilder, die unsere Augen erzeugen und die über das Anpassen der Augenlinsen vom Gehirn zu einem scharfen Bild zusammengesetzt werden. Unabhängig von der Schärfemessung liefert jedes Fotodiodenpaar aber nur einen Bildpunkt.

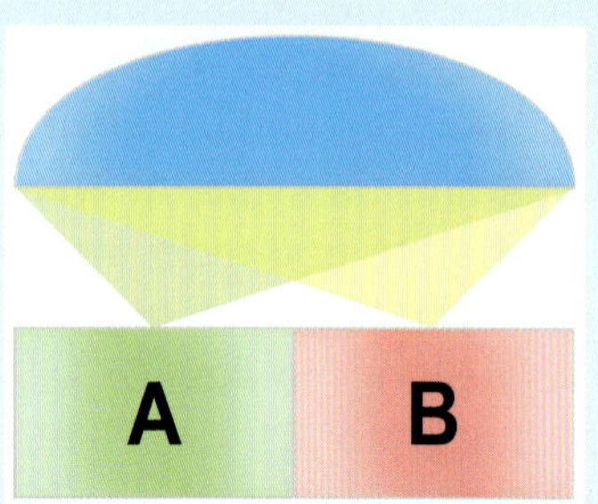

▲ *Die Sensordioden A und B steuern zum Scharfstellen zwei Messpunkte bei, erzeugen im Foto aber nur einen Bildpunkt.*

5.2 Statische Motive im Fokus

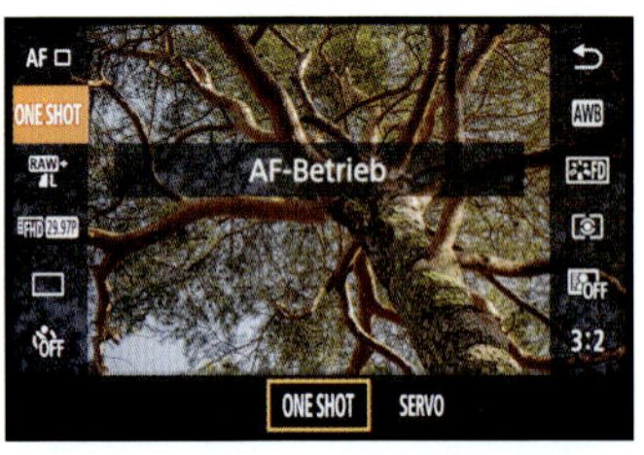

▲ *Auswahl des AF-Betriebs ONE SHOT.*

Statische Motive wie Landschaften, Gebäude, Personen, die fürs Porträt stillhalten, Pflanzen oder Verkaufsgegenstände gehören wohl zu den häufigsten Motiven, die einem vor die Linse geraten.

Für deren Scharfstellung kommt es vor allem darauf an, präzise und schnell den richtigen Fokusbereich zu treffen. Genau dafür hat die EOS M5 den AF-Betrieb ***ONE SHOT*** an Bord. Diesen können Sie in allen Aufnahmemodi außer den SCN-Programmen Sport und Schwenken über das Schnellmenü, das INFO.-Schnellmenü oder das Aufnahmemenü 3 bei ***AF-Betrieb*** aufrufen.

Wichtig zu wissen ist, dass sich der Fokuspunkt bei ONE SHOT nicht mehr ändert, solange Sie den Auslöser halb herunterdrücken. Daher können Sie ihn prima zum Zwischenspeichern der Schärfe einsetzen (***AF-Speicherung***).

Peilen Sie dazu einfach das Motiv Ihrer Wahl an und stellen Sie mit halbem Auslöserdruck scharf. Schwenken Sie die EOS M5 zum gewünschten Bildausschnitt und drücken Sie den Auslöser ganz durch. Wichtig ist, dass dies zügig abläuft. Denn wenn das Motiv im Wind schwankt oder sich leicht bewegt, stimmt der Abstand nicht mehr. Die Schärfe sitzt dann vor oder hinter dem Motiv. Auch darf der Kameraschwenk nicht zu weit sein, sonst verschiebt sich die Entfernung zum Objekt zu sehr und die Schärfe ist ebenfalls nicht optimal.

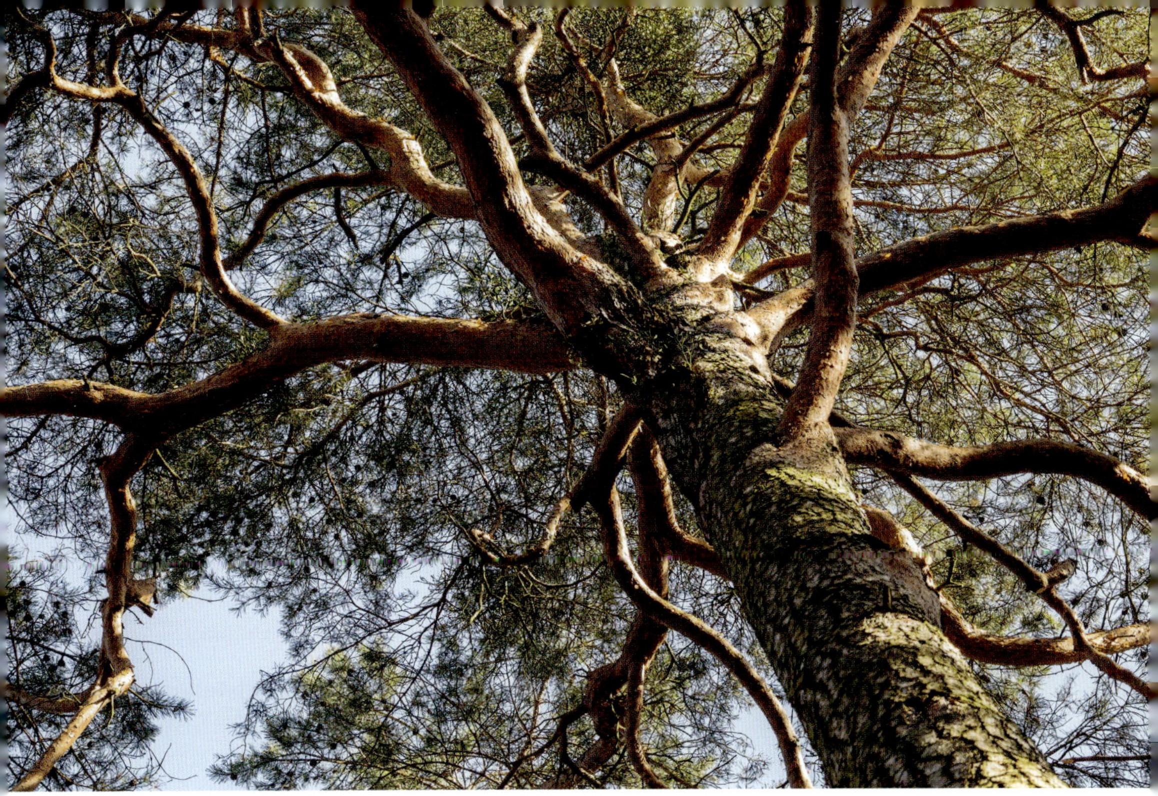

Generell ist es aber besser, den Fokuspunkt direkt auf das gewünschte Detail zu legen und auszulösen, und die Schärfespeicherung nur zu nutzen, wenn die Scharfstellung an der bevorzugten Bildstelle nicht möglich ist.

81 mm | f/8 | 1/125 Sek. | ISO 250

▲ *Der ONE SHOT ist für präzises Scharfstellen statischer Motive die beste Wahl.*

5.3 Festlegen, was fokussiert wird

Wichtig für die Anwendung des One Shot-AF, aber auch für den später noch vorgestellten Servo-AF, ist die Wahl der ***AF-Methode***. Diese entscheidet darüber, welche Bildstelle fokussiert wird. Grundsätzlich können Sie aus drei Optionen wählen: ***Einzelfeld AF*** AF□, ***Weichzeichnungszonen-AF*** AF( ) und ***Gesicht+Verfolg.*** AF. Die ***AF-Methode*** finden Sie entweder im Schnellmenü Q, im INFO.-Schnellmenü oder im Aufnahmemenü 3.

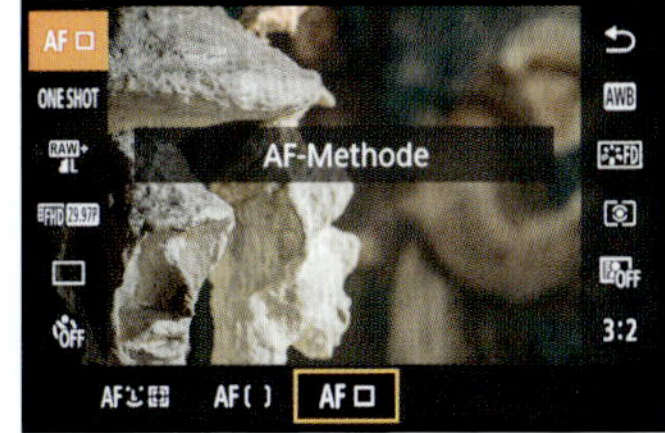

▲ *Auswahl der AF-Methode.*

Bildgestaltung mit dem Einzelfeld AF

Wenn es darum geht, im Sinne der Bildgestaltung einen ganz bestimmten Motivbereich scharf zu stellen, setzen Sie am besten die AF-Methode ***Einzelfeld AF*** ein. Damit steht Ihnen ein einzelnes AF-Feld zur Verfügung, das Sie frei im Bildfeld positionieren können (ausgenommen die Modi , , und).

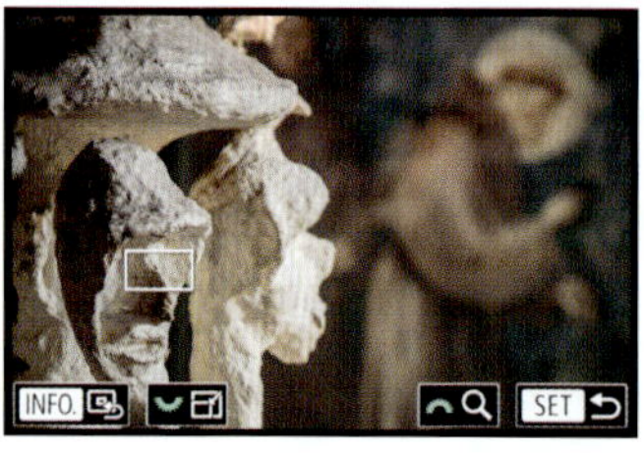

▲ *Positionieren des Einzelfeld AF im Bildausschnitt.*

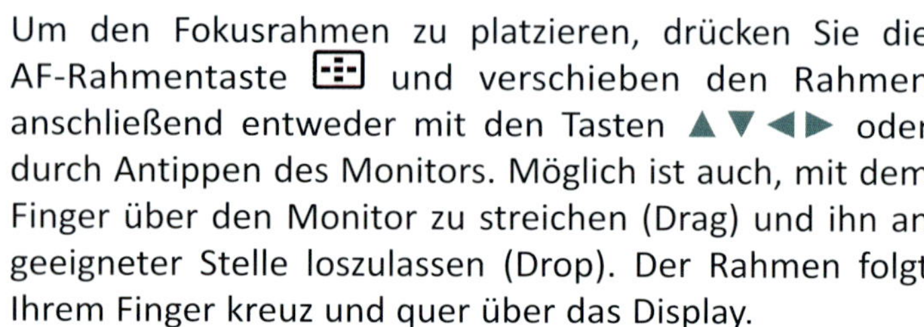

Um den Fokusrahmen zu platzieren, drücken Sie die AF-Rahmentaste und verschieben den Rahmen anschließend entweder mit den Tasten ▲▼◀▶ oder durch Antippen des Monitors. Möglich ist auch, mit dem Finger über den Monitor zu streichen (Drag) und ihn an geeigneter Stelle loszulassen (Drop). Der Rahmen folgt Ihrem Finger kreuz und quer über das Display.

Wenn Sie eine besonders genaue Scharfstellung anstreben, können Sie das AF-Feld mit der INFO.-Taste/-Touchfläche verkleinern. Alternativ finden Sie die Option ***Klein*** auch im Aufnahmemenü 3 bei ***AF-Feld Größe***. Der kleine Rahmen ist für filigrane Motive geeignet, wie zum Beispiel Blüten, oder wenn zwischen den Stäben eines Zoogitters hindurch fokussiert werden muss.

Nach dem Platzieren des AF-Felds verlassen Sie das Menü entweder mit der Q/SET-Taste oder drücken einfach den Auslöser halb herunter, um gleich zu fokussieren.

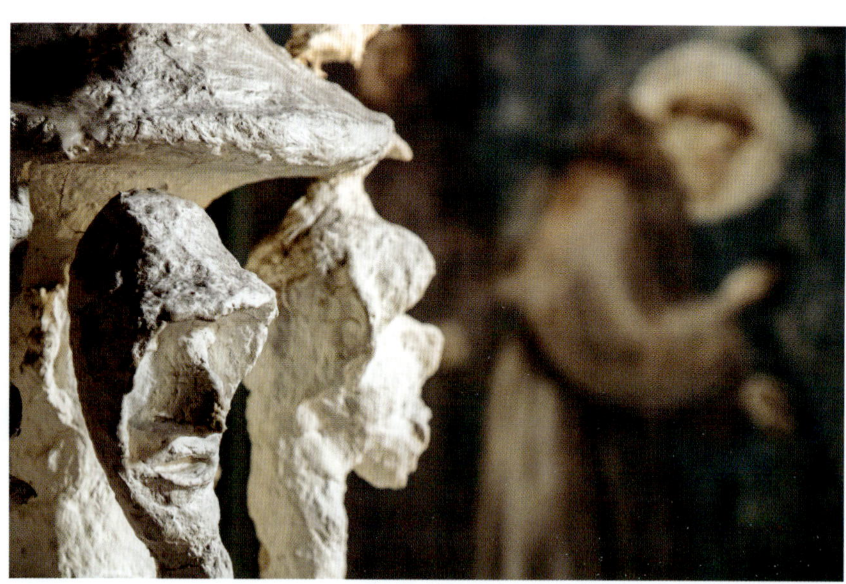

105 mm | f/6,3 | 1/10 Sek. | ISO 1600

▶ *Der AF-Rahmen lag auf dem Gesicht vorne links.*

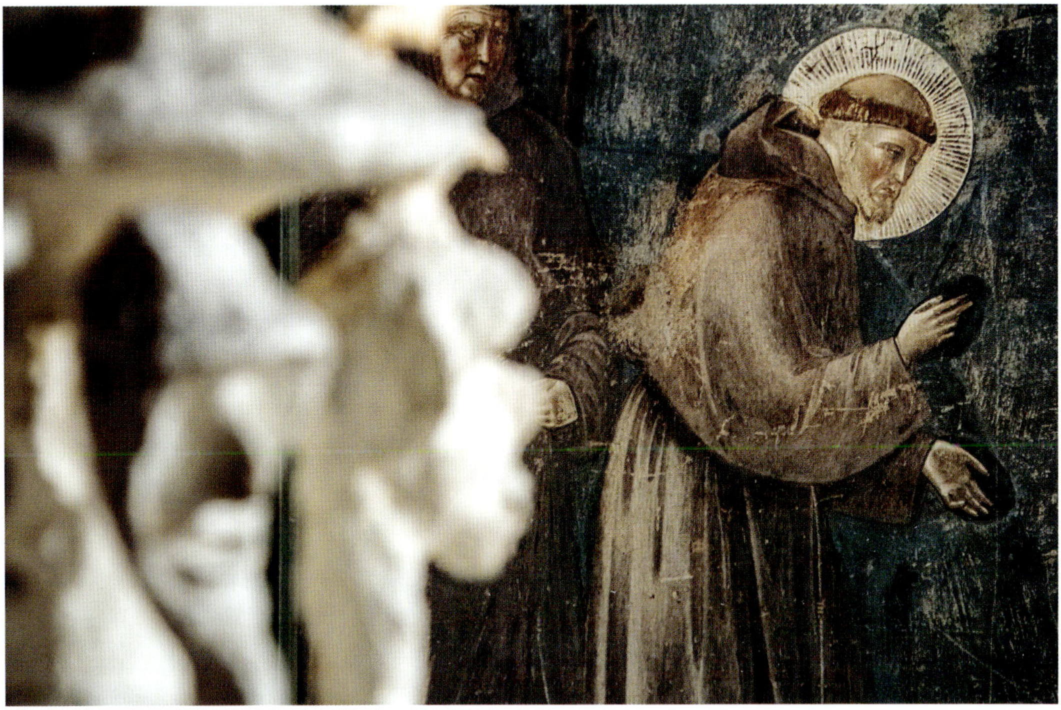

Leider springt das AF-Feld wieder auf die Bildmitte um, wenn die EOS M5 sich selbst ganz abschaltet oder manuell aus- und wieder eingeschaltet wird. Ersteres können Sie umgehen, indem Sie im Einstellungsmenü 2 bei ***Stromsparmodus*** die Zeit bei ***Auto.Abschalt.*** verlängern oder die Funktion deaktivieren. Der Stromverbrauch steigt dann aber rapide an, weil die Kamera nun auch bei Nichtgebrauch länger oder permanent eingeschaltet ist. Daher ist das nur eine gute Methode, um über einen kurzen Zeitraum hinweg mit einem außermittig platzierten Fokusrahmen zu fotografieren.

135 mm | f5,6 | 1/15 Sek. | ISO 1600

▲ *Um das Gemälde im Hintergrund zu fokussieren, wurde der AF-Rahmen rechts oben im Bildausschnitt positioniert.*

Mit der Lupe die Schärfe kontrollieren

Wenn das Fotomotiv nicht formatfüllend im Bildausschnitt erscheint, kann es schwer zu erkennen sein, ob der Fokus auch richtig sitzt. Gleiches gilt für besonders filigrane Objekte bei der Makrofotografie oder solche, die manuell fokussiert werden.

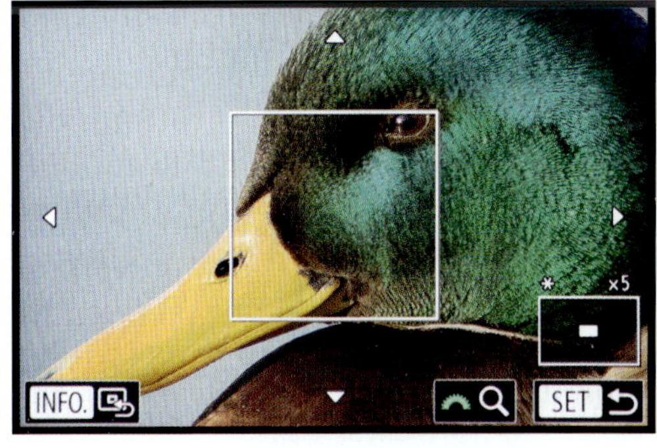

▲ *Fokusprüfung bei Vergrößerung ×5.*

Die EOS M5 kann den Fokusbereich jedoch 5- oder 10-fach vergrößert darstellen, allerdings nur, wenn die AF-Methode Einzelfeld AF verwendet oder manuell fokussiert wird.

Auf diese Weise lässt sich die Scharfstellung wesentlich genauer prüfen. Drücken Sie dazu die AF-Rahmentaste und vergrößern Sie das Livebild über die Touchfläche oder durch Drehen des Hauptwahlrads nach rechts auf die Stufe ×*5* und bei Bedarf weiter auf ×*10*. Mit den Tasten ▲▼◀▶ oder durch Wischen mit dem Finger auf dem Monitor können Sie den Bildausschnitt verschieben. Stellen Sie anschließend scharf und lösen Sie das Bild aus.

Manuell nachfokussieren

Wenn der Einzelfeld AF sein Ziel nicht zufriedenstellend fokussiert, können Sie Ihr Motiv manuell Nachfokussieren. Hierbei drehen Sie nach der automatischen Scharfstellung bei weiterhin halb herunter gedrücktem Auslöser am Fokusring des Objektivs. Am besten funktioniert das bei Stativaufnahmen. Auch muss die Funktion ***AF+MF*** im Aufnahmemenü 3 bei ***Fokus-Modus*** aktiviert sein, der AF-Betrieb ONE SHOT gewählt sein und ein anderer Modus als , oder eingestellt sein. Und Vorsicht, nicht jedes Objektiv verträgt eine solche Aktion. Drehen Sie nur am Entfernungsring, wenn dieser leichtgängig ist, was bei den EF-M-Objektiven der Fall ist. Am besten schauen Sie in der Bedienungsanleitung Ihres jeweiligen Objektivs nach, ob ein Vermerk zum jederzeitigen manuellen Fokussieren vorhanden ist.

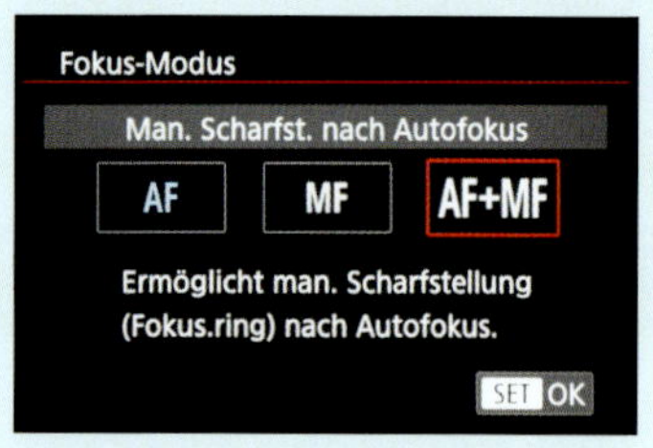

▲ *Fokus-Modus AF+MF zum manuellen Nachfokussieren.*

Motive für den Weichzeichnungszonen-AF

Mit der AF-Methode Weichzeichnungszonen-AF AF[ ], abgekürzt ***Wei. Zon.-AF***, können Sie in einem bestimmten Teilbereich des Bildausschnitts mit bis zu neun AF-Feldern fokussieren.

Unser Tipp: Nutzen Sie die Zone bei bewegten Objekten, die, wenn Sie ganz im Bild zu sehen sind, größer sind als einzelne Personen, oder die bei geringerem Abstand zur Kamera groß im Bild auftauchen. Auch wenn die Umgebung strukturarm ist wie das Wasser im Ententeich oder blauer Himmel, erzielen Sie mit dem Wei. Zon.-AF gute Trefferquoten. Hilfreich kann die AF-Methode zudem bei Foto- oder Filmmotiven sein, die dunkel oder strukturarm sind.

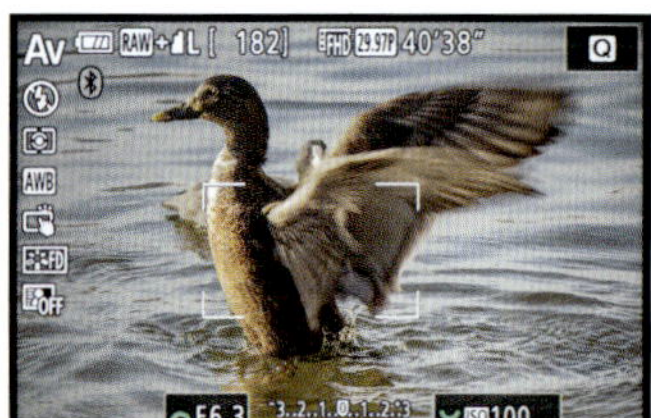

▲ *Innerhalb der Zone wählt die EOS M5 die Schärfepunkte selbstständig aus und fokussiert in der Regel auf die zur Kamera nächstgelegenen Motivbereiche.*

Der Wei. Zon.-AF bietet den Vorteil, dass die Scharfstellung einerseits auf einen bestimmten Bildbereich beschränkt werden kann und andererseits innerhalb der gewählten Zone eine hohe Trefferquote erzielt wird. Eines der AF-Felder greift mit Sicherheit.

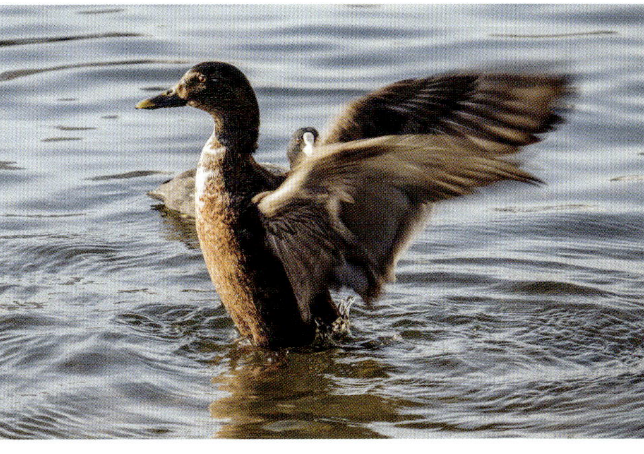

118 mm | f/6,3 | 1/160 Sek. | ISO 100

▲ *Die schnelle Bewegung fand vorwiegend in der Bildmitte statt und ließ sich mit dem Wei. Zon.-AF gut scharf stellen.*

Nachteilig kann die Zonenwahl sein, wenn Ihr Motiv nur einen sehr kleinen Bildbereich einnimmt, zum Beispiel ein Läufer, und sich dicht dahinter oder daneben Motivstrukturen wie andere Läufer oder Zuschauer befinden, die den Fokus ablenken können. Aber für solche Situationen gibt es ja den Einzelfeld-AF oder die Motivverfolgung mit der AF-Methode Gesicht+Verfolg., die wir Ihnen im Anschluss vorstellen.

Scharfstellen mit Gesicht + Verfolgung

Mit der AF-Methode ***Gesicht+Verfolg.*** AF wird es möglich, den Fokus gezielt auf Menschen zu lenken. Dazu springt ein quadratisches weißes AF-Messfeld automatisch auf das Gesicht, welches von der EOS M5 als Hauptmotiv erkannt wurde.

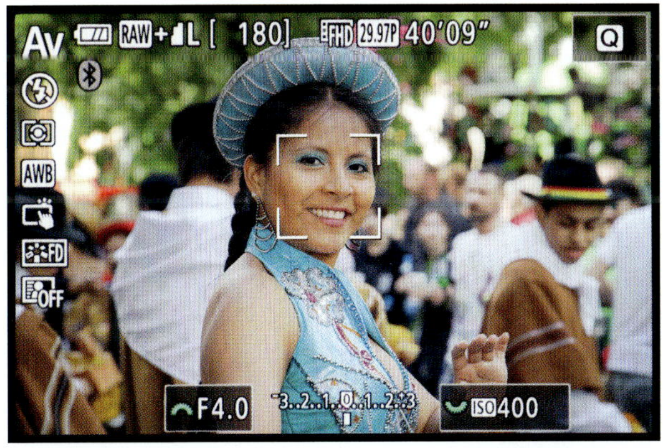

◄ *Scharfstellen mit der Gesichtserkennung.*

Bei mehreren Personen wird es häufig das Gesicht mit dem geringsten Abstand zur Kamera sein. Jetzt muss nur noch scharf gestellt und mit dem dann grün leuchtenden AF-Feld ausgelöst werden.

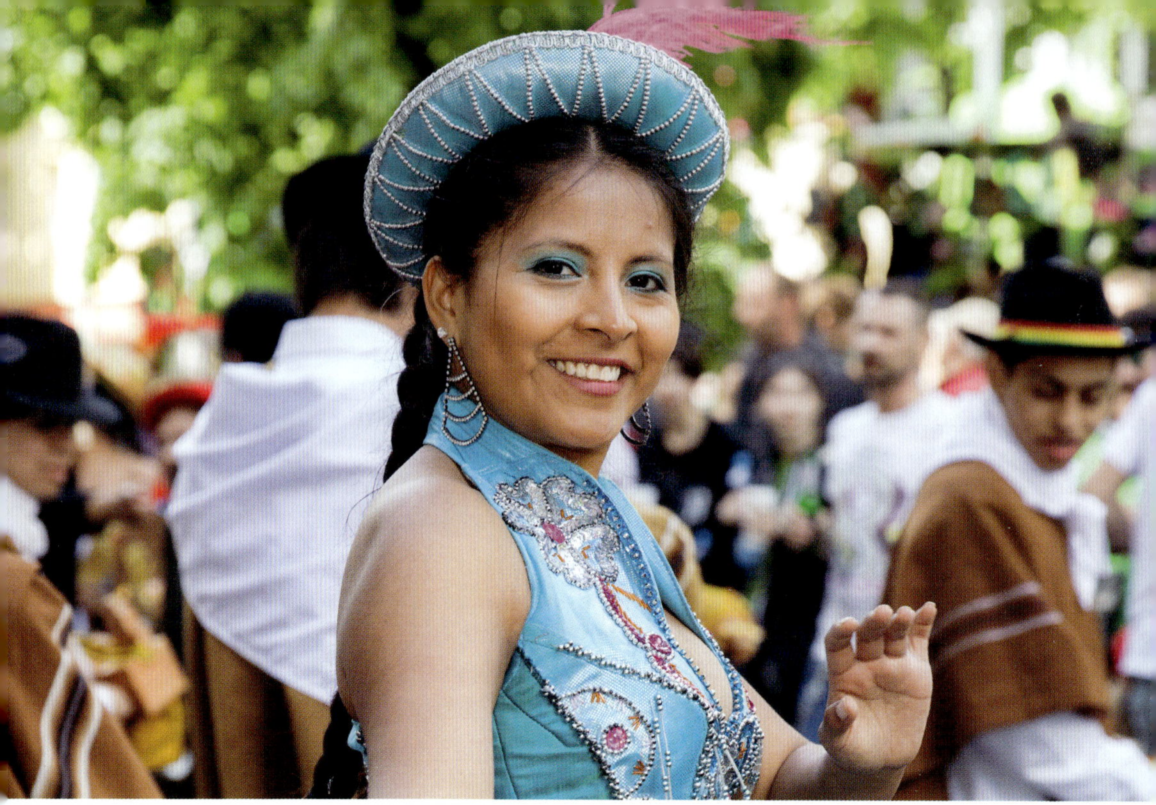

70 mm | f/4 | 1/400 Sek. | ISO 400 | Systemblitz

▲ *Die Gesichtserkennung hilft, Menschen optimal in Szene setzen. Achten Sie darauf, dass sich die Protagonisten nicht zu schnell bewegen und sich gut vom Hintergrund abheben.*

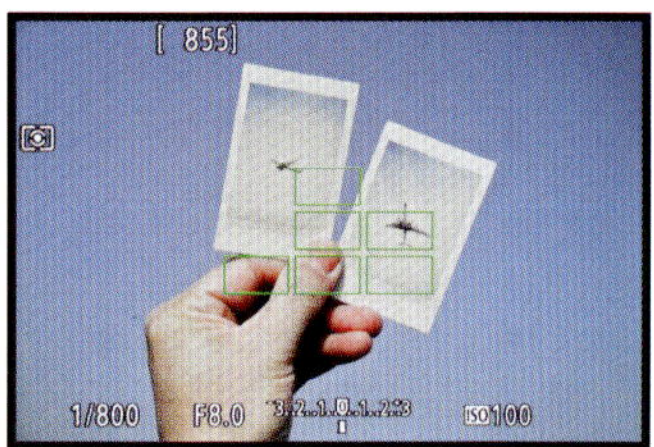

▲ *Sind keine Gesichter im Bildausschnitt zu sehen, wählt der Autofokus Gesicht+Verfolg. die Fokusfelder automatisch.*

Wenn Sie ein bestimmtes Gesicht im Bildausschnitt auswählen möchten, drücken Sie einfach die AF-Rahmenauswahltaste so oft, bis der nun weiße Doppelrahmen auf dem gewünschten Antlitz liegt. Auch mit dem später vorgestellten Touch-Auslöser können Sie gezielt auf das Gesicht einer anderen Person scharf stellen.

Falls die EOS M5 kein Gesicht erkennen kann, weil es zu klein ist, nur seitlich zu sehen ist, im Gegenlicht stark abgeschattet wird oder die Person eine Sonnenbrille trägt, sucht sich die EOS M5 selbstständig Fokuspunkte aus. Daher werden Sie einen oder mehrere grüne AF-Rahmen sehen, sobald Sie den Auslöser halb herunterdrücken.

In der Regel werden die Motivstellen fokussiert, die am dichtesten zur Kamera positioniert sind und einen guten Kontrast aufweisen. Gesicht+Verfolg. eignet sich daher auch sehr gut für Schnappschüsse oder bei schwachem Licht.

Insgesamt ist die Chance, einen Fokuspunkt im Bildausschnitt zu finden, mit Gesicht+Verfolg. höher als mit dem Einzelfeld AF oder dem Weichzeichnungszonen-AF, weil prinzipiell alle 49 AF-Felder eingesetzt werden können. Der

Nachteil besteht aber darin, dass der Fokus meist auf dem Vordergrund liegen wird und Sie weniger gezielt bestimmte Bildstellen scharf stellen können. Gesicht+Verfolg. können Sie übrigens in allen Aufnahmemodi nutzen, außer den Programmen Schwenken, Fisheye-Effekt, Miniatureffekt und bei Zeitraffer-Movies.

Display spiegeln

Damit Sie bei Selfies mit nach unten geklapptem Monitor nicht seitenverkehrt abgebildet werden, sondern so wie auf Bildern mit eingeklapptem Monitor, aktivieren Sie im Aufnahmemenü 1 die Funktion ***Display spiegeln***.

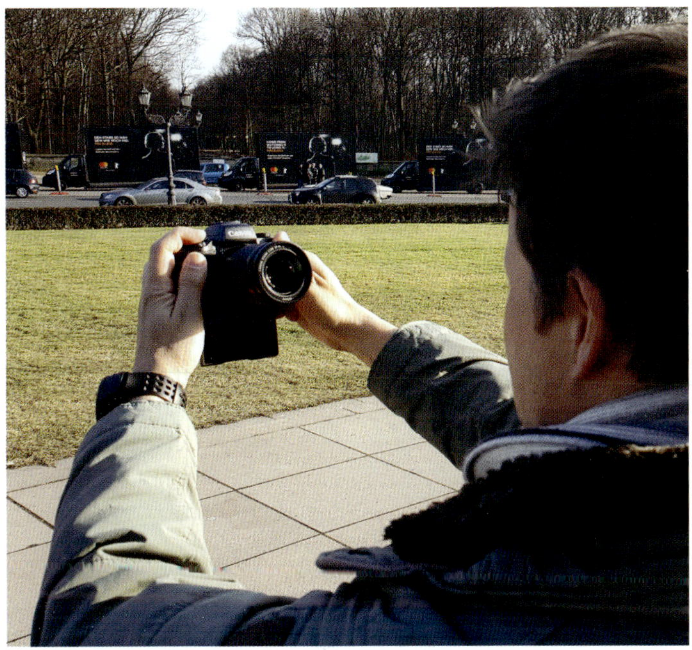

▲ *Gesichtserkennung für Selfies nutzen.*

5.4 Actionmotive scharf stellen

Das Fotografieren bewegter Objekte macht einerseits unheimlich viel Spaß, andererseits ist das Festhalten spannender Details einer rasanten Bewegung auch nicht immer ganz so einfach. Mit dem Servo-AF hat die EOS M5 jedoch eine Autofokussteuerung an Bord, die den Schärfepunkt kontinuierlich mit dem Motiv mitführen kann und so die Chance erhöht, zu einer ganzen Serie gut fokussierter Aufnahmen zu kommen.

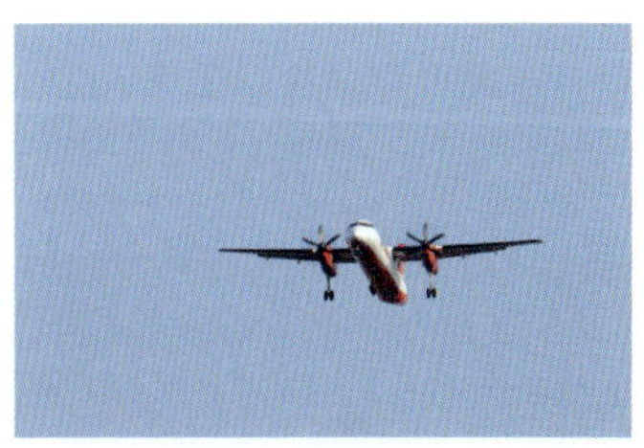

150 mm | f/6,3 | 1/640 Sek. | ISO 100

▲ *Das Flugzeug ist noch weit entfernt, lässt sich aber schon gut fokussieren. Nach diesem Bild haben wir den Auslöser weiter auf dem ersten Druckpunkt gehalten.*

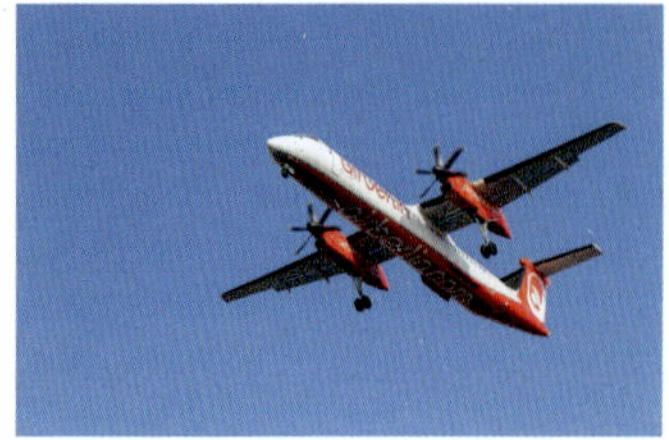

76 mm | f/6,3 | 1/640 Sek. | ISO 125

▲ *Der Servo-AF hatte den Flieger bei diesem Bild immer noch perfekt im Fokus. Der Auslöser wurde danach wieder auf dem ersten Druckpunkt gehalten.*

Wie der Servo-AF arbeitet, können Sie gleich einmal nachvollziehen, indem Sie im Schnellmenü Q oder im Aufnahmemenü 3 bei *AF-Betrieb* die Option *SERVO* einschalten. Möglich ist das in den Modi P, Tv, Av, M, C1, C2, Kreativassistent, Sport, Schwenken, HDR-Gegenlicht, HDR, Ölgemälde-Effekt, Aquarell-Effekt, Spielzeugkameraeffekt und Körnigkeit/SW.

Drücken Sie anschließend den Auslöser bis zum ersten Druckpunkt und halten Sie ihn weiterhin auf dieser Position. Schwenken Sie von einem nahen auf ein entferntes Objekt und wieder zurück. Die EOS M5 wird die Schärfe mit einer kurzen Verzögerung auf die jeweilige Entfernung einstellen.

Welchen Bildbereich sie scharf stellt, hängt von der AF-Methode ab. Mit dem Einzelfeld AF AF□ und dem Wei. Zon.-AF AF( ) können Sie den Fokusrahmen an einer bestimmten Bildstelle platzieren. Das ist praktisch, wenn das Objekt sich gut fokussieren lässt, weil es sich langsam bewegt oder die Umgebung wenig strukturiert ist. Mit der AF-Methode Gesicht+Verfolg. AF kann die EOS M5 die Schärfe mit einem erkannten Gesicht mitführen. Ist kein Gesicht im Bildausschnitt, stellt sie auf gut erkennbare Strukturen scharf und verwendet dafür unterschiedlich viele AF-Felder. Damit können schnell im Bildfeld auftauchende Motive, etwa über eine Hügelkante springende Motocrosser, oder Motive mit unsteten Bewegungen, wie Fußballer, gut im Fokus gehalten werden.

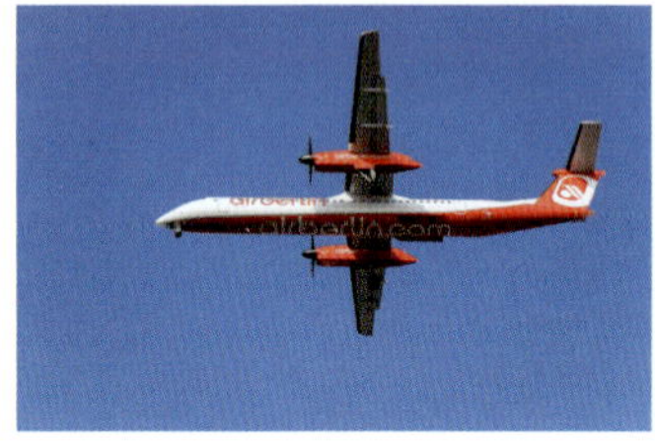

43 mm | f/5,6 | 1/640 Sek. | ISO 125

▲ *Auch beim dritten Bild liegt der Fokus noch auf dem Flugzeug, obwohl wir bei halb herunter gedrücktem Auslöser weiter am Zoomring gedreht haben, um die Brennweite zu verringern.*

Auch bei Makroaufnahmen kann der Servo-AF vorteilhaft sein, um beispielsweise einer sich sonnenden Eidechse immer näher zu kommen und dabei mehrere Bilder auszulösen.

Wenn Sie den Auslöser nach der ersten Aufnahme nicht ganz loslassen, sondern gleich weiter auf halber Stufe halten, verlieren Sie das Tier nicht aus dem Fokus, können näher herangehen und das nächste Bild auslösen und so weiter. Das funktioniert natürlich auch bei einem herannahenden Flugzeug, einem Läufer oder anderen Objekten in Bewegung.

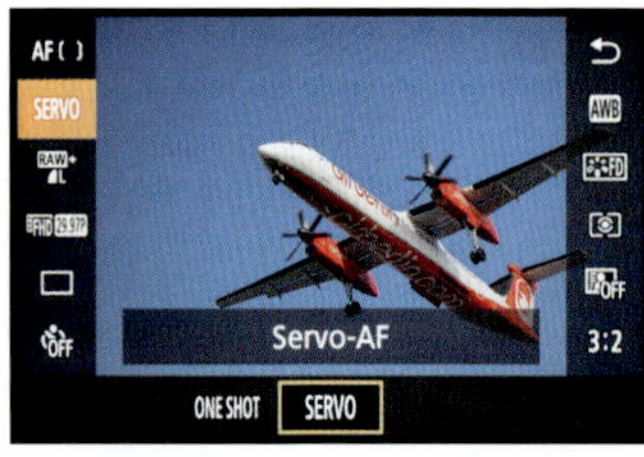

▲ *Aktivierung des Servo-AF im Schnellmenü.*

Die AF-Felder leuchten im Zuge der Fokusanpassung blau, nur dann ist auch ein Auslösen des Bildes möglich. Hierbei ist das Tonsignal für die erfolgreiche Scharfstellung aber nur beim Finden des ersten Fokuspunkts hörbar. Daher läuft die Scharfstellung mehr auf Sicht ab, und ist zu Beginn eventuell etwas gewöhnungsbedürftig.

Sollte die Schärfe auf den Hintergrund umspringen, weil das Vordergrundobjekt im AF-Rahmen noch zu klein abgebildet wird, lassen Sie den Auslöser los und starten den Vorgang erneut, sobald das Objekt größer im Bild ist.

Der Servo-AF verbraucht jedoch mehr Strom. Nehmen Sie am besten einen Ersatzakku mit, wenn Sie vorhaben, ihn häufiger einzusetzen.

5.5 Scharfstellen per Touchscreen

Was uns am Touchscreen der EOS M5 mit am besten gefällt, ist die Möglichkeit, den Fokuspunkt mit dem *Touch-Auslöser* ganz intuitiv durch Antippen des Monitors zu setzen. Dabei können Sie zwischen zwei Auslösemodi wählen:

1. Touch-Auslöser aktiviert: Die EOS M5 fokussiert an der Bildstelle, die Sie mit dem Finger am Monitor angetippt haben, und nimmt das Bild bei erfolgreicher Scharfstellung ohne Verzögerung sofort auf (*Touch-Auslöser*). Achten Sie besonders auf eine ruhige Kamerahaltung, um die Bildschärfe durch Wackeln beim Auslösen nicht zu mindern. Halten Sie die EOS M5 am besten ganz normal in der Hand und verwenden Sie den linken oder rechten Daumen zum Antippen des Monitors.
2. Touch-Auslöser deaktiviert OFF: Der Fokuspunkt wird durch Antippen des Monitors gesetzt (*Touch-AF*), das eigentliche Fokussieren und die Bildaufnahme erfolgen aber wie gewohnt über den Auslöser.

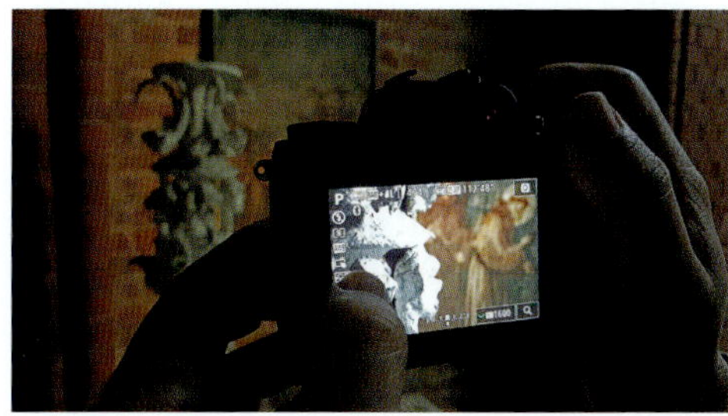

◂ *Touch-Auslöser im Einsatz.*

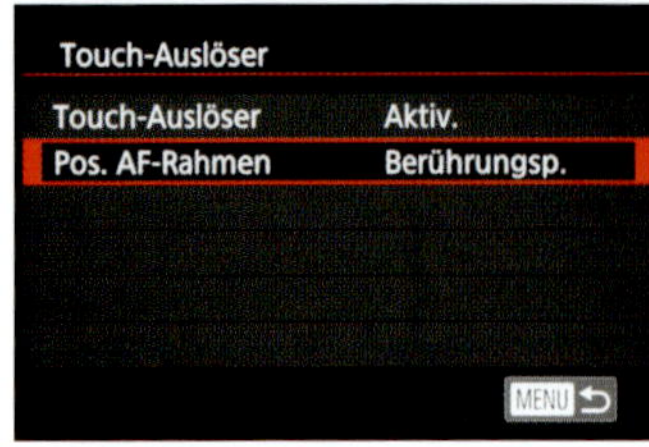

▲ *Den Touch-Auslöser konfigurieren.*

Ein- oder ausschalten können Sie den *Touch-Auslöser* im Aufnahmemenü 2  bei *Touch-Auslöser*. Im Display wird daraufhin ein entsprechendes Symbol eingeblendet, sofern die Anzeige der Aufnahmeinformationen mit der INFO.-Taste eingeblendet ist. Mit der Funktion *Pos. AF-Rahmen* legen Sie fest, ob das AF-Feld nach dem Auslösen des Bildes an der gewählten Position verbleibt (*Berührungsp.*) oder wieder in die Bildmitte zurückspringt (*Mitte*).

Touch-Auslöser schnell aktivieren/deaktivieren

Vielleicht geht es Ihnen nach ein paar Versuchen auch so: wenn man den Touch-Auslöser braucht, ist er gerade ausgeschaltet, und wenn man nur per Fingertipp fokussieren, aber nicht auslösen möchte, ist er eingeschaltet. Um ihn nicht jedes Mal über das Menü umständlich anzupassen, können Sie beispielsweise die ***M-Fn***-Taste mit der Option ***Touch-Auslöser*** programmieren (Individualmenü ***/C.Fn II: Andere/Custom Steuerung***). Jetzt reicht ein Tastendruck zum Aktivieren/Deaktivieren der Funktion aus. Praktisch, nicht wahr?

AF-Methode festlegen

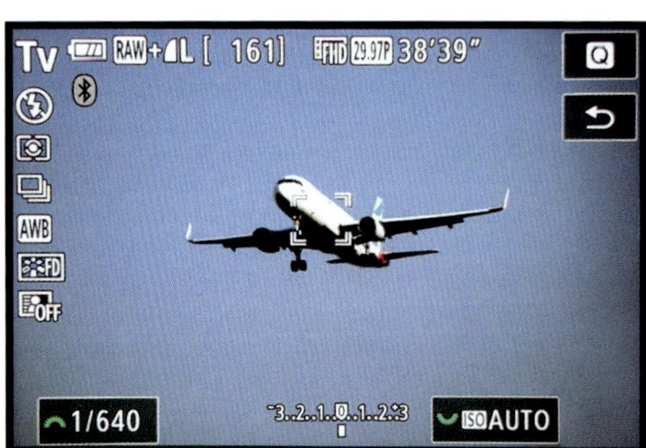

▲ *Der Fokusrahmen wurde mit der AF-Methode Gesicht+Verfolg. durch Antippen auf das Flugzeug gelegt.*

Welcher Bildbereich mit dem Touch-Auslöser oder per Touch-AF scharf gestellt wird, ist von der gewählten AF-Methode abhängig. Wenn Sie mit dem Einzelfeld AF **AF**☐ fotografieren, können Sie ein einzelnes großes oder kleines AF-Feld per Fingertipp auf die gewünschte Motivstelle dirigieren. Beim Wei. Zon.-AF **AF**( ) bestimmen Sie durch Antippen des Monitors die Position der Zone, innerhalb derer die neun Fokusfelder dann automatisch auf das Motiv fokussieren.

Wenn Sie die Methode Gesicht+Verfolg. **AF** einsetzen und die EOS M5 eines oder mehrere Gesichter erkennt, lässt sich der Fokus flink per Fingertipp auf das gewünschte Gesicht lenken. Wird kein Gesicht gefunden, können Sie durch Antippen eine beliebige Bildstelle mit dem doppelten AF-Rahmen koppeln. Der Rahmen folgt dem Motivbereich sehr gut, wenn die Bewegungen nicht zu hektisch sind. Und wenn Sie jetzt auch noch den Servo-AF einschalten und den Auslöser auf halber Stufe halten, wird die Schärfe innerhalb des Rahmens kontinuierlich mitgeführt.

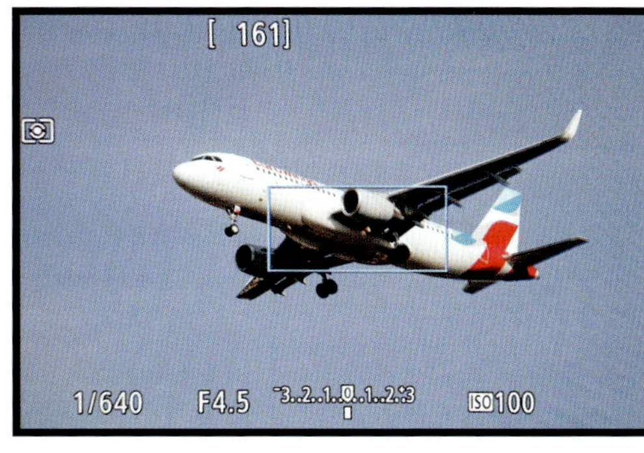

▲ *Mit halb herunter gedrücktem Auslöser folgt der AF-Rahmen dem Flieger. Dank des Servo-AF wird die Schärfe ebenfalls mitgeführt (blauer Rahmen).*

Im Falle von Reihenaufnahmen halten Sie den Finger einfach länger auf dem Monitor. Auch beim manuellen Fokussieren können Sie den Touch-Auslöser prima verwenden. An welcher Stelle Sie den Monitor berühren, um die Bildaufnahme zu starten, ist in dem Fall natürlich egal. Und wenn Sie mit der manuellen Belichtung und der Bulb-Belichtungszeit Langzeitaufnahmen anfertigen möchten, beispielsweise bei einem Feuerwerk, tippen Sie den Monitor zu Beginn und am Ende der Belichtung vorsichtig an.

Rückschauzeit

Wenn Sie mehrere Aufnahmen hintereinander anfertigen möchten, kann es etwas störend sein, wenn das zuvor fotografierte Bild nach dem Auslösen stets für mehrere Sekunden am Monitor erscheint. Unterbinden können Sie dies, indem Sie im Aufnahmemenü 1 die ***Rückschauzeit*** ausschalten. Bei Reihenaufnahmen ist diese automatisch deaktiviert.

Den Touch & Drag AF anpassen

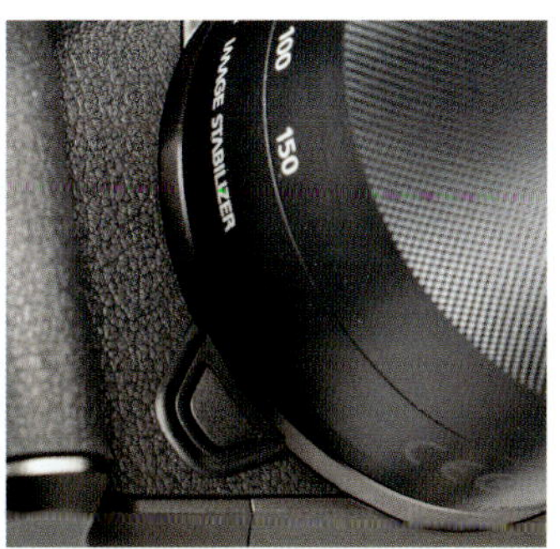

▲ *Touch & Drag AF-Taste.*

Damit der Touch AF und Touch-Auslöser auch beim Fotografieren über den Sucher komfortabel verwendet werden können, hat Canon die Steuerung angepasst. So können Sie den Fokuspunkt auch platzieren, indem Sie mit dem Finger über den Monitor streichen. Das AF-Feld des Einzelfeld AF **AF**□ oder die Zone des Wei. Zon.-AF **AF**( ) folgen dem Finger (***Drag***). Sobald Sie den Finger vom Monitor nehmen (***Drop***) wird das Bild entweder gleich aufgenommen (Touch-Auslöser) oder Sie können per Auslöser fokussieren und auslösen (Touch-AF).

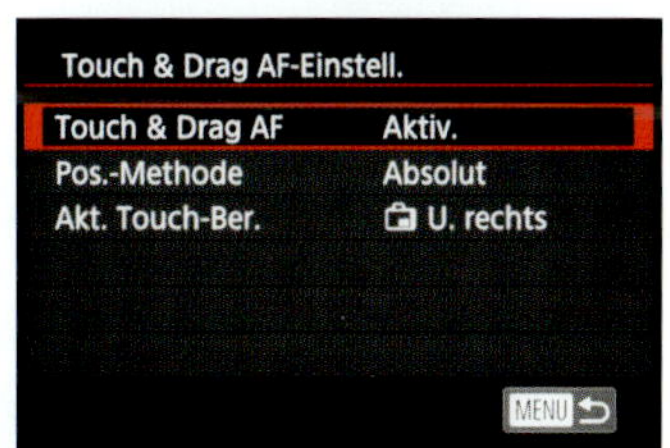

▲ *Touch & Drag AF-Einstellungen mit der Möglichkeit, den aktiven Monitorbereich einzugrenzen und das AF-Feld/die Zone absolut oder relativ zur Monitorposition des Fingers zu verschieben.*

Ein- und Ausschalten lässt sich der Touch & Drag AF mit der eigens dafür eingerichteten Taste auf der Vorderseite der EOS M5 schräg unterhalb des Objektivansatzes, oder im Aufnahmemenü 2 bei ***Touch & Drag AF-Einstell.***.

Bei ausgeschalteter Funktion ist ein Verschieben des AF-Felds oder der Zone bei Sucheraufnahmen nicht mehr möglich.

Da es vorkommen kann, dass bei Sucheraufnahmen die Nase an den Monitor stößt und die Fokusposition dadurch verändert oder ein Bild ausgelöst wird, können Sie die Touch & Drag AF-Steuerung weiter optimieren. So lässt sich der aktive Monitorbereich bei ***Akt. Touch-Ber.*** einschränken, entweder auf ein Viertel der Monitorfläche oben links ❶, oben rechts ❷, unten rechts ❹ oder unten links ❺ oder auf die rechte ❸ oder linke ❻ Monitorhälfte.

Bei Aufnahmen statischer Motive im Querformat eignet sich eines der Monitorviertel gut. Welches am besten passt, hängt davon ab, ob Sie Rechts- oder Linkshänder sind und mit welchem Auge Sie durch den Sucher blicken. Bewegte Motive lassen sich besser über eine der beiden Monitorhälften scharf stellen, dann ist mehr Platz, um das AF-Feld/die Zone schnell auf das gewünschte Motivdetail zu verschieben.

▼ *Die sechs wählbaren aktiven Monitorbereiche für den Touch & Drag AF.*

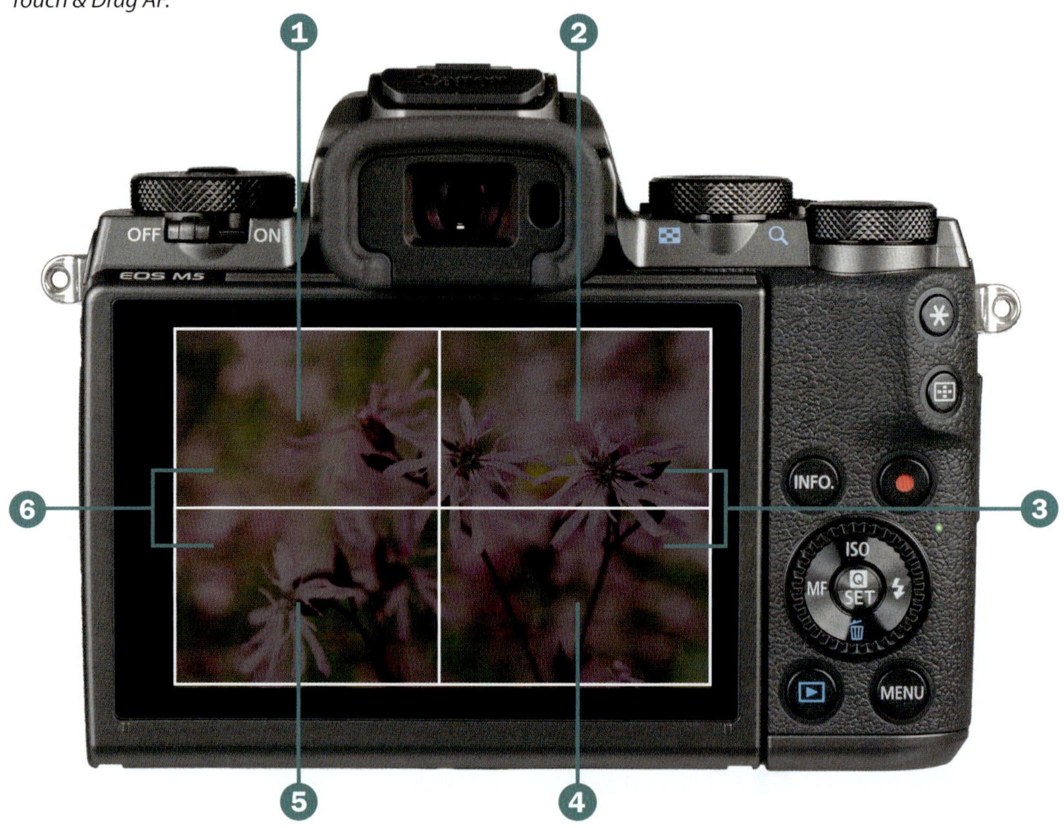

Mit *Pos.-Methode* legen Sie fest, ob das AF-Feld/die Zone exakt an der Stelle platziert wird, an der Ihr Finger den Monitor berührt (*Absolut*). Diese Einstellung ist für statische Motive gut geeignet. Bei actionreicheren Objekten nehmen Sie besser *Relativ*. Dann ist es egal, an welcher Monitorstelle Sie den Finger ansetzen, das AF-Feld/die Zone wird ausgehend von der aktuellen Position lediglich in die Richtung verschoben, in die Sie mit dem Finger über den Monitor streichen.

Probieren Sie die verschiedenen Möglichkeiten einfach einmal aus. Die Touch & Drag AF-Steuerung wirkt zu Beginn etwas komplex und gewöhnungsbedürftig. Aber es ist gut zu wissen, dass es diese Optionen gibt, um bei Fokusproblemen nachjustieren zu können.

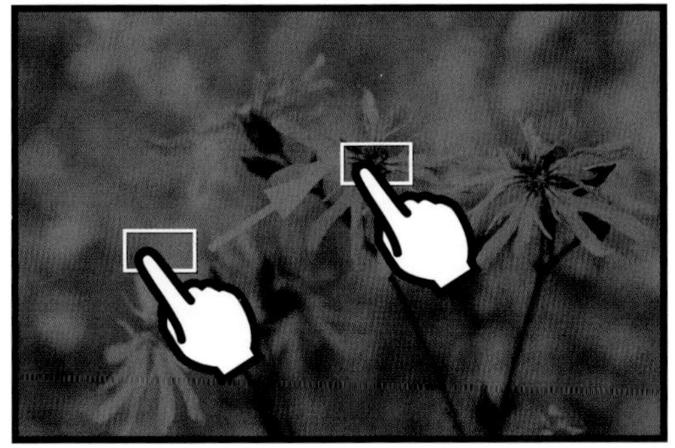

▲ *AF-Feld/Zone mit der Methode Absolut verschieben.*

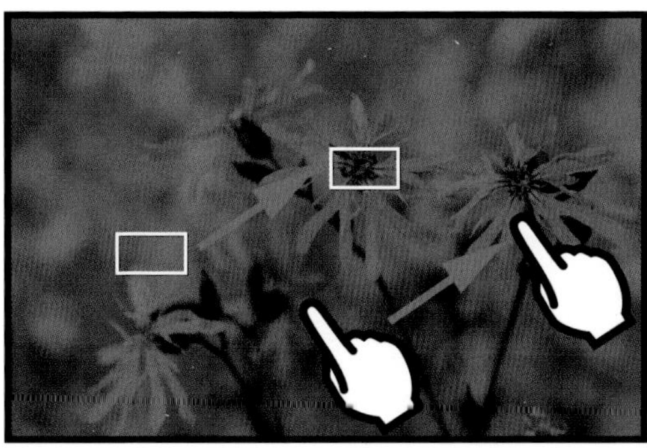

▲ *AF-Feld/Zone mit der Methode Relativ verschieben.*

5.6 Manueller Fokus

Das manuelle Scharfstellen ist zwar nicht gerade die schnellste Methode, dafür ist sie aber äußerst präzise und unabhängig von den Beschaffenheiten des Motivs. Daher wird der manuelle Fokus der EOS M5 immer dann zum Mittel der Wahl, wenn der Autofokus einfach keine oder nicht die gewünschte Schärfeebene finden kann.

Zu Fokusproblemen kann es beispielsweise bei sehr schwach beleuchteten Motiven, Szenen mit geringem Kontrast, starken Reflexionen auf einer Fensterfront oder auf Autolack kommen. Auch bei Nah- und Makroaufnahmen werden Sie den manuellen Fokus sicher häufiger benötigen. Denn bei stärkerer Vergrößerung kommt es sehr genau darauf an, den richtigen Bildbereich scharf zu stellen. Bei uns läuft das dann so ab: Mit dem manuellen Fokus wird auf die geringstmögliche Distanz, die sogenannte Naheinstellgrenze des Objektivs, fokussiert. Dann nähern wir uns mit der Kamera langsam dem Motiv an, bis die Schärfe sitzt, und lösen dann gleich aus.

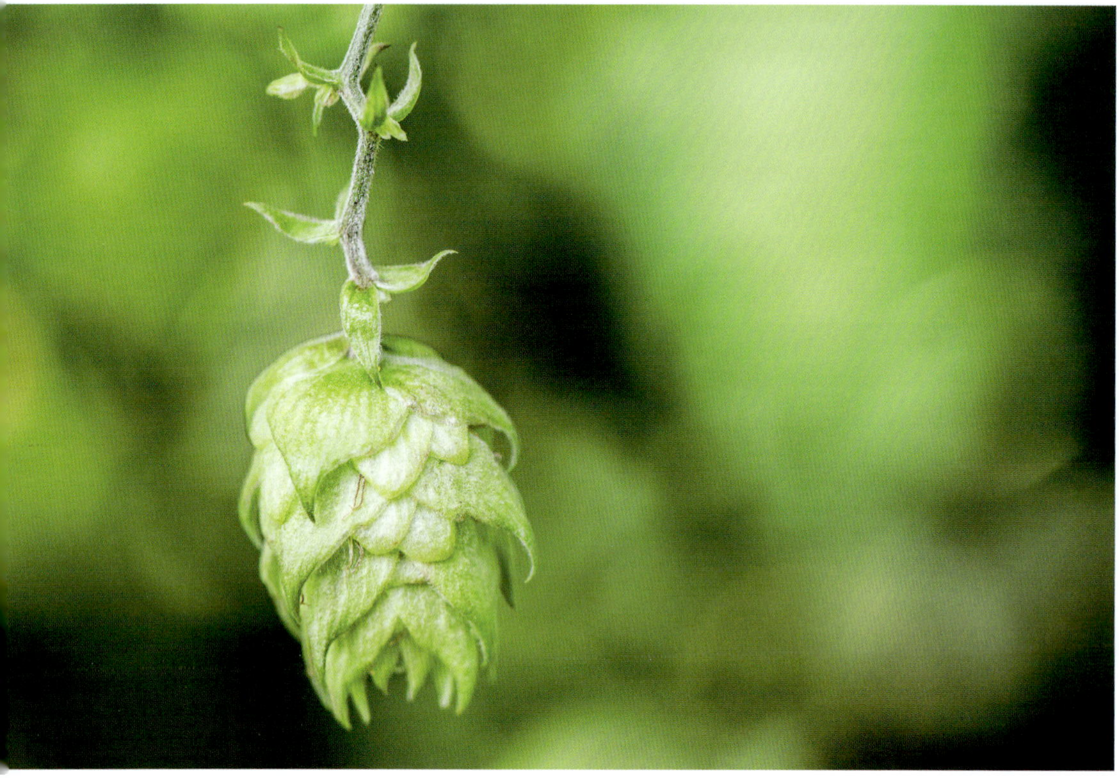

100 mm | f/4 | 1/250 Sek. | ISO 200

▲ *Bei Makromotiven setzen wir den manuellen Fokus sehr häufig ein.*

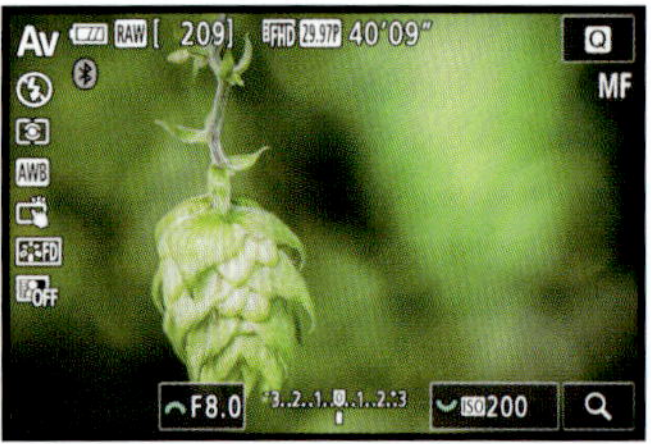

▲ *Bei manueller Fokussierung erscheint oben rechts im Sucher oder Monitor der Hinweis MF.*

Um mit dem manuellen Fokus der EOS M5 zu fotografieren, drücken Sie bei EF-M-Objektiven einfach die Taste *MF* auf der Kamerarückseite oder wählen im Aufnahmemenü 3 bei ***Fokus-Modus*** die Vorgabe ***MF (Manuell)***. Dies ist in allen Programmen möglich, außer bei der Automatischen Motiverkennung, Hybrid Auto, Sport und Selbstporträt. Praktischer Weise können Sie die Lupenfunktion direkt mit der Touchfläche aufrufen. Die Fokusprüfung mit dem vergrößerten Livebild eignet sich in erster Linie für Aufnahmen vom Stativ aus.

Wenn Sie EF- oder EF-S-Objektive mittels Adapter an der EOS M5 betreiben, muss der manuelle Fokus durch Umschalten des Fokussierschalters am Objektiv auf *MF* aktiviert werden.

Die Schärfe können Sie anschließend durch Drehen am Fokusring des Objektivs sehr fein regulieren: nach links gedreht in Richtung Unendlich und nach rechts gedreht in Richtung der kürzesten Aufnahmedistanz.

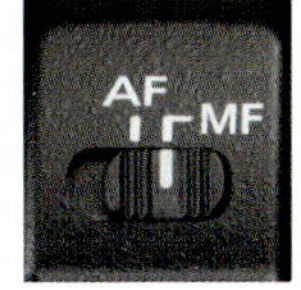

▲ *EF-/EF-S-Objektive auf manuellen Fokus umschalten*

Fokuskanten farblich hervorheben

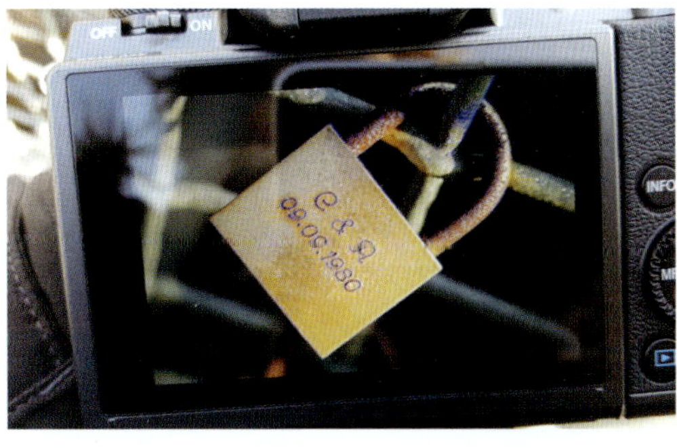

▲ *Auf der Schrift und am Bügel des Schlosses sind die Farbkanten gut zu erkennen. Hier war die Farbe Blau am besten geeignet.*

Um die richtige Schärfe beim manuellen Fokussieren noch etwas leichter zu finden, können Sie zur optischen Unterstützung die Funktion ***MF Peaking*** aktivieren, zu finden im Aufnahmemenü 4 bei ***Einst. für MF Peaking***. Diese hebt alle scharfen Motivkanten farblich hervor.

Achten Sie darauf, dass die farbigen Linien genau an den Kanten am intensivsten leuchten, an denen Sie Ihr Motiv scharf stellen möchten. Die Stärke dieser Kantenanhebung können Sie bei ***Empfindlichkeit*** in zwei Stufen wählen. Wobei die Einstellung ***Hoch*** meist besser zu erkennen ist als ***Gering***. Auch die ***Farbe***, mit denen die Kanten nachgezeichnet werden, lässt sich an die Motive anpassen – sie sollte möglichst gut kontrastieren. Wenn Sie nicht gerade eine rote Blüte vor der Linse haben, ist die voreingestellte Farbe ***Rot*** in den meisten Fällen am besten zu erkennen, wenn nicht, nehmen Sie ***Gelb*** oder ***Blau***.

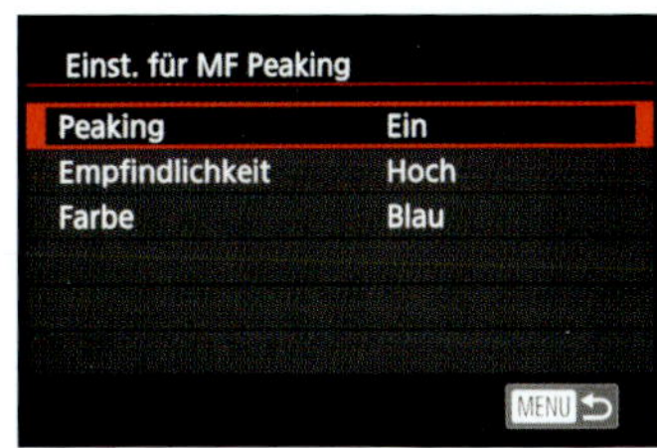

▲ *MF Peaking perfekt auf das Motiv abstimmen, sodass die Farbkanten gut erkennbar sind.*

Zu Beginn ist es sicherlich etwas ungewohnt, die farbigen Linien im Bild zu sehen, aber wenn beim Scharfstellen Spiegelungen des Monitors den Blick auf das Motiv erschweren, kann die Kantenanhebung schon ganz hilfreich sein. Probieren Sie es einfach einmal aus.

Fokussieren in Schwarzweiß

Wenn Sie den Bildstil Monochrom einschalten, sind die farbigen Kanten optisch noch besser zu erkennen. Diese Vorgehensweise ist aber nur sinnvoll, wenn Sie parallel zur JPEG- auch eine RAW-Datei aufnehmen. So haben Sie später die Möglichkeit, aus der RAW-Datei eine farbige Variante Ihres Motivs zu entwickeln und das monochrome JPEG zu verwerfen.

5.7 Selbstporträts aufnehmen

Selbstporträts liefern später schöne Erinnerungen an Erlebtes oder sind für Mode-Blogger eine gute Möglichkeit, die eigenen Kreationen im Internet zu präsentieren. Wenn Sie nur sich selbst im Bild haben möchten, besteht die Möglichkeit, bei Livebild-Aufnahmen den Monitor nach unten auszuklappen und mit dem SCN-Modus Selbstporträt oder in einem anderen Programm mit der AF-Methode Gesicht+Verfolg. AF den Fokus auf Ihr Antlitz auszurichten und das Foto dann einfach per Auslöser aufzunehmen. Denken Sie daran, beim Auslösen in die Objektivlinse zu blicken und nicht in den Monitor.

Wenn Sie den klassischen Selbstauslöser verwenden möchten, um sich aus größerer Entfernung aufzunehmen, funktioniert das am einfachsten mit mindestens einer weiteren Person im Foto oder einem Gegenstand in gleicher Entfernung. Dann können Sie die EOS M5 auf einem Stativ befestigen oder auf einer geeigneten Unterlage positionieren und den Fokus bequem auf die zweite Person oder den Gegenstand einstellen. Oder Sie stellen manuell auf die geplante Entfernung scharf.

18 mm | f/8 | 1/250 Sek. | ISO 200 | +1

▼ *Erinnerungsfoto, aufgenommen mit dem 10-Sekunden-Selbstauslöser der EOS M5.*

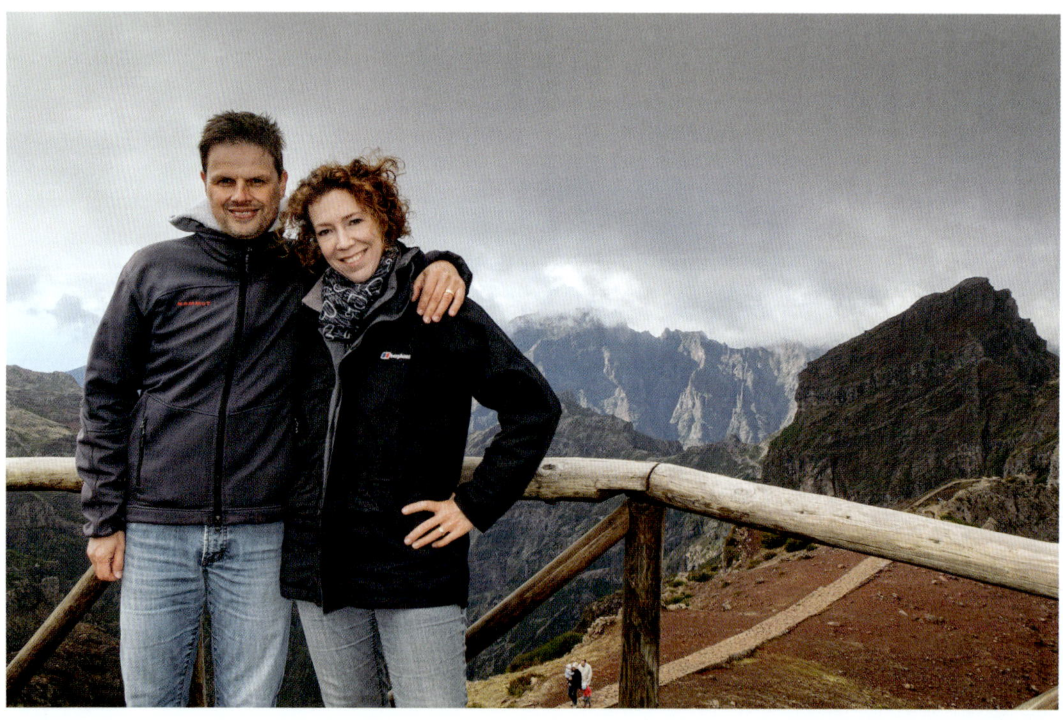

Die Selbstauslöser-Funktion können Sie im Schnellmenü [Q] oder INFO.-Schnellmenü aufrufen, wobei Sie in allen Aufnahmeprogrammen, außer dem Kreativassistenten, drei Optionen haben: Mit dem ***Selbstauslöser:10 Sek./Fern*** wartet die EOS M5 nach dem Auslösen zehn Sekunden bis das Bild aufgenommen wird. Das Ablaufen Zeit macht sie durch Blinken der Selbstauslöser-Lampe und einen Signalton kenntlich.

Der ***Selbstauslöser:2 Sek.*** mit 2 Sek. Wartezeit können Sie wie einen eingebauten Fernauslöser betrachten und beispielsweise bei Stativaufnahmen einsetzen. Das wäre also eher etwas für Landschafts-, Nacht- oder Nahaufnahmen. Damit kann dann wirklich nichts verwackeln.

Die Option ***Custom Timer*** ermöglicht eine noch flexiblere Auswahl der Wartezeit und der Aufnahmeanzahl. Zum Einstellen wählen Sie im Schnellmenü des Selbstauslösers die INFO.-Taste/Touchfläche und stellen im nächsten Menüfenster die Dauer der Vorlaufzeit (0 bis 30 Sek.) und die Anzahl der Aufnahmen (1 bis 10) ein, die nach Ablauf der Verzögerung mit einer Reihenaufnahmegeschwindigkeit von etwa einer Sekunde aufgezeichnet werden sollen. Wenn Sie mit dem internen Blitz der EOS M5 fotografieren, ist die Pause zwischen den Bildern etwas länger.

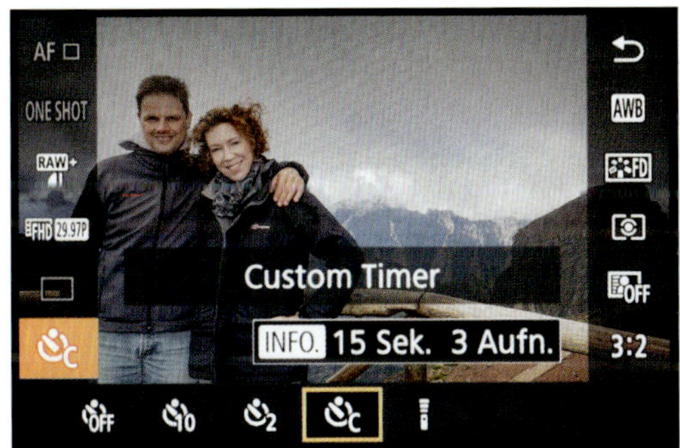

▲ *Auswahl des Custom Timers, programmiert mit einer Vorlaufzeit von 15 Sek. und 3 Aufnahmen.*

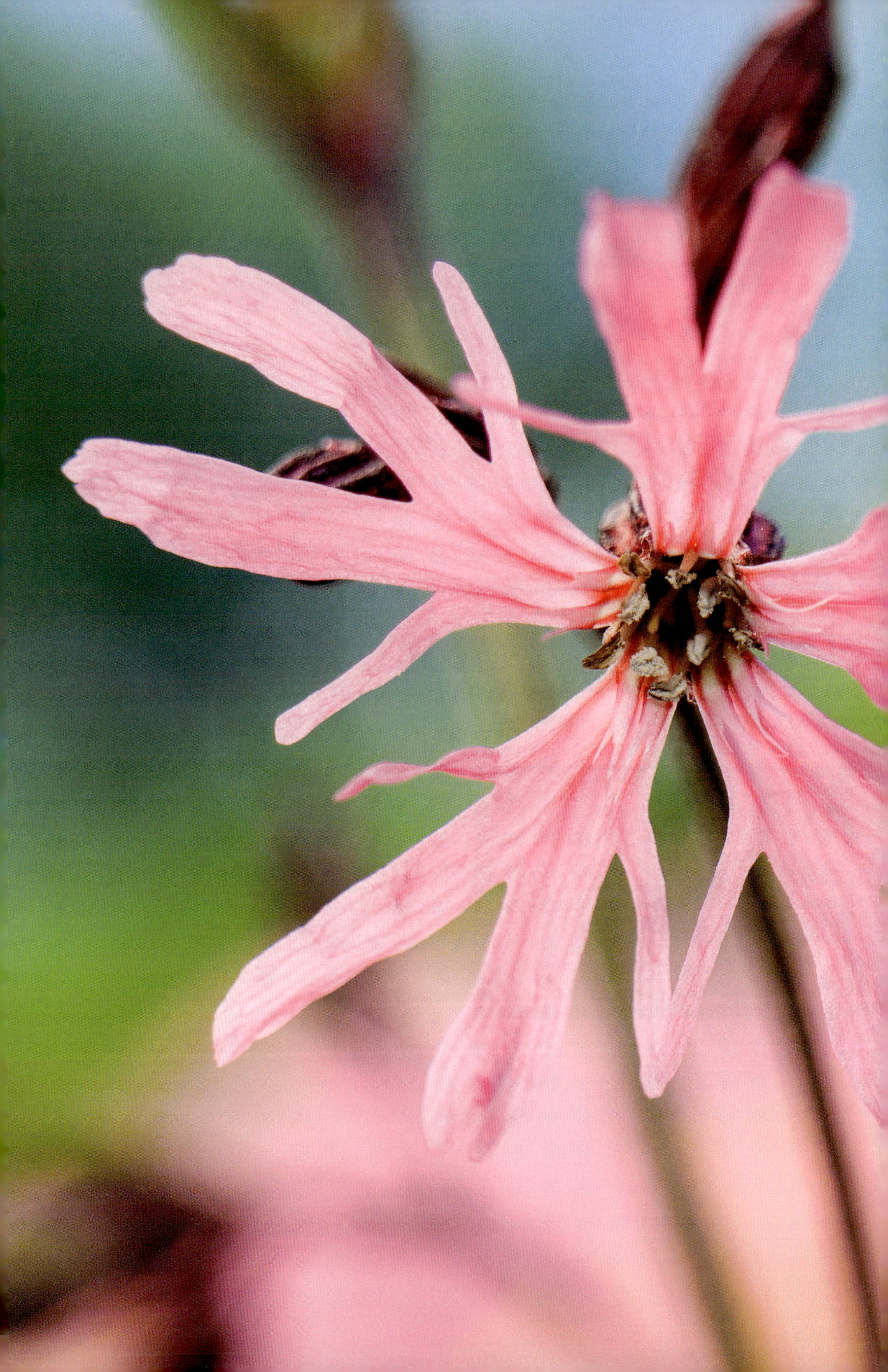

Farben steuern mit Weißabgleich und Bildstil

Um Ihren Bildern eine attraktive Farbgebung zu verpassen, ist es sinnvoll, sich etwas mit dem Thema Weißabgleich und den Bildstilen auseinanderzusetzen. Beides kann Ihre EOS M5 selbstverständlich automatisch einstellen. Aber es gibt auch Ausnahmen, die es mit den zur Verfügung gestellten Vorgaben oder sogar manuell zu meistern gilt.

6.1 Farbkontrolle per Weißabgleich

Sonnenlicht oder künstliche Lichtquellen lösen aufgrund ihrer unterschiedlichen Lichtfarben Stimmungen in uns aus. So empfinden wir das Licht der Dämmerung als angenehm warm und Neonbeleuchtung eher kühl und ungemütlich.

Da die EOS M5 dieses Farbgefühl nicht hat, muss ihr der Lichtcharakter mitgeteilt werden, sonst entstünden Farbstiche im Bild. An dieser Stelle kommt der ***Weißabgleich*** ins Spiel. Er sorgt dafür, dass die Kamera erfährt, welche Lichtart sie vor sich hat, indem ihr die Farbtemperatur über den Kelvin-Wert mitgeteilt wird. Stimmen Weißabgleich und Lichtquelle gut überein, werden neutrale Farben wie Weiß oder Grau unter der jeweiligen Lichtquelle auch im Bild neutral wiedergegeben.

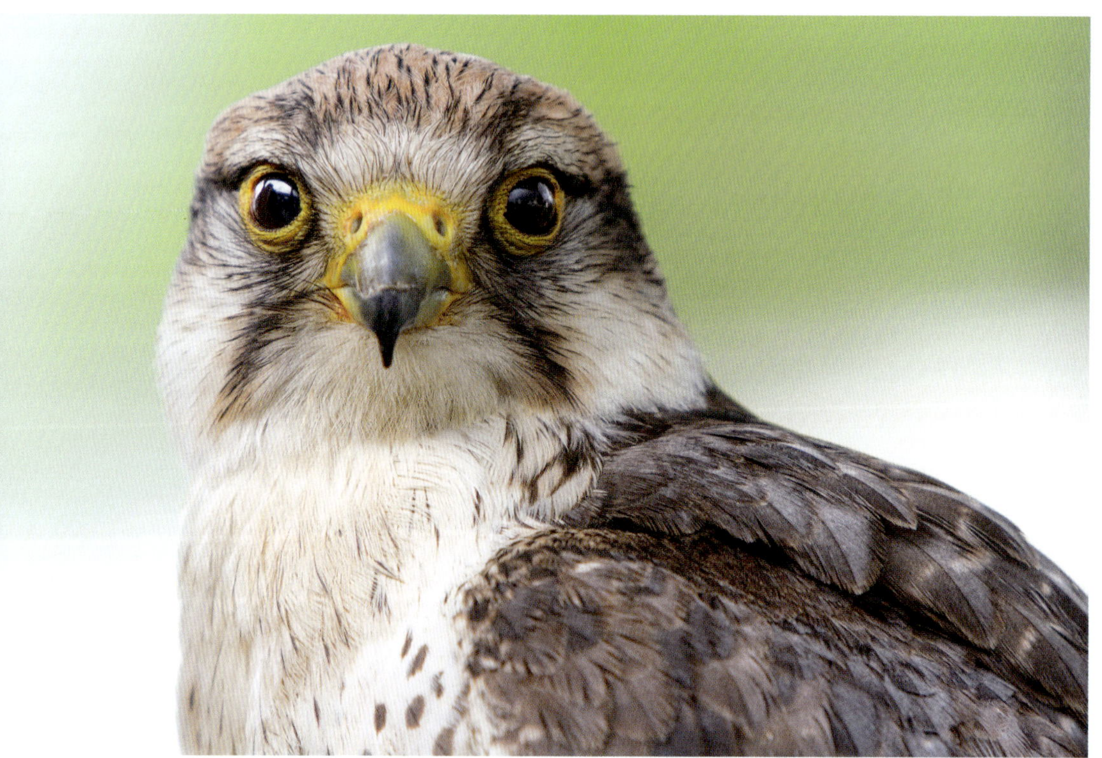

200 mm | f/6,3 | 1/125 Sek. | ISO 200 | Extender 1,4×

▲ *Der automatische Weißabgleich hat das diesige Sonnenlicht gut interpretiert und in natürliche Bildfarben umgesetzt.*

Mit der Weißabgleichautomatik *AWB* (Auto White Balance) hat die EOS M5 praktischer Weise eine gut funktionierende Automatik an Bord, die Sie in den allermeisten Situationen nicht im Stich lässt.

Vor allem bei Außenaufnahmen unter natürlicher Beleuchtung analysiert der AWB die Zusammensetzung des Lichts recht zuverlässig, sodass Sie in den meisten Fällen ein Bild mit korrekter Farbgebung erhalten werden. Selbst bei der farbenfrohen Beleuchtung zur Dämmerungszeit oder bei Motiven kurz nach Sonnenuntergang (blaue Stunde) und in der Nacht landen die Fotos und Movies mit adäquater Farbgebung auf dem Sensor.

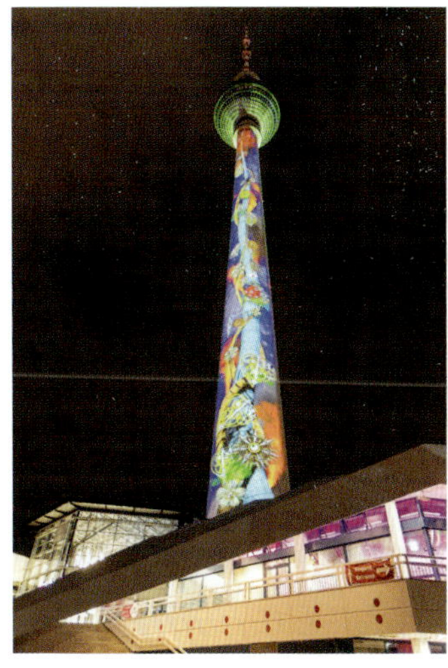

22 mm | f/3,5 | 0,6 Sek. | ISO 800

▲ *Der automatische Weißabgleich hat den Lichtmix aus künstlichem Licht gut interpretiert und die Motivfarben realistisch dargestellt.*

Wenn Sie zum Fotografieren im Heimstudio spezielle Tageslichtlampen benutzen oder das Objekt nur mit Blitzlicht ausleuchten, wird der automatische Weißabgleich ebenfalls realistische Farben liefern.

Mischen sich hingegen verschiedene Lichtquellen, zum Beispiel Tageslicht und Kunstlicht in einem Kirchenraum, kann es zu Farbstichen kommen. Das Tageslicht wirkt dann zu blau oder das Kunstlicht zu gelb. Auch bei Aufnahmen im Schatten kann der automatische Weißabgleich Probleme bekommen. Die Farben haben dann häufig einen zu hohen Blauanteil. Aber mit den Weißabgleich-Vorgaben des nächsten Abschnitts können Sie gut dagegen ansteuern.

6.2 Die Bildfarben an die Situation anpassen

In Situationen, in denen der automatische Weißabgleich nicht das optimale Resultat liefert, können Sie mit einem festgelegten Weißabgleich fotografieren. Im prallen Sonnenlicht liefern die Vorgaben *Tageslicht* ☀ (circa 5200 Kelvin) oder *Wolkig* ☁ (circa 6000 Kelvin) gute Ergebnisse. Wolkig erzeugt Bilder mit etwas höheren Gelbanteilen und steigert damit die warme Farbstimmung oder den sommerlichen Charakter einer Szene. Daher ist diese Vorgabe auch für Sonnenuntergänge gut geeignet.

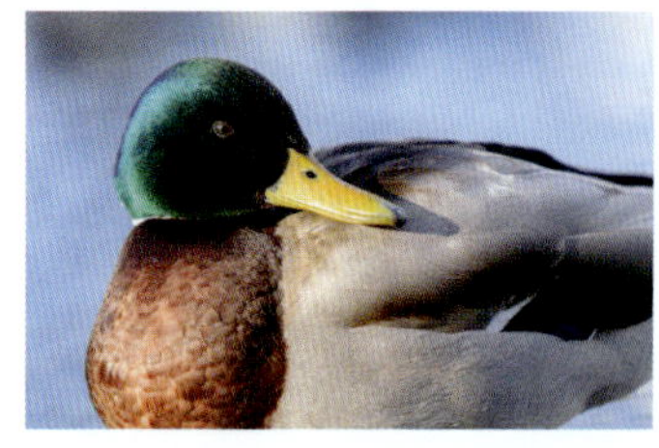

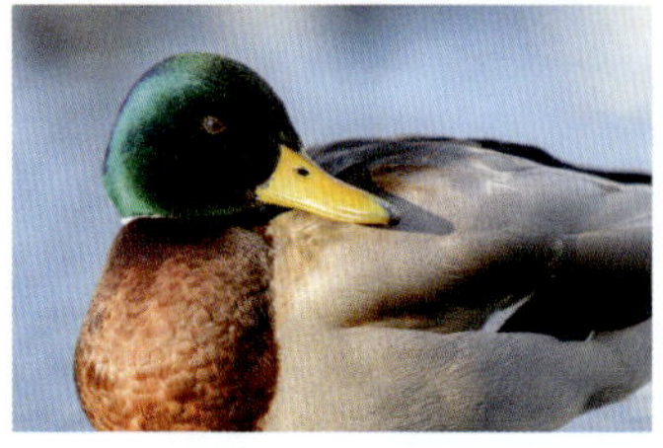

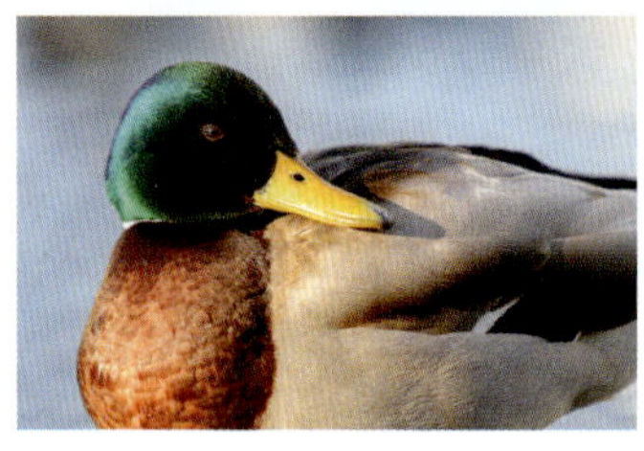

Alle Bilder: 200 mm | f/2,8 | 1/320 Sek. | ISO 1250 | +1

▲ *Von Tageslicht (oben) über Wolkig (Mitte) bis hin zu Schatten (unten) nehmen die Gelbanteile im Bild zu. Hier stimmt die Vorgabe Wolkig am besten mit der realen Aufnahmesituation überein.*

Bei Aufnahmen im Halbschatten oder Vollschatten liefern die Vorgaben Wolkig oder **Schatten** (circa 7000 Kelvin) gute Ergebnisse. Achten Sie aber generell darauf, dass mit diesen Vorgaben die Gelbanteile nicht zu sehr intensiviert werden und weiße Wolken oder bei Porträts die Haut dadurch vergilbt aussehen. Probieren Sie im Zweifelsfall einfach beide Möglichkeiten aus, oder verwenden Sie das RAW-Format und stellen Sie den Weißabgleich bei der Konvertierung wie gewünscht ein. Im Fall künstlicher Lichtquellen hängt der benötigte Weißabgleich von dem Material ab, das zur Lichterzeugung eingesetzt wird. Künstliche Lichtquellen besitzen etwa die in der Tabelle aufgelisteten Kelvin-Werte.

Künstliche Lichtquellen	Farbtemperatur
Kerze	1.500–2.000 K
Glühbirne 40 W	2.680 K
Glühbirne 100 W	2.800 K
Energiesparlampe Extra Warmweiß	2.700 K
Energiesparlampe Warmweiß	2.700–3.300 K
Energiesparlampe Neutralweiß	3.300–5.300 K
Energiesparlampe Tageslichtweiß	5.300–6.500 K
Halogenlampe	3.200 K
Leuchtstoffröhre (kaltweiß)	4.000 K
Blitzlicht	5.500–6.000 K

▲ *Farbtemperatur künstlicher Lichtquellen.*

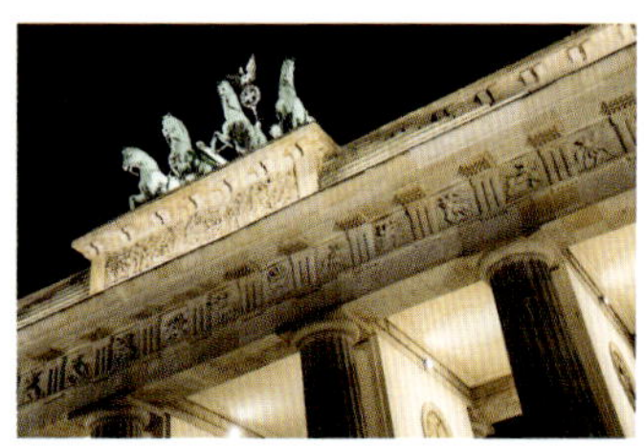

▲ *Weißabgleich Kunstlicht.*

Für Motive, die überwiegend durch Blitzlicht aufgehellt werden, hat die EOS M5 die Vorgabe **Blitz** an Bord. Da Blitzlicht farblich dem Sonnenlicht zur Mittagszeit ähnelt, können Sie diese Einstellung alternativ zur Tageslicht-Vorgabe verwenden. Der Weißabgleich Blitzlicht sorgt bei Porträtaufnahmen oftmals für noch etwas natürlichere Hauttöne.

Die Weißabgleichvorgabe **Kunstlicht** empfiehlt sich bei Motiven, die mit Glühlampen beleuchtet werden oder mit Leuchtstofflampen einer vergleichbaren Lichtfarbe.

Für Leuchtstofflampen, die in warmen oder kalten Weißtönen strahlen, können Sie die Vorgabe *Leuchtstoff* verwenden. Oftmals werden die Rottöne aber zu stark betont, daher benötigen wir persönlich diese Vorgabe fast nie.

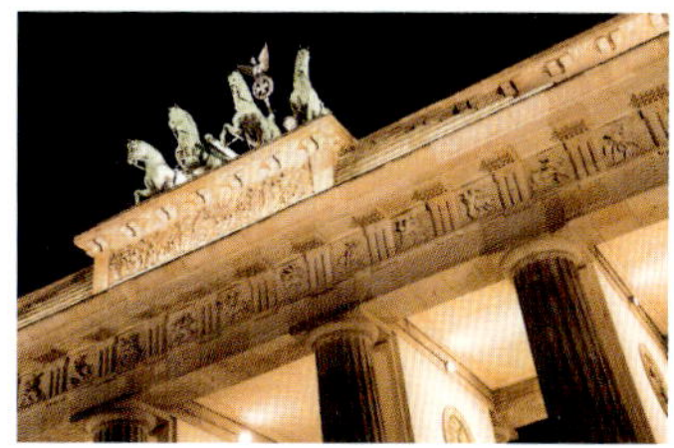

▲ *Weißabgleich Leuchtstoff.*

Im Fall des nächtlich beleuchteten Brandenburger Tors lieferten beide Vorgaben für künstliche Lichtquellen nicht das gewünschte Farbergebnis. Mit der Einstellung auf Kunstlicht ist das Motiv zu gelb geraten und mit Leuchtstoff sind die Rotanteile zu dominant. Das Bild mit der Vorgabe Kunstlicht lieferte uns jedoch eine gute Basis für die dritte Aufnahme, bei der wir die Farben mit der ab Seite 130 beschriebenen Weißabgleichkorrektur dahingehend optimiert haben, sodass der Farbton des Bildes der realen Situation entsprach.

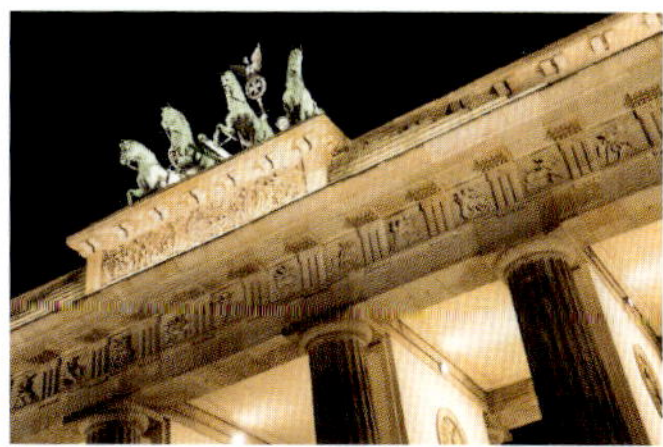

▲ *Kunstlicht mit Korrektur A9, M2.*

Alle Bilder: 32 mm | f/5 | 1/60 Sek. | ISO 5000

Den Weißabgleich einstellen

Auswählen lassen sich die Weißabgleich-Vorgaben bei der EOS M5 flink im Schnellmenü Q oder INFO.-Schnellmenü, sofern sich die Kamera in einem der Programme P, Tv, Av, M, C1, C2 oder Movie befindet. Wählen Sie die Touchfläche für den Weißabgleich aus ❹ und stellen Sie mit dem Einstellungs-Wahlrad oder durch Antippen die gewünschte Vorgabe ein. Alternativ finden Sie die Funktion *Weißabgleich* auch im Aufnahmemenü 6.

Wenn Sie im RAW-Format fotografieren und nicht ständig zwischen den Weißabgleichvorgaben hin und herwechseln möchten, können Sie mit der Vorgabe *Farbtemperatur* K ❷ auch einen individuellen Kelvin-Wert für alle Situationen bestimmen.

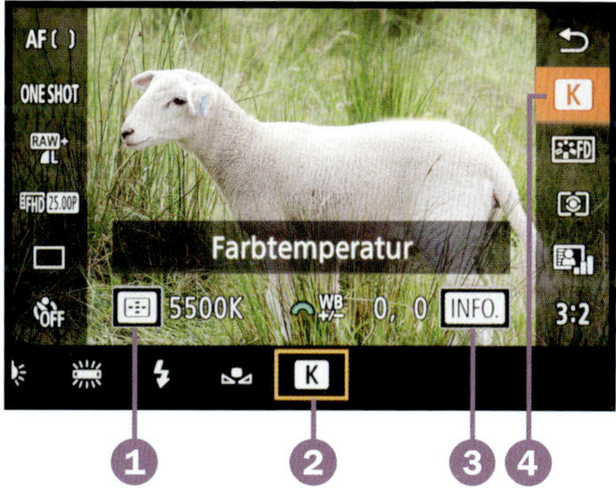

▲ *Einstellen des Weißabgleichs im Schnellmenü.*

Bei uns hat sich eine Vorgabe von 5500 Kelvin als sehr praktikabel für alle Arten von Tageslicht und auch Mischungen aus Blitz- und Tageslicht erwiesen. Sie gibt den Bildern aus der EOS M5 in der Regel eine gute Farbgrundlage mit auf den Weg, die situationsabhängig per RAW-Konverter nur noch leicht angepasst werden muss. Starten Sie die Auswahl der Farbtemperatur mit der Taste/Touchfläche zur AF-Rahmenauswahl ❶ und wählen Sie den Kelvin-Wert anschließend mit dem Hauptwahlrad [Symbol] oder den Touchflächen + oder – aus.

Trotz der Flexibilität des RAW-Aufnahmformats ist es aber günstig, den Weißabgleich beim Fotografieren schon weitestgehend korrekt einzustellen, damit die Bildqualität nicht unter der späteren Farbverschiebung leidet. Es kann nämlich durchaus vorkommen, dass bei extremen Korrekturen das Bildrauschen stark zunimmt.

Weißabgleichkorrektur gegen Farbstiche

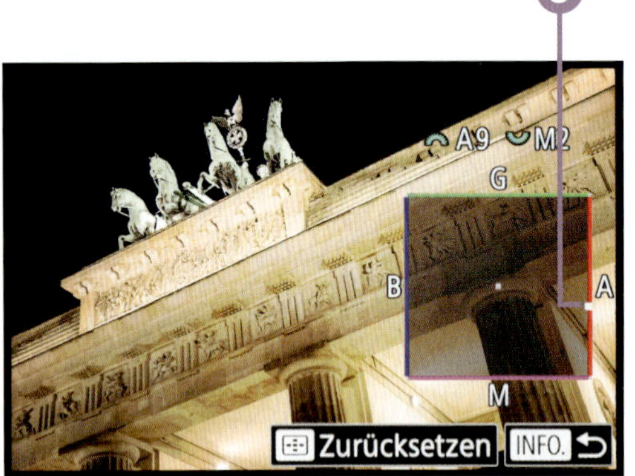

▲ *Die Vorgabe Kunstlicht mit der Weißabgleichkorrektur A9, M2 hat den Farbstich entfernt.*

Farbstichen, die beispielsweise entstehen, wenn natürliches und künstliches Licht zusammentreffen (Mischlicht) oder wenn die Weißabgleichvorgabe den Farbton des Leuchtmittels nicht richtig interpretiert, können Sie mit der Weißabgleichkorrektur entgegensteuern. Die entsprechende Funktion *WB-Korrektur* finden Sie entweder im Aufnahmemenü 6 [Kamera-Symbol], im INFO.-Schnellmenü oder im Schnellmenü [Q] des Weißabgleichs (INFO.-Taste/-Touchfläche betätigen ❸).

Verschieben Sie den kleinen weißen Cursor ❺ mit den Tasten ▲▼◀▶ des Einstellungs-Wahlrads oder per Fingertipp in die dem Farbstich entgegengesetzte Farbrichtung. Bei dem Brandenburger Tor von Seite 128 haben wir auf Basis der Vorgabe Kunstlicht eine starke Verschiebung weg von Blau (B) in Richtung Gelb (A9) und Magenta (M2) vorgenommen. Damit ließ sich der zu gelbe Farbton aus dem Bild entfernen und die Beleuchtung entsprach wieder der realen Situation.

Mit einer solchen Weißabgleichkorrektur können Sie auch absichtliche Farbstiche erzeugen und beispielsweise einen Sonnenuntergang eher rot-violett als gelb-blau darstellen. Probieren Sie‘s mal aus.

Denken Sie aber daran, die Korrektur wieder zurückzusetzen, denn sie wirkt sich auf alle Weißabgleichvorgaben aus. Uns ist es schon öfter passiert, dass wir uns über farbstichige Fotos gewundert haben und dann feststellen mussten, dass die Weißabgleichkorrektur noch eingeschaltet war.

6.3 Top Ergebnisse mit dem manuellen Weißabgleich

Aufnahmen bei Kunstlicht, bei Blitzlicht im Studio oder Außenaufnahmen im Schatten verlangen der EOS M5 einen präzisen Weißabgleich ab. Nicht immer trifft die Automatik hier den richtigen Farbton. So kann es schnell einmal passieren, dass die Bilder farbstichig werden.

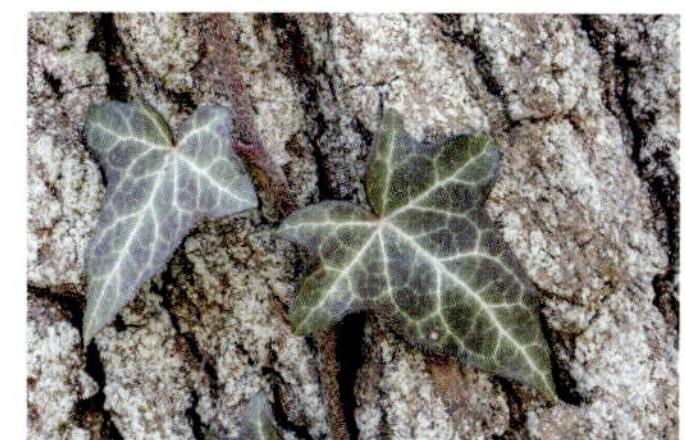

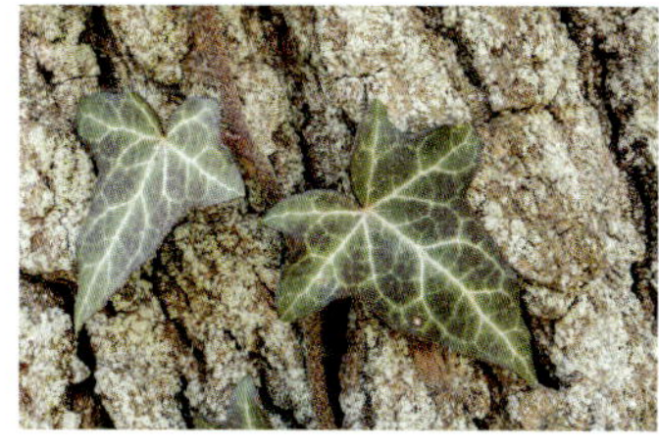

28 mm | f/16 | 0,5 Sek. | ISO 100

▲ *Automatischer Weißabgleich (oben) und realistische Farben dank manuellem Weißabgleich (unten).*

Manchmal sind es nur Nuancen, in denen sich die Bildergebnisse unterscheiden. Vergleichen Sie dazu einmal die beiden hier gezeigten Aufnahmen, die wir mit der EOS M5 im Wald an einer schattigen Stelle fotografiert haben. Mit dem automatischen Weißabgleich ist die Farbgebung etwas zu kühl und bläulich geraten. Das Ergebnis des manuellen Weißabgleichs zeigt die Efeuranke hingegen farblich genauso an, wie sie in der Realität aussah.

Wenn es also um die farbgenaue Wiedergabe einer Szene, eines Produktes oder zum Beispiel auch einer Reprofotografie geht, ist es sinnvoll, den manuellen Weißabgleich durchzuführen. Dazu bietet Ihnen die EOS M5 zwei Möglichkeiten:

- Entweder Sie verwenden ein weißes Objekt, ein Blatt Papier oder ein Taschentuch. Allerdings besitzen solche Objekte meist Aufheller, die die Messung des Weißabgleichs negativ beeinflussen können.
- Oder Sie setzen eine Graukarte ein, wie zum Beispiel den ColorChecker von X-Rite, die Digital Grey Kard DGK-2 oder die Kontrollkarte Grau/Weiß (ZEBRA) von Novoflex.

Stellen Sie nun eines der Programme P, Tv, Av, M, C1, C2 oder den Movie-Modus ein. Anschließend richten Sie die EOS M5 auf das weiße Objekt oder die Graukarte, sodass die Suchermitte vom Weiß bzw. Grau ausgefüllt ist. Sollte der Autofokus die Graukarte nicht scharf stellen können, fotografieren Sie sie einfach mit dem manuellen Fokus.

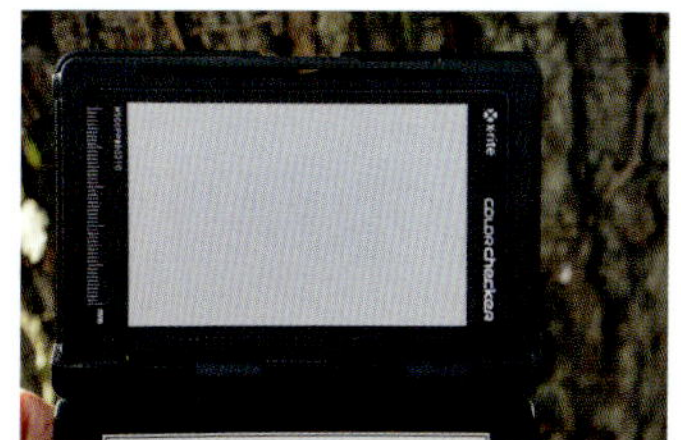

▲ *Das Bild der abfotografierten ColorChecker-Graukarte.*

Lösen Sie aus und prüfen Sie das Bild im Monitor. Es kann unscharf sein, sollte aber weder zu dunkel noch zu hell aussehen. Möglicherweise müssen Sie die Belichtung korrigieren und das Foto erneut schießen. Wenn das Bild zu dunkel ist, funktioniert die Einstellung des manuellen Weißabgleichs nicht optimal.

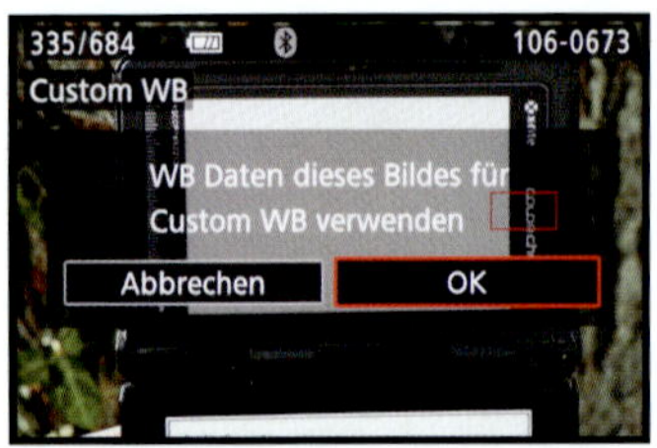

▲ *Auswahl des Referenzbildes für den manuellen Weißabgleich.*

Navigieren Sie nun ins Aufnahmemenü 6 und öffnen Sie die Rubrik *Custom WB*. Suchen Sie sich das soeben aufgenommene Bild aus und bestätigen Sie die Auswahl mit der SET-Taste/-Touchfläche. Den anschließenden Dialog bestätigen Sie ebenfalls. Danach verlassen Sie das Menü durch Antippen des Auslösers.

Wählen Sie nun im Schnellmenü Q oder Aufnahmemenü 6 die Weißabgleich-Vorgabe *Manuell* aus. Wenn Sie das Motiv jetzt erneut fotografieren, sollte die Farbgebung wesentlich realistischer sein, und natürlich werden auch alle anderen Bilder, die Sie in der gleichermaßen beleuchteten Umgebung fotografieren, ohne Farbstich auf dem Sensor landen.

6.4 Farbe, Kontrast und Schärfe optimieren

Die Farbwirkung Ihrer Bilder und Filme kann nicht nur über den Weißabgleich gesteuert, sondern zusätzlich mit den sogenannten *Bildstilen* individuell angepasst werden. So können Sie beispielsweise farbintensivere Ergebnisse erzielen oder auch eine Schwarz-Weiß-Aufnahme oder eine Sepiatonung erzeugen. Diese Veränderungen wirken sich auf JPEG-Fotos direkt aus und können bei RAW-Bildern nachträglich angewendet werden.

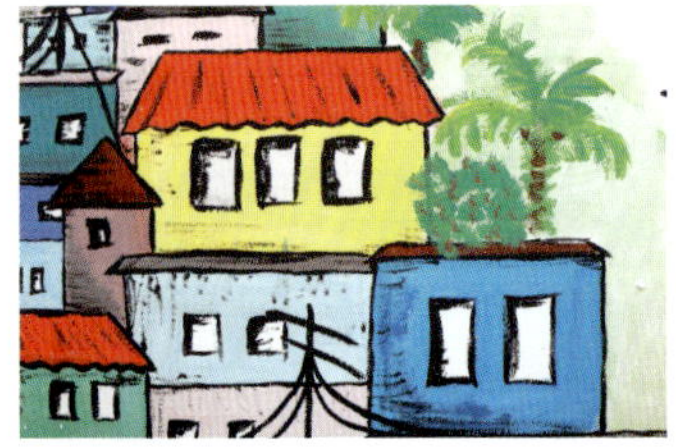

▲ *Feindetail.*

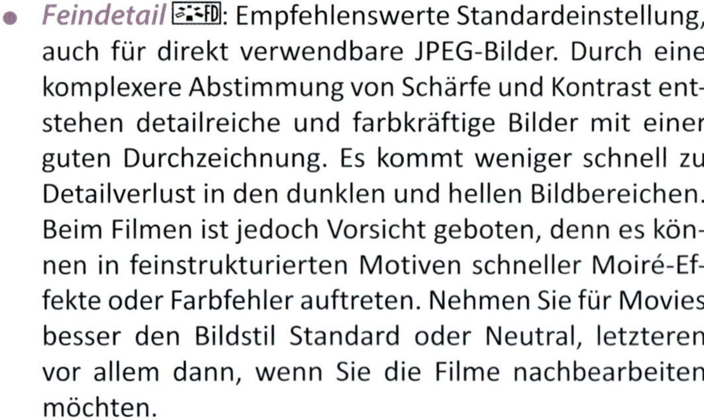

- *Feindetail* FD: Empfehlenswerte Standardeinstellung, auch für direkt verwendbare JPEG-Bilder. Durch eine komplexere Abstimmung von Schärfe und Kontrast entstehen detailreiche und farbkräftige Bilder mit einer guten Durchzeichnung. Es kommt weniger schnell zu Detailverlust in den dunklen und hellen Bildbereichen. Beim Filmen ist jedoch Vorsicht geboten, denn es können in feinstrukturierten Motiven schneller Moiré-Effekte oder Farbfehler auftreten. Nehmen Sie für Movies besser den Bildstil Standard oder Neutral, letzteren vor allem dann, wenn Sie die Filme nachbearbeiten möchten.

- *Auto* [icon]: Farbe, Kontrast und Schärfe werden an die von der EOS M5 erkannte Motivart angepasst, sodass die Darstellung bei einem Landschaftsmotiv in etwa dem Bildstil Landschaft entspricht und die eines Porträts dem Bildstil Porträt.
- *Standard* [icon]: Recht kräftige Farben und eine gute Schärfe sorgen bei einem Großteil der Motive für eine ausgewogene Darstellung, daher neben Feindetail auch als Standardeinstellung zu empfehlen.
- *Porträt* [icon]: Speziell auf Hauttöne abgestimmte Farbgebung und verringerte Schärfe, um Nahaufnahmen von Gesichtern optimal in Szene zu setzen. Über die Anpassung des Farbtons können Sie die Hautfarbe anpassen oder leichte Rötungen abmildern.
- *Landschaft* [icon]: Intensiviert die natürlichen Blau- und Grüntöne. Die Bilder wirken wie farbkräftige Diapositive. Intensive Motivfarben können dadurch aber auch zu bunt werden, und die Schärfung ist bei kontrastreichen Motivkanten manchmal zu stark.
- *Neutral* [icon]: Neutrale, natürlich wirkende Farbgebung, kann zum Beispiel gut als Basis genutzt werden, wenn Bilder oder Filme am Computer weiter optimiert werden sollen.
- *Natürlich* [icon]: Gedeckte Farbtöne, die aber etwas intensiver sind als beim Bildstil Neutral. Dafür erscheint das Bild matter. Der Stil eignet sich ebenfalls für Bilder, die am Computer weiterverarbeitet werden sollen, und insbesondere für Aufnahmen, die mit Weißabgleichwerten unter 5200 K aufgenommen wurden, etwa mit der Vorgabe Leuchtstoff [icon] oder Kunstlicht [icon].
- *Monochrom* [icon]: Schwarz-Weiß-Darstellung, die mit Filtereffekten [icon] (Gelb, Orange, Rot, Grün) und Tonungseffekten [icon] (Sepia, Blau, Violett, Grün) verschiedentlich aufgepeppt werden kann. Die Filtereffekte wirken wie Farbfilter aus der analogen Fotografie. Damit können zum Beispiel weiße Wolken plastischer herausgearbeitet oder Hauttöne heller oder dunkler gestaltet werden. Die Tonungseffekte färben das gesamte Bild ein.
- *Anw. Def.* [icon]: Es gibt drei freie Plätze für eigene Bildstile. Hierbei wählen Sie einen der vorgenannten Bild-

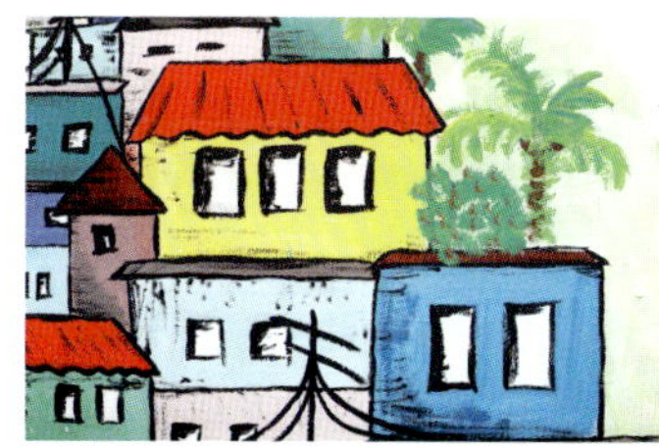

▲ *Standard.*

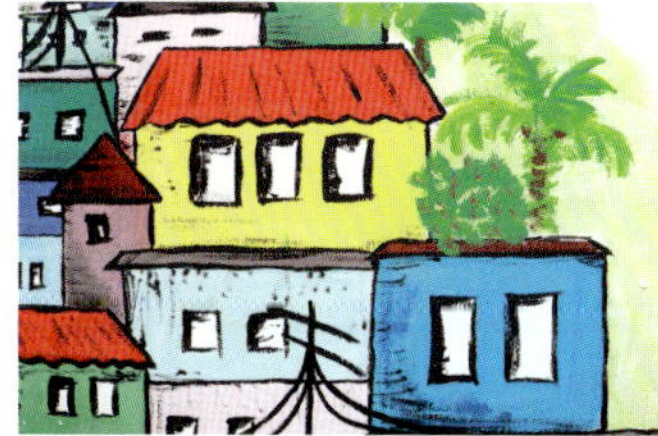

▲ *Porträt.*

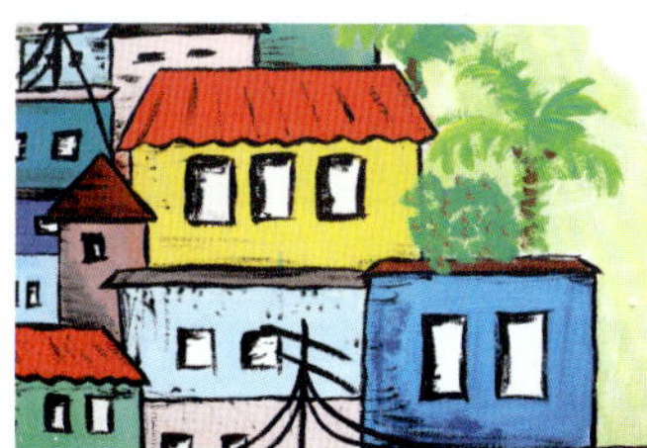

▲ *Landschaft.*

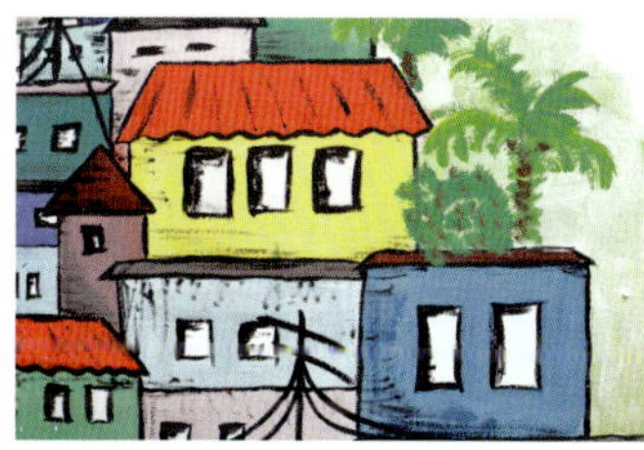

▲ *Neutral.*

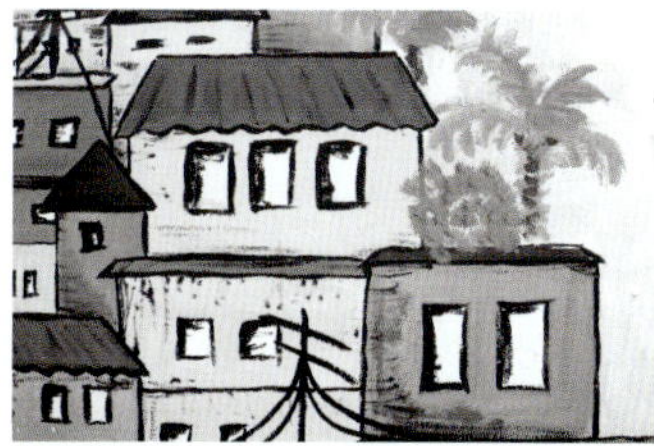

▲ *Monochrom.*

stile als Basis aus und stellen dessen Eigenschaften anschließend ein.

Die Bildstile der EOS M5 beeinflussen die Bildwirkung durch vorgegebene Werte für die Schärfe, den Kontrast, die Farbsättigung und den Farbton. Bei einer monochromatischen Darstellung können Filtereffekte und Tonungseffekte gewählt werden. Die Einstellungen im Bereich Schärfe untergliedern sich in den Wert für die Stärke (verringert oder erhöht die Schärfe der Umrisse), die Feinheit (geringe Werte für feine Kantenschärfung, höhere Werte zur Schärfung gröberer Kanten; Achtung: Bildkörnung erhöht sich) und die Schwelle (höhere Werte verringern die Schärfung und Körnung vor allem auf glatten Flächen wie dem Himmel).

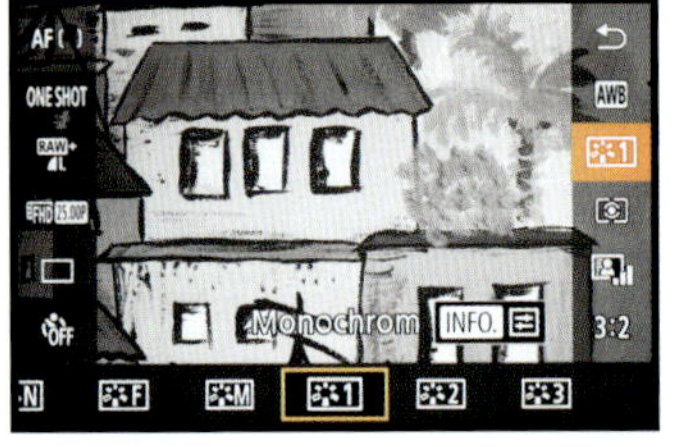

▲ *Aufrufen eines freien Speicherplatzes.*

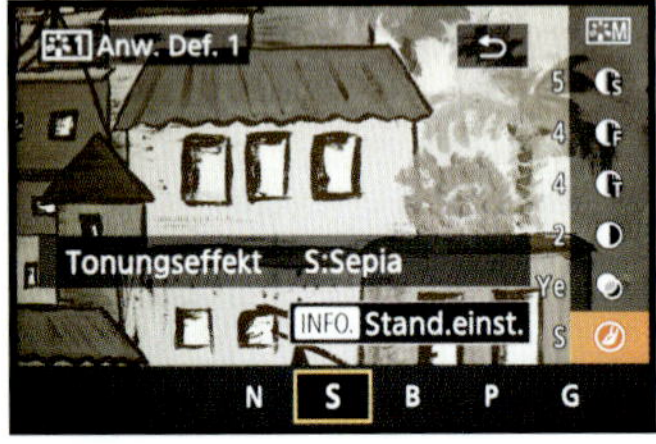

▲ *Anpassen der Bildstileinstellungen auf Basis des Bildstils Monochrom.*

Um einen bestimmten Bildstil zu verwenden, stellen Sie einen der Modi P, Tv, Av, M, C1, C2 oder den Movie-Modus ein. Rufen Sie das Auswahlmenü für den ***Bildstil*** im Schnellmenü, INFO.-Schnellmenü oder im Aufnahmemenü 6 der EOS M5 auf und wählen Sie die gewünschte Vorgabe aus.

Wenn Sie die einzelnen Parameter, die sich hinter jedem Bildstil verbergen, anpassen oder einen der freien Speicherplätze programmieren möchten, betätigen Sie nach dem Aufrufen des Bildstils die INFO.-Taste/-Touchfläche. Navigieren Sie zur gewünschten Option, zum Beispiel dem ***Tonungseffekt***. Stellen Sie den Wert wie gewünscht ein und bestätigen Sie dies mit der SET-Taste/-Touchfläche. Sind alle Detaileinstellungen erledigt, können Sie den Auslöser antippen, um das Menü zu verlassen, und das Bild mit Ihrem individuellen Bildstil aufnehmen.

Bildstil nachträglich ändern?

Bildern im RAW-Format können Sie am Computer über die Canon-Software Digital Photo Professional flexibel jeden beliebigen Bildstil verpassen. Die zugehörige Auswahlfunktion ist dort in der rechten Werkzeugpalette bei ***Bildart*** zu finden. Auch im RAW-Konverter von Photoshop und Photoshop Elements oder in Lightroom stehen die Canon-spezifischen Bildstile zur Auswahl bereit, außer Feindetail. Sie finden sie dort im Bereich ***Kamerakalibrierung*** bei ***Kameraprofil*** oder ***Profil***.

Picture Styles aus dem Internet

Sollten Sie Freude daran haben, mit den verschiedenen Bildstilen kreative Bildeffekte zu erzielen, muss es nicht bei den Voreinstellungen bleiben. Auf den Internetseiten von Canon gibt es eine Reihe weiterer Bildstile, die Sie sich herunterladen können (*http://web.canon.jp/imaging/picturestyle/index.html*). Die PF2-Dateien können in die Kamerasoftware der EOS M5 integriert oder mit Digital Photo Professional genutzt werden.

Um neue Bildstile in die Kamerasoftware zu integrieren, stellen Sie einen der Modi P, Tv, Av oder M ein. Schalten Sie die EOS M5 dann aus und verbinden Sie die Kamera über das mitgelieferte USB-Kabel mit dem Computer (siehe auch ab Seite 173). Starten die Canon-Software EOS Utility. Wählen Sie den Eintrag *Kamera-Einstellungen* und danach aus der Liste die Option *Bildstildatei registrieren*. Klicken Sie eine der drei Registerkarten mit freien Bildstilplätzen an und öffnen Sie den Computerordner, in dem Sie die heruntergeladene PF2-Datei gespeichert haben. Wählen Sie einen Bildstil aus, hier *CLEAR*, und bestätigen Sie die Aktion mit *OK*. Danach schließen Sie EOS Utility wieder, schalten die Kamera aus und ziehen das Schnittstellenkabel ab. Den neuen Bildstil auf dem Speicherplatz 1, 2 oder 3 können Sie nun wie gewohnt aufrufen.

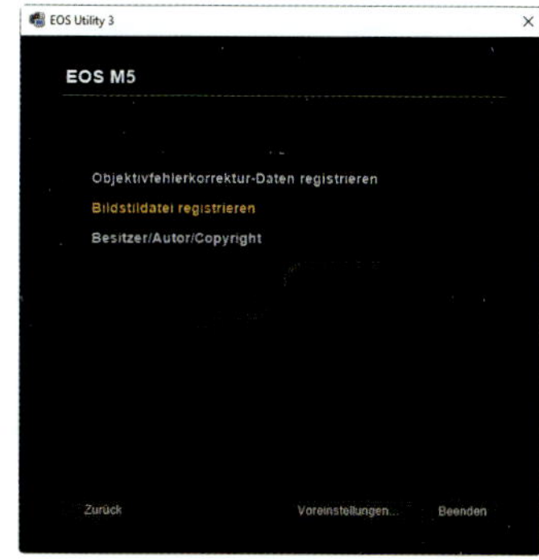

▲ *Bildstildatei registrieren.*

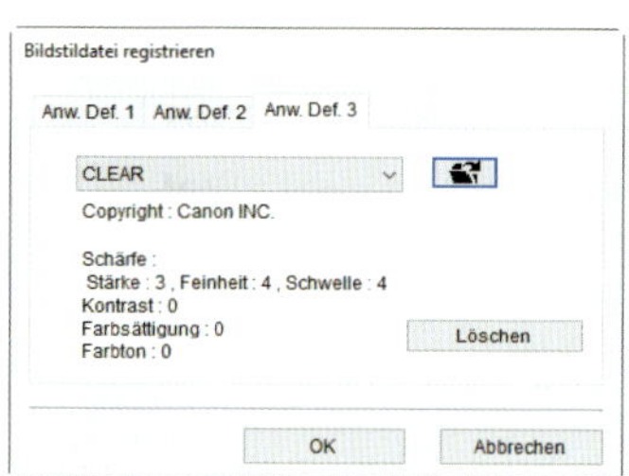

▲ *Registrieren des Bildstils CLEAR im Menü der EOS M5.*

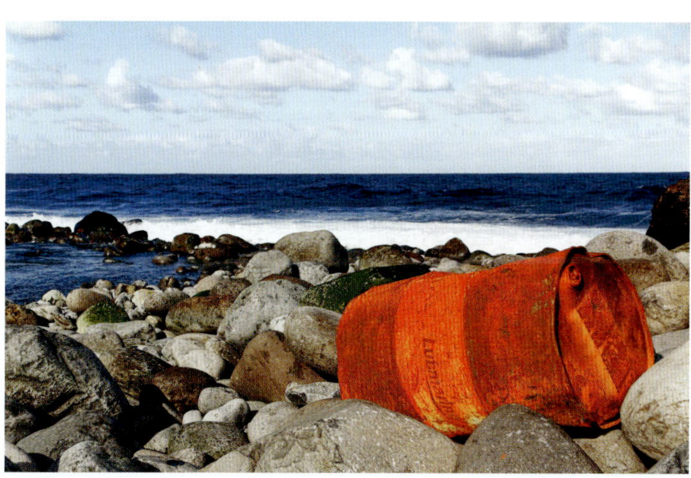

35 mm | f/8 | 1/60 Sek. | ISO 400

▲ *Der Bildstil CLEAR, der eigentlich für Nachtaufnahmen gedacht ist, eignet sich auch für farbintensive Natur- oder Architekturaufnahmen. Er hebt den Kontrast stark an und intensiviert die Blautöne.*

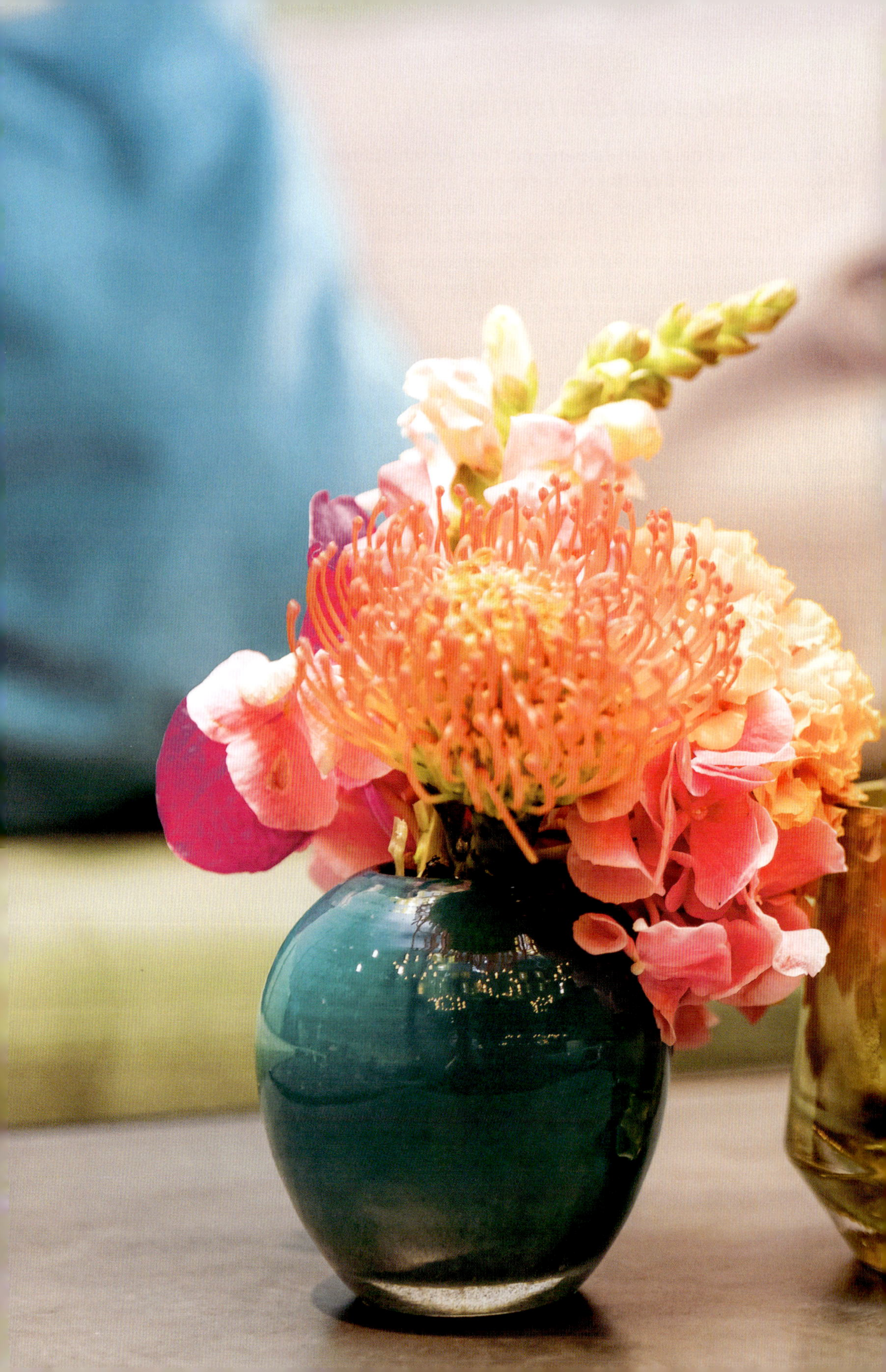

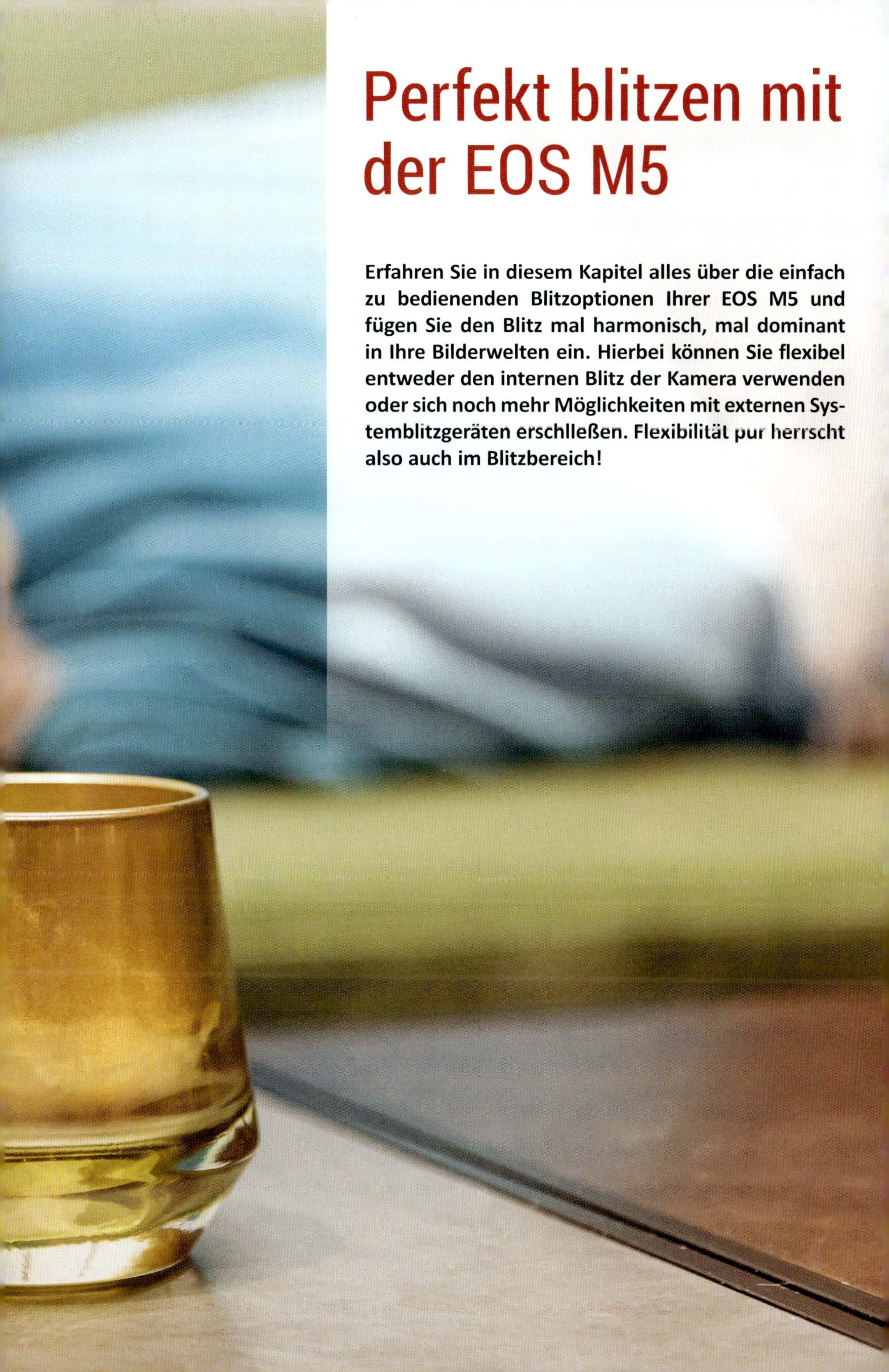

Perfekt blitzen mit der EOS M5

Erfahren Sie in diesem Kapitel alles über die einfach zu bedienenden Blitzoptionen Ihrer EOS M5 und fügen Sie den Blitz mal harmonisch, mal dominant in Ihre Bilderwelten ein. Hierbei können Sie flexibel entweder den internen Blitz der Kamera verwenden oder sich noch mehr Möglichkeiten mit externen Systemblitzgeräten erschließen. Flexibilität pur herrscht also auch im Blitzbereich!

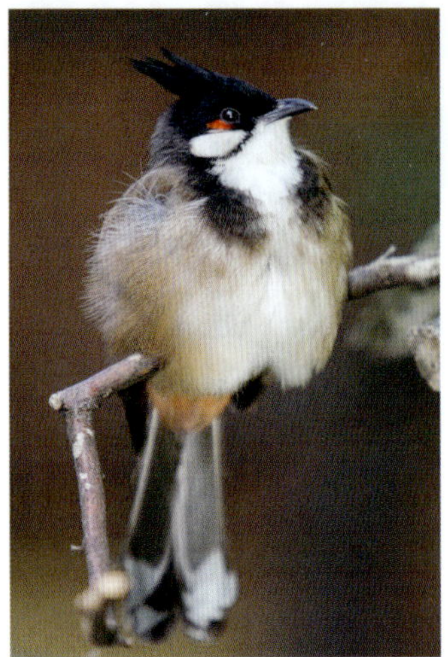

250 mm | f/4 | 1/160 Sek. | ISO 400

▲ *Die leichte Blitzaufhellung des dunklen Kopfgefieders mit dem internen Blitz sorgt für eine bessere Durchzeichnung des Bildes.*

7.1 Das Potenzial des internen Blitzes ausreizen

Die EOS M5 besitzt einen fest eingebauten Blitz, der ausklappbar oberhalb des Objektivs positioniert ist. Das Angenehme daran ist seine ständige Verfügbarkeit, egal, wo Sie sich gerade befinden. Durch die festgelegte Position können Sie Ihre Motive aber nur frontal anblitzen. Das Motiv sollte überdies nicht zu weit entfernt sein, denn der interne Blitz ist nicht der allerkräftigste. Trotzdem ist es damit möglich, kreative Blitzaufnahmen zu gestalten, wie die folgenden Abschnitte zeigen. Für den besseren Überblick haben wir Ihnen in der Tabelle die Reichweite des internen Blitzgeräts einmal aufgelistet.

	ISO 100	ISO 200	ISO 400	ISO 180	ISO 1600
f/2,8	1,8 m	2,5 m	3,6 m	5,1 m	7,1 m
f/3,5	1,4 m	2,0 m	2,9 m	4,0 m	5,7 m
f/5,6	0,9 m	1,3 m	1,8 m	2,5 m	3,6 m
f/8	0,6 m	0,9 m	1,3 m	1,8 m	2,5 m
f/11	0,5 m	0,6 m	0,9 m	1,3 m	1,8 m

▲ *Reichweite des internen Blitzgeräts (Leitzahl 5 bei ISO 100) der EOS M5 in Metern in Abhängigkeit von der Blenden- und ISO-Einstellung.*

Generell gilt: Die Reichweite des Blitzlichts nimmt mit steigendem Blendenwert ab und mit steigender ISO-Zahl wieder zu. Daher ist es beim Blitzen häufig sinnvoll, geringe Blendenwerte zu verwenden und mit ISO 200 bis 1600 zu fotografieren. Der Abstand zwischen Blitz und Objekt sollte außerdem etwa 1 m nicht unterschreiten, da sonst ein Großteil des Lichts über das Objekt hinweg schießt und das Objektiv im unteren Bildbereich einen Schatten hinterlässt. Nehmen Sie beim Fotografieren mit dem internen Blitz auch die Streulichtblende des Objektivs ab.

Am einfachsten können Sie den Blitz in den Modi Automatische Motiverkennung, Hybrid Auto, Kreativassistent, Porträt, Nahaufnahme, Nachtaufnahmen ohne Stativ und Kreativfilter (außer HDR) einsetzen.

Die *Blitzautomatik* ϟA sorgt dafür, dass der interne Blitz bei Bedarf automatisch zündet. Bei eingeklapptem Blitz gibt Ihnen die EOS M5 den Hinweis *Blitz zuschalten*, wenn der Auslöser bis zum ersten Druckpunkt heruntergedrückt wird. Betätigen Sie dann die Blitztaste, um das Blitzgerät aus dem Gehäuse auszuklappen.

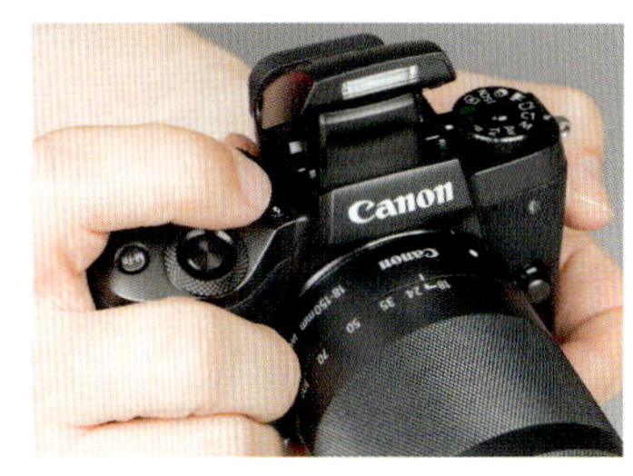

▲ *Um den internen Blitz nutzen zu können, muss er erst ausgeklappt werden. Dazu tippen Sie den Auslöser an, damit die Kamera aktiviert ist, und drücken dann die Blitztaste.*

Die EOS M5 regelt das Zusammenspiel aus Blitz- und Umgebungslicht eigenständig. Bei wenig Licht wird das Hauptmotiv in den meisten Fällen adäquat vor einem ausreichend hellen Hintergrund dargestellt. Auch bei hohen Kontrasten, etwa einem Porträt im Gegenlicht, kann sich das Blitzgerät automatisch aktivieren, um unschöne dunkle Schatten aufzuhellen.

Allerdings führt die automatische Blitzaktivierung nicht immer zum besten Resultat, daher schauen Sie sich auf jeden Fall auch die Steuerungsoptionen in den Modi P bis C2 an, um für jede Situation eine passende Blitzstrategie parat zu haben.

7.2 Systemblitzgeräte für die EOS M5

Der Blitzgerätemarkt hat Einiges zu bieten. Von kleineren und im Funktionsumfang etwas eingeschränkteren Geräten bis hin zu Profi-Systemblitzen mit hoher Leistung und umfangreicher Ausstattung können Sie Ihre EOS M5 auf vielfältige Art und Weise mit einem externen Blitz aufwerten. Im Folgenden finden Sie als Anhaltspunkte einige interessante Geräte aus jedem Leistungsbereich.

Canon Speedlite 90EX

Im Canon-Sortiment ist das Speedlite 90EX der kompakteste und mit der Leitzahl 9 auch der schwächste Blitz. Er kann als kleiner On-Camera-Blitz zur Motivaufhellung eingesetzt werden. Die Hi-Speed-Synchronisation fehlt jedoch und die Leuchtfläche ist auf Weitwinkelperspektiven mit 24 mm Brennweite festgelegt. Am sinnvollsten ist die Verwendung dieses Blitzes als Master-Blitz für die kabellose Fernsteuerung entfesselter Blitze. Allerdings ist dies nur

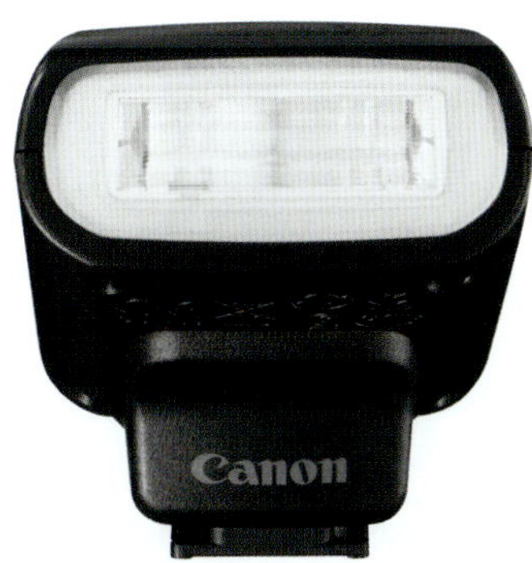

▲ *Speedlite 90EX (Bild: Canon).*

über optische Signale möglich, also nicht mit der neueren Funktechnik von Canon.

Canon Speedlite 270EX II

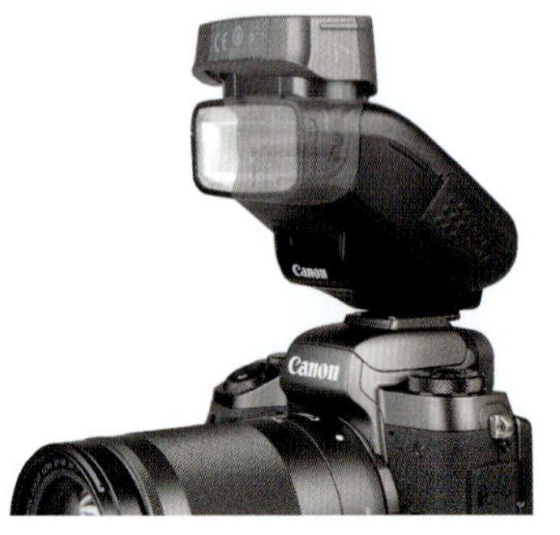

▲ *Canon Speedlite 270EX II in Standardposition und mit nach oben geklapptem Blitzkopf für das indirekte Blitzen.*

Das kompakte und leichte Canon Speedlite 270EX II mit der Leitzahl 27 spendet in vielen Situationen ein hilfreiches Zusatzlicht, das sich aufgrund des nach oben neigbaren Reflektors sogar indirekt über die Decke leiten lässt, um beispielsweise Porträts indirekt auszuleuchten. Mit der Hi-Speed-Synchronisation können Sie auch mit Belichtungszeiten bis zu 1/4000 Sek. fotografieren. Im SLAVE-Modus lässt sich der Blitz zudem drahtlos über optische Signale auslösen, wenn an der EOS M5 ein Master-Blitz oder Transmitter angebracht ist. In puncto Größe und Gewicht (circa 155 g) ist er fast unschlagbar – ein vielseitiger Reisebegleiter also.

Die Leitzahl

Die Leistung eines Blitzgeräts wird durch die Leitzahl ausgedrückt, wobei gilt: Leitzahl = Reichweite × Blendenwert. Je höher die Leitzahl, desto stärker ist die Lichtmenge, die der Blitz auszusenden vermag und damit auch die maximal mögliche Reichweite bei einer bestimmten Blende. Wobei die Bezugsgrößen, die die Hersteller bei der Angabe der Leitzahl von externen Systemblitzen machen, häufig variieren. Nur wenn sich die Angaben alle auf den gleichen ISO-Wert, die gleiche Blende und die gleiche Blitzreflektoreinstellung beziehen, ist die Leitzahl des einen Geräts mit der des anderen direkt vergleichbar.

Canon Speedlite 320EX

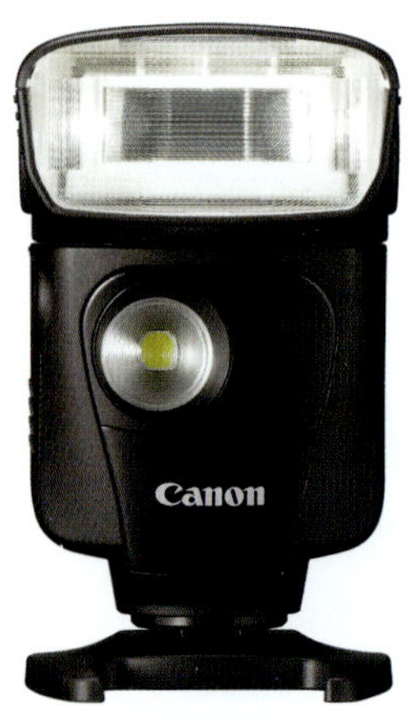

▲ *Speedlite 320EX (Bild: Canon).*

Mit dem inklusive Akkus etwa 400 g leichten und immer noch recht kompakten Speedlite 320EX lässt sich das Licht dank des dreh- und neigbaren Reflektors in verschiedene Richtungen lenken. Damit kann indirekt über die Decke, Seitenwände oder Reflektoren geblitzt werden, um weiche Licht-Schatten-Verläufe zu erzeugen. Überdies kann der 320EX im SLAVE-Modus über optische Impulse drahtlos von einem an der EOS M5 angebrachten Master-Blitz oder Transmitter angesteuert werden. Per Hi-Speed-Synchronisation kann auch in heller Umgebung mit Belichtungszeiten bis zu 1/4000 Sek. fotografiert werden. Und es gibt eine Videoleuchte. Das LED-Licht ist jedoch recht schwach und reicht für eine Videoaufhellung bei Gegenlicht nicht aus.

Blitzeigene Individualfunktionen

Die Canon EX Speedlites und viele Canon-kompatible Blitzgeräte anderer Hersteller besitzen blitzeigene Menüeinstellungen. Diese können Sie in den Modi P, Tv, Av, M, C1 und C2 im Aufnahmemenü 5 bei ***Blitzsteuerung*** über ***C.Fn-Einst. ext. Blitz*** aufrufen und anpassen, sobald der Blitz angebracht und eingeschaltet ist.

Canon Speedlite 430EX III-RT

Das Speedlite 430EX III-RT zählt mit etwa 415 g inklusive eingelegter Akkus auch noch zu den leichteren Modellen. Aufgrund des Zoomreflektors passt sich die Lichtintensität der eingestellten Objektivbrennweite an, sodass die Blitzleistung optimal ausgenutzt wird und höhere Reichweiten möglich sind. Mit der ausklappbaren Streuscheibe können zudem Weitwinkelperspektiven und Makromotive besser ausgeleuchtet werden. Die Hi-Speed-Synchronisation ist nutzbar, sodass auch in heller Umgebung mit Belichtungszeiten bis 1/4000 Sek. fotografiert werden kann.

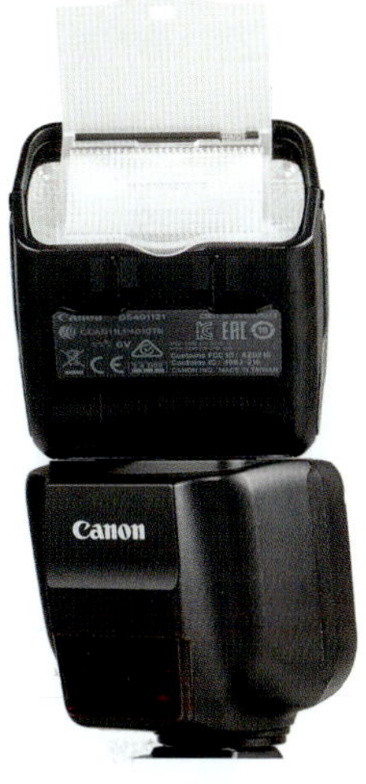

▲ *Canon Speedlite 430EX III-RT mit ausgeklappter Streuscheibe und weißer Catchlight-Scheibe.*

Das Speedlite 430EX III-RT kann zudem als Master andere mit dem Canon-Funksystem kompatible Blitzgeräte, wie zum Beispiel die Speedlites 430EX III-RT, 600EX-RT, 600EX II-RT oder Yougnuo YN600EX-RT, über Distanzen von bis zu 25 m fernsteuern. Außerdem kann der Blitz im SLAVE-Modus entfesselt betrieben und entweder per Funk oder mit der älteren optischen Steuerung fernausgelöst werden. Das Gerät bietet enorm viel Flexibilität zum moderaten Preis und ist damit sehr empfehlenswert.

Die E-TTL-Blitzsteuerung

Die ***E-TTL***-Blitzsteuerung der EOS M5 sorgt für eine möglichst gelungene Mischung aus vorhandenem Umgebungslicht und zugeschaltetem Blitzlicht. Dabei misst die Kamera mit dem Auslöser auf halber Stufe zunächst das Umgebungslicht. Wird der Auslöser durchgedrückt, erfolgt eine zweite Messung, mit der das Blitzlicht auf das gemessene Umgebungslicht abgestimmt wird. Bei den Messungen wird das Licht erfasst, das durch das Objektiv auf den Sensor trifft, daher die Bezeichnung ***TTL*** (through the lens). Das Canon spezifische ***E*** steht für „evaluative“ und verdeutlicht, dass die Kontrast- und Helligkeitsbeschaffenheit der Szene mit einberechnet werden.

Metz mecablitz 52 AF-1 digital für Canon

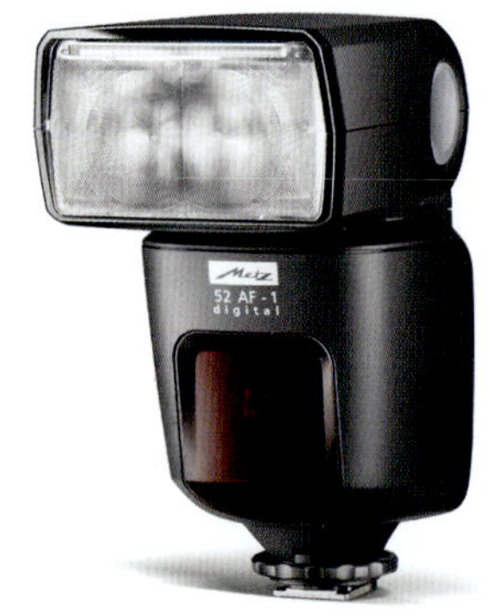

▲ *Mecablitz 52 AF-1 digital (Bild: Metz).*

Der inklusive eingelegter Akkus etwa 466 g schwere Metz mecablitz 52 AF-1 für Canon ist mit der E-TTL-Steuerung voll kompatibel. Der Blitz beherrscht die Hi-Speed-Synchronisation, die bei Metz mit dem Kürzel HSS gekennzeichnet ist. Außerdem kann er sowohl als Master auf der EOS M5 andere Canon-Blitze oder kompatible Geräte über optische Impulse via TTL oder manuell fernauslösen, oder selbst als entfesselter Blitz zum Einsatz kommen. Zusätzlich lässt er sich durch systemunspezifische Blitzimpulse fernauslösen (Servo-Betrieb). Prädikat: viel Leistung zum guten Preis.

Canon Speedlites 600EX-RT und 600EX II-RT

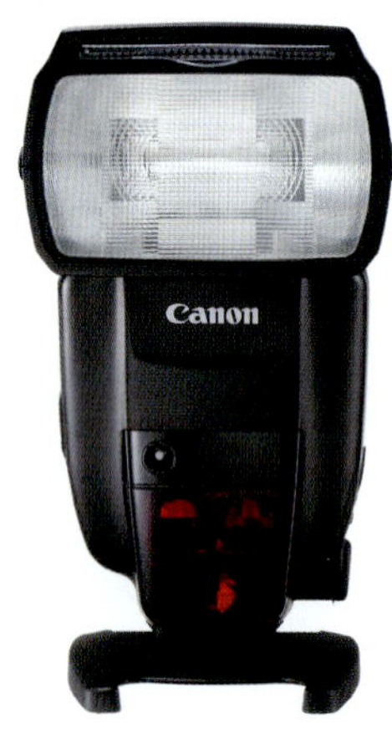

▲ *Das Speedlite 600EX II-RT (Bild: Canon).*

Zweifellos sind die Canon Speedlites 600EX-RT und 600EX II-RT die vielseitigsten und leistungsstärksten Blitzgeräte im Canon-Sortiment, die alle Funktionen besitzen, die man von einem professionellen Systemblitz erwarten würde – inklusive eines witterungsgeschützten Gehäuses. Der 600EX II-RT bietet schnellere Reihenblitzaufnahmen und die Möglichkeit, mit dem externen Akkupack CP-E4N die Anzahl an schnellen Reihenblitzaufnahmen zu erhöhen. Beides ist für das Blitzen mit der EOS M5 nicht unbedingt notwendig, der Vorgänger bleibt daher weiterhin ein sehr empfehlenswerter Blitz.

Beide Geräte können als Master- oder entfesselter Blitz fungieren, wobei die Signalübertragung entweder über optische oder über Funksignale erfolgt. So könnten Sie das Speedlite 600EX-RT/600EX II-RT mit dem Speedlite 90EX von der EOS M5 aus über optische Impulse fernauslösen. Oder Sie verwenden das Canon-spezifische Funksystem, bei dem das Speedlite 600EX-RT/600EX II-RT als Master einen zweiten funkfähigen Blitz (Speedlite 600EX-RT, 600EX II-RT oder 430EX III-RT) fernsteuert. Die TTL-Funktechnik erhöht die Fernauslösereichweite auf etwa 25–30 m und ist nicht auf Sichtkontakt zwischen den Geräten angewiesen. Für das Blitzen unter künstlicher Beleuchtung werden Farbfilter mitgeliefert und beim Speedlite 600EX II-RT kommt ein aufsteckbarer Blitzdiffusor für eine stärkere Lichtstreuung beim indirekten Blitzen hinzu. Für alle, die viel Leistung gepaart mit einer umfangreichen Ausstattung anstreben, sind die Speedlites 600EX-RT und 600EX II-RT auf jeden Fall zu empfehlen.

Geräte anderer Hersteller

Weitere interessante E-TTL-fähige Blitzeräte gibt es zum Beispiel auch von Sigma (EF-610 DG Super), Nissin (Di700A, eigenes Funksystem integriert und kombinierbar mit Steuergerät Nissin Commander Air 1) oder Yongnuo (YN568EX II, YN600EX-RT). Bei besonders günstigen Nachbauten kann es aber vorkommen, dass die angegebene Blitzleistung nicht erreicht wird. Dennoch stellen die preisgünstigen Drittherstellergeräte eine gute Alternative fürs schmalere Budget dar.

7.3 Motivbezogene Blitzsteuerung

Blitzlicht harmoniert von seiner Lichtcharakteristik her perfekt mit dem natürlichen Sonnenlicht und lässt sich daher bestens zur Aufhellung unerwünschter Schattenpartien einsetzen. Aber auch in Dunkelheit oder als alleinige Lichtquelle kann der Blitz in vielen Situationen die Bildergebnisse entscheidend verbessern. Setzen Sie den Blitz kreativ ein und sorgen Sie mit der ausgefeilten Blitzsteuerung stets für eine gelungene Mischung aus vorhandener Lichtquelle und Blitzlicht.

Den Blitzmodus auswählen

Abhängig vom Belichtungsprogramm stehen Ihnen zwei Blitzmethoden zur Verfügung, die einen Einfluss auf das Zusammenspiel aus Blitz- und Umgebungslicht ausüben: der ***Aufhellblitz*** und die ***Langzeitsynchronisierung***. Den Aufhellblitz können Sie in allen Programmen nutzen, die für Aufnahmen mit Blitzlicht vorgesehen sind. Die Langzeitsynchronisierung ist nur in den Modi Programmautomatik (P), Blendenvorwahl (Av) und Kreativassistent wählbar, wird aber bei der Automatischen Motiverkennung, Hybrid Auto und Nachtaufnahmen ohne Stativ bei Bedarf automatisch eingesetzt. Einstellen können Sie die Blitzmethode flink über die Blitztaste des Einstellungs-Wahlrads und das zugehörige Auswahlmenü. Alternativ finden Sie die Option auch im INFO.-Schnellmenü bei ***Blitzzündung***.

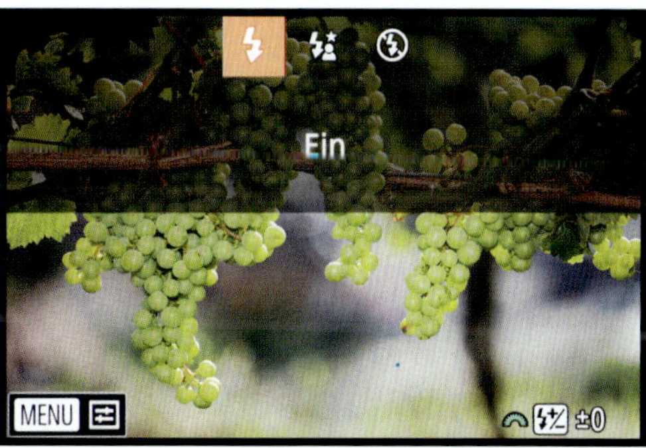

▲ *Auswahl der Blitzmethode. Über die MENU-Taste gelangen Sie in das Menü zur Blitzsteuerung und mit dem Hauptwahlrad kann die Blitzlichtmenge variiert werden.*

Mit dem Aufhellblitz (Blitzmethode ***Ein*** ϟ) wird der Blitz zum Zünden gezwungen, egal wie das Motiv beschaffen ist. Daher eignet sich dieser Modus in erster Linie zum Aufhellen von Schatten in heller Umgebung oder bei Gegenlicht.

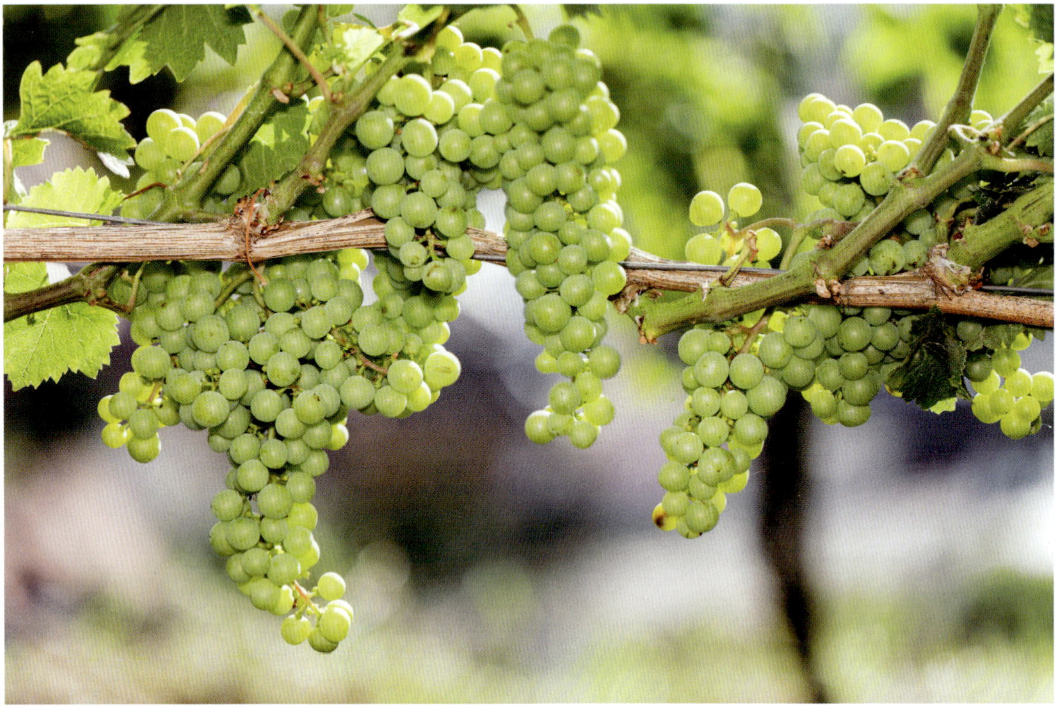

100 mm | f/2,8 | 1/640 Sek. | ISO 100

▲ *Mit dem Aufhellblitz im Modus Av ließen sich die Weintrauben aufgehellt vor einem angenehm unscharfen Hintergrund in Szene setzen. Um den niedrigen Blendenwert nutzen zu können, blitzten wir mit der Hi-Speed-Synchronisation.*

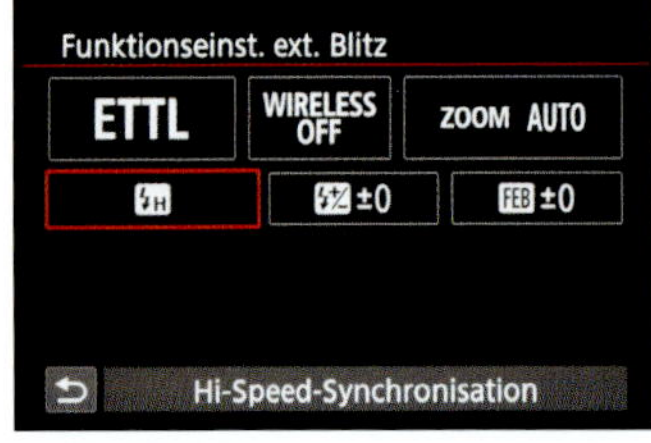

▲ *Aktivieren der Hi-Speed-Synchronisation im Kameramenü.*

Blitzen in heller Umgebung mit Hi-Speed

Der Mechanismus des Kameraverschlusses erlaubt mit Blitz standardmäßig nur 1/200 Sek. als kürzeste Belichtungszeit. Das ist die sogenannte ***Blitzsynchronzeit*** der EOS M5. Beim Blitzen in heller Umgebung kann dies zu stark überbelichteten Bildern führen, weil eigentlich kürzere Belichtungszeiten notwendig wären. Mit der sogenannten ***Hi-Speed***- oder Kurzzeitsynchronisation ϟH können Sie jedoch mit bis zu 1/4000 Sek. blitzen. Dazu aktivieren Sie diesen Modus entweder im Aufnahmemenü 5 /***Blitzsteuerung***/***Funktionseinstl. ext. Blitz*** oder direkt am Blitzgerät. Möglich ist dies aber nur mit Hi-Speed-geeigneten Geräten, wie zum Beispiel den Speedlites 270EX II, 320EX, 430EX III-RT, 600EX-RT oder 600EX II-RT.

Im Modus ***Langzeitsynchronisierung*** orientiert sich die Grundbelichtung stets am vorhandenen Licht, daher ist der Modus geeignet für Motive, bei denen die Hintergrundbeleuchtung gut sichtbar sein soll, wie zum Beispiel Porträtaufnahmen in dunkleren Innenräumen, Statuen bei einer nächtlichen Sightseeing-Tour oder Makroaufnahmen bei unzureichender Beleuchtung. Verwenden Sie nach Möglichkeit ein Stativ, denn die Belichtungszeit kann bis zu 30 Sek. betragen.

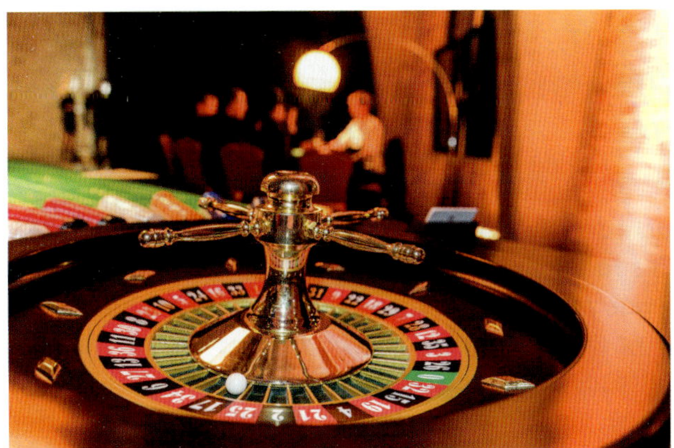

28 mm | f/4 | 1/5 Sek. | ISO 1250

◀ *Hier hellt der Blitz den Vordergrund im Modus M auf. Die lange Belichtungszeit und der erhöhte ISO-Wert erzeugen einen hellen Hintergrund und der niedrige Blendenwert fördert die dreidimensionale Wirkung des Bildes.*

Für einen angenehm hellen Bildhintergrund kann es zudem hilfreich sein, den ISO-Wert auf 800–3200 anzuheben. Mit der Zeitvorwahl (Tv) und der manuellen Belichtung (M) können Sie vergleichbare Effekte erzielen, wenn Sie die Belichtungszeit manuell auf einen Wert verlängern, bei dem der Hintergrund auch ohne Blitz schon hell genug abgebildet wird.

Mittel gegen rote Augenreflexionen

Der interne Blitz der EOS M5 ist dicht über dem Objektiv angeordnet. Daher strahlt er in einem flachen Winkel auf das Motiv, was in dunkler Umgebung und bei Abständen ab etwa drei Metern rote Augenreflexionen verursachen kann.

Mit der Funktion ***R.Aug. Ein/Aus*** können Sie diesem Phänomen aber Paroli bieten. Drücken Sie die Blitztaste des Einstellungs-Wahlrads dazu etwas länger oder navigieren Sie ins Aufnahmemenü 5 und aktivieren Sie besagte Funktion im Menü ***Blitzsteuerung***. Die Lampe der EOS M5

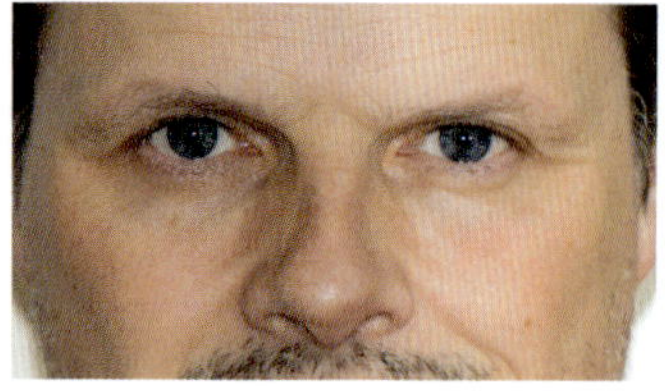

▲ *Rote Augen Lampe an.*

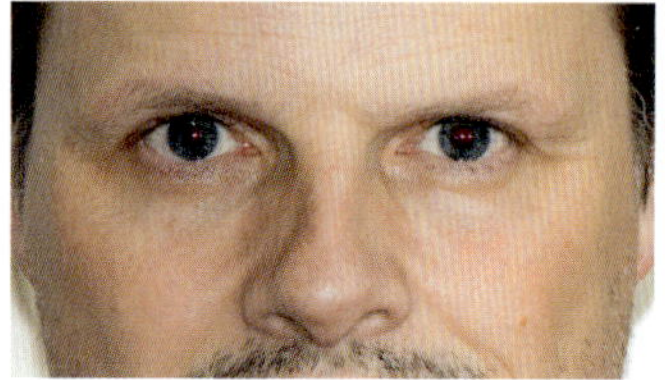

▲ *Rote Augen Lampe aus.*

sendet in dunkler Umgebung ein intensiv rotes Licht aus, sodass sich die Pupillen verengen, was die roten Reflexionen minimiert. Geben Sie Ihrem Model auf jeden Fall Bescheid, dass es gut ist, ein bis zwei Sekunden in das Licht zu schauen, und geben Sie solange die Lampe noch leuchtet ein Kommando, wenn Sie das Bild auslösen, damit die Augen im Foto auch offen sind. Mit der Funktion ***Rote-Augen-Korr.*** aus dem Wiedergabemenü 3 ▶ können rote Pupillenreflexionen auch nachträglich entfernt werden (siehe Seite 170).

Anpassen der Blitzhelligkeit

Sollte Ihnen das Blitzlicht einmal zu intensiv oder zu schwach erscheinen, so denken Sie in jedem Fall daran, dass auch der Blitz in seiner Intensität reguliert werden kann. Er sendet dann eine stärkere oder eine gedrosselte Lichtmenge ab. Dies ist beispielsweise sinnvoll, wenn Sie indirekt über die Decke blitzen oder das Blitzlicht durch einen Diffusor oder eine Softbox leiten. Durch den hohen Lichtverlust sind Pluskorrekturen vorteilhaft, damit der Blitz alles hergibt, was er zu leisten in der Lage ist.

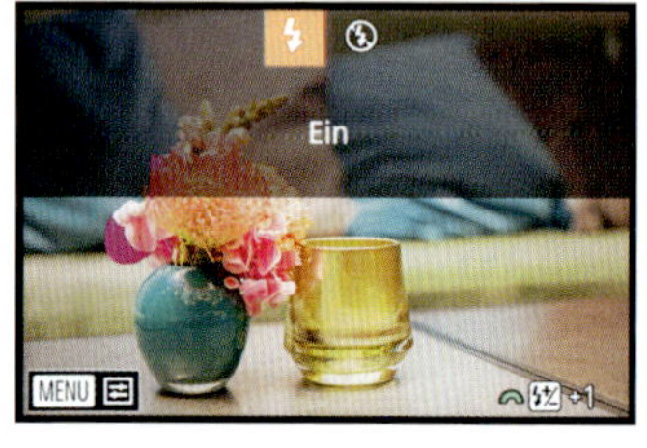

▲ *Blitzbelichtungskorrektur mit dem Wert +1.*

Die EOS M5 erlaubt ***Blitzbelichtungskorrekturen*** in den Modi P, Tv, Av, M, C1 und C2 von ±2 Stufen. Einstellen können Sie diese, indem Sie die Blitztaste des Einstellungs-Wahlrads drücken und anschließend am Hauptwahlrad drehen. Alternativ gibt es den Weg über das INFO.-Schnellmenü oder das Aufnahmemenü 5 / ***Blitzsteuerung***/***Einstellung int. Blitz*** oder ***Funktionseinst. ext. Blitz***.

70 mm | f/2,8 | 1/50 Sek. | ISO 400

▶ *Der nach oben gerichtete Blitzkopf blitzt über die Zimmerdecke, sodass das Blitzlicht weich gestreut aufhellt. Für eine ausreichende Lichtmenge war hier eine Blitzbelichtungskorrektur von +1 notwendig.*

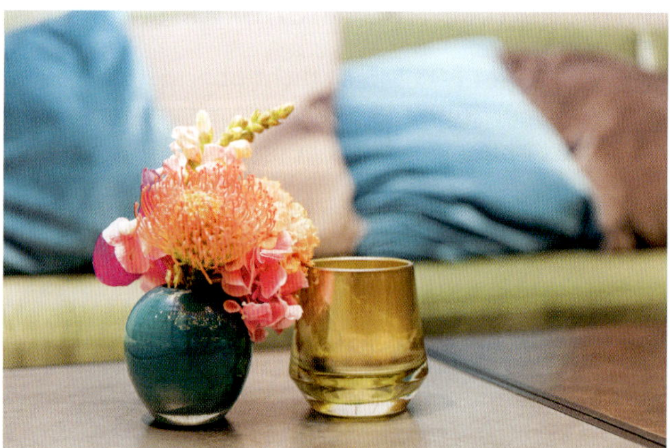

Blitzbelichtungs-Bracketing

Mit einem geeigneten Systemblitz, wie dem Speedlite 600EX-RT oder 600EX II-RT, können Sie automatisch Bilder mit drei unterschiedlichen Blitzintensitäten aufnehmen. Dazu stellen Sie im Aufnahmemenü 5 /***Blitzsteuerung***/***Funktionseinst. ext. Blitz*** den sogenannten ***FEB***-Wert ein (flash exposure bracketing = Blitzbelichtungsreihe). Lösen Sie anschließend drei Bilder aus.

Kreative Blitzaufnahmen bei Dunkelheit

Bewegungen lassen sich dank der sehr kurzen Leuchtdauer von Blitzlicht scharf einfrieren. Das können Sie sich für kreative Wischeffekte bei Party- oder Eventfotos zunutze machen. Wenn Sie beispielsweise in der Zeitvorwahl (Tv) oder der manuellen Belichtung (M) eine lange Belichtungszeit und einen hohen ISO-Wert einstellen und Menschen in Bewegung fotografieren, erhalten Sie eine Mischung aus vom Blitzlicht scharf abgebildeten Motivbereichen und unscharf verzogener Umgebung.

Bei solchen Bildideen ist immer ein wenig Ausprobieren gefragt und man kann nie ganz genau sagen, wie das Foto aussehen wird. Aber genau das macht es natürlich auch spannend.

78 mm | f/20 | 0,6 Sek. | ISO 400

▼ *Möglich ist auch, während der Belichtung am Entfernungsring des Objektivs zu drehen oder die EOS M5 mit dem Motiv mitzuziehen, um strahlen- oder streifenförmige Lichtspuren ins Bild zu bringen.*

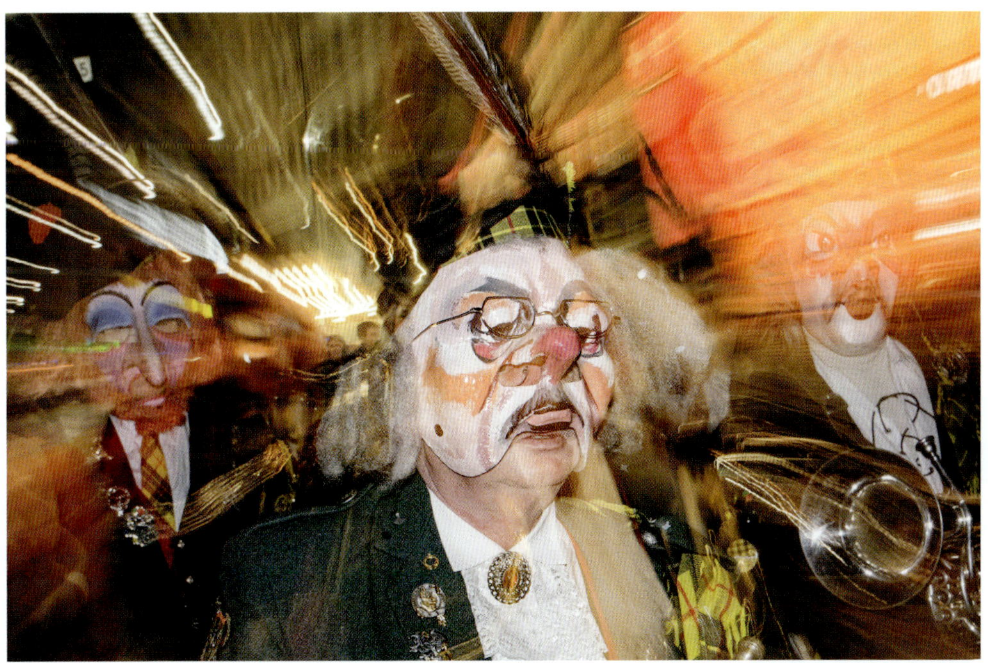

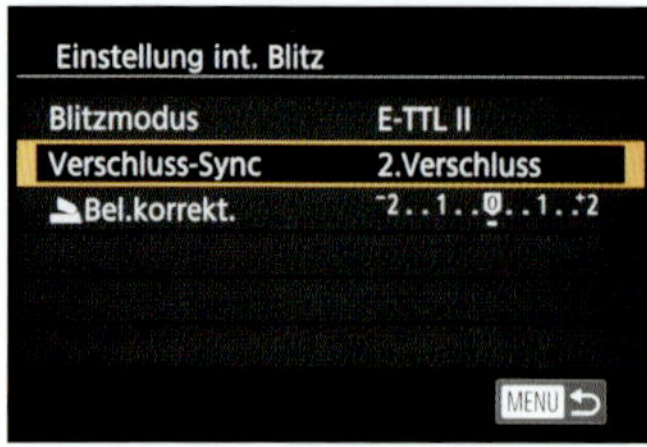

▲ *Synchronisierung des internen Blitzes auf den 2. Verschluss.*

Dabei können Sie auch einmal mit dem Zeitpunkt der Blitzzündung experimentieren. Lassen Sie den Blitz am Anfang der Belichtung zünden, so wie er es in der Standardeinstellung immer macht. Das nennt sich Blitzen auf den ***1. Verschluss***. Oder fügen Sie den Blitz erst am Ende der Belichtung hinzu. Dafür wählen Sie im Aufnahmemenü 5 📷/***Blitzsteuerung*** entweder im Bereich ***Einstellung int. Blitz*** oder ***Funktionseinst. ext. Blitz*** die Einstellung ***2. Verschluss***. Dank der E-TTL-Blitzsteuerung fügt sich das Blitzlicht auch in diesem Modus harmonisch ins Bild ein.

7.4 Strategien für das entfesselte Blitzen

Systemblitzgeräte können als individuell positionierbare, von der EOS M5 getrennte Blitzgeräte verwendet werden. Diese Blitzmethode wird auch entfesseltes Blitzen oder Blitzen im Remote- oder Slave-Betrieb bezeichnet, weil das Blitzgerät nicht mehr in direktem Kontakt mit der Kamera steht. Hierbei können Sie auf drei zuverlässig funktionierende Weisen vorgehen:

1. Ein Master-Blitzgerät (Speedlites 90EX, 430EX III-RT, 600EX-RT, 600EX II-RT) am Blitzschuh der EOS M5 löst ein Slave- bzw. Remote-Blitzgerät (Speedlites 270EX II, 320EX, 430EX II, 430EX III-RT, 600EX-RT, 600EX II-RT) entfesselt aus. Der Master kann hierbei selbst Blitzlicht zum Bild beisteuern (Speedlites 430EX III-RT, 600EX-RT, 600EX II-RT) oder auch nur die Remote-Geräte auslösen (90EX, 430EX III-RT, 600EX-RT, 600EX II-RT). Achten Sie darauf, dass beide Geräte entweder für die optische oder die funkgesteuerte Signalübertragung geeignet sind.
2. Der Canon Speedlite Transmitter ST-E3-RT (Funksystem) oder der Canon ST-E2 (Infrarotsystem), die beide selbst kein Blitzlicht aussenden, aktivieren kompatible Remote-Blitzgeräte (Speedlites 270EX II, 320EX, 430EX II, 430EX III-RT, 600EX-RT, 600EX II-RT).
3. Das Remote-Blitzgerät wird mit dem internen Blitz ausgelöst. Das funktioniert allerdings nur mit Geräten, die das Servo-Blitzen unterstützen, zum Beispiel Sigma EF-610 DG Super oder Metz mecablitz 52 AF-1 digital.

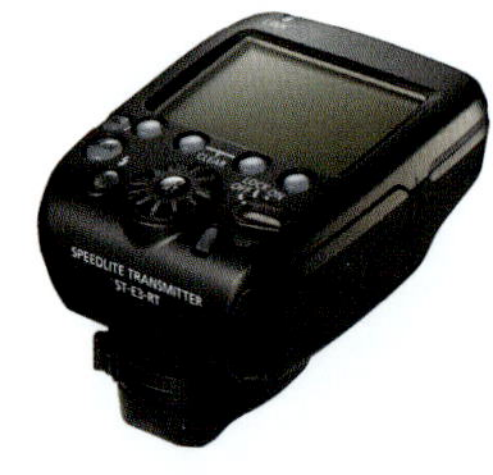

▲ *Speedlite Transmitter ST-E3-RT (Bild: Canon).*

Die Blitzleistung muss zudem manuell am Remote-Blitz einstellbar sein.

Hier haben wir ein Modellauto mit zwei entfesselten Servo-Blitzgeräten (Metz mecablitz 52 AF-1 digital, manuelle Leistung 1/4) ausgeleuchtet. Einer zielte durch eine 40 × 40 cm Softbox von vorne rechts oben auf das Auto und der andere strahlte durch eine 50 × 70 cm Softbox von hinten links oben auf die Szene. Das Zündungssignal stammte vom internen Blitz der EOS M5.

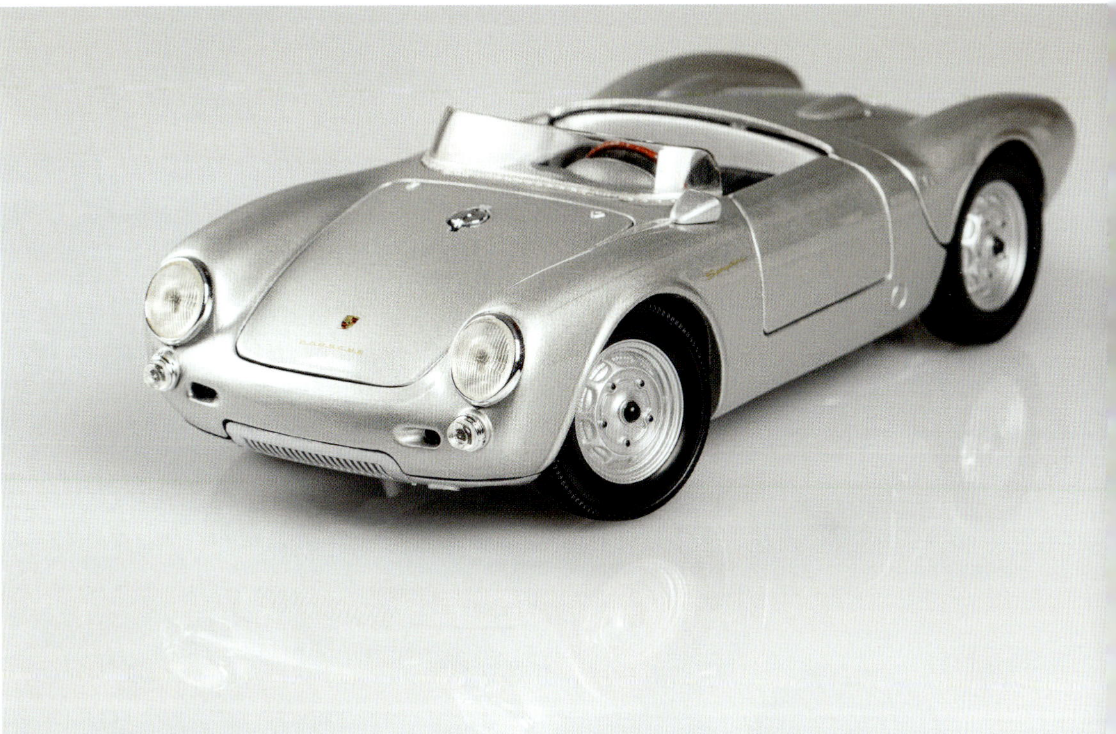

89 mm | f/11 | 1/100 Sek. | ISO 100

▲ *Modellauto Porsche 550 Spyder, ausgeleuchtet mit zwei entfesselten Servo-Blitzgeräten.*

Damit der Messblitz der ETTL-Steuerung die Servo-Auslösung nicht stören kann, stellen Sie den internen Blitz im Aufnahmemenü 5 bei ***Blitzsteuerung/Einstellung int. Blitz/Blitzmodus*** am besten auf ***Man. Blitz***. Wählen Sie bei ***Blitzleist.*** den Wert ***Gering***. Wichtig ist, dass die Servo-Sensoren Sichtkontakt zum Blitzlicht aus der Kamera haben und nicht weiter als etwa 5 m entfernt stehen.

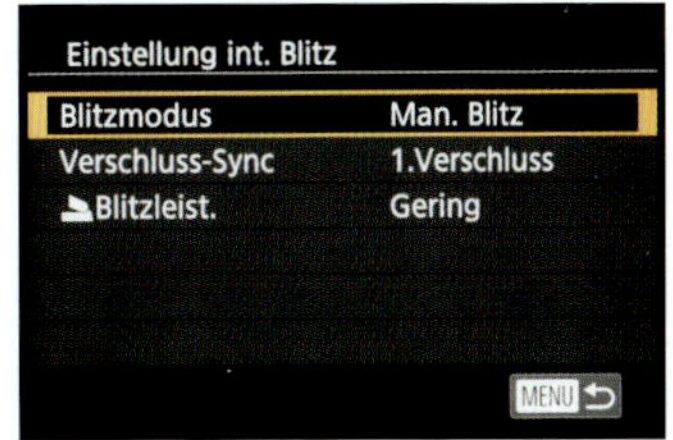

▲ *Manueller Blitzmodus mit geringer Leistung zum Auslösen entfesselter Servo-Blitzgeräte.*

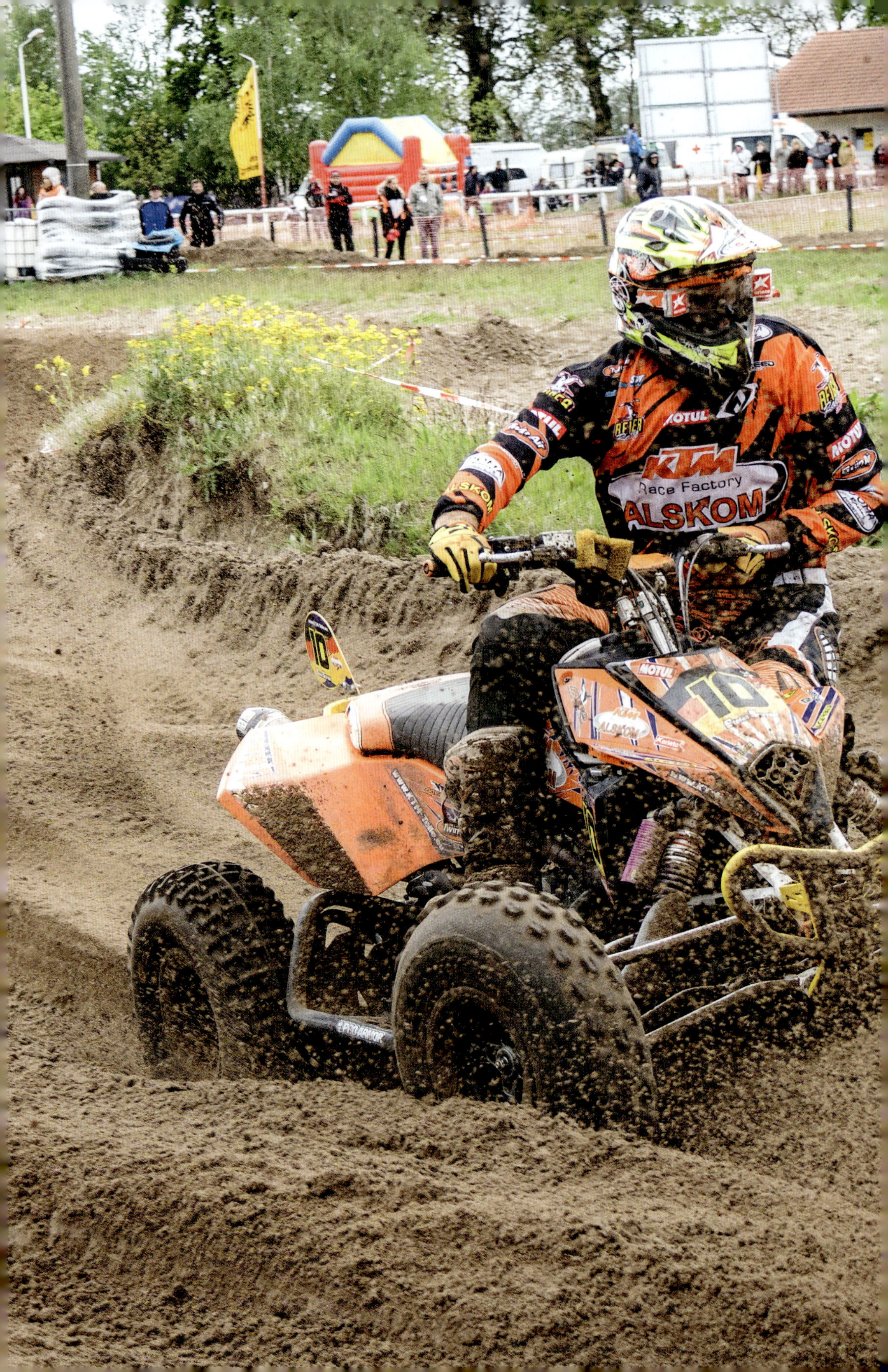
KTM
Race Factory
ALSKOM
MOTUL
10

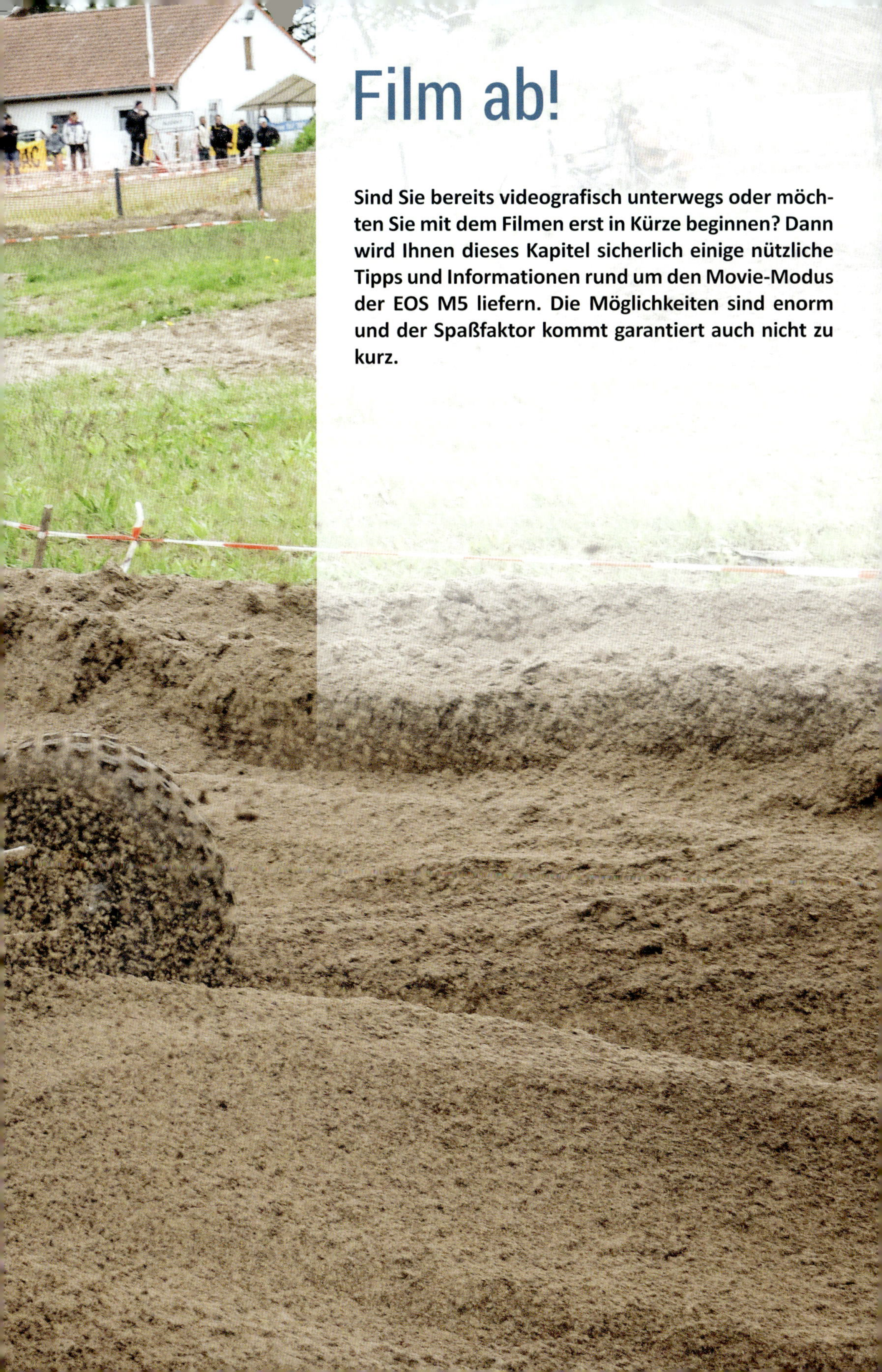

Film ab!

Sind Sie bereits videografisch unterwegs oder möchten Sie mit dem Filmen erst in Kürze beginnen? Dann wird Ihnen dieses Kapitel sicherlich einige nützliche Tipps und Informationen rund um den Movie-Modus der EOS M5 liefern. Die Möglichkeiten sind enorm und der Spaßfaktor kommt garantiert auch nicht zu kurz.

8.1 Automatische Filmaufnahmen

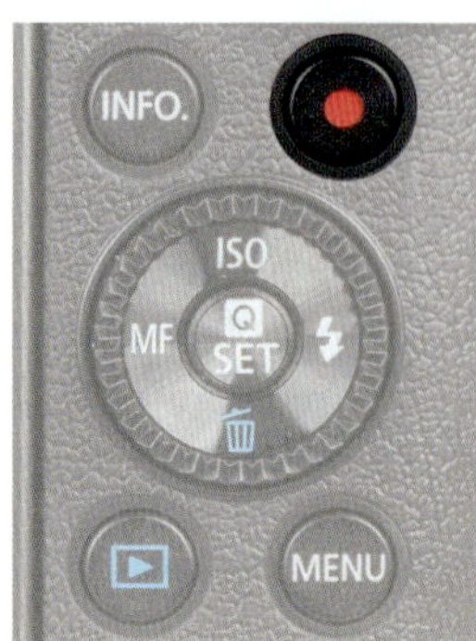

▲ *Filmaufnahme starten und stoppen mit der Movie-Taste.*

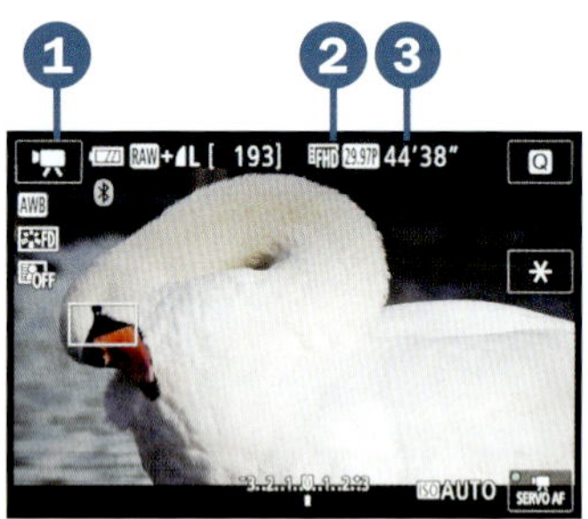

▲ *Movie-Modus vor Aufnahmestart mit eingeblendeten Informationen.*

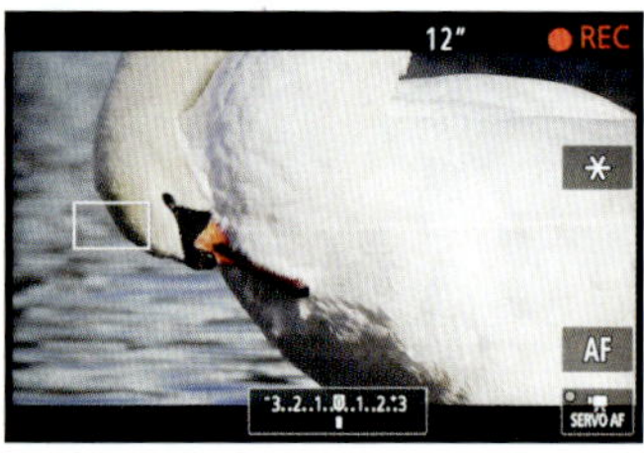

▲ *Laufende Movie-Aufnahme.*

Um spontan und unkompliziert gleich einmal ein Video aufzuzeichnen, stehen Ihnen prinzipiell zwei Wege offen: entweder Sie filmen direkt aus einem der Fotoprogramme heraus, oder Sie drehen das Modus-Wahlrad zuerst auf den Movie-Modus und filmen aus diesem Programm heraus. In beiden Fällen wird die Aufzeichnung mit der Movie-Taste gestartet. Der Vorteil des Movie-Modus liegt darin, dass sich das Livebild schon vor Filmbeginn auf das für Movies übliche Seitenverhältnis von 16:9 verschmälert und der Bildausschnitt dadurch einfacher zu gestalten ist. Außerdem bietet das Filmprogramm mehr Einstellungsmöglichkeiten, auf die wir im Laufe dieses Kapitels noch näher eingehen werden.

Beim Filmen aus den Fotoprogrammen heraus fällt dagegen die Zeit für den Dreh des Modus-Wahlrads auf weg, sodass spontaner gefilmt werden kann. Außerdem können Sie Movies mit den Effekten des Kreativassistenten oder Zeitraffervideos mit dem Kreativfilter Miniatureffekt aufnehmen.

Generell lässt sich mit der INFO.-Taste die Monitoranzeige so einstellen, dass entweder nur das Livebild zu sehen ist oder mehr Informationen eingeblendet werden, unter anderem der Movie-Modus (1), die Aufnahmequalität (2) und die mögliche Aufnahmezeit (3).

Stellen Sie nun mit halb gedrücktem Auslöser scharf, wobei Ihnen, über das Schnellmenü wählbar, die AF-Methoden Gesicht+Verfolg., Wei. Zon.-AF oder Einzelfeld AF zur Verfügung stehen.

Wenn alles passt, starten Sie die Movie-Aufnahme mit der Movie-Taste. Ein roter Punkt und die Aufnahmezeit im Display verdeutlichen die laufende Filmaufnahme. Standardmäßig wird die Belichtung vollautomatisch regelt.

Halten Sie die EOS M5 während der Aufnahme möglichst ruhig. Der Movie-Servo-AF führt die Schärfe im gewählten Fokusbereich kontinuierlich nach, daher können Sie sich, anstatt zu Zoomen, auch mitsamt der Kamera Ihrem Motiv nähern oder entfernen. Das wirkt meist besser als das abrupte Ändern der Brennweite durch Drehen am Zoomring des Objektivs. Möchten Sie temporär auf den manuellen Fokus umschalten, tippen Sie vorsichtig die Touchfläche *AF* an, sodass *MF* für den manuellen Fokus erscheint. Ein erneuter Fingertipp, und der Movie-Servo-AF nimmt seine Arbeit wieder auf.

Um Störgeräusche im Film zu vermeiden, betätigen Sie am besten keine Tasten und Räder. Beendet wird die Filmsequenz, indem Sie die Movie-Taste ● erneut drücken. Die Aufzeichnung wird dann sofort gestoppt.

Maximale Movie-Aufnahmedauer

Die EOS M5 kann maximal 29:59 Minuten am Stück filmen. Danach legt sie eine Pause ein und Sie müssen die Aufnahme neu starten. Diese Beschränkung hat mit dem EU-Einfuhrzoll zu tun. Hinzu kommt, dass die maximale Größe einer Videodatei 4 GB beträgt. Ist diese erreicht, filmt die EOS M5 zwar innerhalb des 30-Minuten-Fensters weiter, aber es wird automatisch eine neue Datei angelegt. Um die Movies später am Stück betrachten zu können, müssen Sie sie nacheinander aufrufen oder am Computer zu einer Filmdatei zusammenschneiden.

8.2 Welche Qualität für welchen Zweck?

Auch wenn die voreingestellte Movie-Aufnahmequalität FHD 25.00P für viele videografische Aktionen gut geeignet ist, kann es nicht schaden, auch die anderen Optionen einmal unter die Lupe zu nehmen. Die EOS M5 bietet dazu die in der Tabelle aufgeführten Möglichkeiten an. Grundlegend wird im Dateiformat *MP4* aufgezeichnet. Dieses Format kann aufgrund seiner hohen Kompatibilität direkt mit den unterschiedlichsten Abspielgeräten wiedergegeben werden und eignet sich zudem perfekt für die direkte Präsentation der Videos im Internet. Wenn Sie die EOS M5 mit einem HDMI-Kabel am Fernseher anschließen, ist das Abspielen der Videos ebenfalls problemlos möglich.

Dateiformat	Bildgröße (Pixel)	Vollbildrate (Bilder/Sek.)		Dateigröße	Seitenverhältnis
		PAL	NTSC		
MP4	FHD (1920 × 1080)	50p	59,94p	4,29 MB/Sek.	16 : 9
MP4	FHD (1920 × 1080)	25p	29,97p / 23,98p	2,95 MB/Sek.	16 : 9
MP4	HD (1280 × 720)	50p	59,94p	1,97 MB/Sek.	16 : 9
MP4	VGA (640 × 480)	25p	29,97p	0,38 MB/Sek.	4 : 3

▲ *Video-Aufnahmeformate der EOS M5.*

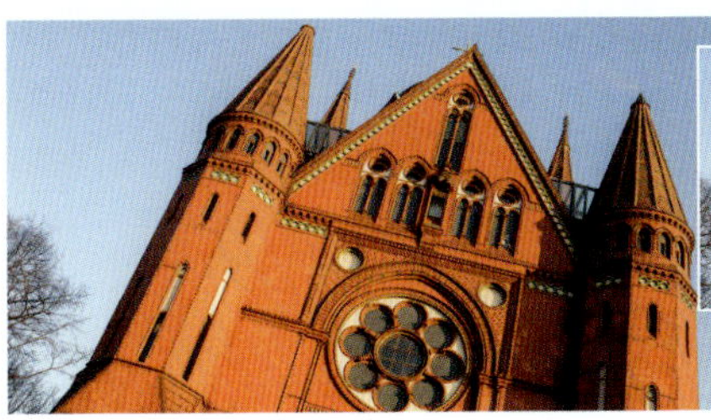

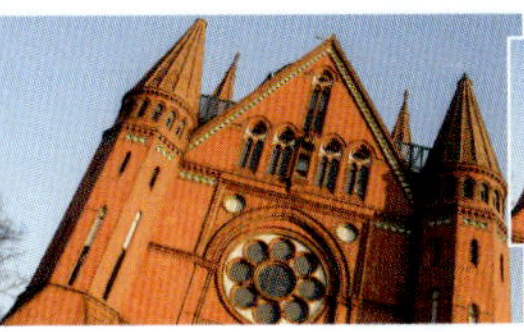

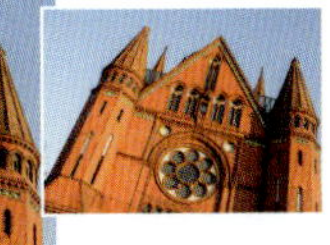

◀ *Filmbildgrößen FHD, HD und VGA.*

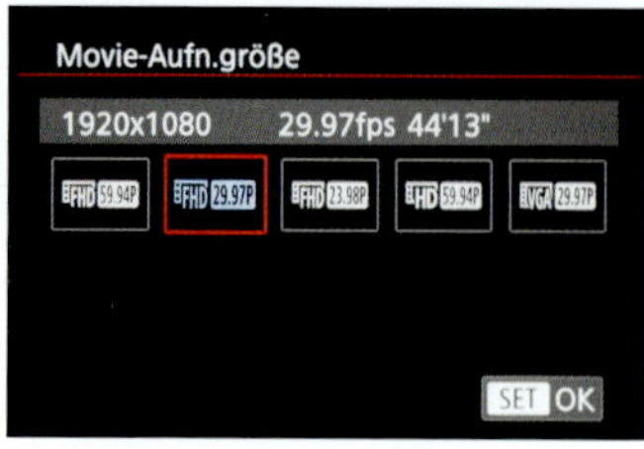

▲ *Auswahl der Movie-Aufnahmegröße.*

Neben dem Aufnahmeformat spielt die ***Movie-Aufn.größe*** (FHD, HD, VGA) eine wichtige Rolle, zu finden im Schnellmenü oder im Aufnahmemenü 8 (7 bei , , , SCN,). Die FHD-Formate mit 1920 × 1080 Pixeln Auflösung bieten sich natürlich für die Wiedergabe am Full HDTV-Gerät an. Sie bieten generell die höchste Bildqualität. Die HD-Größe eignet sich hingegen gut für das direkte Hochladen ins Internet, zum Beispiel bei YouTube oder Facebook. Bedenken Sie aber, dass sich die FHD-Filme mit gängiger Videoschnitt-Software problemlos von FHD in HD herunter skalieren lassen. Wenn Sie vor der Konvertierung nicht zurückschrecken, spricht eigentlich nur noch der etwas höhere Speicherplatzbedarf gegen die Verwendung der FHD-Aufnahmegröße.

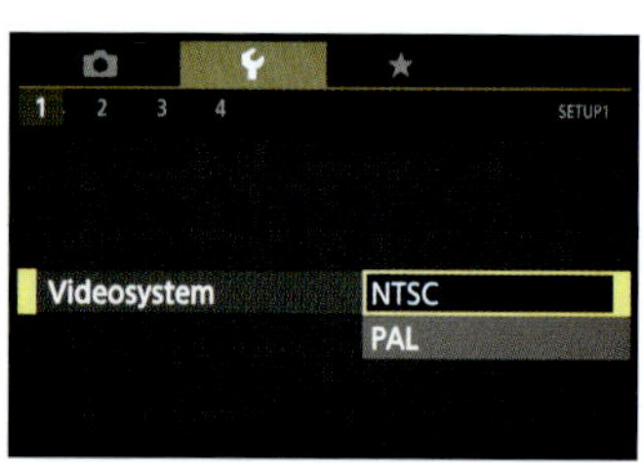

▲ *Das Videosystem wirkt sich auf die verfügbaren Bildraten aus. NTSC ermöglicht schnellere Bildraten, gut für actionreiche Bewegungen.*

Bildrate und Videosystem

Die Bildrate, auch als Framerate bezeichnet und mit ***p*** (progressiv) abgekürzt, bestimmt die Anzahl an Vollbildern, die pro Sekunde aufgenommen werden. Sie ist abhängig vom gewählten Videosystem. Im System PAL stehen Ihnen die Bildraten 25p und 50p zur Verfügung und im System NTSC die Bildraten 29,97p, 59,94p und 23,98p.

Die Videonormen PAL und NTSC stammen noch aus Analogzeiten, als die Fernsehbilder auf die unterschiedlichen Stromfrequenzen abgestimmt waren (PAL für 50 Hertz Wechselspannung in Europa). Im digitalen Zeitalter ist dies nicht mehr ausschlaggebend für eine funktionierende Filmwiedergabe. Daher können Sie das das ***Videosystem*** im Einstellungsmenü 1 problemlos von ***PAL*** auf ***NTSC*** umstellen.

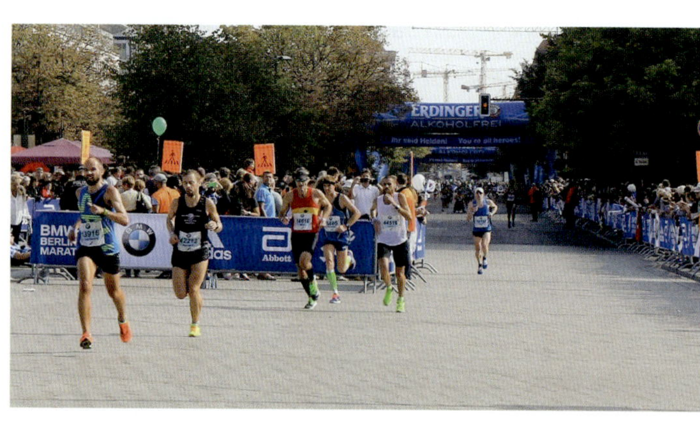

▶ *Die Movie-Aufnahmegrößen FHD oder HD kombiniert mit der Bildrate 59,94p sind für actionreichere Situationen empfehlenswert.*

Als flexibler und guter Standard empfehlen sich die Bildraten 25p oder 29,97p. Die höheren Bildraten von 50p oder 59,94p sind aber noch besser darin, actionreiche Bewegungen oder Kameraschwenks flüssiger wiederzugeben, benötigen jedoch mehr Speicherkapazität. Wenn Ihre Speicherkarte groß genug ist, spricht also nichts dagegen, die höhere Bildrate als Standard zu verwenden.

Wichtig zu wissen ist auch, dass sich Filmabschnitte mit verschiedenen Bildraten nicht problemlos zusammenschneiden lassen. Daher ist es sinnvoll, Bildraten zu verwenden, die sich um den Faktor zwei unterscheiden, also 25p und 50p oder 29,97p und 59,94p.

Spezialfall 23,98p

Mit der Bildrate 23,98p wird die Bildrate von Kinofilmen nachempfunden. Dieser historische Standard ist mit etwas Vorsicht zu genießen. Nicht jedes Abspielgerät kann diese Videosignale auslesen. Das kann dazu führen, dass die Bildgröße nicht richtig angezeigt wird, Tonabweichungen oder Ruckler auftauchen oder sich der Film gar nicht abspielen lässt.

8.3 Die Aufnahmebedingungen variieren

Bei Videoaufnahmen kommt der Belichtungszeit eine wichtige Rolle zu, denn es gilt, die Bewegungen der Motive flüssig und ohne Ruckler darzustellen. Am besten filmen Sie mit Werten zwischen 1/50 Sek. und 1/250 Sek.

Um dies zu bewerkstelligen, müssen Sie den Movie-Modus einschalten und dann über das Schnellmenü Q oder das Aufnahmemenü 1 /*Aufnahmemodus* in den manuellen Movie-Modus wechseln. Jetzt können Sie beispielsweise eine Belichtungszeit von 1/160 Sek., einen niedrigen Blendenwert für eine angenehm geringe Schärfentiefe und die ISO-Automatik auswählen, damit die Movie-Helligkeit weiterhin sich ändernden Verhältnissen angepasst werden kann.

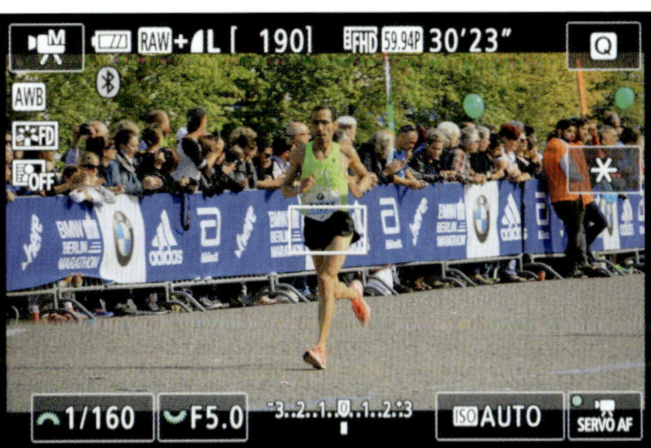

▲ *Manuelle Wahl der Movie-Belichtungswerte.*

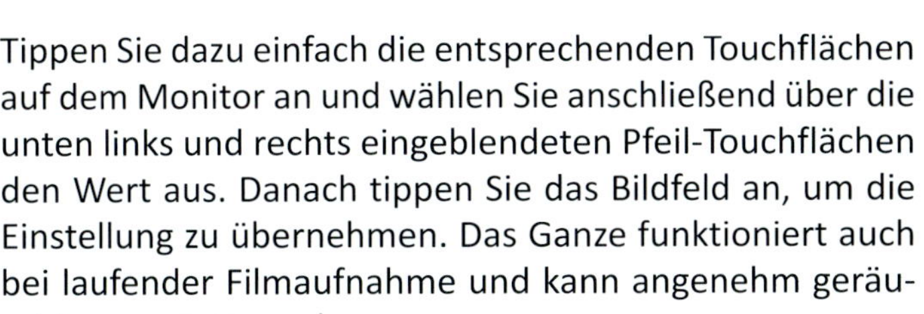

Tippen Sie dazu einfach die entsprechenden Touchflächen auf dem Monitor an und wählen Sie anschließend über die unten links und rechts eingeblendeten Pfeil-Touchflächen den Wert aus. Danach tippen Sie das Bildfeld an, um die Einstellung zu übernehmen. Das Ganze funktioniert auch bei laufender Filmaufnahme und kann angenehm geräuschlos vonstattengehen.

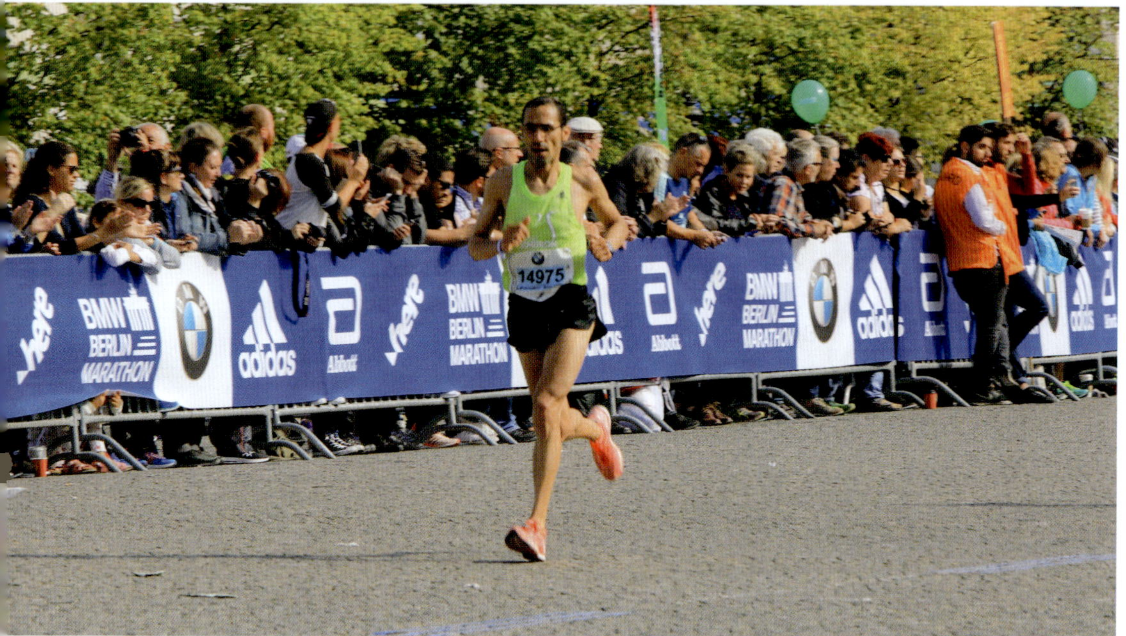

▲ *Bei 1/160 Sek. Belichtungszeit sind die Einzelbilder teilweise bewegungsunscharf, was im Film aber nicht zu sehen ist. Bewegungen und Kameraschwenks laufen aber flüssiger ab.*

Beim Filmen in heller Umgebung empfiehlt es sich, einen Neutraldichtefilter der Stärke ND4 oder ND8 am Objektiv anzubringen. Er reduziert die Lichtmenge und macht das Filmen mit geringer Schärfentiefe und einer langen Belichtungszeit möglich.

Wird unter Kunstlichtbeleuchtung gefilmt, ist es sinnvoll, die Belichtungszeit auf 1/100 Sek. oder länger einzustellen. Sonst kann die rhythmische Gasentladung bei Neonlampen zum sogenannten Banding- oder Flicker-Effekt führen und eine streifenförmige Belichtung der Filmaufnahme entstehen.

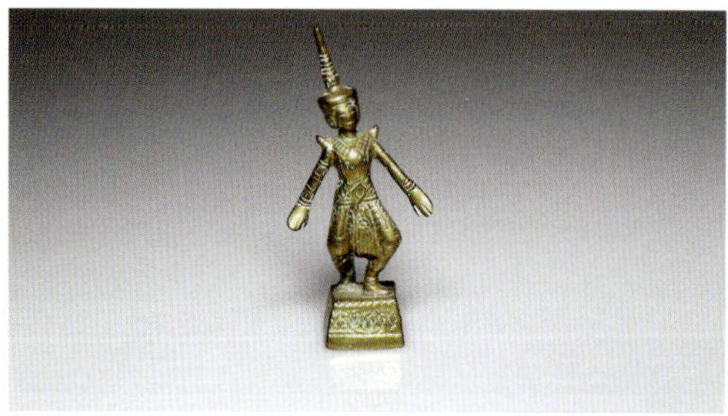

▲ *Banding verhindert mit 1/50 Sek.*

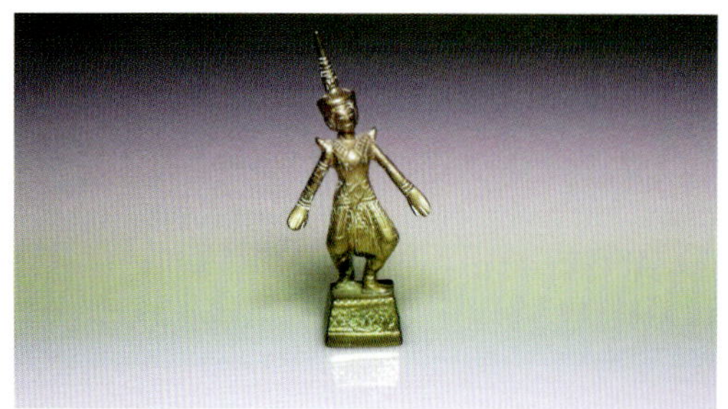

▲ *Banding-Effekt bei 1/250 Sek.*

ISO-Erweiterung

Bei manueller Filmbelichtung lässt sich der ISO-Wert bis auf ISO 12800 (H) erhöhen. Stellen Sie dazu im Individualmenü bei ***C.Fn. I: Belicht.*** die ***ISO-Erweiterung*** auf ***Aktiv.***.

Die Belichtung anpassen

Sollte die Videohelligkeit einmal nicht stimmen, gibt es die Möglichkeit einer Belichtungskorrektur um ±3 Stufen. Das gilt auch für die manuelle Movie-Belichtung, wenn die ISO-Automatik eingestellt ist. Drehen Sie dazu entweder vor dem Filmstart am Belichtungskorrekturrad, oder ändern Sie die Helligkeit während der Aufzeichnung durch Antippen der Belichtungsstufenanzeige am unteren Monitorrand. Mehr über Belichtungskorrekturen erfahren Sie ab Seite 91.

Wenn die automatische Anpassung der Bildhelligkeit beim Schwenk über eine kontrastreiche Szene oder bei Studioaufnahmen stört, tippen Sie einfach die Stern-Touchfläche ✱ an, um die Belichtung zu speichern (AE-Speicherung). Auch im manuellen Movie-Modus ist dies möglich, sofern die ISO-Automatik eingeschaltet ist. Möchten Sie die AE-Speicherung während der Filmaufnahme beenden, um wieder die automatische Helligkeitsanpassung zu nutzen, tippen Sie erneut auf die Stern-Touchfläche. Für Flexibilität ist also gesorgt.

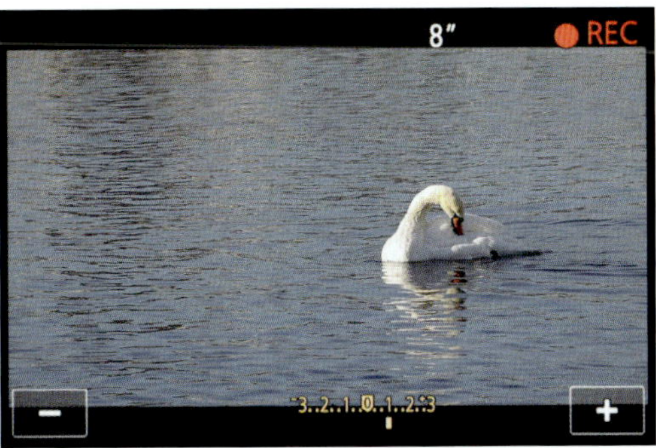

▲ *Belichtungskorrektur bei laufender Videoaufzeichnung über den Touchscreen-Monitor.*

Filmen bei wenig Licht

Wenn Sie mit der hohen Bildrate von 50p oder 59,94p filmen und im Aufnahmemenü 8 (7 bei , , , SCN,) die Option ***Langzeitautomatik*** eingeschaltet haben, werden die Movies minimal heller aufgezeichnet. Dies ist vor allem beim Filmen ruhiger Motive in dunkler Umgebung mit langsamen Kameraschwenks gut geeignet. Wenn sich Ihre Motive ruckartiger bewegen oder schnellere Kameraschwenks geplant sind, schalten Sie die Funktion hingegen besser aus. Es kann sonst leichter zu Rucklern im Film kommen. Wobei wir sagen können, dass uns die Unterschiede nicht als besonders stark aufgefallen sind. Wenn möglich, testen Sie beide Einstellungen vorher kurz an, und entscheiden Sie dann, welche Option in der jeweiligen Situation besser passt.

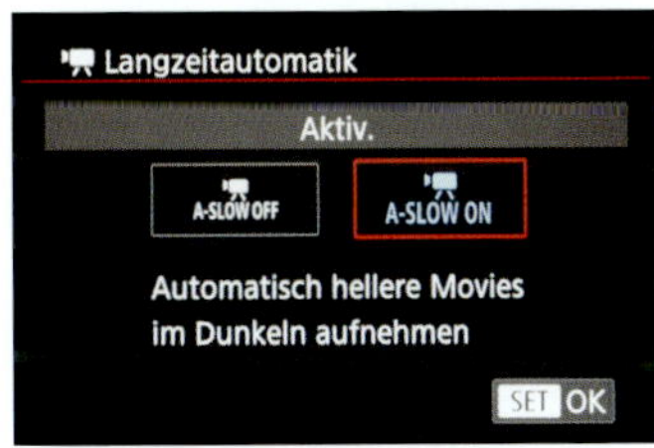

▲ *Bei uns ist die Langzeitautomatik standardmäßig aktiviert.*

Den Horizont gerade halten

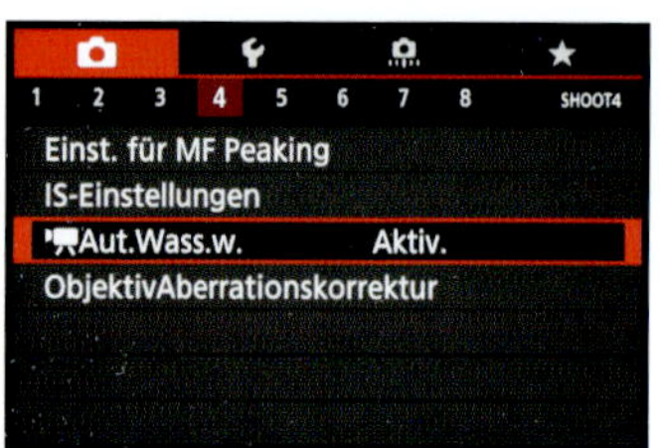

▲ *Die automatische Wasserwaage hilft, das Filmbild horizontal gerade auszurichten.*

Freunde des geraden Horizonts werden sich über die automatische Wasserwaage freuen, die bei Movie-Aufnahmen in gewissen Grenzen dafür sorgt, dass die Aufnahme gerade ausgerichtet bleibt, auch wenn die Kamera minimal schwankt.

Der Bildausschnitt wird dazu am Anfang der Aufnahme etwas verkleinert, weil die EOS M5 überzählige Ränder benötigt, um die Ausrichtung zu korrigieren. Das volle Weitwinkelformat steht Ihnen daher nicht zur Verfügung. Wenn Sie dies nicht möchten oder vom Stativ aus mit ausgerichteter Kamera filmen, der Horizont keine Rolle spielt oder es Sie stört, wenn das Verdrehen des Bildausschnitts verzögert abläuft, weil die Wasserwaage die Drehung bremst, schalten Sie die Funktion aus. Sie ist im Aufnahmemenü 4 bei ***Aut.Wass.w.*** zu finden. Sie steht auch nur zur Verfügung, wenn der Digital-IS im gleichen Menü bei IS-Einstellungen deaktiviert ist (siehe Seite 69). Es geht also nicht beides, eine starke Bildstabilisierung fürs Filmen aus dem Gehen heraus und die Horizonthilfe. Entscheiden Sie sich daher, was in Ihrer Situation wichtiger ist.

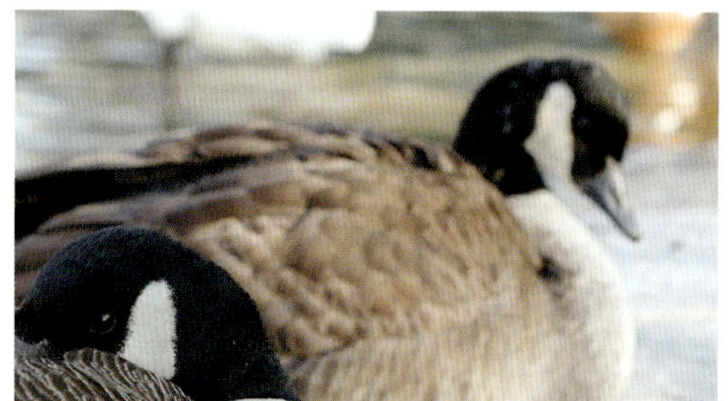

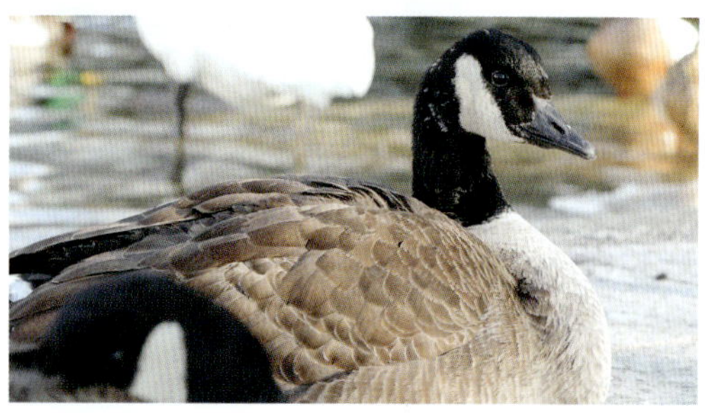

▲ *Mit dem Einzelfeld AF wurde bei laufender Aufnahme von der vorderen auf die hintere Gans fokussiert. Der Movie-Servo-AF stellte die Schärfe in angenehmer Geschwindigkeit um.*

Bewegte Motive im Fokus halten

Die Aufnahme bewegter Bilder erfordert einen Autofokus, der das anvisierte Motiv genau und zuverlässig scharf stellt. Wenn das Motiv gut strukturiert und hell ist, empfiehlt sich die AF-Methode Einzelfeld AF **AF□**. Bei schwächer strukturierten, dunkleren Motiven nehmen Sie besser den Wei. Zon.-AF. **AF[ ]**. In beiden Fällen können Sie per Fingertipp auch während der Aufnahme völlig frei und geräuschlos das Motivdetail auswählen, dass in den Fokus genommen werden soll.

Mit der AF-Methode Gesicht+Verfolg. **AF** können einerseits Gesichter verfolgt werden, andererseits lassen sich durch Antippen auch andere Motivbereiche im Fokus halten. Wobei es hierbei schneller passiert, dass sich der Fokusrahmen von der bevorzugten

Motivstelle wegbewegt und andere Details scharf stellt. Für Objekte, die während der Aufnahme an unveränderter Position im Bildausschnitt verfolgt werden sollen, eignen sich die erstgenannten AF-Methoden besser.

Der eigentliche Scharfstellvorgang wird durch den Movie-Servo-AF gesteuert, mit dem die EOS M5 auf sich ändernde Motivabstände in der Regel mit einer angenehmen Geschwindigkeit fokussiert.

Sollte Ihnen das verwendete Objektiv beim Fokussieren zu laute Geräusche erzeugen, was insbesondere bei Modellen passieren kann, die vor 2009 auf den Markt kamen, oder wenn Sie in Ihrem Film eine individuellere Schärfeanpassung anstreben, schalten Sie den Movie-Servo-AF aus. Dazu tippen Sie einfach die Touchfläche an, oder deaktivieren ihn im Aufnahmemenü 8 (7 bei , , , SCN,) dauerhaft.

▲ *Videoneiger MVH500AH für weiche Schwenkbewegungen (Bild: Manfrotto).*

Stellen Sie dann am besten auch auf den manuellen Fokus um, um die Schärfe im Verlauf der Aufnahme mit dem Entfernungsring des Objektivs individuell zu regulieren. Das kann ganz sachte erfolgen, erfordert aber auch ein wenig Übung. Am besten funktioniert das manuelle Scharfstellen, wenn die EOS M5 auf dem Stativ steht. Mit einem Videoneiger kann sie dann sehr ruhig geschwenkt werden (z. B. Manfrotto MVH500AH Kompakt Fluid Videoneiger oder der Benro S4).

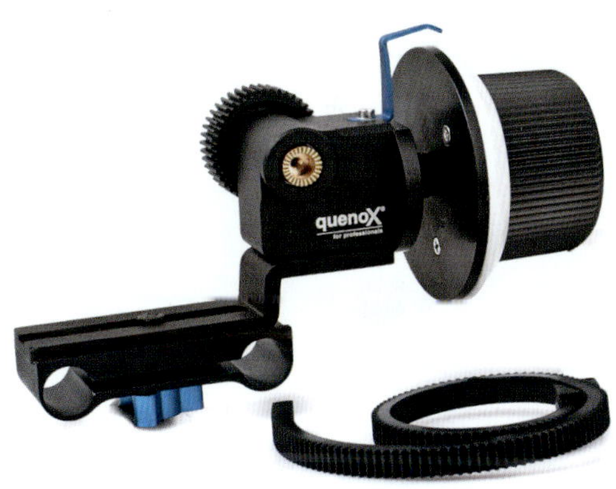

▲ *Follow-Focus-Einheit FF2 (Bild: Quenox).*

Für das manuelle Scharfstellen beim Filmen gibt es auch ganz praktische Schärfezieheinrichtungen (zum Beispiel Quenox FF1, Edelkrone FocusONE, Lanparte Follow Focus). Der Fokussierring des Objektivs wird dabei über eine Art Zahnradkombination mit einem Hebel verbunden, über den die Scharfstellung sehr fein reguliert werden kann.

8.4 Zeitraffer-Movies drehen

Langsame Prozesse in Zeitraffer-Videos festzuhalten ist en vogue. Da tanzen die Kräne einer Baustelle wie wild umher, Menschen wuseln durch die Einkaufspassage und Autos zuckeln im Stakkato über Straßen und Autobahnen. Mit dem Zeitraffer-Movie-Modus der EOS M5 lassen sich solche Timelapse-Videos leicht in die Tat umzusetzen. Wählen Sie dazu im Movie-Modus via Schnellmenü Q oder Aufnahmemenü 1 /***Aufnahmemodus*** die Vorgabe ***Zeitraffer-Movie*** aus. Navigieren Sie anschließend mit der ISO-Taste/-Touchfläche oder über das Aufnahmemenü 6 zu den ***Zeitraffer-Movie-Einstellungen***.

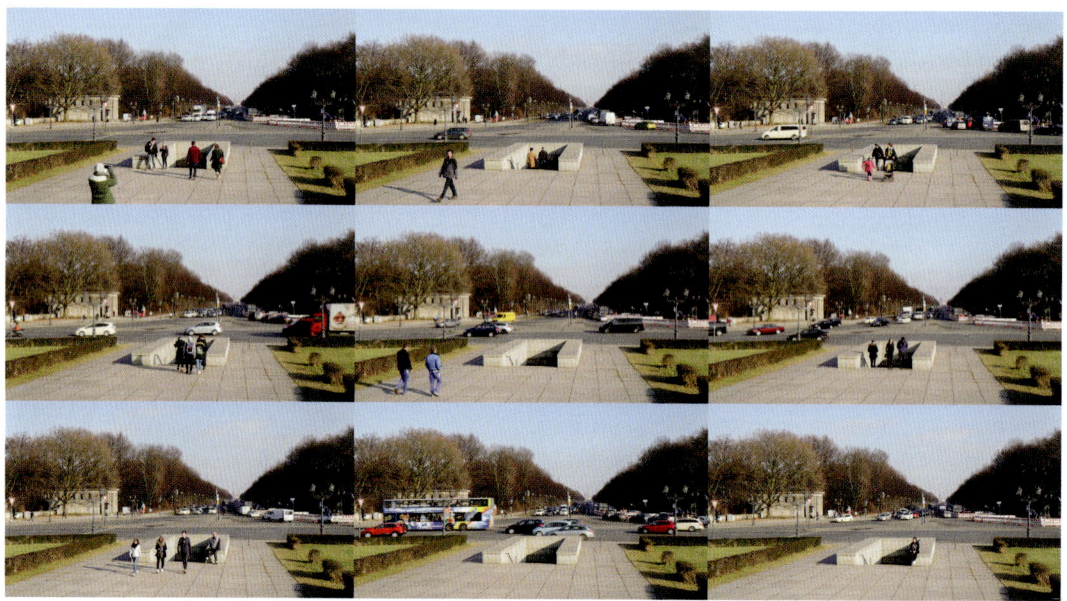

▲ *Neun Einzelbilder aus einem 10 Sek. langen Zeitraffer-Movie, aufgenommen mit 300 Aufnahmen und 3 Sek. Intervall bei fixierter Belichtung vom Stativ aus.*

Darin finden Sie bei ***Aufnahmeszene*** drei Vorgaben: ***Szene 1*** eignet sich für schnell bewegte Motive wie laufende Menschen oder Tiere. Hier werden die Aufnahmen in kurzen Intervallen aufgezeichnet, sodass die Personen an verschiedenen Stellen mehrfach im Motivausschnitt zu sehen sind und sich im Film dann stakkatoartig durchs Bild bewegen. Filmen Sie dazu am besten im Weitwinkel, um viel Bewegung in den Bildausschnitt zu bekommen.

Für langsamere Prozesse wie ziehende Wolken oder Sonnenuntergänge ist die *Szene 2* gedacht. Mit der *Szene 3* kann beispielsweise die noch langsamere Bewegung von Sternen über den Nachthimmel im Zeitraffer aufgenommen werden. Wenn Sie die Vorgabe *Custom* wählen, können Sie die Aufnahmebedingungen völlig frei wählen.

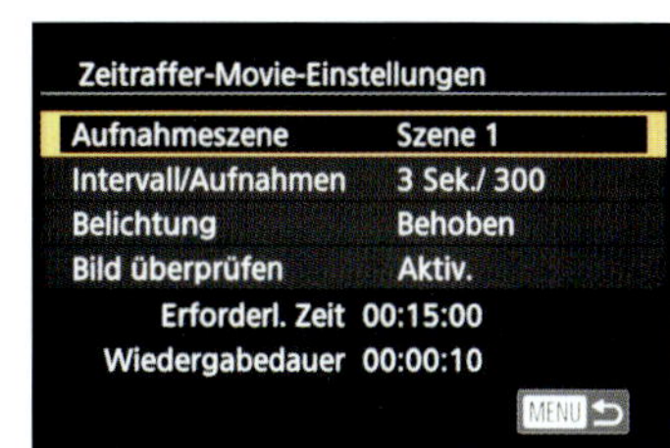

▲ *Anpassen der Einstellungen für Zeitraffer-Movies.*

Bei *Intervall/Aufnahmen* lassen sich die Pausen zwischen den Bildern und die Anzahl der Aufnahmen aber auch selbst bestimmen, wobei je nach Szene folgende Kombinationen möglich sind: 1–4 Sek. Pause und 30–900 Aufnahmen bei Szene 1, 5–10 Sek. Pause und 30–720 Aufnahmen bei Szene 2, 11–30 Sek. Pause und 30–240 Aufnahmen bei Szene 3 und 2–30 Sek. Pause und 30–900 Aufnahmen bei Custom.

Praktischer Weise werden die *Erforderl. Zeit* und die spätere *Wiedergabedauer* des Zeitrafferfilms stets angegeben. Damit die Filme nicht zu kurz werden, peilen Sie am besten ein Minimum von 4 Sek. oder besser noch etwas länger an.

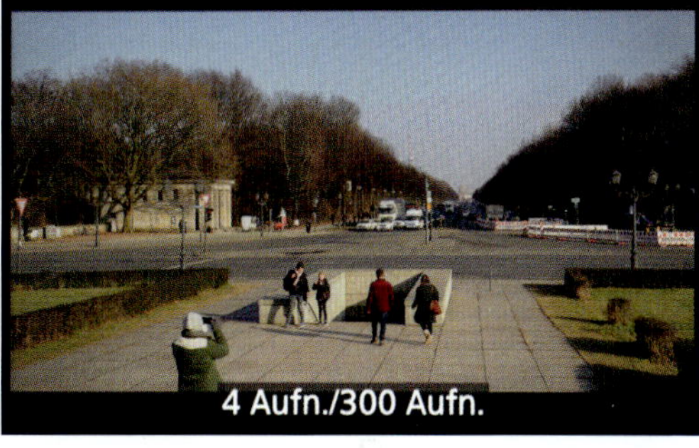

▲ *Starten der Zeitraffer-Movie-Aufnahme mit der Movie-Taste.*

Bei *Belichtung* lässt sich wählen, ob die Belichtung der Zeitrafferszene mit dem ersten Bild für alle Folgebilder festgelegt wird (*Behoben*) oder sich von Bild zu Bild anpassen darf (*Für jede Aufn.*). In unserem Beispiel haben wir die erste Variante gewählt, damit sich von Bild zu Bild an der Helligkeit nichts ändert. Die fixierte Belichtung ist auch dann sinnvoll, wenn Sie Änderungen der vorhandenen Lichtintensität auch in den Bildern darstellen möchten, um beispielsweise einen Sonnenaufgang im Lauf der Aufnahmezeit immer heller abzubilden.

Um das Motiv während der Zeitrafferaufnahme am Monitor kontrollieren zu können, wählen Sie bei *Bild überprüfen* die Vorgabe *Aktiv*. Die EOS M5 verbraucht dann allerdings mehr Strom. Schließen Sie die Einstellungsprozedur mit der MENU-Taste/-Touchfläche ab.

Anschließend ist es sinnvoll, die EOS M5 auf einem Stativ zu befestigen, damit ein unkontrolliertes Verschieben der Kameraposition zwischen den Intervallen nicht zu viel Unruhe in die Videos bringt. Starten Sie die Zeitraffer-Movie-Aufnahme dann mit der Movie-Taste ●. Nach der Aufnahme lässt sich der Zeitrafferfilm in der Wiedergabe gleich prüfen. Wenn Sie möchten, können Sie sich den von uns gedrehten Zeitraffer im Internet unter *http://www.saenger-photography.com/canon-eos-m5* anschauen.

8.5 Tipps für bessere Tonaufnahmen

Zu den bewegten Bildern gehört natürlich auch eine Tonaufnahme. Daher ist auf der Vorderseite der EOS M5 ein Stereo-Mikrofon ❶ eingebaut und neben dem Belichtungskorrekturrad unten links ein Lautsprecher ❷. Im automatischen Tonaufnahmemodus reguliert die EOS M5 die Tonaufzeichnung entsprechend der vorhandenen Lautstärke.

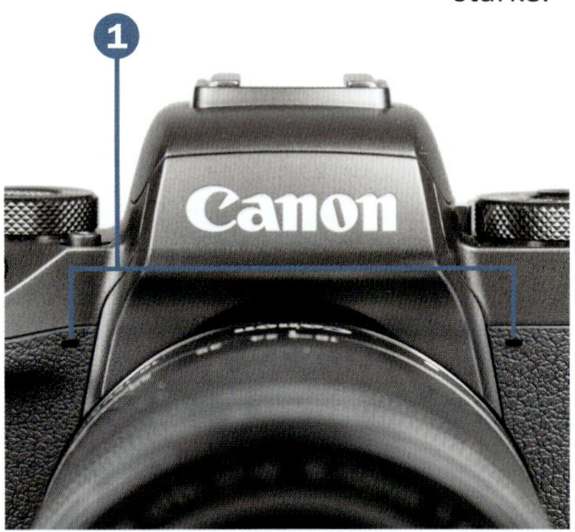

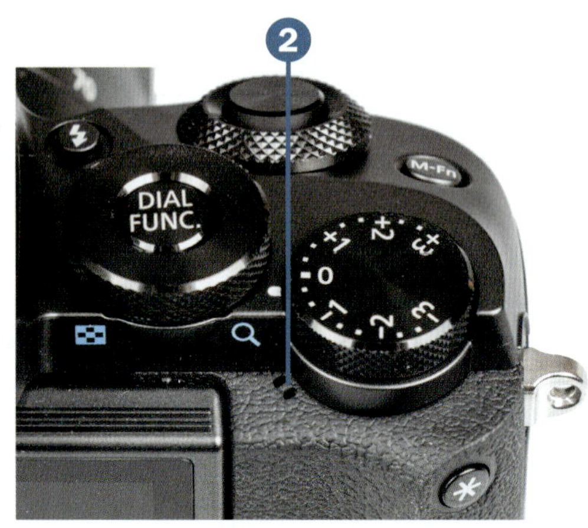

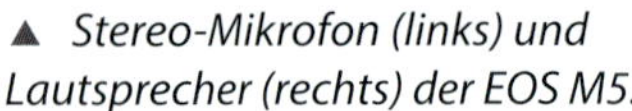
▲ *Stereo-Mikrofon (links) und Lautsprecher (rechts) der EOS M5.*

In vielen Fällen funktioniert das gut, aber es kann auch zu Tonschwankungen kommen bzw. einem erhöhten Rauschen, wenn die Redner bei einem Vortrag beispielsweise eine Pause einlegen und die Automatik denkt, sie müsse die Sensitivität der Tonaufnahme anheben.

Wenn Sie die Tonsituation gut einschätzen können, empfiehlt es sich, den Tonpegel manuell zu regeln, was in den Modi P, Tv, Av, M, C1, C2, und möglich ist. Stellen Sie dazu im Aufnahmemenü 8 die ***Tonaufnahme*** auf ***Manuell***.

Anschließend lässt sich der ***Aufnahmepegel*** auswählen und manuell anpassen. Beobachten Sie hierbei die Skala des Lautstärkemessers ein paar Sekunden und stellen Sie den Aufnahmepegel so ein, dass das Maximum bei dem Wert 12 nur selten erreicht wird. Die Lautstärke sollte nicht ganz rechts anschlagen, da der Ton sonst verzerrt wird. Wer gar keinen Sound aufnehmen möchte, kann die Tonaufnahme mit dem Eintrag ***Deaktivieren*** auch komplett untersagen.

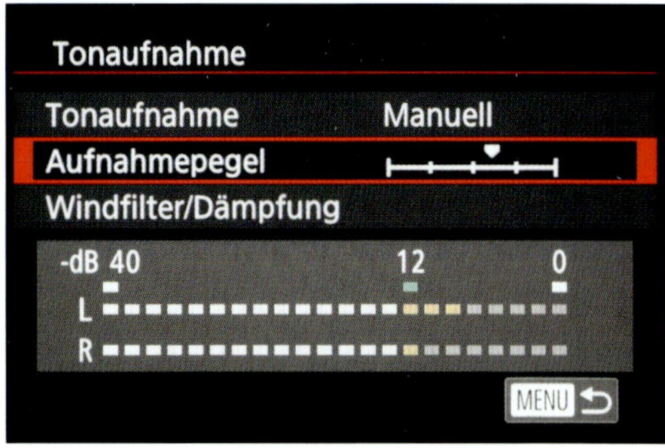

▲ *Manuelle Einstellung des Aufnahmepegels.*

Störgeräusche mindern

Mit dem ***Windfilter*** sollen Störgeräusche, wie sie von leichten Windböen ausgelöst werden, unterdrückt werden. Da dies nur in Maßen gelingt, ist es besser, die Tonaufnahme bei starkem Wind auszuschalten oder ein externes Mikrofon mit Windschutz (Deadcat) zu verwenden. Als Standardeinstellung sollte der Windfilter ausgeschaltet bleiben, damit die normale Tonaufzeichnung nicht verzerrt wird. Mit der ***Dämpfung*** soll verhindert werden, dass kurzzeitige lautere Geräusche zu Tonverzerrungen führen. Dazu wird die Empfindlichkeit des Mikrofons etwas herunter geregelt. Dies unterdrückt zwar auch das allgemeine Rauschen stärker, aber der Ton wirkt insgesamt dumpfer. Daher ist die Dämpfungsfunktion nur bei lauten Geräuschen oder Musikaufnahmen zu empfehlen.

Externe Mikrofone anschließen

Die Qualität der kamerainternen Tonaufzeichnung ist zwar recht ordentlich, die Position im Gehäuse dicht neben dem Objektiv bringt es jedoch mit sich, dass das Hantieren am Objektiv oder das Betätigen von Tasten die Tonqualität extrem stören können.

Für alle, die viel filmen, ist daher die Anschaffung eines externen Mikrofons zu empfehlen, das auf dem Zubehörschuh der EOS M5 befestigt werden kann. Für Sprachaufnahmen eignen sich Richtmikrofone sehr gut (zum Beispiel Røde Videomic/Videomic Pro, Beyerdynamic MC 86 S II, Sennheiser MKE 400, Shure VP83 Lenshopper), weil sie darauf ausgelegt sind, frontal eintreffende Schallwellen stärker aufzufangen und seitliche zu dämpfen. Wer den Sound bei Naturaufnahmen dagegen aus allen Richtungen einfangen möchte, ist mit einem Stereomikrofon gut beraten (zum Beispiel Røde Stereo VideoMic Pro, Tascam TM-2X, Beyerdynamic MCE 72 CAM).

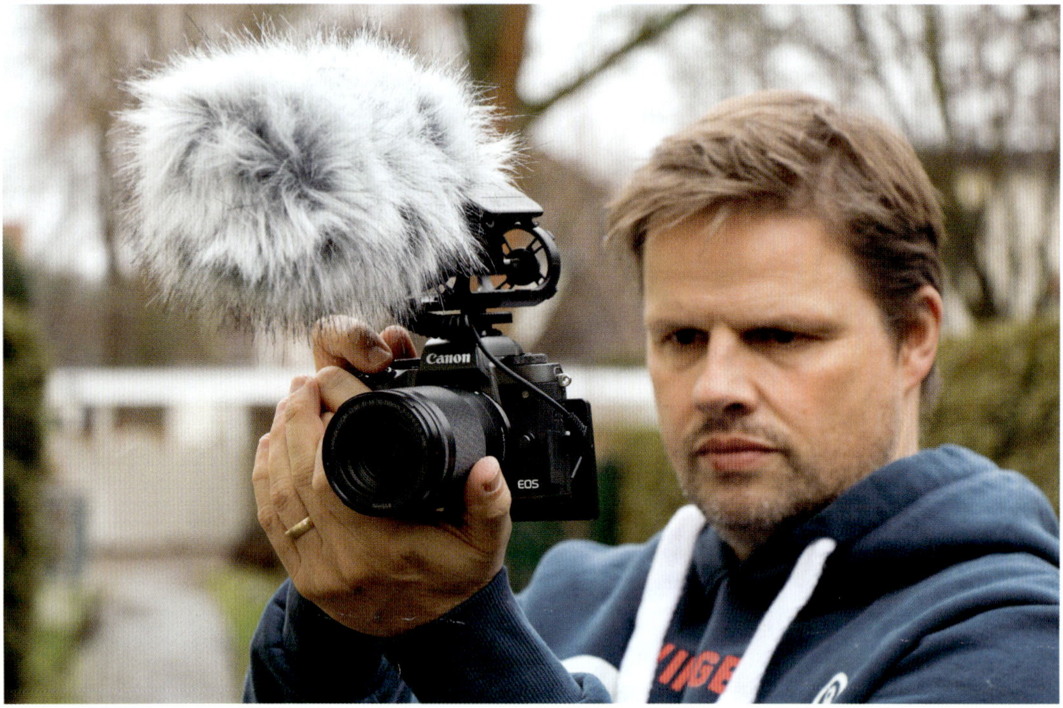

▲ *Das Richtmikrofon Røde Videomic mit Windschutz (Deadcat) auf der EOS M5.*

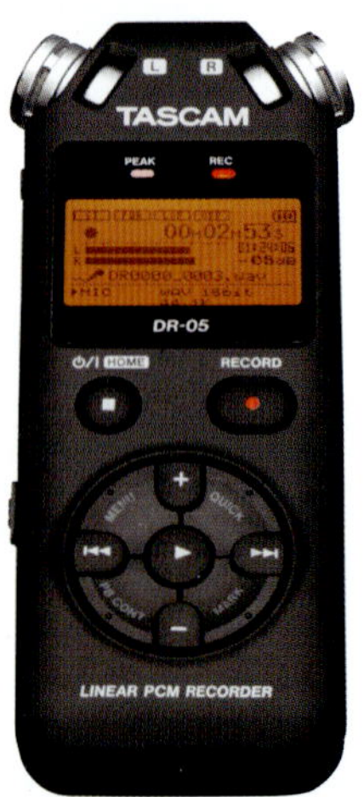

▲ *Tascam DR-05 V2, vielseitiger mobiler Digitalrecorder mit sehr guter Tonqualität zum günstigen Preis (Bild: Tascam).*

Allerdings bleiben Sie bei einem direkt mit der Kamera verbundenen Mikrofon auf die Tonaufnahmeeinstellungen der EOS M5 beschränkt. Kameraunabhängige externe Mikrofone bieten hier noch professionellere Möglichkeiten. So könnten Sie beispielsweise mobile Digitalrecorder, wie den Zoom H1 V2 oder H2N oder den Tascam DR-05 V2, vor ein Rednerpult stellen und den Ton ganz unabhängig von der Filmaufnahme festhalten.

Die Tonspur muss jedoch mit der Filmspur im Schneideprogramm zusammengeführt werden. Nehmen Sie trotz unabhängiger Tonaufnahme den Ton am besten auch mit der EOS M5 auf. Es gibt spezielle Software, die den Ton aus der Kamera verwenden kann, um den externen Ton damit perfekt zu synchronisieren (z. B. PluralEyes von Red Giant).

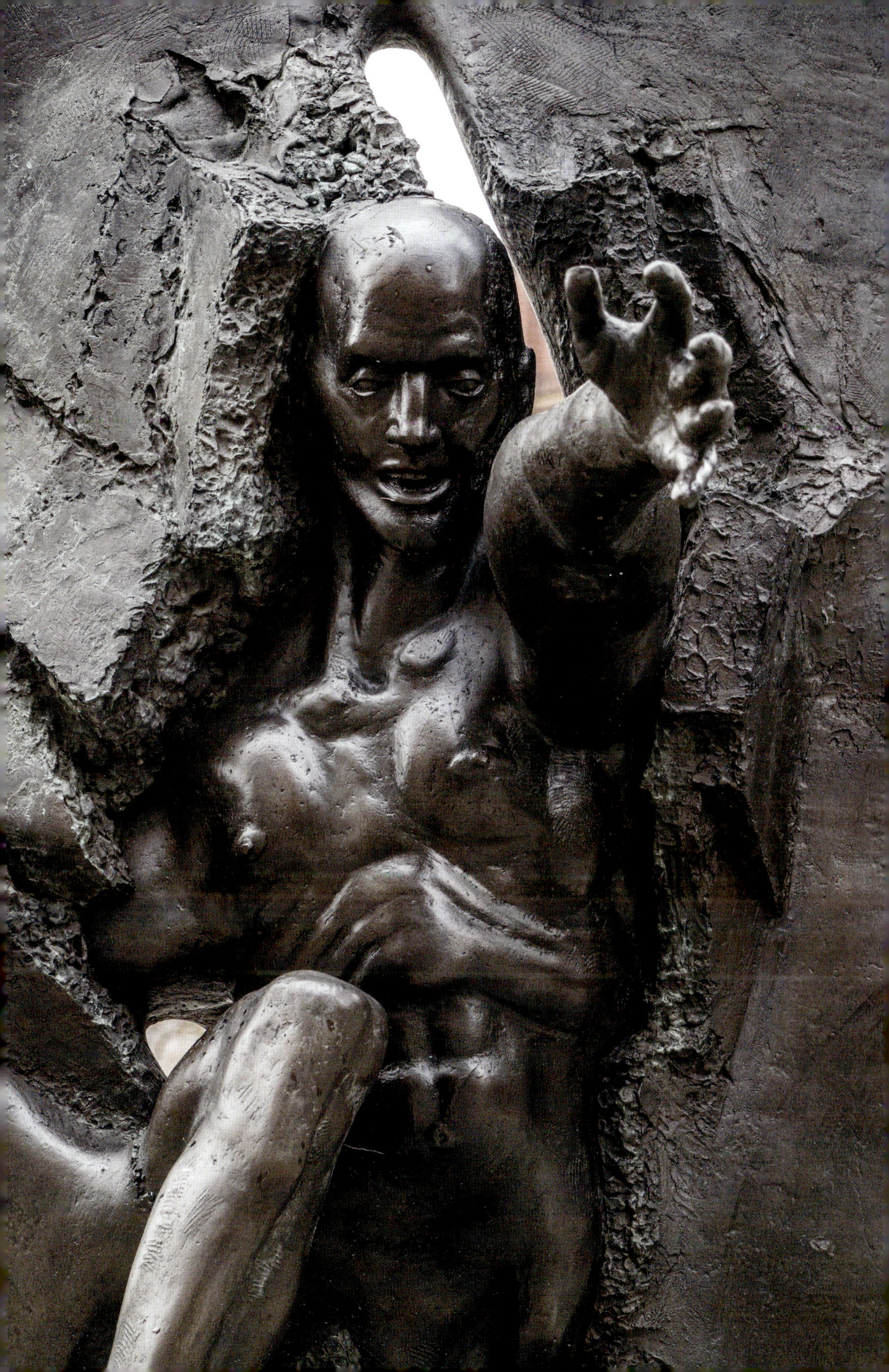

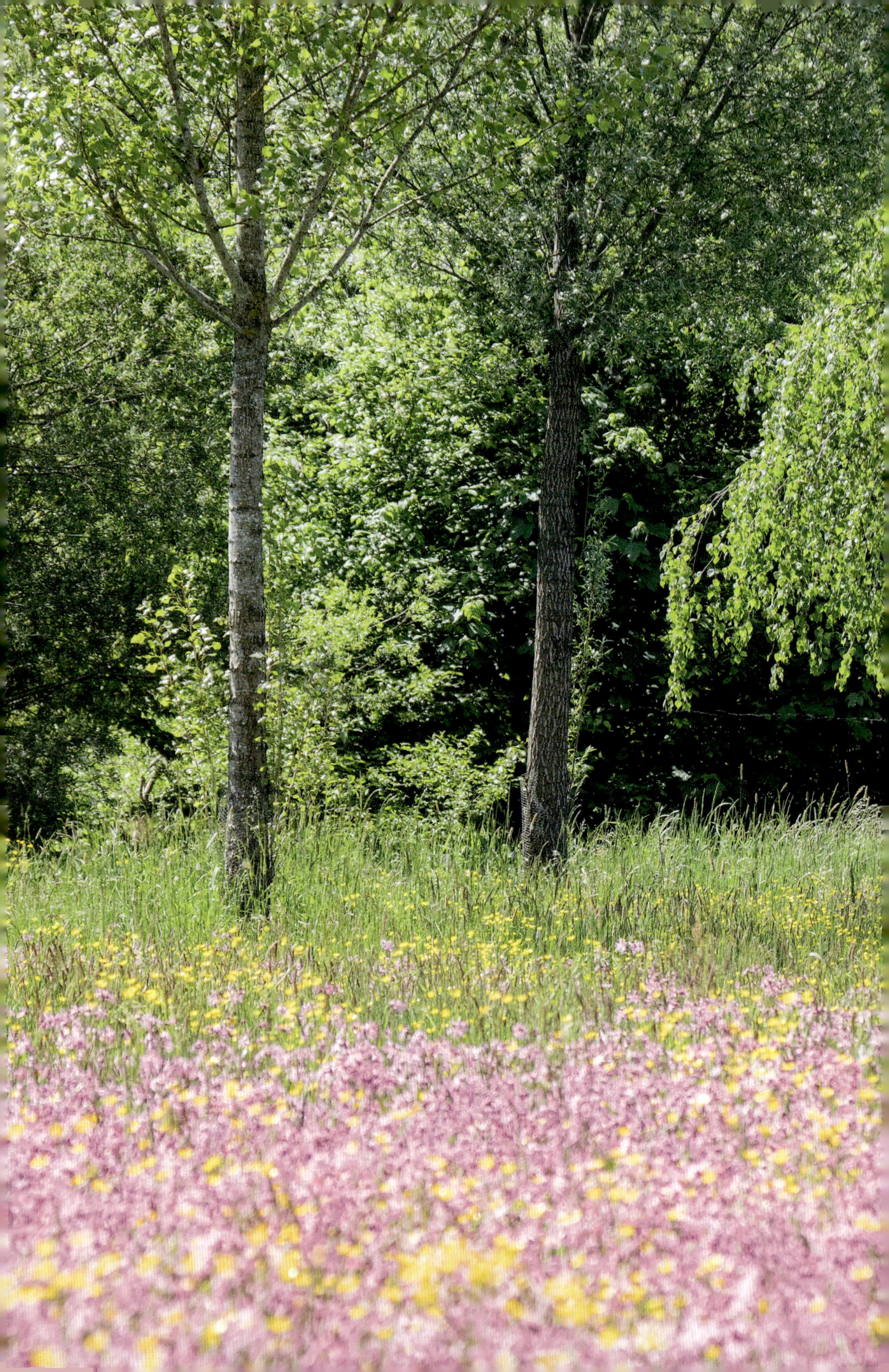

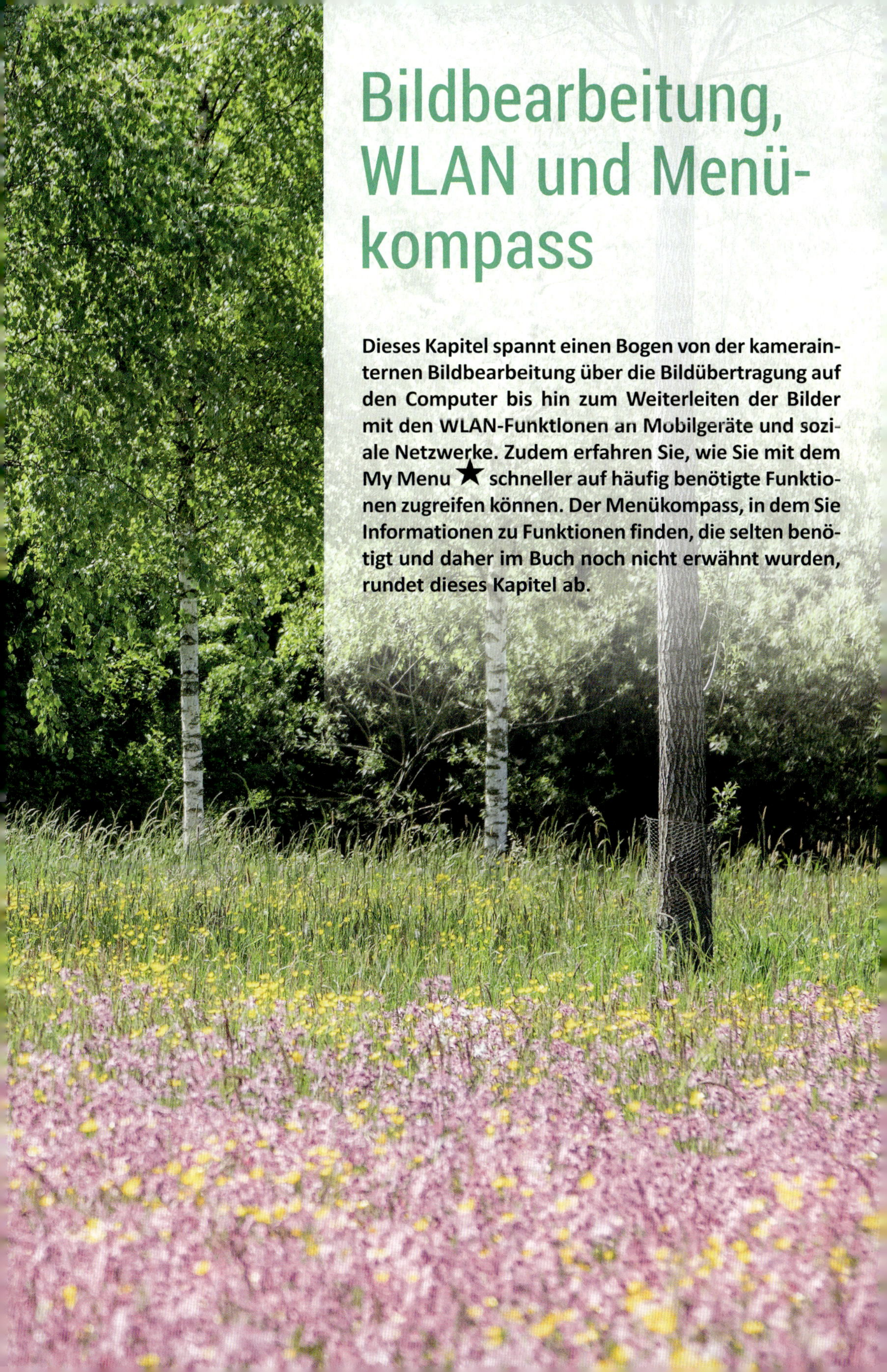

Bildbearbeitung, WLAN und Menükompass

Dieses Kapitel spannt einen Bogen von der kamerainternen Bildbearbeitung über die Bildübertragung auf den Computer bis hin zum Weiterleiten der Bilder mit den WLAN-Funktionen an Mobilgeräte und soziale Netzwerke. Zudem erfahren Sie, wie Sie mit dem My Menu ★ schneller auf häufig benötigte Funktionen zugreifen können. Der Menükompass, in dem Sie Informationen zu Funktionen finden, die selten benötigt und daher im Buch noch nicht erwähnt wurden, rundet dieses Kapitel ab.

Erhalt der Originaldateien

Die kamerainterne Bildbearbeitung läuft ohne Verluste der Originaldateien ab. Jedwede Veränderung wird in Form einer neuen Datei auf der Speicherkarte abgelegt.

9.1 Bilder kameraintern optimieren

Wenn Sie nach einem schönen Fototag im Hotelzimmer, im Zug oder im Auto sitzen und ein wenig Zeit haben, die Bilder des Tages durchzusehen, fallen Ihnen eventuell hier und da einige Dinge auf, die verbesserungswürdig sind. Da passt es ganz gut, dass die EOS M5 bereits im Kameramenü ein paar Bearbeitungsoptionen bereithält. Vielleicht ist ja die richtige dabei, mit der Sie das Foto gleich optimieren können und sich damit einige Arbeit am Computer sparen.

Bilder drehen

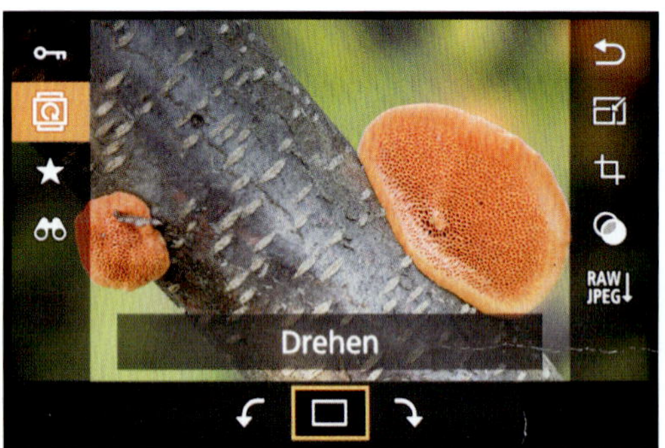

▲ *Bild drehen über das Schnellmenü.*

In den allermeisten Fällen erkennt die EOS M5 automatisch, ob Sie ein querformatiges oder ein hochformatiges Bild aufnehmen, und zeigt die Fotos bei der Wiedergabe entsprechend an. Der elektronische Orientierungssinn kann jedoch bei Über-Kopf-Aufnahmen oder solchen, bei denen Sie die Kamera nach unten kippen, Probleme bekommen.

Um das Bild dann schnell in die gewünschte Richtung zu drehen, rufen Sie Ihr Foto in der Wiedergabeansicht auf. Öffnen Sie anschließend das Schnellmenü und steuern Sie das zweite Symbol von links oben, *Drehen*, an. Mit dem Hauptwahlrad oder durch Antippen der unten eingeblendeten Touchflächen können Sie das Bild nun um jeweils 90 Grad nach links oder rechts drehen. Alternativ finden Sie die Funktion *Drehen* auch im Wiedergabemenü 1.

Kreativfilter nachträglich anwenden

Wenn Sie, so wie wir, lieber eine Standardaufnahme machen und erst anschließend mit den Kreativfiltern herumexperimentieren möchten, gehen Sie folgendermaßen vor: Öffnen Sie das Bild in der Wiedergabeansicht und steuern Sie danach im Schnellmenü das Symbol der *Kreativfilter* an. Wählen Sie den gewünschten Effekt aus und bestätigen dies mit Q/SET.

Die Effektstärke lässt sich anschließend mit den Tasten ◀▶, dem Einstellungs-Wahlrad oder per Fingertipp bestimmen. Im Fall des Miniatureffekts können Sie den scharfen Bildstreifen mit den Tasten ▲▼ positionieren und die INFO.-Taste/-Touchfläche verwenden, um die Breite des scharfen Streifens zu ändern. Mit den Tasten ◀▶ können Sie zudem zwischen quer- und hochformatiger Anordnung des scharfen Bildstreifens wechseln. Bestätigen Sie schließlich alle Einstellungen mit Q/SET. Steuern Sie danach die Schaltfläche *OK* an und wählen Sie erneut Q/SET. Das Bild wird nun unter einer neuen Nummer abgespeichert. Alternativ finden Sie das Bearbeitungsmenü auch im Wiedergabemenü 2 ▶ bei *Kreativfilter*.

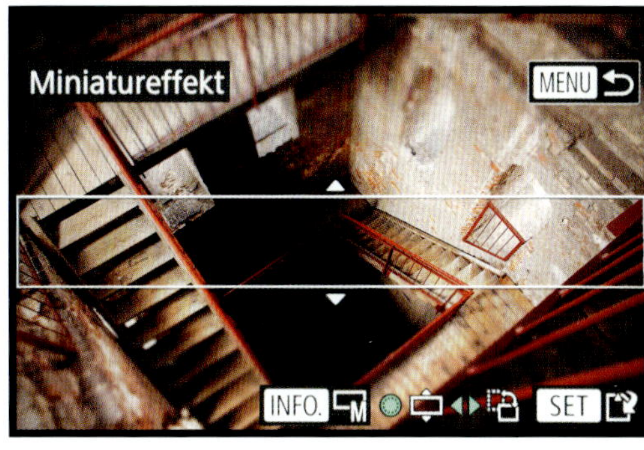

▲ *Einfügen des Miniatureffekts.*

Kein HDR-Effekt

Bei den Bildbearbeitungsoptionen fehlt der Effekt HDR. Die EOS M5 muss für dessen Erstellung drei Aufnahmen miteinander verschmelzen, was nachträglich nicht anwendbar ist.

Größe ändern

Wenn Sie ein Foto zum Beispiel via Internet verschicken möchten, sind Dateien mit weniger Speicherbedarf besser geeignet. Daher bietet es sich an, die Fotos mit der Funktion *Größe anpassen* zu verkleinern. Diese finden Sie bei der Bildwiedergabe im Schnellmenü oder im Wiedergabemenü 3 ▶. Das funktioniert bei allen Bildern außer solchen, die mit den Bildqualitäten RAW oder S2 aufgenommen wurden. RAW-Bilder können jedoch zuerst in der EOS M5 konvertiert und anschließend verkleinert werden. Sobald Sie die Bildbearbeitung mit der Q/SET-Taste/-Touchfläche starten, wird das Foto nach Bestätigung des nächsten Menüfensters mit der neuesten laufenden Bildnummer auf der Speicherkarte abgelegt.

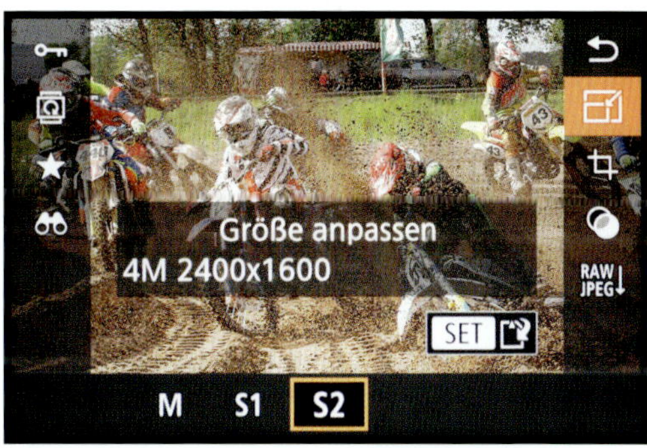

▲ *Ändern der Bildgröße von L auf S2.*

Ausschnittvergrößerungen

Mit der kamerainternen Bildbearbeitung können Sie das Seitenverhältnis nachträglich ändern oder ein etwas zu klein geratenes Hauptmotiv heraus vergrößern. Die Pixelmaße des Bildes sind anschließend entsprechend der Ausschnittwahl reduziert, es findet also kein Hochrechnen auf die ursprüngliche Bildgröße statt. RAW-Bilder müssen zu diesem Zweck allerdings erst kameraintern ins JPEG-Format umgewandelt werden.

Um den Ausschnitt zu verkleinern, rufen Sie das Bild in der Wiedergabeansicht auf und öffnen dann im Wiedergabemenü 3 die Option *Ausschnitt* oder im Schnellmenü das Symbol auf. Starten Sie die Bearbeitung mit Q/SET.

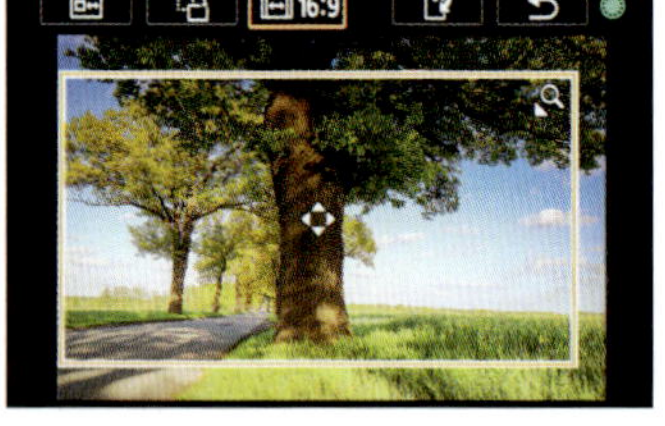

▲ *Verkleinerter Bildausschnitt im Seitenverhältnis 16:9.*

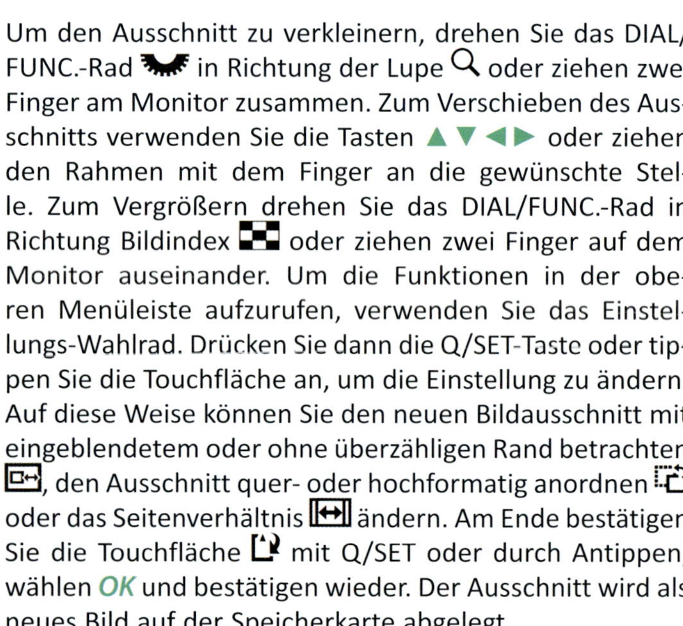

Um den Ausschnitt zu verkleinern, drehen Sie das DIAL/FUNC.-Rad in Richtung der Lupe oder ziehen zwei Finger am Monitor zusammen. Zum Verschieben des Ausschnitts verwenden Sie die Tasten ▲▼◀▶ oder ziehen den Rahmen mit dem Finger an die gewünschte Stelle. Zum Vergrößern drehen Sie das DIAL/FUNC.-Rad in Richtung Bildindex oder ziehen zwei Finger auf dem Monitor auseinander. Um die Funktionen in der oberen Menüleiste aufzurufen, verwenden Sie das Einstellungs-Wahlrad. Drücken Sie dann die Q/SET-Taste oder tippen Sie die Touchfläche an, um die Einstellung zu ändern. Auf diese Weise können Sie den neuen Bildausschnitt mit eingeblendetem oder ohne überzähligen Rand betrachten , den Ausschnitt quer- oder hochformatig anordnen oder das Seitenverhältnis ändern. Am Ende bestätigen Sie die Touchfläche mit Q/SET oder durch Antippen, wählen *OK* und bestätigen wieder. Der Ausschnitt wird als neues Bild auf der Speicherkarte abgelegt.

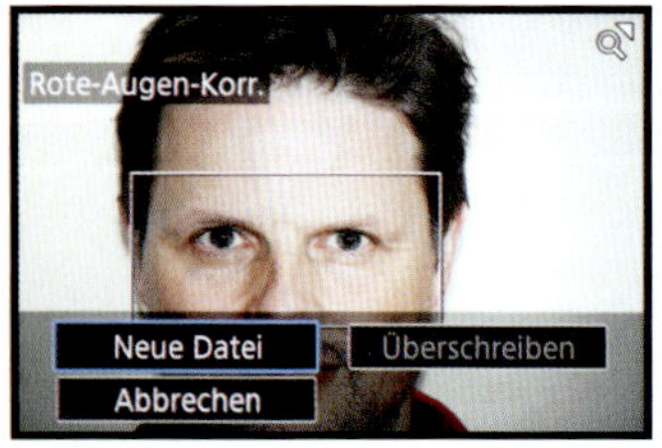

▲ *Die roten Augen wurden mit einer natürlichen Wirkung eingeschwärzt.*

Rote-Augen-Korr.

Mit der Funktion *Rote-Augen-Korr.* aus dem Wiedergabemenü 3 können rote Pupillenreflexionen, allerdings nur bei JPEG-Aufnahmen, nachträglich entfernt werden. Starten Sie die Verarbeitung einfach mit der Q/SET-Taste/-Touchfläche. Da es vorkommen kann, dass auch andere rote Bereiche, wie Make-up, fälschlicherweise korrigiert werden, schauen Sie sich das Ergebnis dahingehend gut an. In der Regel treten solche Fehler aber äußerst selten auf. Es kann eher einmal passieren, dass die Augen im Bild zu klein dargestellt sind und die EOS M5 deshalb die Rote-Augen-Korrektur verweigert.

RAW-Bilder konvertieren

RAW-Bilder können von den meisten Sotwareanwendungen nicht angezeigt werden. Da ist es nur konsequent, dass RAW-Bilder in der EOS M5 ins JPEG-Format umgewandelt werden können, um sie beispielsweise im Anschluss per Tablet-PC in soziale Netzwerke zu schicken.

Defekte RAWs retten

Sollte ein RAW-Bild auf dem Computer einen Bildfehler anzeigen, können Sie versuchen, die RAW-Datei auf die Speicherkarte zu kopieren und in der EOS M5 zu entwickeln. So etwas kommt zwar selten vor, ist uns aber schon passiert. Denken Sie daran, die RAW-Datei vorab wieder so zu benennen, wie es dem Aufbau der kamerainternen Namensstruktur entspricht (zum Beispiel *IMG_0001.CR2* im Farbraum sRGB, oder *_MG_0001.CR2* im Farbraum Adobe RGB), sonst erkennt die EOS M5 das Bild nicht.

Um die RAW-Verarbeitung durchzuführen, rufen Sie das gewünschte Bild in der Wiedergabeansicht auf und wählen im Schnellmenü das Symbol RAW JPEG↓ aus oder öffnen im Wiedergabemenü 3 ▶ den Eintrag *RAW-Bildverarbeit.*. Wenn Ihnen das Bild bereits gut gefällt, können Sie es mit *Aufnahme-Einst. verw.* ❶ ohne weitere Anpassungen direkt als JPEG abspeichern. Für eine umfangreichere Optimierung bestätigen Sie die rechte Schaltfläche *RAW-Verarbeit. anpassen* ❷ mit Q/SET.

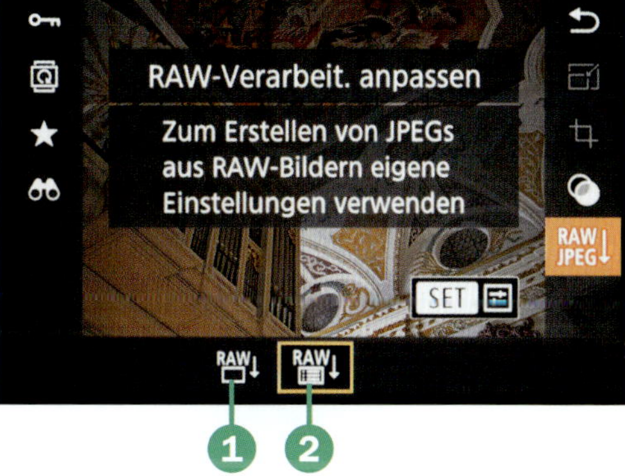

▲ *Starten der RAW-Verarbeitung.*

Die Palette an Optionen wird nun angezeigt. Mit den Tasten ▲▼◀▶ können Sie jede Option ansteuern und den Wert direkt mit dem Einstellungs-Wahlrad ändern. Alternativ drücken Sie die Q/SET-Taste oder tippen die Touchfläche an, wählen die Einstellung aus dem funktionseigenen Menüfenster aus und bestätigen die Änderung wieder mit der Q/SET-Taste/-Touchfläche. Wenn alles eingestellt ist, wählen Sie die Touchfläche *Speichern* aus, um die Bearbeitung zu starten.

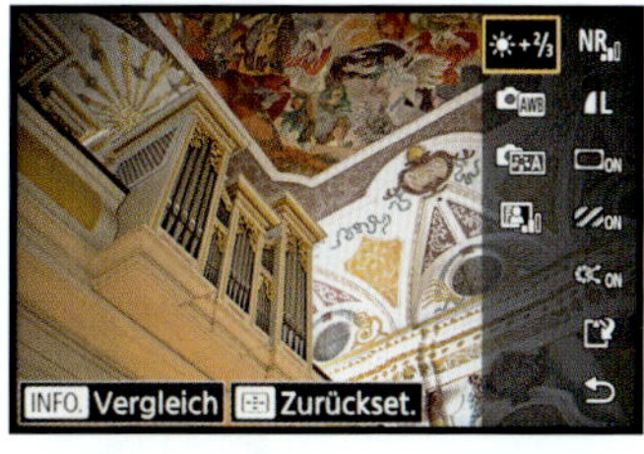

▲ *Anpassen der Bildhelligkeit.*

Objektivdaten updaten

Sollte Ihr Canon-Objektiv noch nicht in der EOS M5 vermerkt sein, lassen sich die Objektivkorrekturen nicht anwenden. Lesen Sie ab Seite 211, wie Sie die Objektivdaten updaten können.

Die möglichen Bearbeitungsschritte starten mit der Helligkeitsanpassung ☀±0, die das Aufhellen oder Abdunkeln des Bildes bis zu einer ganzen Belichtungsstufe erlaubt. Farbstiche lassen sich per Weißabgleich AWB reduzieren und mit dem Bildstil A können Sie Kontrast, Farbintensität und Schärfe beeinflussen. Mit der automatischen Belichtungsoptimierung können die Schatten etwas aufgehellt werden und die High ISO Rauschreduzierung NR empfiehlt sich auf der Stufe Standard ab ISO-Werten von 200 und mehr, bei Werten ab 6400 nehmen Sie die Stufe Hoch. Legen Sie zudem die Bildqualität, zum Beispiel L, und den Farbraum (sRGB empfehlenswert) fest, sowie die Objektivkorrekturen Vignettierung (dunkle Bildecken), Verzeichnung , chromatische Aberration (bunte Farbsäume) und Beugungskorrektur (Schärfeabfall bei hohen Blendenwerten).

9.2 Die Canon-Software im Überblick

Mit der Canon-Software zur EOS M5 lassen sich sowohl JPEG- als auch RAW-Bilder optimieren. Erhältlich ist die Software im Internet unter: *http://www.canon.de/support/consumer_products/product_ranges/cameras/eos/*. Wählen Sie auf der Seite für die EOS M5 Ihr Betriebssystem aus, laden Sie die Software herunter und installieren Sie die Programme:

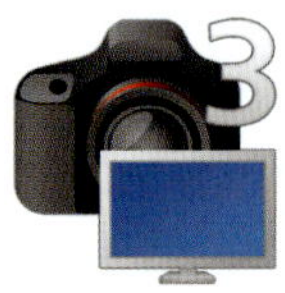

- *EOS Utility*: wird für die Bildübertragung auf den Computer benötigt, kann zum Übertragen neuer Bildstile in die EOS M5 oder für die Kamerafernsteuerung vom Computer aus eingesetzt werden.

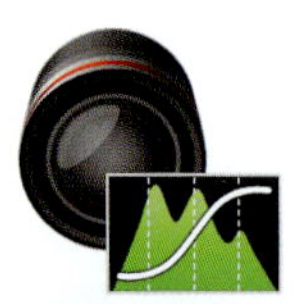

- *Digital Photo Professional (Version 4)*: bietet umfangreiche Entwicklungsmöglichkeiten für RAW-Aufnahmen (Belichtung, Kontrast, Schärfe, Bildrauschen, Objektivfehlerkorrekturen), in eingeschränktem Umfang können aber auch JPEG-Bilder optimiert werden. Zum Herunterladen benötigen Sie die Seriennummer Ihrer EOS M5, die sich an der Kamerarückseite hinter dem Schwenkmonitor befindet.

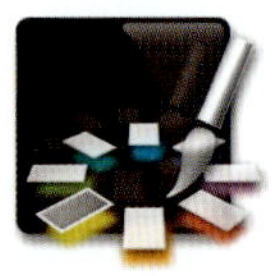

- *Picture Style Editor*: zum Erstellen eigener Bildstile oder zum Anwenden vorgefertigter Stile, die zuvor aus dem Internet heruntergeladen wurden (siehe *http://web.canon.jp/imaging/picturestyle/*).

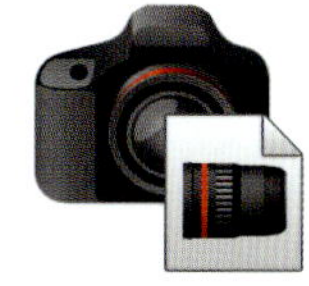

- *EOS Lens Registration Tool*: Wird benötigt, um noch nicht registrierte Canon-Objektive in der EOS M5 zu hinterlegen, damit die kamerainterne ObjektivAberrationskorrektur darauf angewendet werden kann (siehe Seite 211).

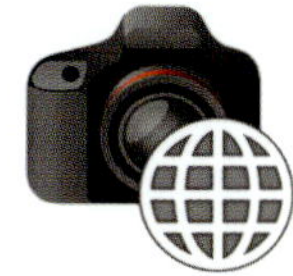

- *EOS Web Service Registration Tool*: wird benötigt, um den Webdienst Canon iMAGE GATEWAY im WLAN-Menü der EOS M5 einzurichten, über den dann Bilder an Facebook, Twitter etc. geteilt werden können oder auch die kabellose Bildübertragung auf den Computer ablaufen kann (siehe Seite 176).

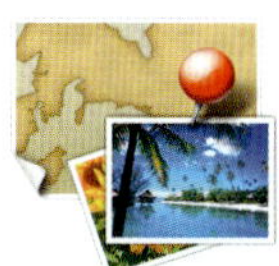

- *Map Utility*: zum Betrachten von Bildern mit GPS-Daten in einer Karteansicht oder zum Übertragen von GPS-Daten auf Bilder und Movies.

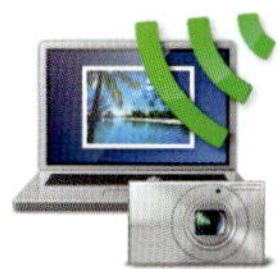

- *Image Transfer Utility*: wird auf Windows-Computern benötigt, um Bilder per WLAN über Canon iMAGE Gateway auf den Computer übertragen zu können.

9.3 Bilder mit EOS Utility auf den Computer übertragen

Wenn Sie Ihre Bilder schnell, unkompliziert und stabil auf den Computer übertragen möchten, ist der klassische kabelgebundene Weg immer noch die beste Lösung. Dazu verbinden Sie die EOS M5 über das mitgelieferte Micro-USB-Kabel IFC-600PCU direkt mit einer USB-Buchse Ihres Computers. Alternativ können Sie natürlich auch ein Kartenlesegerät verwenden, das ebenfalls über einen USB-Anschluss an den Computer gekoppelt wird.

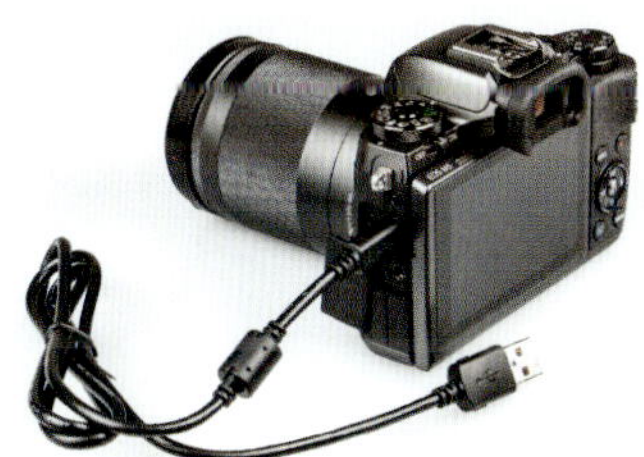

▲ *Datenübertragung: USB-Stecker Typ C im DIGITAL-Anschluss der EOS M5 und computerseitiger USB-Stecker Typ A.*

Für die direkte Kabelanbindung der EOS M5 an den Computer schalten Sie die Kamera zuerst eimal aus. Verbinden Sie die EOS M5 nun über das USB-Schnittstellenkabel mit Ihrem Computer oder Notebook und schalten Sie die Kamera wieder ein.

Starten Sie das Canon-Programm *EOS Utility 3*, sofern es sich nicht selbst öffnet. Im Startfenster von EOS Utility wählen Sie *Herunterladen von Bildern auf den Compu-*

ter und im nächsten Menüfenster ***Auswählen und Herunterladen***.

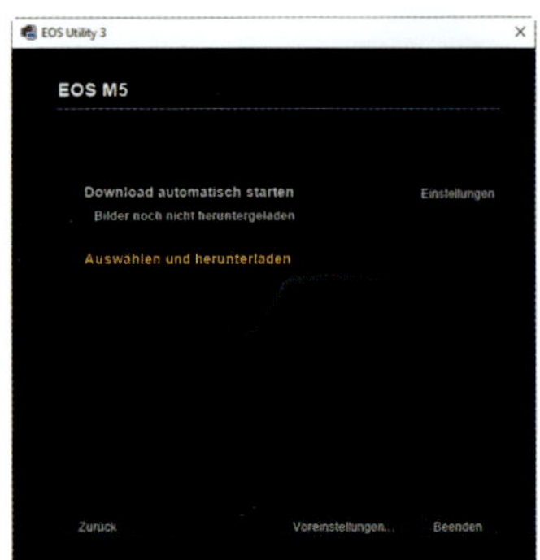

▲ *Auswählen und Herunterladen von Bildern und Movies mit der Software EOS Utility 3.*

Markieren Sie anschließend den gewünschten Ordner ❷ auf der Speicherkarte ❶, sofern sich verschiedene Ordner darauf befinden. Versehen Sie danach einzelne Fotos oder Movies mit einem Häkchen ❸. Alternativ können Sie über ***Bearbeiten/Bild auswählen/Alles markieren*** (Strg/Cmd + A) auch alle Bilder auf der Karte in einem Schwung auswählen. Bei RAW-Bildern wird das Dateiformat oben links an der Miniaturvorschau mit angezeigt ❹. Wenn Sie mit der Auswahl fertig sind, klicken Sie auf die Schaltfläche ***Herunterladen*** ❺.

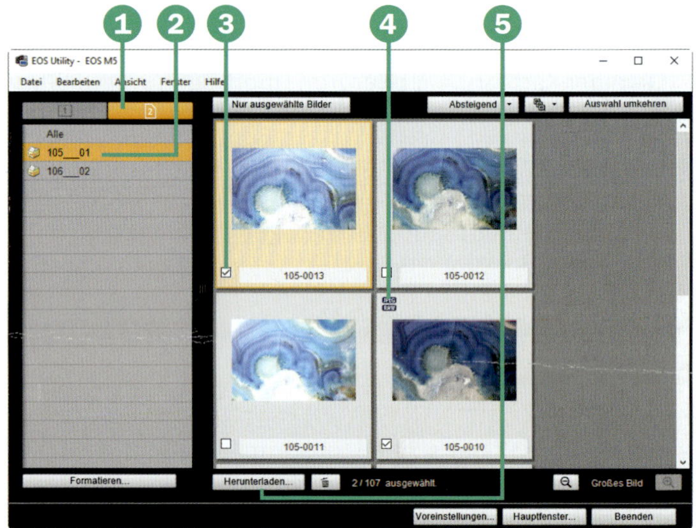

▶ *Auswahl der Bilder im Menüfenster der EOS Utility.*

Im Speicherdialogfenster können Sie mit der Schaltfläche ***Zielordner*** den Ordner angeben, in den die Bilder übertragen werden sollen, und den Vorgang mit der Schaltfläche ***OK*** starten. Wenn alles übertragen ist, schalten Sie die EOS M5 wieder aus und ziehen das Schnittstellenkabel ab.

Import-Alternative

Nach dem Anschließen der EOS M5 an den Computer wird die Kamera unter der Bezeichnung ***Canon EOS M5*** auch im Computerverzeichnis aufgeführt. Darin befindet sich das Laufwerk ***SD*** (die Speicherkarte der Kamera) und darin der Ordner ***DCIM***, der in weiteren Unterordnern Ihre Bilder und Videos enthält. Mit ***Bearbeiten/Kopieren*** (Strg/Cmd + C) oder durch Ziehen der Dateien mit der Maus auf den gewünschten Festplattenordner können Sie die Daten ebenfalls übertragen.

▲ *EOS M5 im Windows-Explorer.*

9.4 WLAN- und Bluetooth-Funktionen

Bilder und Videos kabellos auf Peripheriegeräte wie Smartphones, Tablet-Computer oder den Computer zu übertragen, ist mit der EOS M5 dank der eingebauten WLAN-Funktion ohne weiteres Zubehör möglich. Außerdem lässt sich die Kamera vom Smartphone oder Computer aus kabellos fernbedienen. Erfahren Sie in diesem Kapitel alles Wissenswerte rund um die Bildübertragung und Weitergabe.

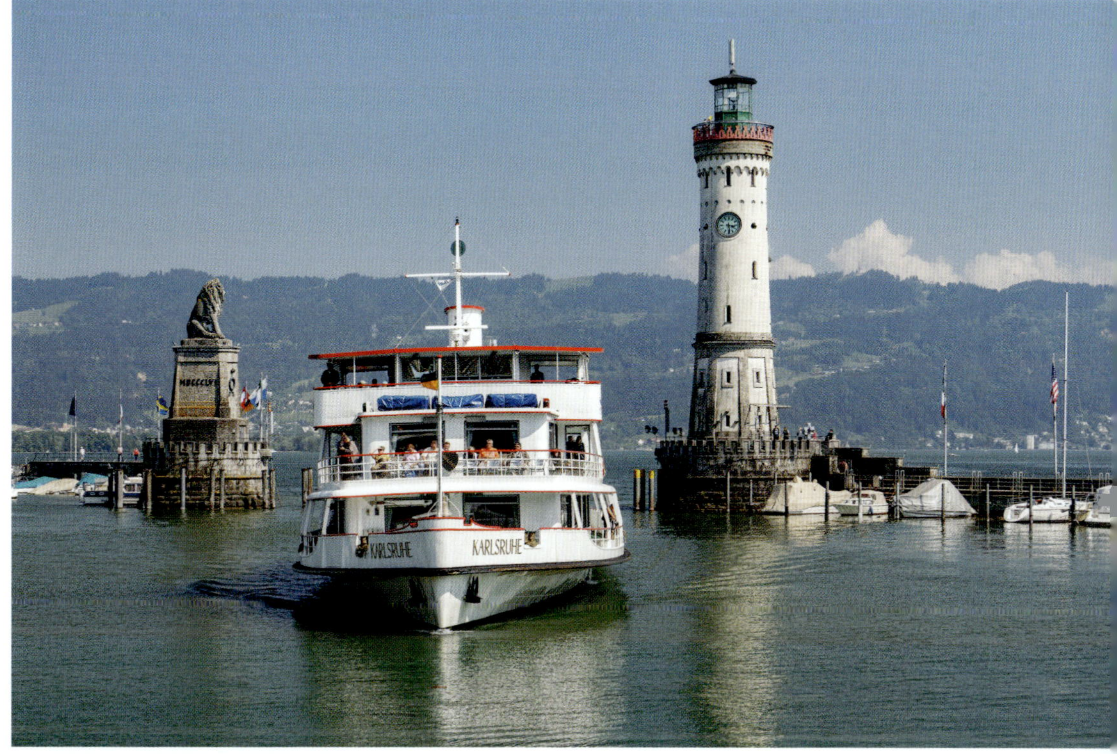

42 mm | f/8 | 1/160 Sek. | ISO 100 | -1/3

▲ *Mit der eingebauten WLAN-Funktion können Sie die neusten Bilder gleich via Handy mit Freunden teilen.*

Folgende WLAN-Funktionen stehen Ihnen zur Verfügung:

- *Bilder zwischen Kameras übertragen*: Die EOS M5 sucht nach Canon-Kameras mit aktiver WLAN-Funktion in der Nähe. Wählen Sie das gewünschte Gerät aus und übertragen Sie Bilder von Kamera zu Kamera, bei-

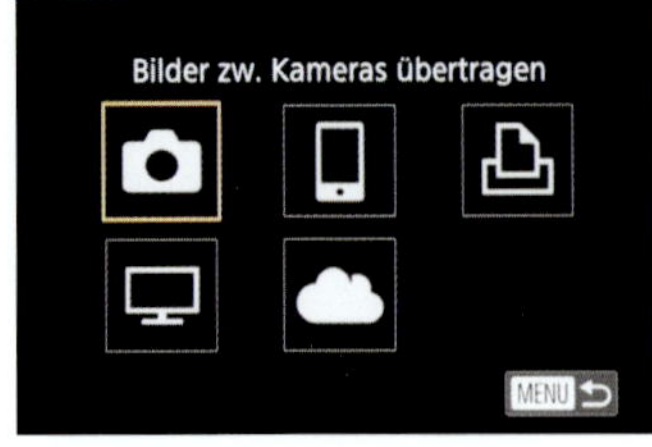

▲ *Die WLAN-Funktionen der EOS M5.*

spielsweise, wenn ein Fotografenkollege ein schönes Arbeitsfoto von Ihnen aufgenommen hat.

- *Mit Smartphone verbinden*: Hierüber können Sie die Bilder auf der Speicherkarte der EOS M5 mit dem Smartphone oder Tablet-Computer betrachten und sie auf das Smartgerät übertragen. Oder Sie steuern die EOS M5 nach dem Verbindungsaufbau vom Smartgerät aus fern.
- *Vom WLAN-Drucker drucken*: Analog zu der Verbindung mit dem Smartphone kann sich die EOS M5 auch mit einem WLAN-fähigen Drucker verbinden und ausgewählte Bilder direkt ausdrucken.
- *Bilder auf DLNA-Geräten anzeigen*: Wenn Sie ein Medienabspielgerät (Fernseher, Spielekonsole, Web-TV-Box, Mediaplayer) besitzen, das den DLNA-Standard unterstützt, können Sie die Bilddaten kabellos auf dem Gerät wiedergeben. Das gilt allerdings nur für JPEG-Fotos.

DLNA-Standard

DLNA (Digital Living Network Alliance) ermöglicht die unkomplizierte Kommunikation zwischen Mediengeräten unterschiedlicher Hersteller. Die Geräte benötigen als Basis ein Heimnetzwerk auf das sie zugreifen, um Bilder, Musik etc. von einem Speichergerät, oder eben der WLAN-fähigen EOS M5, abspielen zu können.

- *Hochladen zum Webservice*: Ermöglicht das Senden der Bilder und Filme über CANON iMAGE GATEWAY (*http://www.canon.de/for_home/cig/*) an soziale Netzwerke wie Facebook, Twitter etc. oder an den Computer. Zudem können Sie die Bilder und Filme von der Speicherkarte der EOS M5 über CANON iMAGE GATEWAY kabellos in einen Festplattenordner Ihres Computers laden, ohne sie dazu online speichern zu müssen. Eine Anleitung hierzu haben wir auf *http://www.saenger-photography.com/bilduebertragung-zum-computer-mit-canon-image-gateway/* für Sie zusammengestellt.

Die EOS M5 vorbereiten

Um die Drahtlosfunktionen der EOS M5 nutzen zu können, ist es zu Beginn einmal notwendig, der Kamera einen aussagekräftigen *Kurznamen* zu verpassen. Dazu öffnen

Sie im Einstellungsmenü 4 🔧 den Eintrag *WLAN-Verbind.* und markieren die Eingabefläche mit dem voreingetragenen Standardnamen *EOSM5*. Zum Öffnen tippen Sie die Touchfläche an oder drücken die Q/SET-Taste.

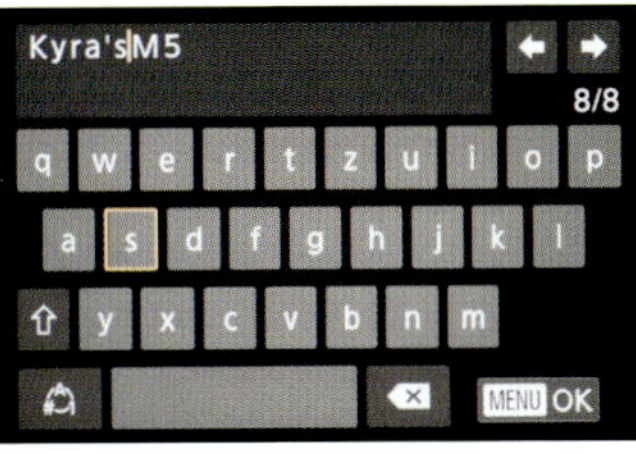

▲ Insgesamt kann der Kurzname aus acht Zeichen bestehen.

Geben Sie anschließend den neuen Kurznamen ein, damit Sie Ihre EOS M5 später unter den verschiedenen WLAN-fähigen Geräten schnell wiederfinden. Am einfachsten funktioniert das durch Antippen der gewünschten Ziffern per Fingertipp am Touchscreen-Monitor. Mit der MENU-Taste/-Touchfläche wird die Aktion abgeschlossen. Bestätigen Sie das nächste Menüfenster über die Schaltfläche *OK*. Ihre EOS M5 ist nun für die Verwendung der WLAN-Funktionen vorbereitet. Natürlich können Sie auch den Standardnamen beibehalten, dann bestätigen Sie das Dialogfenster ohne Änderung.

Kurzname ändern, WLAN-Einstellungen löschen

Der vergebene Kurzname kann über das Einstellungsmenü 4 🔧/***Wireless-Kommunikationseinst.***/***Kurzname*** jederzeit wieder geändert werden. Zudem lassen sich dort auch alle WLAN-spezifischen ***Einstellungen zurücksetzen***, was beispielsweise sinnvoll ist, wenn Sie die Kamera an andere weitergeben oder verkaufen.

Verbindung mit Smartgeräten herstellen

Sicherlich steht die Übertragung von Bildern auf das Smartphone oder den Tablet-Computer oder das Fernsteuern der EOS M5 vom Smartgerät aus für viele an erster Stelle, wenn es um die Nutzung der WLAN-Funktionen geht. Daher nehmen wir uns den Einstellungsweg im Folgenden vor, damit Sie im Anschluss gleich selbst loslegen können.

Die App Canon Camera Connect installieren

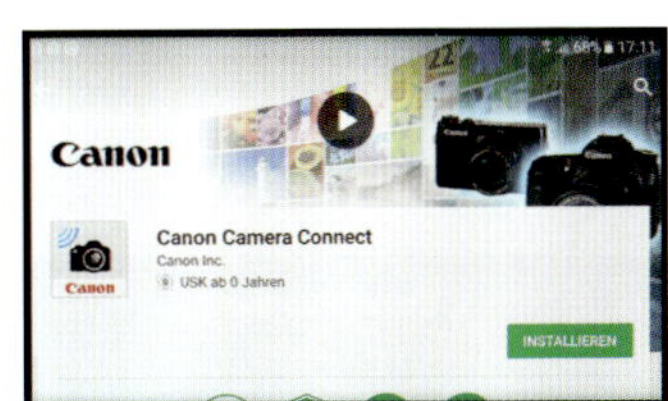

▲ Die App Canon Camera Connect.

Am besten installieren Sie zuerst die App *Canon Camera Connect* auf Ihrem Smartgerät. Diese finden Sie kostenlos im App Store für iOS-Betriebssysteme oder bei Google Play für Android. Wenn die App auf Ihrem Smartgerät bereits installiert wurde, führen Sie ggf. ein Update durch, damit die EOS M5 auch erkannt wird. Nach dem Akzeptieren der Lizenzvereinbarungen sehen Sie ein Startfenster, das Sie mit der Touchfläche ***Übergehen*** unten rechts schließen können. Als nächstes öffnet sich eine Anleitung für den

WLAN-Verdindungsaufbau. Auch diese können Sie mit der Touchfläche ***Schließen*** beenden.

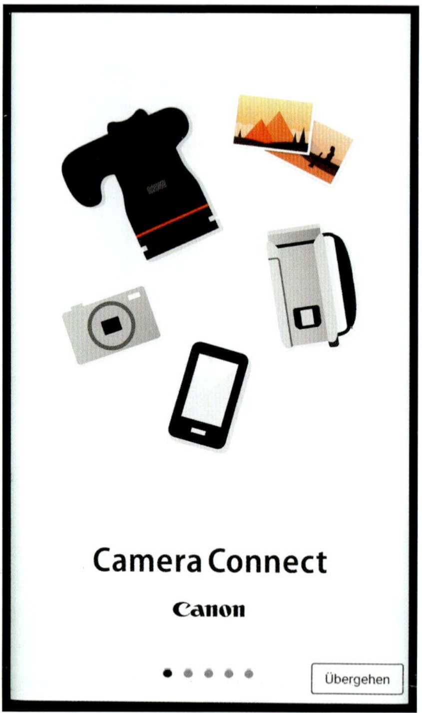

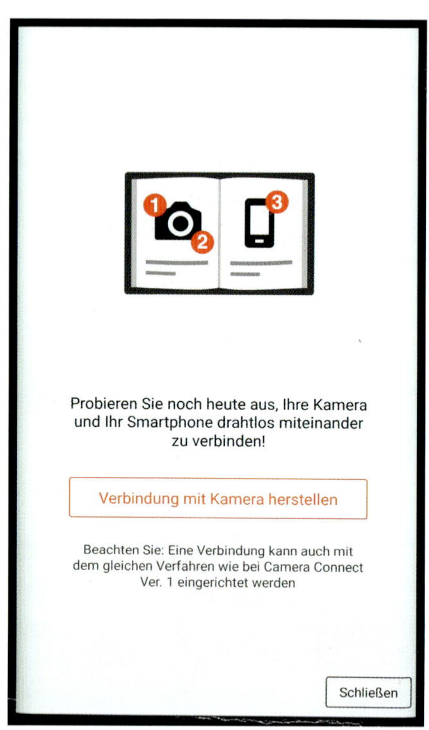

▲ *Das Startfenster (links) und die Anleitung zum Verbindungsaufbau (rechts) von Canon Camera Connect.*

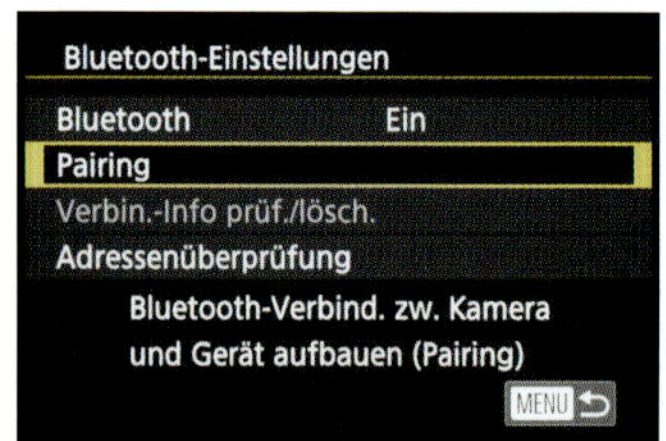

▲ *In der Kamera: Bluetooth einschalten und Pairing starten.*

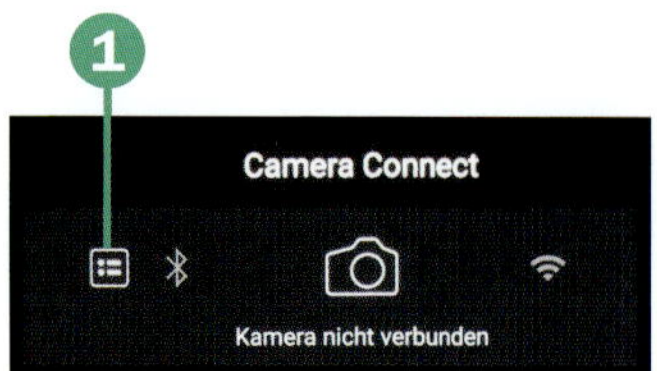

▲ *In Camera Connect: Verbindungsaufbau starten.*

WLAN-Verbindung via Bluetooth aufbauen

Recht einfach und unkompliziert lässt sich die EOS M5 über Bluetooth mit dem Smartgerät verbinden. Wichtig ist, dass Sie die Bluetooth-Funktion am Smartphone/Tablet und in der Kamera aktiviert haben. Wählen Sie dazu in der EOS M5 im Einstellungsmenü 4 bei ***Wireless-Kommunikationseinst.*** den Eintrag ***Bluetooth-Einstellungen***/***Bluetooth***/***Ein***. Bestätigen Sie anschließend im Menü ***Bluetooth-Einstellungen*** den Eintrag ***Pairing***.

In Canon Camera Connect tippen Sie danach auf die Einstellungen-Touchfläche 1 und im nächsten Menüfenster unten links auf ***Suchen***. Anschließend können Sie die gefundene EOS M5 antippen. Zum Schluss müssen Sie die Verbindung nur noch am Monitor der EOS M5 bestätigen. Danach steht Ihnen das volle Funktionsprogramm von Canon Camera Connect zur Verfügung.

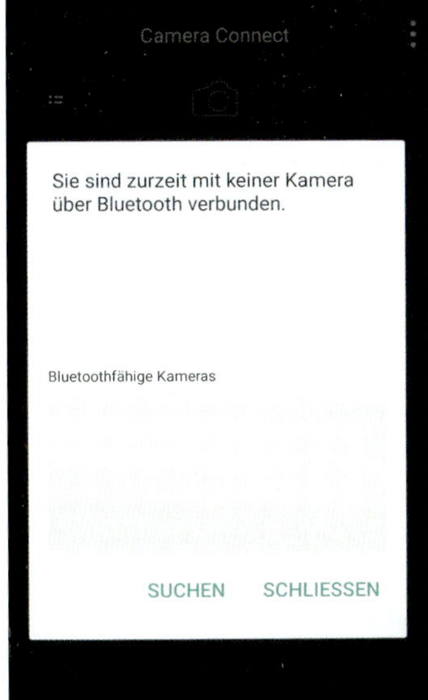

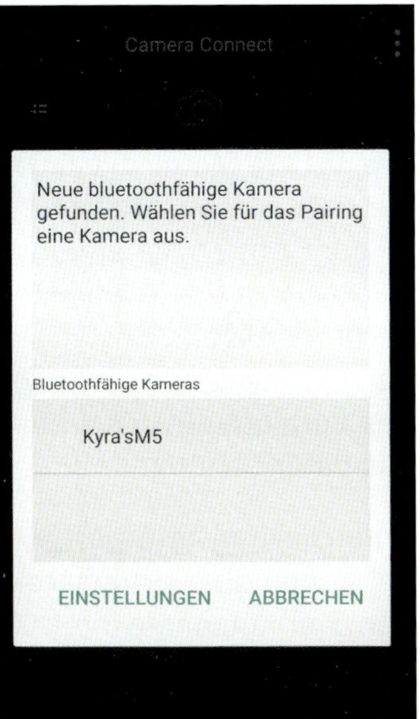

▲ *Bluetooth-Signal der EOS M5 suchen (links) und die Kamera für den Verbindungsaufbau auswählen (rechts).*

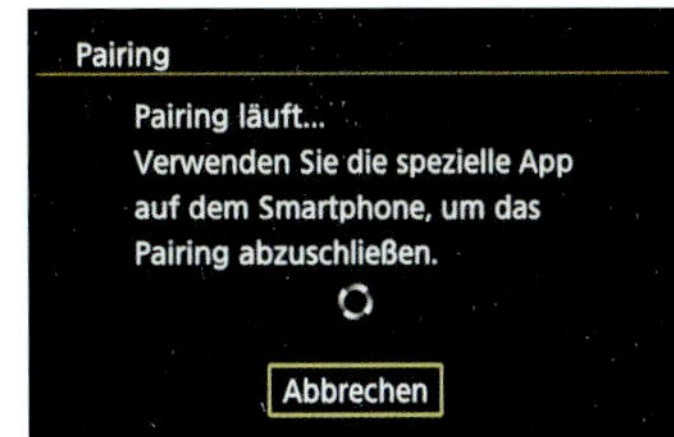

▲ *Bluetooth-Verbindung an der Kamera bestätigen.*

Schnellverbindung über NFC

Auf der Unterseite der EOS M5 befindet sich die NFC-Antenne N, die für den drahtlosen Verbindungsaufbau zu einem NFC-tauglichen Smartphone/Tablet-Computer verwendet werden kann. Hinter der Abkürzung *NFC* steckt die Funktechnologie **N**ear **F**ield **C**ommunication, die es möglich macht, eine kabellose Verbindung zwischen zwei Geräten über kurze Distanzen aufzubauen. Dazu aktivieren Sie die NFC-Funktion Ihres Smartgeräts und starten anschließend die zuvor installierte App Canon Camera Connect.

Halten Sie die EOS M5 nun mit dem NFC-Bereich N dicht an die NFC-Antenne des Smartgeräts. Es kann ein wenig dauern, bis sich die Geräte erkennen und die WLAN-Verbindung aufgebaut wird. Sobald am Monitor der EOS M5 ein Bild im Wiedergabemodus erscheint und sich das Verbindungsfenster der App schließt, können Sie die Kamera und das Smartgerät wieder voneinander trennen. Anschließend ist Canon Camera Connect voll einsatzbereit.

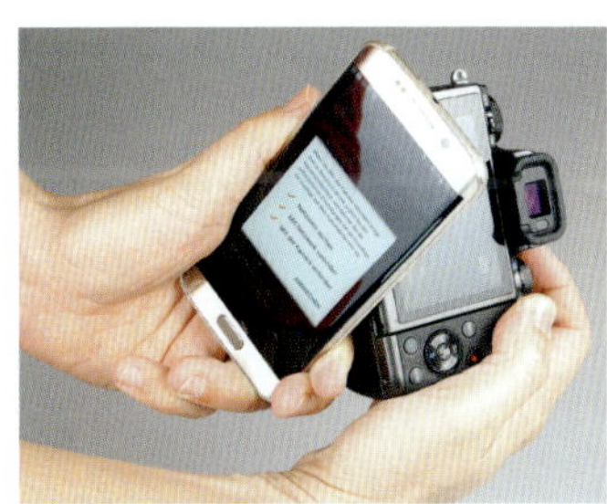

▲ *Verbindungsaufbau via NFC.*

Übrigens, wenn Sie die NFC-Funktion nicht nutzen möchten, schalten Sie sie im Einstellungsmenü 4 🔧 bei *Wireless-Kommunikationseinst.*/*WLAN-Einstellungen*/*NFC* einfach aus.

WLAN-Verbindung über das WLAN-Menü

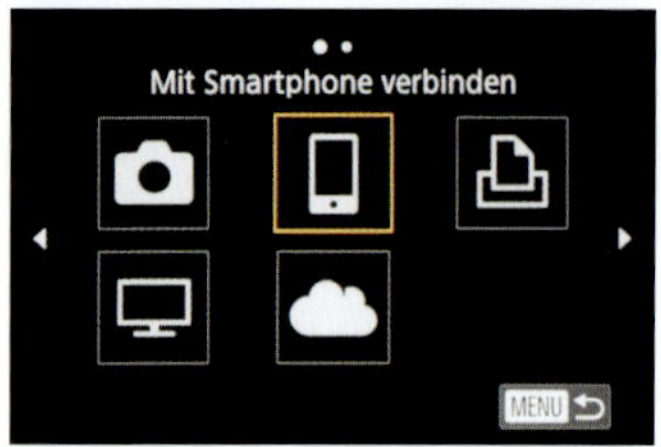

▲ *WLAN-Menü mit der Option, die EOS M5 mit dem Smartphone zu verbinden.*

Wer Bluetooth und NFC nicht nutzen kann oder möchte, kann die EOS M5 auch auf klassischem Wege über das WLAN-Menü mit Smartgeräten verbinden. Drücken Sie dazu die WLAN-Taste ((ᵜ)) an der rechten Kameraseite oder öffnen Sie im Einstellungsmenü 4 den Eintrag ***WLAN-Verbind.***. Wählen Sie die Vorgabe ***Mit Smartphone verbinden*** aus. Bestätigen Sie im nächsten Menüfenster den Eintrag ***Gerät hinzufügen***. Die EOS M5 wartet nun auf das Verbindungssignal des Smartphones und zeigt Ihnen das dafür benötigte numerische ***Kennwort*** an.

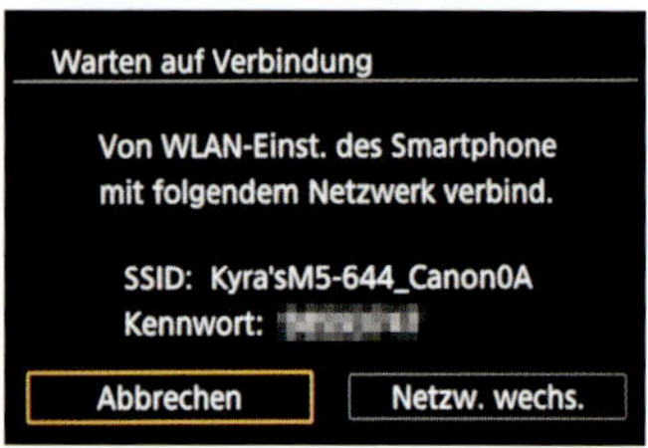

▲ *Die EOS M5 wartet auf das Verbindungssignal des Smartgeräts.*

Rufen Sie nun am Smartgerät die WLAN-Einstellungen auf, bei denen alle verfügbaren WLAN-Netze aufgelistet werden. Der Kurzname Ihrer EOS M5 sollte darin auftauchen, sodass Sie ihn antippen können. Geben Sie anschließend das numerische Kennwort ein, das Ihnen die EOS M5 während der ganzen Prozedur geduldig am Monitor präsentiert, und starten Sie den Verbindungsaufbau mit der Schaltfläche ***Verbinden***.

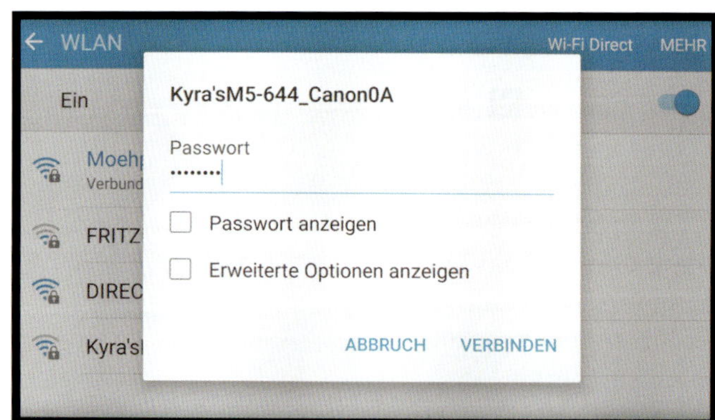

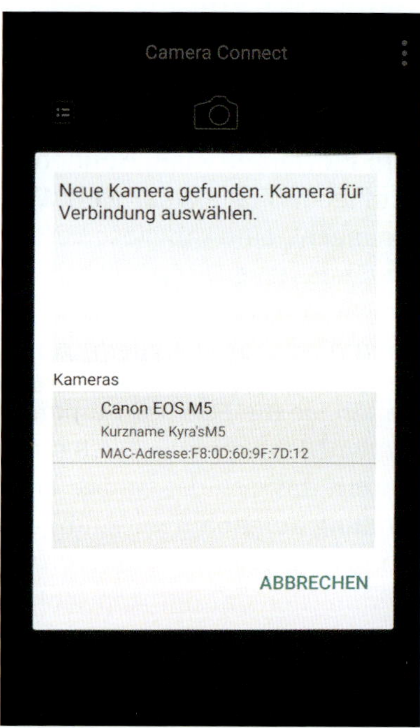

▲ *Auswahl des WLAN-Netzes der EOS M5 in den WLAN-Einstellungen am Smartgerät (links) und Antippen der gefundenen EOS M5-Verbindung in der App Canon Camera Connect.*

Wechseln Sie nun zur App Canon Camera Connect auf Ihrem Smartphone. Tippen Sie die eingeblendete Canon EOS M5-Anzeige an. Bestätigen Sie die Verbindung anschließend auch noch an der EOS M5, indem Sie auswählen, welche Bilder am Smartgerät angezeigt werden sollen.

Wenn Sie die Voreinstellung *Alle Bilder* beibehalten, stehen alle Bild- und Videodateien auf der Speicherkarte zur Verfügung. Alternativ können Sie den Bildbestand auch nach *Heute aufgenomm. Bilder*, *Früher aufgenomm. Bilder* oder nach *Bewertung* vorsortieren oder auf einen *Dateinummernbereich* beschränken. Danach lässt sich Canon Camera Connect in vollem Umfang verwenden.

▲ *Bestätigung der WLAN-Verbindung an der EOS M5 inklusive der Auswahl, welche Dateien am Smartgerät angezeigt werden dürfen.*

Sollte die WLAN-Verbindung unterbrochen werden, tippen Sie den Auslöser an, sodass sich die EOS M5 wieder einschaltet. Aktivieren Sie anschließend Ihr Smartgerät wieder, wählen Sie das WLAN-Netz der EOS M5 aus, und verringern Sie gegebenenfalls die Distanz zur Kamera.

Erneute Verbindung zum Smartgerät

Der erneute Verbindungsaufbau zum Smartgerät erfolgt schneller als die erste Einrichtung. Drücken Sie dazu die WLAN-Taste ((ᵻ)). Die gespeicherte Smartphone-Verbindung, hier *SM-G925F*, können Sie dann direkt aufrufen. Anschließend wählen Sie im WLAN-Menü des Smartgeräts wieder das Netzwerk der EOS M5 aus und starten Canon Camera Connect.

▲ *Zuvor in der EOS M5 gespeicherte Verbindung zum Smartgerät erneut aufrufen.*

Möglich ist auch, die Verbindung mit einem anderen Namen zu versehen oder sie zu löschen. Dazu navigieren Sie ausgehend von der gespeicherten Smartgeräteverbindung nach links und öffnen die Funktion *Mit Smartphone verbinden* ▯. Wählen Sie anschließend *Gerät ändern*, wählen das Gerät aus und geben die Einstellungen wie gewünscht ein.

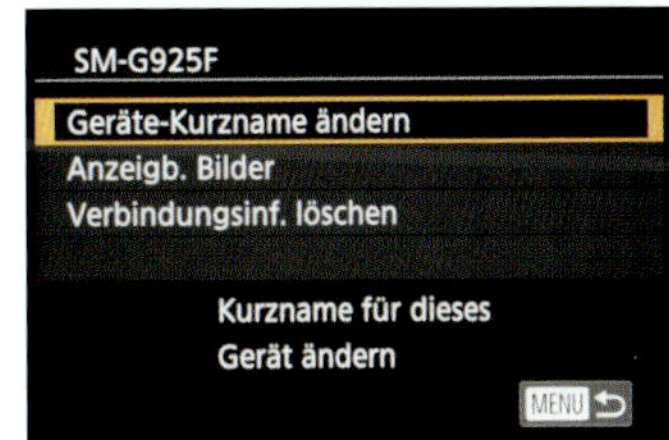

▲ *Ändern der Einstellungen für das gespeicherte Smartgerät.*

Was Canon Camera Connect alles bietet

Nach dem Aufbau der WLAN-Verbindung zwischen der EOS M5 und der App Canon Camera Connect am Smartgerät, wird Ihnen die bestehende Verbindung oben angezeigt ❶. Über die Touchfläche *Einstellungen* ❸ gelangen Sie zu

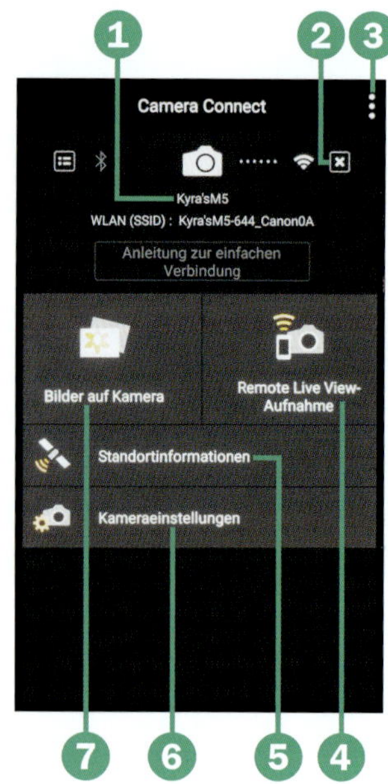

▲ *Programmoberfläche von Canon Camera Connect.*

den App-spezifischen Informationen. Wenn Sie die Verbindung beenden möchten, tippen Sie die Touchfläche ❷ an.

Die Fernsteuerung, bei der das Smartgerät wie ein Fernauslöser mit Livebild fungiert, lässt sich über die Touchfläche *Remote Live View-Aufnahme* ❹ öffnen. Mit *Standortinformationen* ❺ können GPS-Daten mit dem Smartgerät aufgezeichnet und später via WLAN auf die Bilder in der EOS M5 übertragen werden. Über die Schaltfläche *Kameraeinstellungen* ❻ haben Sie Zugriff auf die Datums- und Zeiteinstellungen der EOS M5. Um sich die Bilder und Movies auf der Speicherkarte der EOS M5 anzuschauen und gegebenenfalls auf das Smartgerät zu kopieren, wählen Sie *Bilder auf Kamera* ❼.

Bilder am Smartgerät betrachten, kopieren und teilen

Nach dem erfolgreichen Aufbau der WLAN-Verbindung zwischen der EOS M5 und dem Smartgerät können Sie mit der Schaltfläche *Bilder auf Kamera* von Canon Camera Connect alle Bilder der Speicherkarte auf dem Smartgerät betrachten. Befinden sich sehr viele Fotos auf der Karte, kann es allerdings etwas dauern, bis diese als kleine Vorschaubilder am Smartgerät angezeigt werden.

Mit der Touchfläche *Einstellungen* ❶ rufen Sie das Menü auf. Bei *Größe anpassen* empfiehlt es sich, die Voreinstellung *Größe anpassen* beizubehalten oder die Vorgabe *Beim Speichern auswählen* einzustellen. Dann können Sie die Bilder je nach Wunsch in Originalgröße oder verkleinert auf das Smartgerät übertragen. Die kleineren Fotos sind ausreichend groß für eine Präsentation auf Online-Plattformen, benötigen aber weniger Rechenleistung und Speicherplatz auf dem Smartgerät und können schneller ins Internet hochgeladen werden.

Mit der Touchfläche ❷ kann der Dateibestand auf einen bestimmten *Datumsbereich* eingeschränkt oder nach den Dateitypen *Fotos* oder *Filme* gefiltert werden. Die Touchfläche ❸ ermöglicht das Sortieren der Dateien nach *Datum*, *Ordner* oder *Bewertung*. Alle Aufnahmen eines bestimmten Datums lassen sich mit der Touchfläche ❹ aufrufen. Und wenn Sie neben den Miniaturen auch die

Aufnahmedaten der Bilder ablesen möchten, tippen Sie die Touchfläche ❺ an. Um ausgewählte Bilder auf das Smartgerät zu übertragen, wählen Sie die Touchfläche *Auswählen* oben rechts.

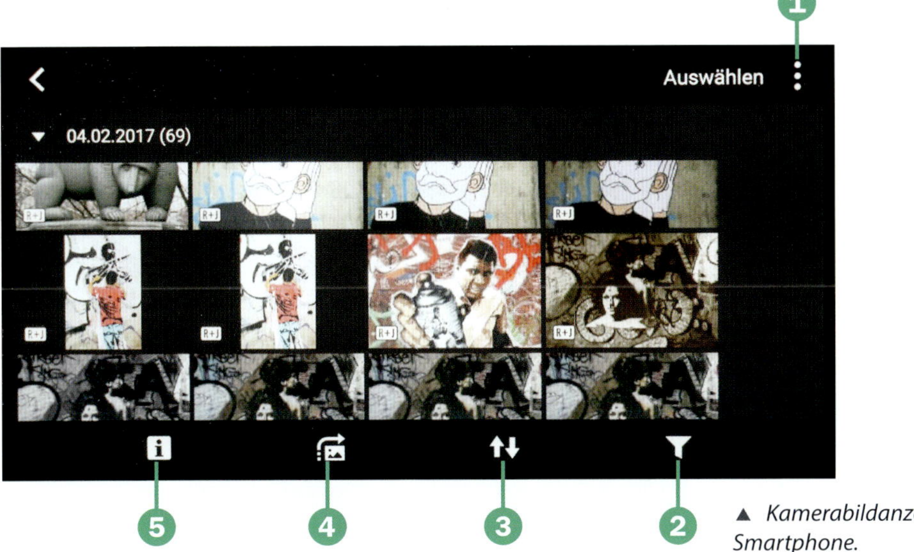

▲ *Kamerabildanzeige am Smartphone.*

Tippen Sie im nächsten Menüfenster alle gewünschten Dateien an ❻. Diese können Sie anschließend mit eingeblendeten *Aufnahmeinformationen* ablesen ❼, nach Datum *filtern* ❽, auf das Smartgerät *herunterladen* ❾ oder auch von der Speicherkarte der EOS M5 *löschen* ❿.

▼ *Mehrere Bilder und Filme am Smartgerät auswählen.*

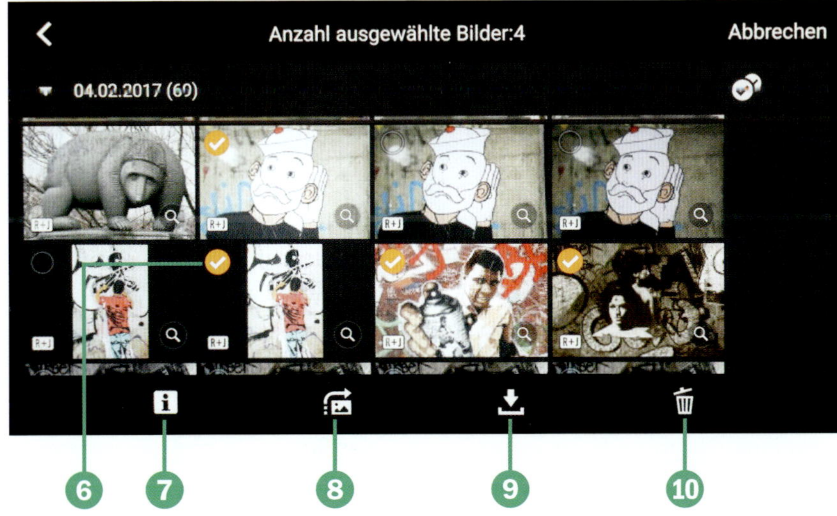

Möchten Sie ein Bild, das sich auf der Speicherkarte der EOS M5 befindet, in voller Größe betrachten, tippen Sie es aus dem anfänglichen Ansichtsmodus heraus einfach mit dem Finger an. Es wird daraufhin formatfüllend präsentiert. Anschließend können Sie die ***Aufnahmeinformationen*** einblenden lassen ⑪, oder die Datei mit bis zu fünf Favoritensternen ***bewerten*** ⑫, sie auf das Smartgerät ***herunterladen*** ⑬ oder auch von der Kameraspeicherkarte ***löschen*** ⑭.

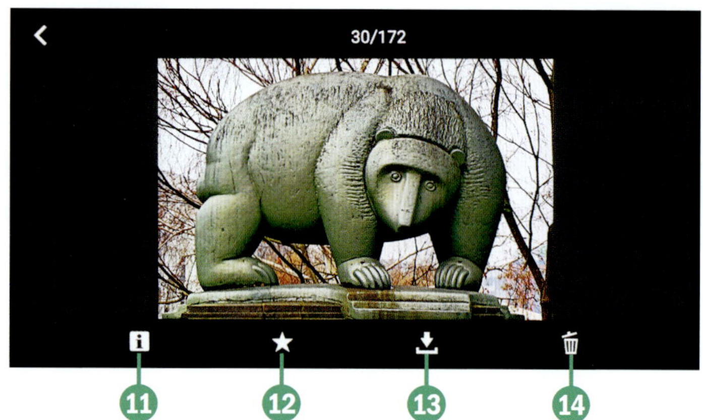

▶ *Einzelbildanzeige auf dem Smartgerät.*

Leider ist es nicht möglich, Videos mit Canon Camera Connect am Smartgerät abzuspielen. Die MP4-Dateien können jedoch auf das Smartgerät übertragen und dann dort betrachtet oder weitergeleitet werden.

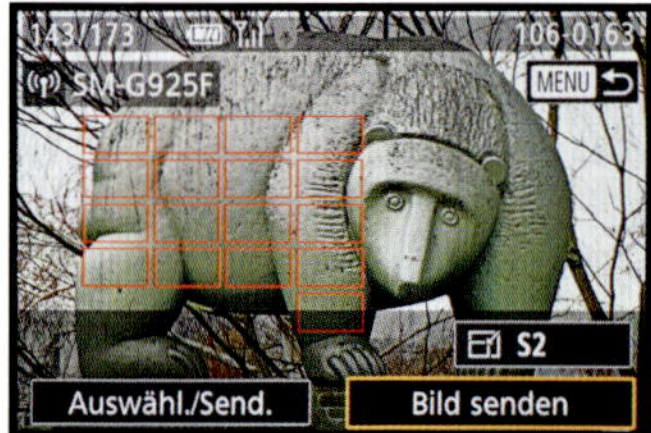

▲ *Bild in der EOS M5 auswählen und an das Smartgerät senden.*

Bilder in der Kamera wählen

Um Bilder an das Smartgerät zu senden, ist auch der umgekehrte Weg über die EOS M5 möglich. Hierzu verbinden Sie die beiden Geräte via WLAN. Das zuletzt betrachtete Bild am Monitor wird angezeigt. Wählen Sie die gewünschte Datei durch Drehen am Einstellungs-Wahlrad aus, bestätigen Sie den Eintrag ***Bild senden*** und schicken Sie das Bild direkt an das Smartgerät. Alternativ können Sie über ***Auswähl./Send.*** auch mehrere Bilder markieren und senden.

Fernaufnahmen mit dem Smartgerät

Mit der WLAN-Funktion können Sie die EOS M5 bequem vom Smartgerät aus fernsteuern. Legen Sie aber vorab die wichtigsten Einstellungen wie den Weißabgleich, die

Belichtungsmessung und die Bildqualität in der EOS M5 fest, denn diese lassen sich bei aktiver WLAN-Verbindung nicht ändern. Entscheiden Sie sich am besten auch gleich für das für Ihr Vorhaben passende Aufnahmeprogramm.

Danach stellen Sie die Verbindung zwischen Kamera und Smartgerät wie zuvor beschrieben her, und wählen in Canon Camera Connect die Touchfläche ***Remote Live View-Aufnahme*** aus.

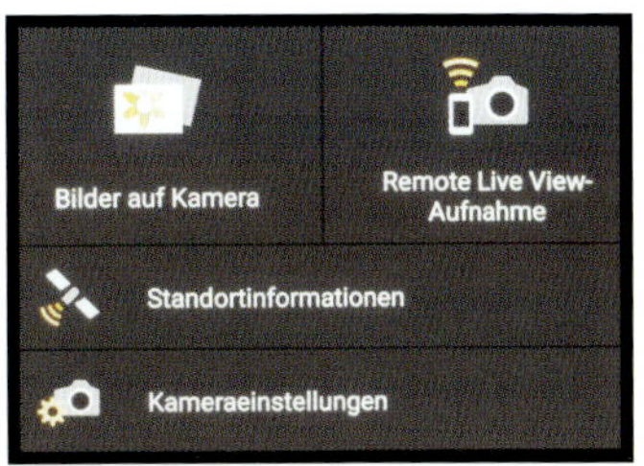

▲ *Starten der Fernaufnahme in Canon Camera Connect.*

Das Livebild der EOS M5 wird im Display des Smartgeräts angezeigt. Alle Aufnahmeparameter in weißer Schrift 1 können angepasst werden. Dazu tippen Sie die entsprechende Funktion einfach an und wählen die Einstellung im zugehörigen Funktionsmenü aus. Hierzu zählen die Belichtungszeit (Aufnahmeprogramm Tv, M), der Blendenwert (Aufnahmeprogramm Av, M), die Belichtungskorrektur, der ISO-Wert, die AF-Methode und der Aufnahmemodus. Wenn Sie die AF-Methoden Einzelfeld AF AF☐ oder Wei. Zon.-AF AF( ) verwenden, wird im Livebild ein weißer Fokusrahmen 2 eingeblendet. Durch Verschieben oder Antippen mit dem Finger können Sie den Rahmen an beliebiger Stelle auf Ihrem Motiv platzieren.

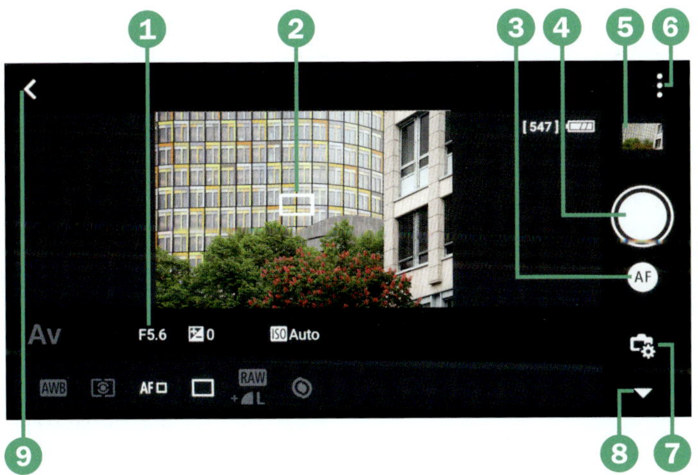

◀ *Canon Camera Connect im Fernsteuerungsmodus.*

Fokussieren Sie anschließend, indem Sie die AF-Taste 3 antippen, sofern diese eingeblendet ist. Das getrennte Fokussieren und Auslösen mit den zwei runden Tasten ist möglich, wenn Sie im Einstellungsmenü 6 die Option ***AF-Taste anzeigen*** aktivieren. Wenn Sie möglichst zügig nach dem Scharfstellen auslösen möchten, ziehen Sie nach dem Fokussieren den Finger von der AF-Taste direkt auf die Auslösetaste ④ hoch. Ist die AF-Taste ausgeblendet, wird mit der Auslösetaste fokussiert und danach sofort ausgelöst. Über die Touchfläche ⑤ können Sie die bereits aufgenommenen Bilder aufrufen und betrachten. Die Fotos sind jedoch nur in der Kamera gespeichert. Um sie auch im Smartgerät verfügbar zu haben, müssen Sie sie, wie zuvor beschrieben, auf das Smartgerät übertragen. Über die Touchfläche ⑦ lassen sich Einstellungsoptionen zur Livebild-Anzeige aufrufen und mit der Touchfläche ⑧ können Sie die Aufnahmeeinstellungen des Livebilds ausblenden, um das Livebild größer zu sehen. Möchten Sie den Aufnahmemodus ändern, verlassen Sie die Fernsteuerung mit der Touchfläche ⑨, stellen den Modus an der EOS M5 um, und rufen die ***Remote Live View-Aufnahme*** am Smartgerät anschließend erneut auf.

GPS-Daten hinzufügen

Wenn Sie in Canon Camera Connect am Smartgerät die Schaltfläche ***Standortinformationen*** antippen und die Option ***Protokollierung starten*** bestätigen, zeichnet das Smartgerät ein Standortprotokoll auf. Das Smartphone oder der Tablet-Computer übernimmt somit die Funktion eines GPS-Datenloggers, wobei die Standortgenauigkeit davon abhängt, ob das Smartphone richtige GPS-Daten erfassen kann.

Für eine korrekte GPS-Datenaufzeichung ist es wichtig, im Smartgerät die Funktion zu deaktivieren, die den Standort per WLAN oder Mobilfunk ermittelt, und im Gegenzug die Ortsermittlung über GPS zu aktivieren.

Nehmen Sie nun einfach Bilder mit der EOS M5 auf. Die Kamera muss dazu nicht mit dem Smartgerät verbunden sein. Achten Sie aber darauf, dass das Datum und die Uhrzeit von Smartgerät und Kamera übereinstimmen.

Um die GPS-Daten im Anschluss an die Fotosession auf die Fotos und Movies zu übertragen, verbinden Sie die EOS M5 wieder mit dem Smartgerät, wie zuvor beschrieben. Tippen Sie in Canon Camera Connect die Schaltfläche ***Standortinformationen*** an. Über die Schaltfläche ***Standortinformationen senden*** werden die GPS-Angaben zu Längen- und Breitengrad aus dem Protokoll des Smartgeräts auf die Bilder und Filme übertragen.

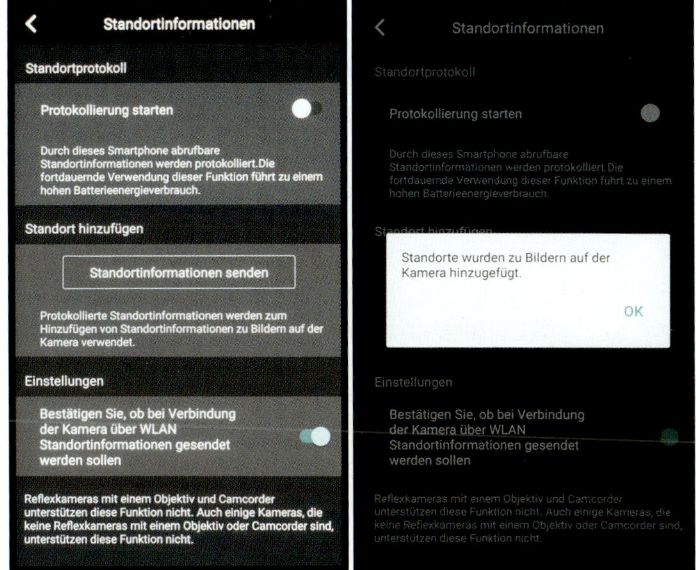

◄ *Links: Protokollierung starten. Rechts: Standortinformationen auf die Bilder in der EOS M5 übertragen.*

Nach der Übertragung der Ortsdaten sind die GPS-Daten in der Wiedergabeansicht ablesbar. Schalten Sie dazu im Wiedergabemenü 5 ▶ bei ***Auf d. Infobildschirm wiedergeb.*** den ***Infobildschirm 8*** mit einem Haken frei (siehe Seite 53). Bei der Bildansicht in der Wiedergabe können Sie anschließend mit der INFO.-Taste die Ansicht mit dem Histogramm und den GPS-Informationen aufrufen.

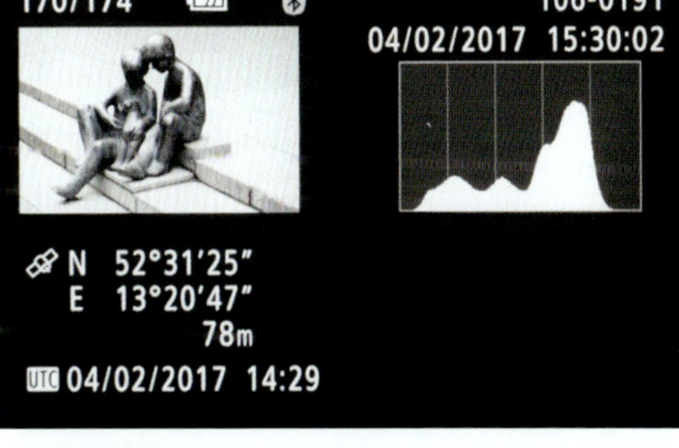

▲ *GPS-Daten in der Wiedergabeansicht der EOS M5.*

Um die Koordinaten am Computer einzusehen, können Sie die Canon-Software ***Map Utility*** verwenden. Wählen Sie darin oben links die Registerkarte ***Bilder*** aus. Über ***Datei/ Bilder hinzufügen*** können Sie den Speicherordner aufrufen, der Ihre GPS-Fotos enthält. Markieren Sie dann alle Bilder, die in der Map Utility angezeigt werden sollen.

Mit einem Klick auf die roten Pins in der Karte wird Ihnen das jeweilige Bild als kleine Vorschau in der Karte angezeigt. Als Ansichtsform stehen Kartenansichten und die dazugehörigen Satellitenbilder zur Verfügung. Auch in anderen Programmen mit Kartenmodul, wie zum Beispiel Adobe Lightroom, lassen sich die GPS-getaggten Bilder auf der Landkarte anzeigen.

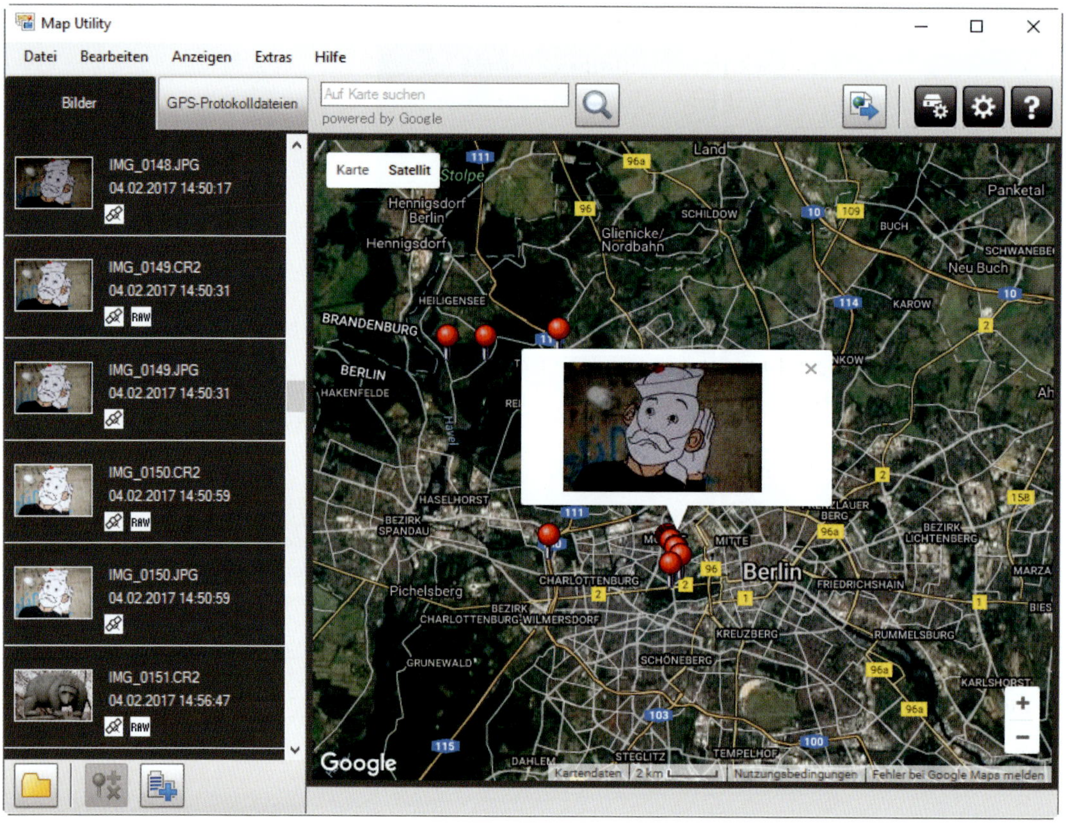

▲ *Ansicht der GPS-Daten in der Map Utility von Canon.*

9.5 Bedienelemente mit anderen Funktionen belegen

▼ *Links: Taste für Funktionszuweisung wählen. Rechts: Belegung der Touch & Drag AF-Taste mit der Funktion zur Schärfentiefe-Kontrolle.*

Ihre EOS M5 zeigt bei der Tastenbelegung eine gewisse Flexibilität, zumindest solange Sie sich in einem der Modi P, Tv, Av, M oder Movie 🎥 befindet. Damit können Sie die Bedienung der Kamera an die eigenen Vorlieben oder Motivsituationen anpassen.

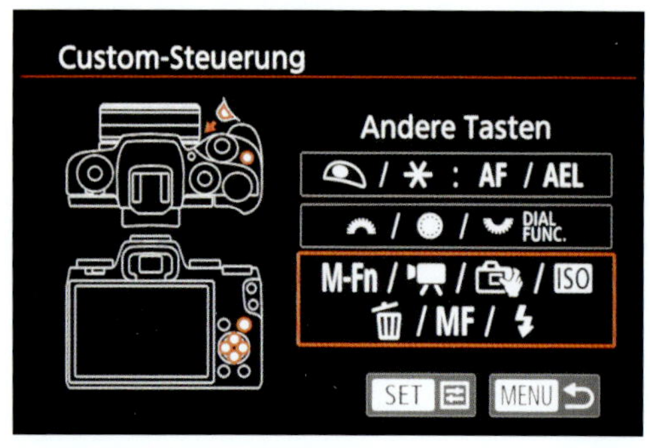

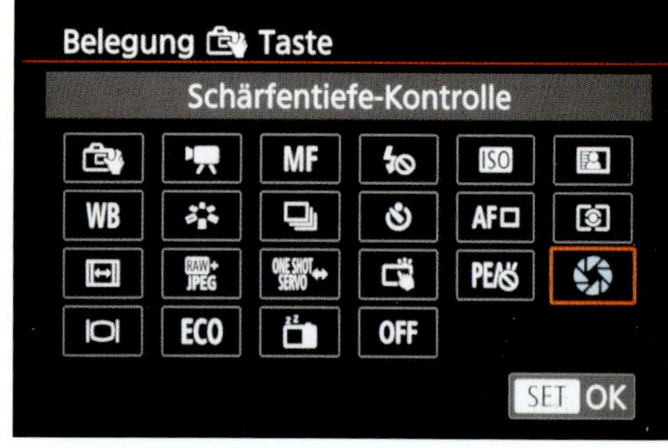

Um dies zu tun, öffnen Sie im Individualmenü die Rubrik *C.Fn II: Andere* und wählen darin die Option *Custom Steuerung* aus. Tippen Sie die Monitormitte an oder drücken Sie die Q/SET-Taste, um die Einstellungsmöglichkeiten aufzurufen.

Danach können Sie die verschiedenen Tastengruppen per Fingertipp oder Q/SET-Taste ansteuern und im nächsten Menüfenster dem jeweiligen Bedienelement eine der verfügbaren Funktionen zuordnen. Ein paar Vorschläge zur Tastenbelegung für bestimmte Fotosituationen finden Sie in der folgenden Tabelle.

▼ *Für bestimmte Aufnahmesituationen geeignete Tastenbelegungen.*

	Standardmotive	Makrofotografie	Porträt	Events/Action	Filmaufnahmen
Auslös./ AE-Speich.	AF/AE-Speich.	AF/AE-Speich.	AF/AE-Speich.	AF/AE-Speich.	AF/AE-Speich.
Wahlräder	unverändert	unverändert	unverändert	unverändert	unverändert
M-Fn-Taste	Touch-Auslöser	Touch-Auslöser	Touch-Auslöser	Touch-Auslöser	Peaking
Movie-Taste	Movies	Peaking	AI SERVO	AI SERVO	Movies
Touch & Drag AF-Taste	Schärfentiefe-Kontrolle	Schärfentiefe-Kontrolle	Schärfentiefe-Kontrolle	Reihenaufnahme	Schärfentiefe-Kontrolle
ISO-Taste	ISO-Empf.	ISO-Empf.	ISO-Empf.	ISO-Empf.	ISO-Empf.
Löschtaste	Selbstauslöser	Selbstauslöser	Selbstauslöser	AF-Methode	AF-Methode
MF-Taste	Manueller Fokus	Manueller Fokus	Manueller Fokus	Manueller Fokus	Manueller Fokus
Blitztaste	Blitzzündung	Blitzzündung	Blitzzündung	Blitzzündung	Touch & Drag AF

9.6 Das Schnellmenü umsortieren

Bei dem flexiblen Bedienkonzept der EOS M5 gehört es zum guten Ton, dass sich das Schnellmenü Q individuell anpassen lässt. Es können Funktionen daraus entfernt oder die bestehende Reihenfolge verändert werden.

Um ein eigenes Schnellmenü zu gestalten, beginnen Sie mit der Auswahl des Menüeintrags *Schnelleinst-MenüLayout* im Aufnahmemenü 2.

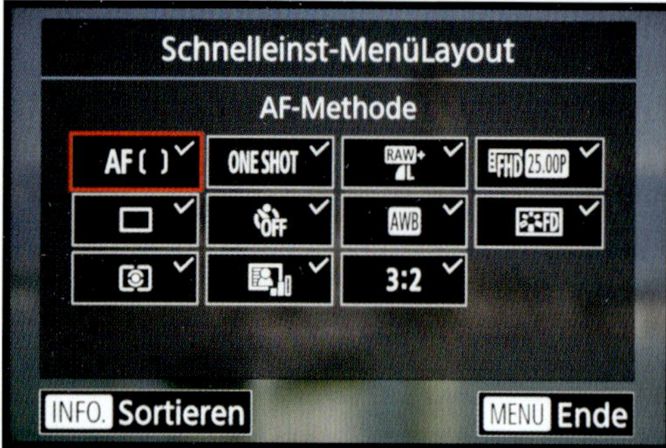

▲ *An- und Abwählen von Funktion im Schnellmenü.*

Nach etwa zwei Sekunden präsentiert Ihnen die EOS M5 alle verfügbaren Optionen. Nun können Sie jeden Eintrag mit dem Einstellungs-Wahlrad oder dem Hauptwahlrad ansteuern und mit der Q/SET-Taste oder per Fingertipp wählen, ob die Funktion verfügbar sein soll (Häkchen sichtbar) oder nicht. Gleiches ist natürlich auch durch Antippen der Touchflächen möglich. Es kann jedoch keine der vorhandenen Funktionen gegen eine ganz andere ausgetauscht werden.

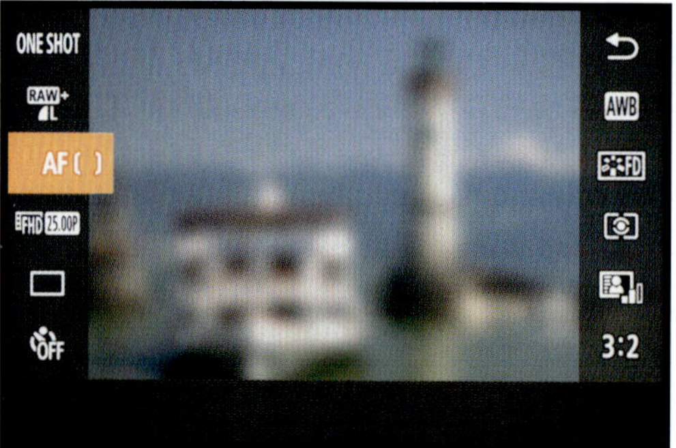

▲ *Sortieren der Funktionen.*

Möglich ist es aber, die ausgewählten Funktionen neu zu sortieren. Verwenden Sie dazu die INFO.-Taste/-Touchfläche. Tippen Sie anschließend die zu verschiebende Funktion an und ziehen Sie sie mit dem Finger an die gewünschte Stelle oder wählen Sie die Funktion mit den Tasten ▲▼ aus. Drücken Sie dann die Taste ▶, um die Funktion auszurücken, und verschieben Sie sie mit den Tasten ▲▼ an die gewünschte Stelle. Drücken Sie die Taste ◀, um die Funktion wieder einzurücken. Wenn Sie mit dem Sortieren fertig sind, schließen Sie die Prozedur mit der MENU-Taste/-Touchfläche ab und bestätigen den nächsten Dialog über die Touchfläche *OK*.

9.7 Das My Menu einrichten

Um auf die von Ihnen häufiger genutzten Funktionseinstellungen schneller zugreifen zu können, hat Canon der EOS M5 ein Menü zum Selberkonfigurieren mit auf den Weg gegeben, das sogenannte *My Menu*. Darin können Sie bis zu fünf Registerkarten mit jeweils sechs Funktionen in beliebiger Reihenfolge abspeichern.

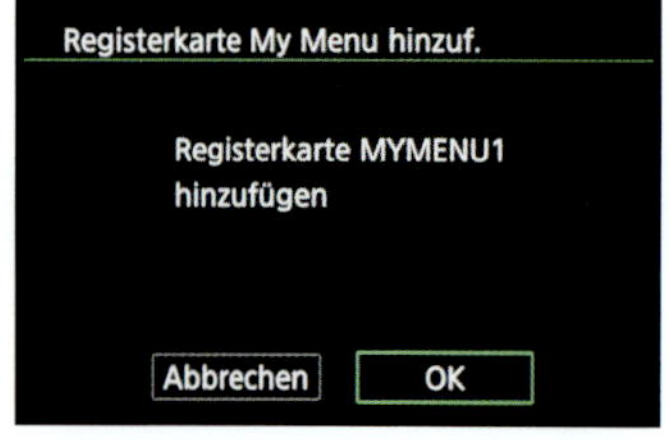

▲ *Neue Registerkarte anlegen.*

Wählen Sie zu Beginn im Menü das grüne *My Menu* ★ aus und bestätigen den Eintrag *Registerkarte My Menu hinzuf.* mit der Q/SET-Taste oder durch Antippen. Mit *OK* wird im nächsten Fenster das Anlegen der neuen Registerkarte *MYMENU1* bestätigt.

Anschließend können Sie über *Einstellung* und *Zu registrierende Position wählen* anfangen, die Funktionen zu speichern. Bestätigen Sie hierbei jede Option und anschließend auch die *OK*-Schaltfläche mit der Q/SET-Taste/-Touchfläche.

Beenden können Sie die Auswahl mit der MENU-Taste. Anschließend besteht die Möglichkeit, die Funktionen zu sortieren, einzelne zu löschen oder auch wieder alle zu entfernen.

Interessant ist die Möglichkeit, der Registerkarte mit der Funktion *Registerkarte umbenennen* einen eigenen Namen zu verpassen. Hier haben wir beispielsweise das My Menu *MAKRO* erstellt, in dem sich alle Funktionen tummeln, die wir bei Nah- und Makroaufnahmen regelmäßig benötigen.

Welche Funktionen sind uns nun so ans Herz gewachsen, dass wir Sie in den exklusiven Kreis des My Menu aufnehmen? Nun, neben der Registerkarte MAKRO sehen die vier anderen Registerkarten wie folgt aus:

- Für häufig benötigte Funktionen haben wir den Reiter *ALLGEMEIN* mit folgenden Funktionen angelegt: Bildqualität, IS-Einstellungen, AEB, Blitzsteuerung, Custom WB, Formatieren.
- Die Registerkarte *KONTRAST-HDR* hält alle wichtigen Funktionen für kontrastreiche Aufnahmesituationen und HDR-Aufnahmen parat: AEB, Tonwert Priorität, Autom. Belichtungsoptimierung, Messmethode, Blitzsteuerung, Bildstil.
- Das My Menu *STUDIO* enthält Funktionen, die wir bei der Studiofotografie häufig benötigen: Bildqualität, Belichtungssimul., AF-Betrieb, AF-Feld Größe, Blitzsteuerung, Custom WB.
- Im Bereich *LANGZEITBELICHTUNG* haben wir folgende Funktionen hinterlegt: Bildqualität, AF-Feld Größe, IS-Einstellungen, Rauschred. bei Langzeitbel., Selbstausl./Fernsteuer., Nachtschema.
- Auf der Karte *MOVIE* sind bei uns filmrelevante Einstellungen gespeichert: Tonwert Priorität, Zeitraffer-Movie-Einstellungen, Movie-Aufn.größe, Tonaufnahme, Movie-Servo-AF, AF mit Auslöser während 🎥.

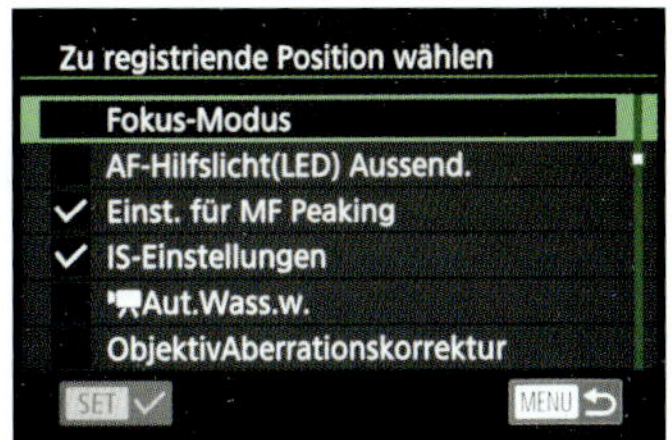

▲ *Bis zu sechs Positionen auswählen.*

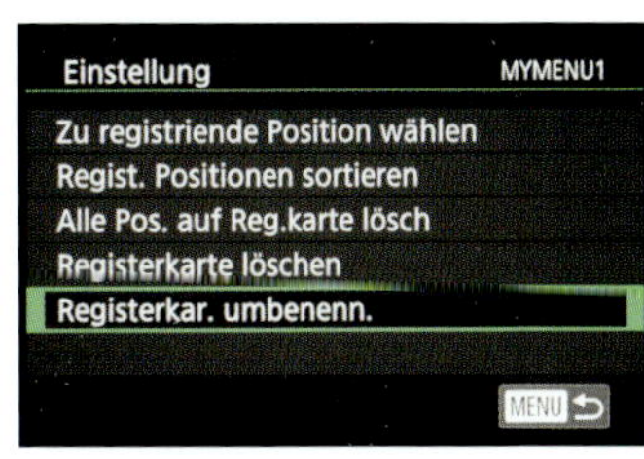

▲ *Einstellungsoptionen für die Registerkarte.*

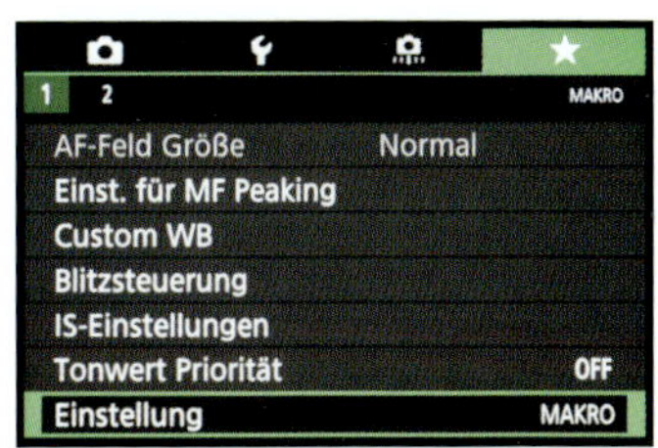

▲ *Gespeicherte Werte in der Registerkarte MAKRO.*

Direktzugriff auf das My Menu

Egal, wie viele Registerkarten angelegt sind, in der jeweils letzten Karte können Sie den Anzeigemodus festlegen. Wenn Sie bei ***Menüanzeige*** die Option ***Von Reg.Karte My Menu anz.*** wählen, wird mit der MENU-Taste stets direkt das My Menu aufgerufen. Damit haben Sie immer sofort Zugriff auf Ihre wichtigsten Funktionen. Mit ***Nur Reg.Karte My Menu anz.*** beschränkt sich das Menü auf das My Menu und die anderen Menüs werden ausgeblendet, was wir Ihnen nicht empfehlen würden.

9.8 Menükompass

Wie Sie es sicherlich auch von Ihrem Smartgerät oder Computer her kennen, besitzt auch Ihre EOS M5 einige Basisparameter, die es nach Inbetriebnahme der Kamera einzustellen gilt. Ist dies einmal geschehen, werden Sie diese normalerweise nur noch selten benötigen. Im Folgenden haben wir Ihnen die entsprechenden Menüeinträge zusammengestellt und um jene ergänzt, die im Buch bislang noch nicht erwähnt wurden.

Aufnahmeinformationen ein- und ausblenden

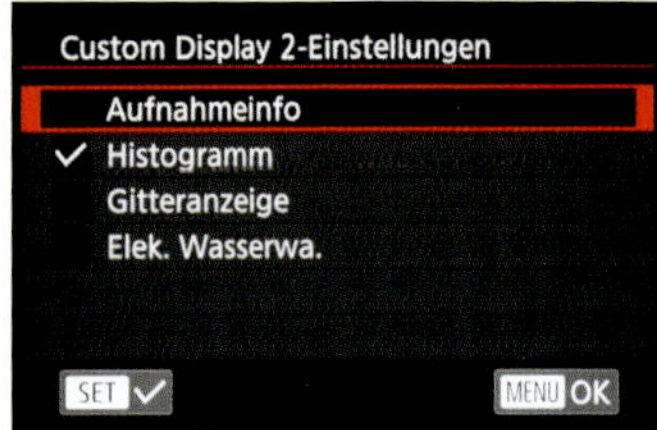

▲ *An-/Abwählen der Informationen, die im Custom Display 2 gezeigt werden sollen.*

Mit der INFO.-Taste können Sie verschiedene Anzeigen für den Monitor und den Sucher durchschalten. Welche davon verfügbar sind, lässt sich im Aufnahmemenü 1 bei *Anzeige für Aufnahmeinfos* wählen. Im Fall des Monitors öffnen Sie die Rubrik *Bildsch.-Info/Einst. ändern* und setzen bei den gewünschten Anzeigen einen Haken. Möglich ist auch, sich individuelle Anzeigen zusammenzustellen. Markieren Sie die Bildschirmvorgaben *Custom Display 1* oder *2* (*3* und *4* können nicht geändert werden). Öffnen Sie dann mit der INFO.-Taste/-Touchfläche das Auswahlmenü und setzen Sie bei den gewünschten Informationen einen Haken: *Aufnahmeinfo*, *Histogramm*, *Gitteranzeige* und *Elek. Wasserwa.*. Unsere Anzeigen sehen folgendermaßen aus: 1. Aufnahmeinfo und Elek. Wasserwa., 2. Histogramm, 3. Keine Infos angezeigt und 4. INFO. Schnelleinst.. Das Gleiche können Sie auch für den Sucher durchführen, indem Sie zu Beginn die Rubrik *Sucher-Info/Einstellungen ändern* wählen. Unsere Sucheranzeigen gestalten sich wie folgt: 1. Keine Infos angezeigt, 2. Aufnahmeinfo und Elek. Wasserwa. und 3. Aufnahmeinfo und Histogramm.

Des Weiteren können Sie bei *Sucher: Vert. Anz.* wählen, ob sich die Aufnahmeinformationen im Sucher um 90 Grad mitdrehen, wenn Sie die EOS M5 ins Hochformat drehen. Bei *Gitteranzeige* lässt sich die Art der gegebenenfalls eingeblendeten Rasterung wählen: *3×3* # (geeignet, um Einzelbilder für Panoramen zu 1/3 überlappend aufzunehmen), *6x4* # (Horizont gerade ausrichten) oder *3x3+diag* (Bildgestaltung getreu der Drittel-Regel/Goldener Schnitt). Bei *Histogramm* kann gewählt werden, ob das Helligkeits- oder das Farbhistogramm verwendet wird und ob die Anzeigegröße klein oder groß sein soll.

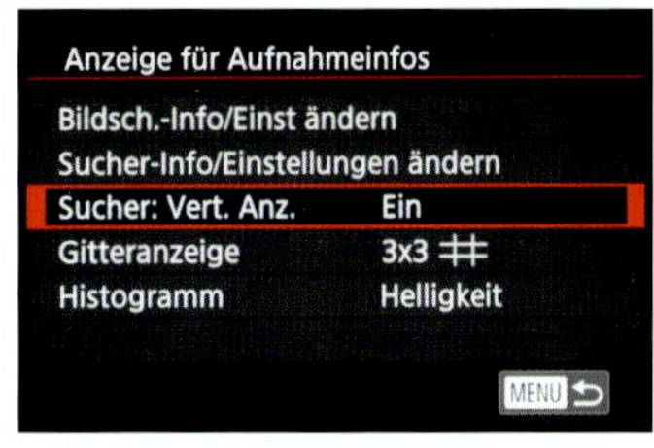

▲ *Weitere Anzeigeinformationen wählen.*

Anzeigemodus

Sollte das Livebild des Suchers beim Schwenken der EOS M5 oder bei bewegten Motiven ruckeln, können Sie für eine flüssigere Darstellung sorgen, indem Sie im Aufnahmemenü 2 bei *Anzeigemodus* und *Anzeigepriorität* die Option *Flüssig* wählen. Dies ist in den Modi P, Tv, Av, M, C1, C2 und A+ möglich. Die erhöhte Bildfrequenz zieht allerdings stärker an den Stromreserven. Wenn Sie nur einen Akku dabei haben und den ganzen Tag fotografierend unterwegs sind, empfehlen wir, die Anzeigepriorität *Stromsparend* zu verwenden.

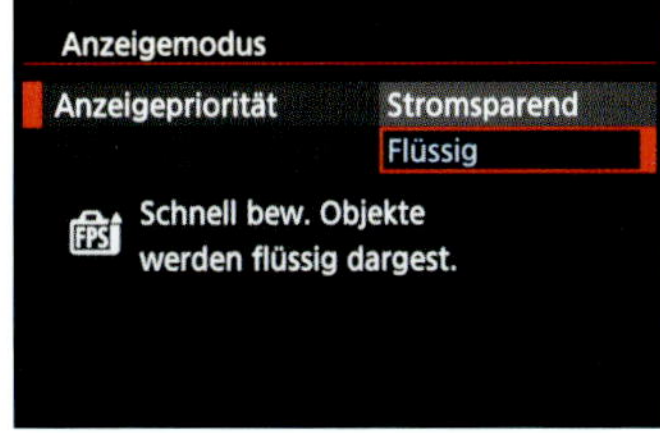

▲ *Diese Einstellung liefert ein flüssigeres Sucherbild, aber der Stromverbrauch steigt etwas an.*

Sucher-Anz.format

Standardmäßig werden die am linken Seitenrand des Sucherbildes angeordneten Aufnahmeinformationen mit dem Livebild überlagert. Wenn Ihnen dies nicht zusagt, können Sie sich die Informationen auch auf schwarzem Hintergrund darstellen lassen, indem Sie im Aufnahmemenü 2 bei *Sucher-Anz.format* die Vorgabe *Anzeige 2* wählen. Das Livebild wird dann kleiner und mit einem breiteren schwarzen Rahmen dargestellt. Das komplette Bild lässt sich daher auch mit etwas mehr Entfernung zum Sucher noch gut erkennen - praktisch für Brillenträger. Probieren Sie aus, was Ihnen besser gefällt.

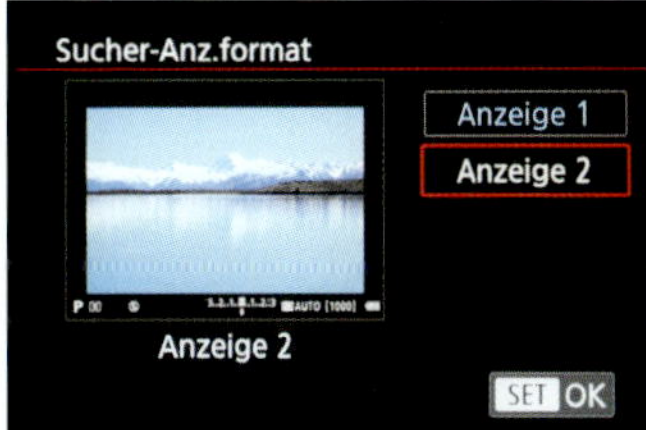

▲ *Sucheranzeige ohne oder mit schwarzem Rahmen.*

Ordner anlegen

Die Bilder und Filme werden auf der Speicherkarte in Ordnern abgelegt, die standardmäßig mit allen Mediendateien eines Monats gefüllt werden. Da wir persönlich die Bilder und Movies nach dem Kopieren auf die Festplatte ohnehin umbenennen und in ein eigenes Ordnersystem einpflegen,

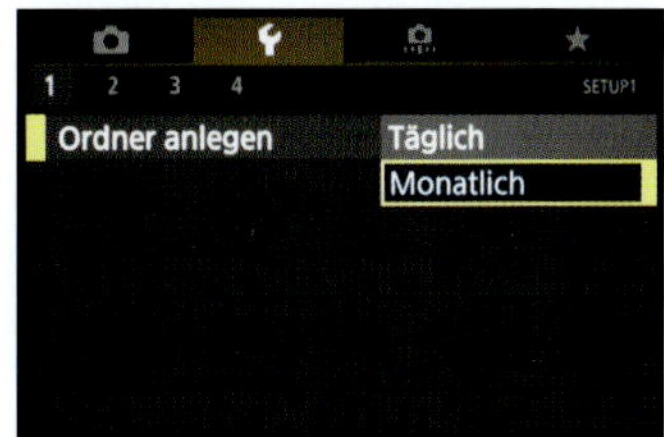

▲ *Ordner monatlich neu anlegen.*

belassen wir die Voreinstellung *Monatlich* bei. Wenn Sie aber beispielsweise lieber für jeden Fototag einen eigenen Ordner anlegen möchten, wählen Sie im Einstellungsmenü 1 bei *Ordner anlegen* die Vorgabe *Täglich*.

Datei-Nummer

▲ Optionen zur Nummerierung der Bilder und Movies.

Damit in der Bildersammlung kein Chaos entsteht oder gar Bilder versehentlich überschrieben werden, weil sie die gleiche Nummer tragen, verpasst die EOS M5 jedem Bild oder Film eine fortlaufende Nummer. Dies behält sie auch bei, wenn die Speicherkarte zwischendurch formatiert wird oder mit einer anderen Speicherkarte weiterfotografiert wird. Erst wenn die Nummer 9999 erreicht ist, beginnt die Nummerierung mit 0001 wieder von vorne. Generell empfehlen wir, die fortlaufende Nummerierung beizubehalten. Dazu sollte im Einstellungsmenü 1 bei *Datei-Nummer* die Option *Fortlaufend* eingestellt sein. Sollten Sie es vorziehen, die Nummerierung automatisch zurückzustellen, um zum Beispiel die Bilder in jedem neuen Ordner, monatlich oder täglich (siehe Funktion *Ordner anlegen*), mit 0001 beginnen zu lassen, wählen Sie *Autom.Rückst*. Die Gefahr doppelter Bildnummern und Überschreibungen erhöht sich dann aber erheblich. Um die Nummerierung auch beim Einlegen einer neuen oder geleerten Speicherkarte wieder von vorne laufen zu lassen, ist es dann auf jeden Fall wichtig, die Karte immer zuerst zu formatieren.

Anzeige-Einstellung

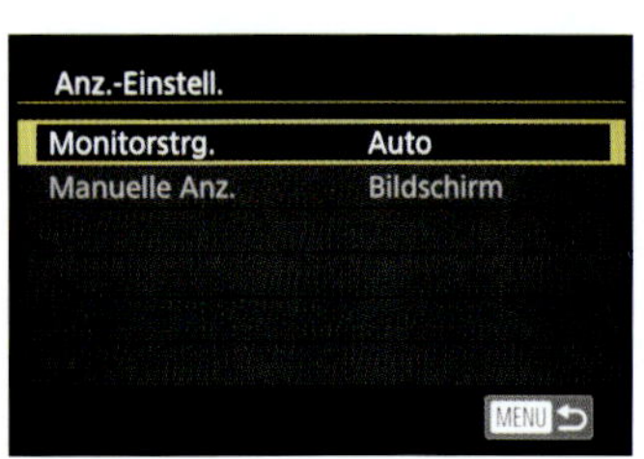

▲ Umschalten zwischen Sucher und Bildschirm automatisch steuern oder manuell vorgeben.

Damit Sie das Sucherbild immer sofort sehen können, wenn Sie sich mit dem Auge dem Sucherkasten nähern, schaltet der Augensensor den Sucher automatisch ein und den Monitor gleichzeitig aus. Das bedeutet aber auch, dass sich der Monitor abschaltet, wenn Sie mit der Hand vor den Sucher kommen. Sollten Sie diesen Umstand als sehr störend empfinden, können Sie den Sucher dauerhaft deaktivieren, indem Sie im Einstellungsmenü 1 bei *Anz.-Einstell.* und *Monitorstrg.* die Option *Manuell* wählen und bei *Manuelle Anz.* den Eintrag *Bildschirm* (oder *Sucher*, um den Monitor dauerhaft auszuschalten).

Elektronische Wasserwaage

Da der virtuelle Horizont bei Auslieferung der Kamera noch nicht kalibriert sein könnte, sollten Sie dies vor der ersten Benutzung vorsichtshalber nachholen. Am besten stellen Sie die EOS M5 dazu auf eine „analoge“ Wasserwaage oder befestigen eine Blitzschuh-Wasserwaage am Zubehörschuh und richten die Kamera auf einem Tisch oder einem Stativ exakt gerade aus. Dann wählen Sie im Einstellungsmenü 1 die Option *Elek. Wasserwa.* und führen die *Kalibrierung Horizontalneigung* und *Kalibrierung Vertikalneigung* wie vorgegeben aus.

▲ *Die Kalibrierung der Wasserwaage.*

Eco-Modus

Wird der *Eco-Modus* im Einstellungsmenü 2 eingeschaltet, dunkelt die EOS M5 den Monitor bereits nach zwei Sekunden leicht ab und schaltet ihn schon nach zehn Sekunden ganz aus. Danach ist die EOS M5 noch etwa drei Minuten lang in Bereitschaft, was an der grün blinkenden Kontrollleuchte zu erkennen ist, bevor sie sich ganz ausschaltet. Wir setzen den Eco-Modus gerne ein, sobald der Akku den ersten Teilstrich eingebüßt hat und wir noch viel zu Fotografieren haben.

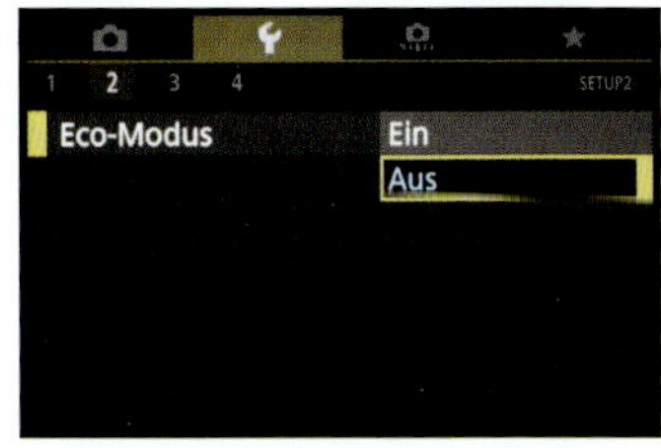

▲ *Standardmäßig ist der Eco-Modus bei uns ausgeschaltet.*

Stromsparmodus

Alternativ zum Eco-Modus können Sie auch den *Stromsparmodus* nutzen, um die Akkureserven zu schonen. Setzen Sie die Option *Display aus* zum Beispiel auf *30 Sek.*. Die EOS M5 schaltet den Monitor und Sucher jetzt zwar schon nach 30 Sekunden aus, sie kann aber durch Antippen des Auslösers sehr schnell wieder aktiviert werden, da die Kamera noch betriebsbereit ist (Kontrollleuchte blinkt grün).

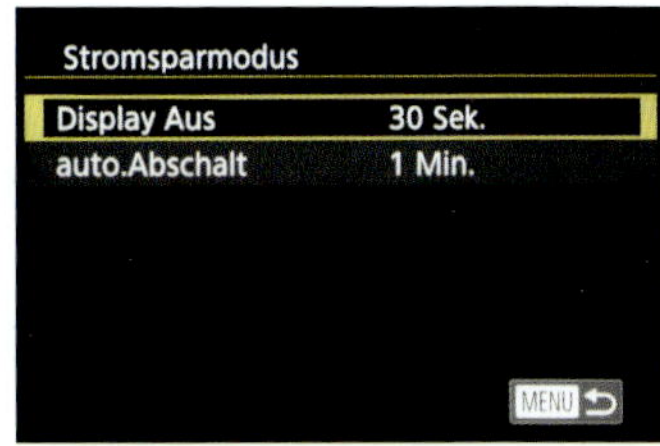

▲ *Empfehlenswerte Einstellungen zum Strom sparen im Standardbetrieb.*

Mit der Option *auto.Abschalt* wählen Sie die Zeit, zum Beispiel *1. Min.*, nach der sich die EOS M5 vollständig ausschaltet (Kontrollleuchte aus). Durch Antippen des Auslösers wird die Kamera zwar ebenfalls wieder aus ihrem Dornröschenschlaf erweckt, aber das dauert einen Tick länger. Als Standardeinstellung ist die automatische Abschaltung empfehlenswert. Sollten Sie aber bei einer Veranstaltung in kurzen Zeitabständen immer wieder auf tolle Motive treffen, kann es vorteilhaft sein, die Funktion für diesen Zeitraum zu deaktivieren (*Deakt.*), damit Sie keine gute Fotochance verpassen.

Displayhelligkeit

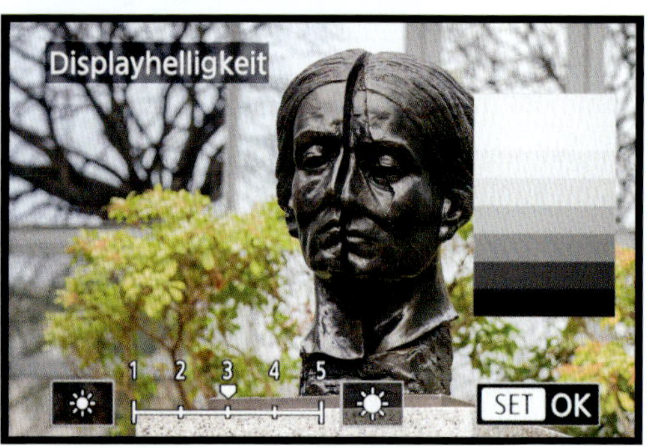

▲ *Bei uns ist die Helligkeitsstufe 3 eingestellt.*

Mit der *Displayhelligkeit* aus dem Einstellungsmenü 2 lässt sich die Helligkeit des Monitors in fünf Stufen anpassen. Gleiches ist für den elektronischen Sucher möglich. Dazu stellen Sie die Displayhelligkeit ein, während Sie durch den Sucher blicken. Da die Standardeinstellung (Stufe 3) bei der EOS M5 unserer Erfahrung nach gut für die Beurteilung der zu erwartenden Bildhelligkeit taugt, ist eine Anpassung in der Regel nicht notwendig. Wenn Sie die Displayhelligkeit jedoch ändern, achten Sie darauf, dass die verschiedenen Graustufen noch differenziert zu erkennen sind, sonst lässt sich die Belichtung nicht mehr sicher beurteilen. Schauen Sie sich nach der Aufnahme am besten auch das Histogramm an, indem Sie das Bild aufrufen und mit der INFO.-Taste die detaillierte Informationsanzeige einschalten.

Maximale Helligkeit via INFO.-Taste

Um bei extrem starker Sonneneinstrahlung auf dem Monitor noch etwas erkennen zu können, drücken Sie aus der Fotosituation heraus einfach die INFO.-Taste für etwa eine Sekunde. Schon stellt die EOS M5 den Monitor auf maximale Helligkeit um. Wird die Taste erneut circa eine Sekunde lang gedrückt, stellt sich die Helligkeit wieder auf den im Menü gewählten Wert zurück – das finden wir wirklich praktisch.

Nachtschema

Damit Ihnen der Monitor oder Sucher in dunkler Umgebung, etwa beim Fotografieren des Sternenhimmels, nicht zu grell ins Auge leuchtet, können Sie die Anzeige durch Aktivieren der Funktion *Nachtschema* im Einstellungsmenü 2 auf gedämpfte Farben und eine geringe Helligkeit umstellen.

Zeitzone

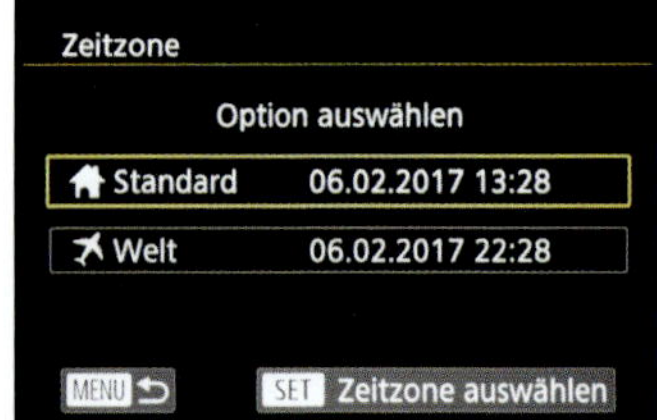

▲ *Mitteleuropäische Zeit und die Zeit am Urlaubsort (hier für Sydney).*

Im Einstellungsmenü 2 bei Zeitzone (*Time Zone*) sollte, wenn Sie sich in Deutschland, Österreich oder der Schweiz aufhalten, mit der Vorgabe Paris die Mitteleuropäische Zeit eingestellt sein. Neben der Zeitzone *Standard* haben Sie zudem die Möglichkeit, eine zweite Zeitzone *Welt* auszuwählen, die Sie beispielsweise im Urlaub nutzen können, um die Bilder mit den dortigen Zeitwerten korrekt zu speichern.

Datum und Uhrzeit festlegen

Gleich nach dem ersten Anschalten der EOS M5 erscheint automatisch der Bildschirm *Datum/Uhrzeit* bzw. *Date/Time*. Stellen Sie die Werte hier gleich richtig ein, dann werden Ihre Fotos von vorne herein mit den korrekten Zeitdaten abgespeichert. Wenn Sie hierbei auch die Sommerzeit ☀ aktivieren, müssen Sie noch einmal zurück auf die Stundenangabe springen und diese korrigieren. Um die Zeit nachträglich zu ändern, rufen Sie die Funktion im Einstellungsmenü 2 auf.

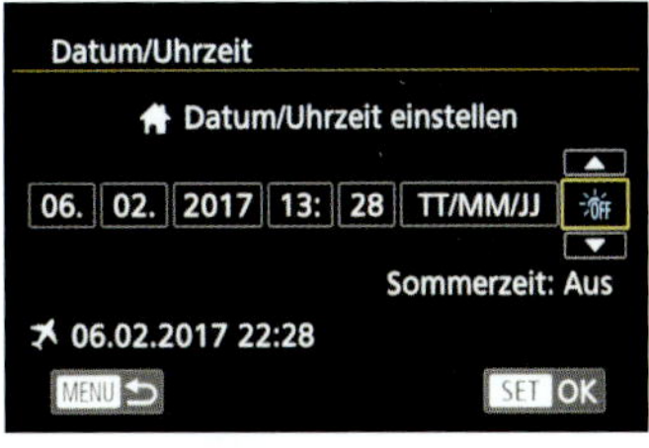

▲ *Auswahl von Datum und Uhrzeit inklusive Sommer- oder Winterzeit.*

Sprache

Damit Sie verständliche Botschaften von Ihrer fotografischen Begleiterin erhalten, können Sie im Einstellungsmenü 3 Ihre bevorzugte *Sprache* aus 25 Möglichkeiten auswählen.

Piep-Ton

Um Ihnen das Fotografieren zu erleichtern, sodass Sie beispielsweise sofort erkennen, ob die Scharfstellung geklappt hat oder die Selbstauslösezeit abläuft, sendet die EOS M5 entsprechende Signaltöne aus. Dies ist nicht jedermanns Geschmack, daher lässt sich der *Piep-Ton* im Einstellungsmenü 3 natürlich auch abschalten.

Betriebsgeräusche

Standardmäßig ertönen beim Berühren des Touchscreen-Monitors oder beim Betätigen von Tasten Signaltöne. Wenn Sie das viele Gepiepe irgendwann zu stören beginnt, schalten Sie die *Betriebsger*. im Einstellungsmenü 3 einfach aus.

Tipps & Tricks

Sicherlich sind Ihnen im Schnellmenü die Erläuterungen schon einmal aufgefallen, die beim Einstellen der unterschiedlichsten Funktionen angezeigt werden. Am Anfang sind diese bestimmt hilfreich, aber manch einem ist es dann irgendwann auch zu viel des Guten. In diesem Fall können Sie die Informationen einfach im Einstellungsmenü 3 bei *Tipps & Tricks* deaktivieren.

Symbolgröße/-Info

In den Aufnahmeprogrammen SCN, Kreativfilter und Movie kann der jeweilige Modus, zum Beispiel HDR-Gegenlicht, im Aufnahmemenü 1 bei *Aufnahmemodus* ausgewählt werden. Wenn Sie im Einstellungsmenü 3 bei *Symbolgröße/-Info* die Vorgabe *Groß m. Info* wählen, sind die Auswahlkacheln mit Namen versehen und größer als bei Wahl von *Klein o. Info.*. Nehmen Sie die Einstellung, die Ihnen besser gefällt.

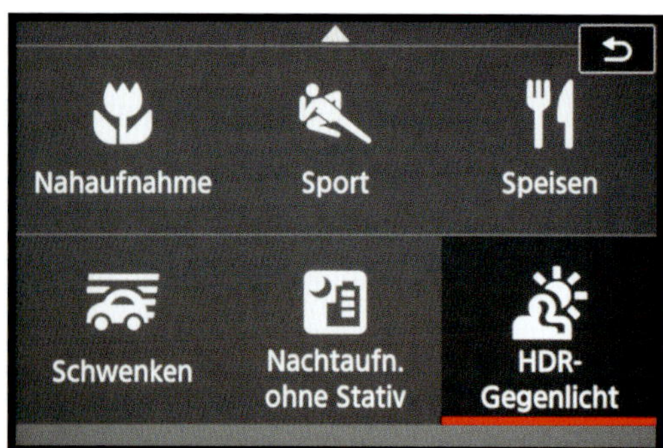

▲ *Symbolgröße Groß mit Info.*

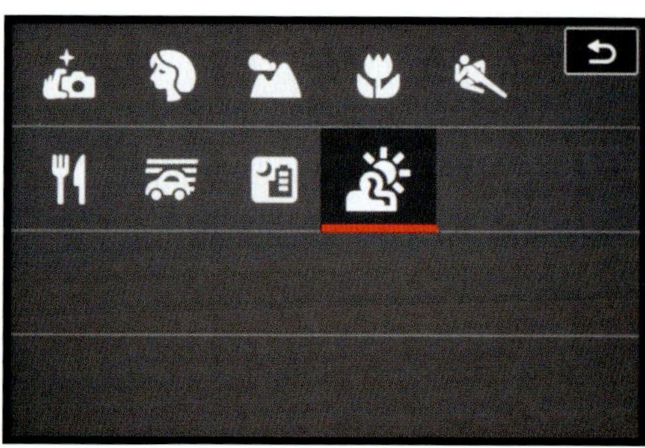

▲ *Symbolgröße Klein ohne Info.*

Anzeige Zertifizierungs-Logo

Besonders an internationalen Zulassungsdaten für Kameras interessierte Zeitgenossen dürfte die Rubrik *Anzeige Zertifizierungs-Logo* aus dem Einstellungsmenü 4 gefallen. Sie liefert diverse Logos der Kamerazertifizierung, die nicht auf dem Kameragehäuse angebracht sind. Eine rundum spannende Angelegenheit... die allerdings selten zu besseren Bildern führt.

Copyright-Informationen

Für jeden, der seine Bilder an andere weitergibt oder im Internet präsentiert, könnte die Möglichkeit interessant sein, die Bilder mit Copyright-Informationen zu versehen. Es gibt zwei Felder, die individuell mit dem eigenen Namen, einem Copyright-Vermerk oder mit anderen Begriffen ausgefüllt werden können. Um dies zu tun, öffnen Sie im Einstellungsmenü 4 die *Copyright-Informa-*

tionen. Geben Sie bei *Name des Autors eingeben* oder *Copyright-Detail eingeben* Ihren Text ein (Buchstaben/Zahlenfeld auswählen mit der Touchfläche und Text eintragen per Fingertipp, Einträge löschen mit , alles bestätigen mit MENU). Über *Copyright-Info anzeigen* können Sie die Angaben prüfen und über *Copyright-Info löschen* wieder komplett entfernen.

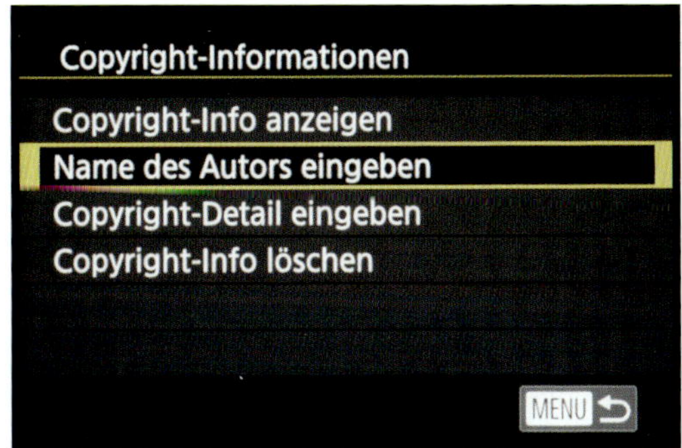

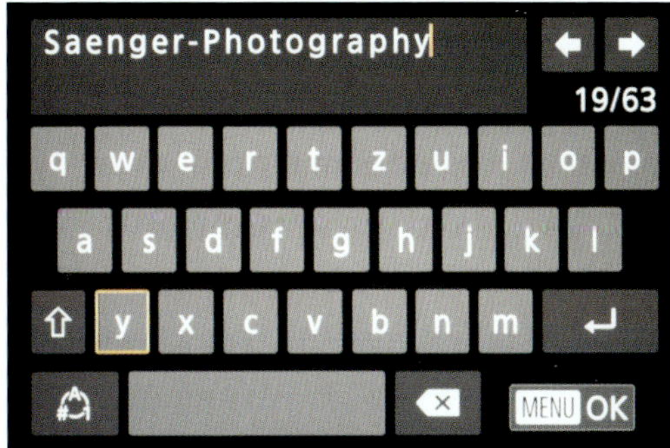

▲ *Copyright-Informationen bearbeiten.*

Kamera zurücksetzen

Wenn Sie auf Ihrer EOS M5 einmal so richtig Klarschiff machen möchten, setzen Sie im Einstellungsmenü 4 bei *Kam. zurücks.* und *Grundeinstell.*, bis auf ein paar Ausnahmen, alle Funktionen wieder auf die Werkseinstellung zurück. Zu den Ausnahmen, die Sie in den jeweiligen Funktionsmenüs ändern oder löschen müssen, gehören folgende Optionen: Datum, Uhrzeit, Zeitzone, Sprache, Videosystem, Belichtungskorrekturwert, manuelle Weißabgleichdaten, aktuell gewählter Aufnahmemodus, gespeicherte Registerkarten im My Menu. Bei *Andere Einstell.* haben Sie die Möglichkeit, auch die Einstellungen der Aufnahmeprogramme C1 und C2, der Blitzeinstellungen, die Copyright-Informationen, die Kalibrierungsdaten der elektronischen Wasserwaage, die Drahtlos-Einstellungen und die Einstellungen Individualfunktionen zu löschen bzw. auf den Ausgangszustand zurückzusetzen.

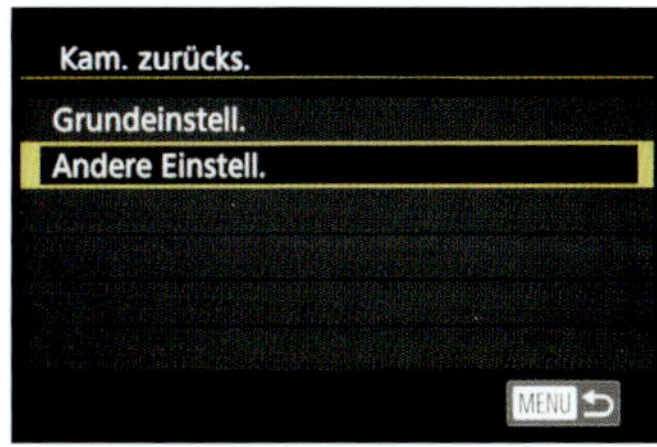

▲ *Kameraeinstellungen zurücksetzen.*

Druckeinstellungen

Wenn Sie Ihre JPEG-Bilder direkt von der Speicherkarte auf einem DPOF-kompatiblen Drucker zu Papier bringen möchten, können Sie im Wiedergabemenü 3 bei *Druckeinst.* eine Druckliste anlegen.

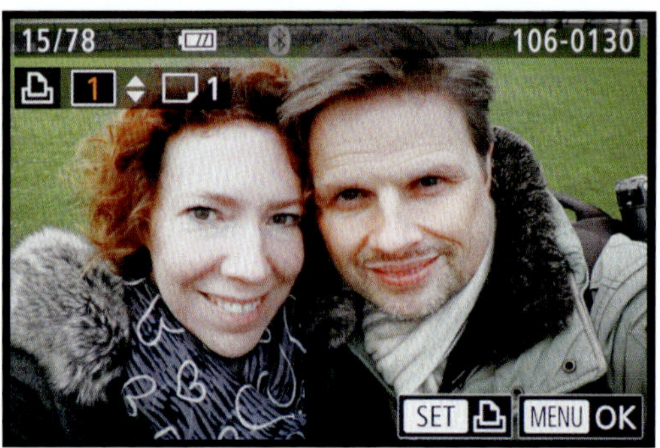

▲ *Aufnahme des ausgewählten Bildes in die Druckliste der EOS M5.*

Wählen Sie die Bilder über *Wahl Bilder & Anzahl* einzeln aus, indem Sie bei jedem gewünschten Foto die Q/SET-Taste/-Touchfläche betätigen und mit den Tasten ▲▼ die Anzahl der Druckkopien festlegen. Oder drucken Sie mehrere Bilder am Stück (*Bereich wählen*) oder alle Bilder (*Auswahl aller Bilder*) in einem Schwung aus. Im Bereich *Druckeinstellungen* können Sie bei *Drucklayout* festlegen, ob die Bilder in voller Größe (*Standard*) oder in Form einer *Übersicht* gedruckt werden sollen, oder beides. Außerdem können Sie das *Datum* und/ oder die *Datei-Nr.* auf die Bilder drucken lassen. Wenn die Funktion *DPOF Dat. lösch* aktiviert ist, wird die Druckliste nach dem Drucken wieder zurückgesetzt.

Was bedeutet DPOF?

DPOF (**D**igital **P**rint **O**rder **F**ormat) ist ein Speicherformat für die den Bildern zugeordneten Druckeinstellungen. Diese liefern dem Drucker zuhause oder im Fotolabor alle notwendigen Informationen zu Druckformat, Anzahl und weiteren Einstellungen.

▶ Fotobuch-Einstellung

Mit der Funktion *Fotobuch-Einstellung* im Wiedergabemenü 3 lassen sich einzelne oder alle JPEG-Bilder auf der Speicherkarte für Fotobuch-Projekte auswählen. Kopien der so ausgewählten Bilder werden beim Importieren der Fotos mit der Canon Software EOS Utility 3 in ein separates Album mit dem Namen *Photobook* gespeichert.

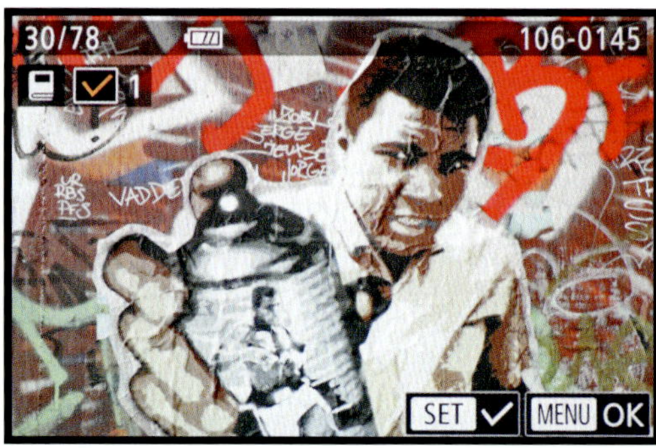

▲ *Auswahl eines einzelnen Bildes für das geplante Fotobuch.*

Die Fotobuch-Bilder sind damit bereits vorsortiert und können später beispielsweise an Online-Druckdienste gesendet werden. Damit die Sortierung in das Album funktioniert, wählen Sie in der EOS Utility die Option *Herunterladen von Bildern auf den Computer* und danach bei *Einstellungen* die Vorgabe *Alle Bilder*. Klicken Sie anschließend die Option *Download automatisch starten* an und beantworten Sie die Frage nach dem Fotoalbum mit *Ja*.

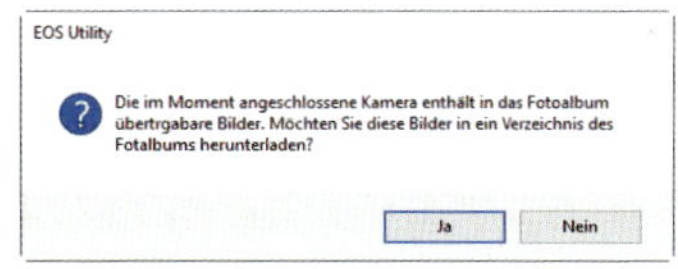

▲ *Die EOS Utility fragt beim Import nach, ob die Fotobuch-Bilder in ein separates Verzeichnis kopiert werden dürfen.*

▶ Wiedergaberaster

Um die Bildkomposition oder die Ausrichtung des Horizonts in der Wiedergabeansicht noch einmal genau zu prüfen, können Sie im Wiedergabemenü 4 bei *Wiedergaberaster* das Gitter *3×3*, *6x4* oder *3x3+diag* aktivieren.

Drehung Wählrad bei Tv/Av

Standardmäßig bewirkt das Drehen des Hauptwahlrads nach rechts, dass sich bei der Zeitvorwahl (Tv) die Belichtungszeit verkürzt und bei der Blendenvorwahl (Av) der Blendenwert erhöht. Wenn Sie die Richtungen umdrehen möchten, können Sie im Individualmenü *C.Fn II: Andere* bei *Drehung Wählrad bei Tv/Av* die Option *Umgekehrt* einstellen. Auch in den anderen Modi kehren sich die Einstellungsrichtungen für die Programmverschiebung (P) oder die Auswahl von Zeit und Blende (Modus M) dann um.

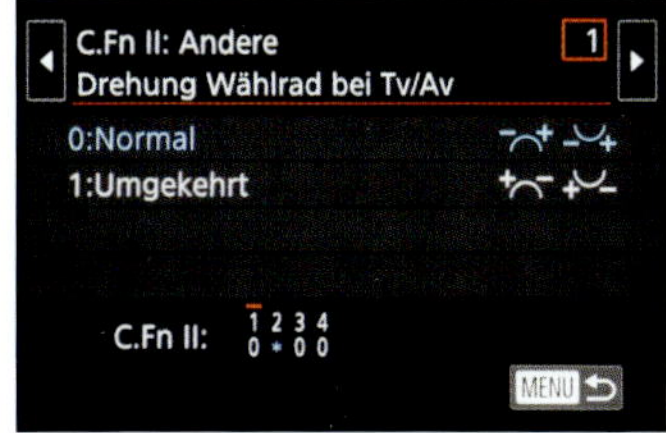

▲ *Die Bedienungsanleitungen in diesem Buch beziehen sich auf die hier gezeigte Standardeinstellung.*

Alle C.Fn löschen

Möchten Sie alle veränderten Einstellungen in den Individualfunktionen löschen, wählen Sie im Individualmenü die Option *Alle C.Fn löschen*.

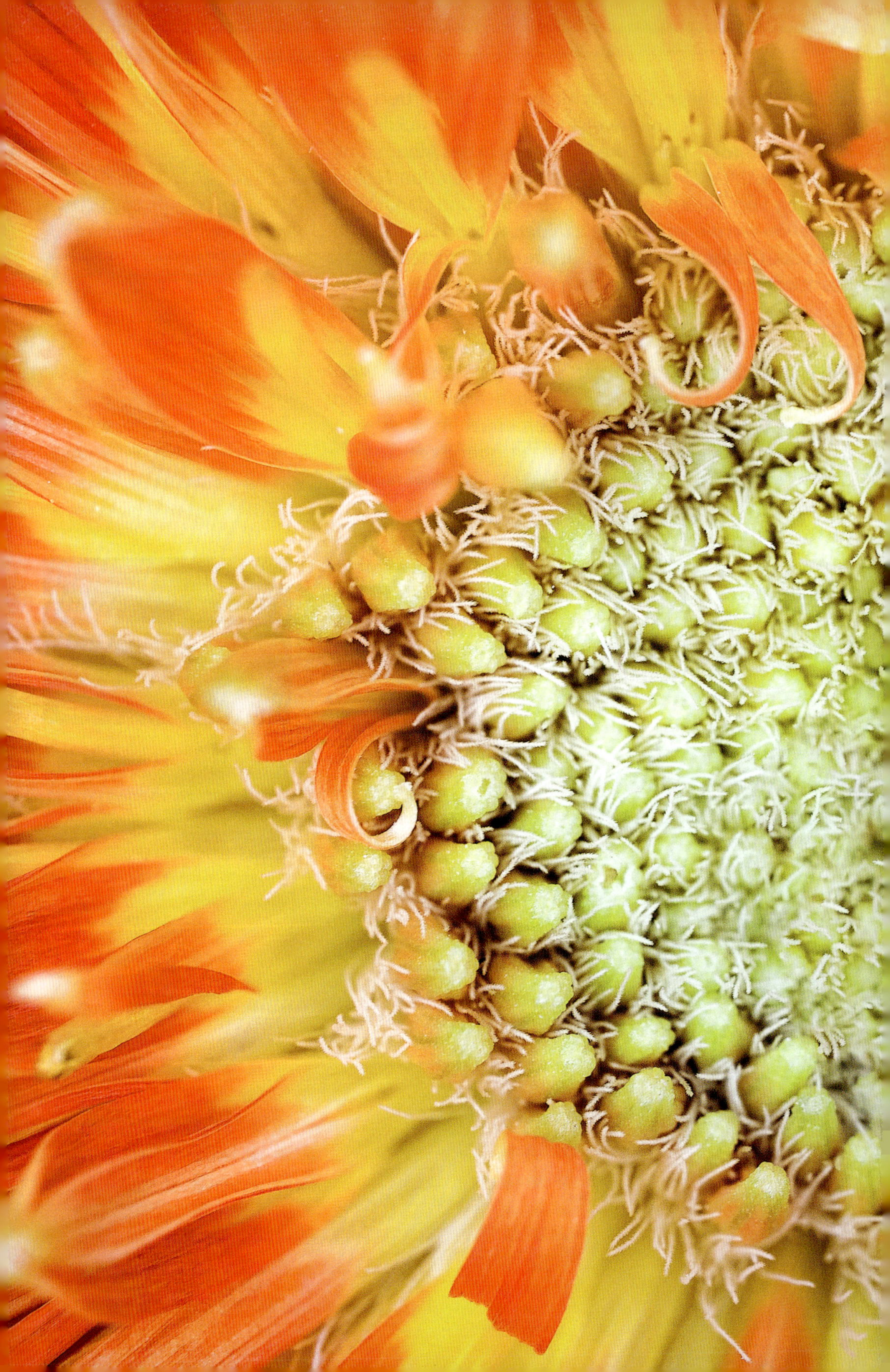

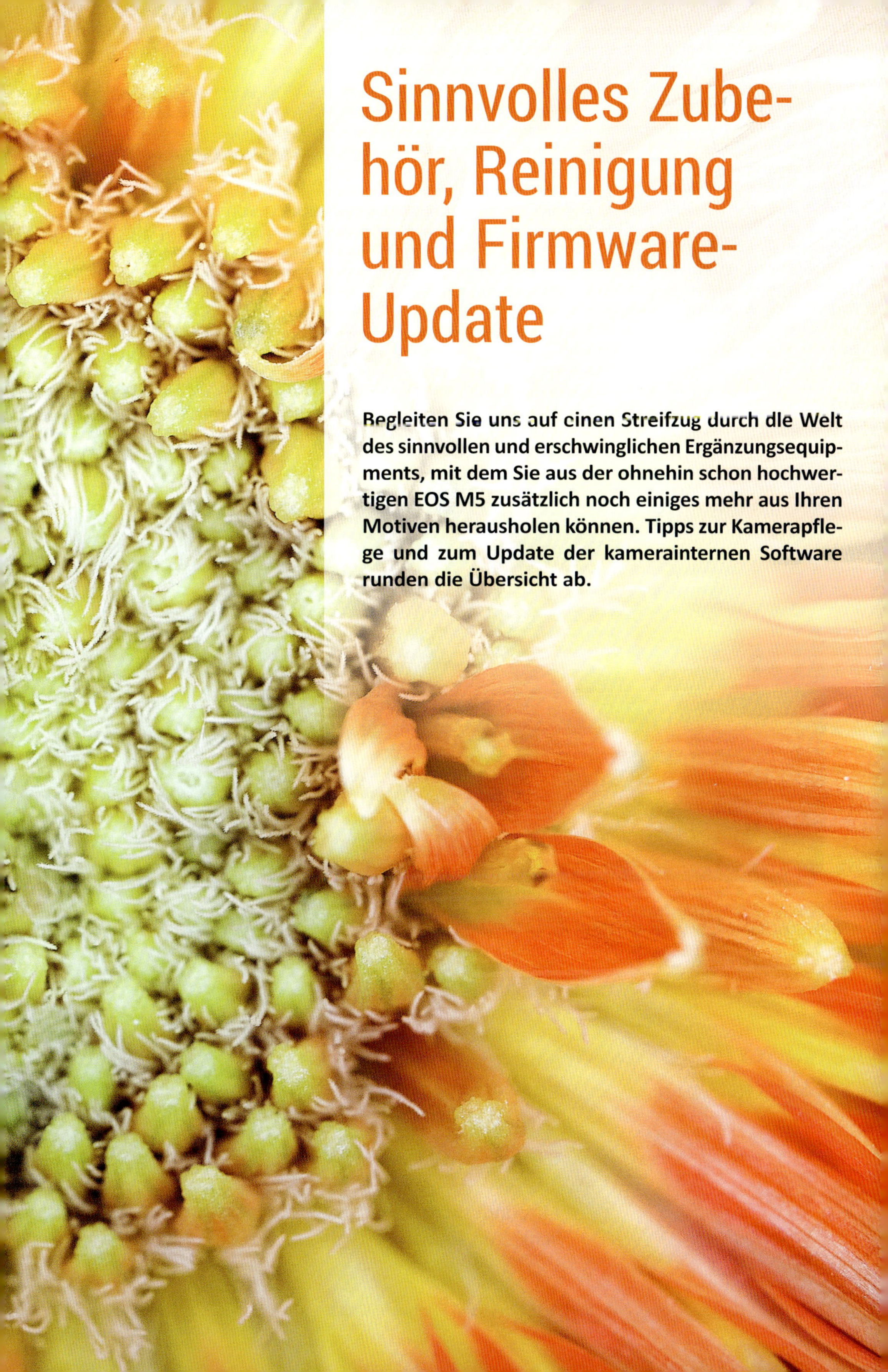

Sinnvolles Zubehör, Reinigung und Firmware-Update

Begleiten Sie uns auf einen Streifzug durch die Welt des sinnvollen und erschwinglichen Ergänzungsequipments, mit dem Sie aus der ohnehin schon hochwertigen EOS M5 zusätzlich noch einiges mehr aus Ihren Motiven herausholen können. Tipps zur Kamerapflege und zum Update der kamerainternen Software runden die Übersicht ab.

10.1 Rund um das Objektiv

▲ Ob Auge oder Objektiv, die Güte der Linsen entscheidet über die Bildqualität.

Genauso, wie die Güte Ihrer Augen das eigene Sehempfinden bestimmt, hängt die rein optische Qualität der Bilder aus der EOS M5 maßgeblich vom angesetzten Objektiv ab. Wie vielseitig die Möglichkeiten sind, Ihre Kamera mit einem qualitativ hochwertigen „Auge" zu versehen, erfahren Sie in den folgenden Abschnitten.

Mit dem Erscheinen der EOS M im Jahr 2012 hat Canon auch das neue EF-M-Bajonett eingeführt, die Verbindungsstelle zwischen Kamerabody und Objektiv. Darüber können EF-M-Objektive von Canon oder kompatible Modelle von Drittherstellern direkt angebracht werden.

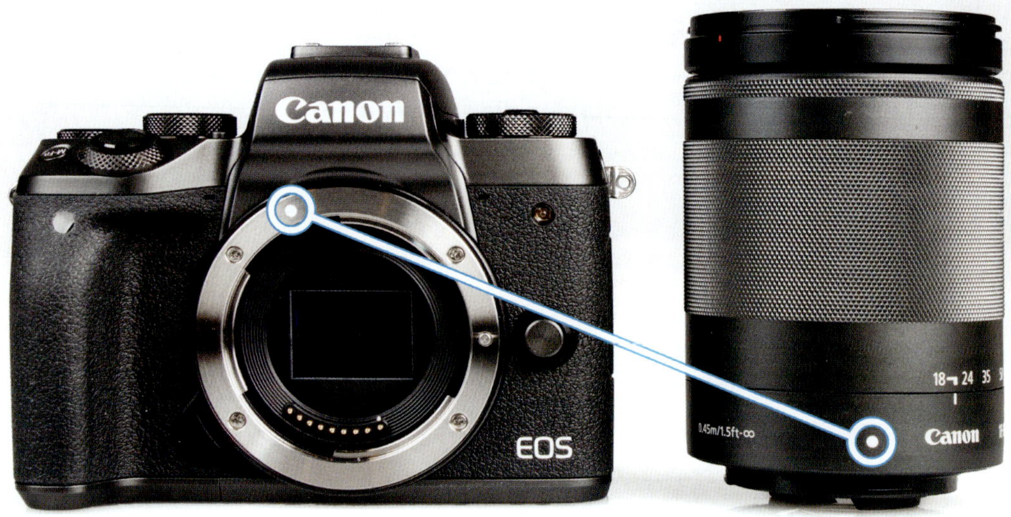

▲ EF-M-Objektive werden mit der weißen Markierung am Gehäuse der EOS M5 angesetzt.

Objektive für das EOS-M-Bajonett

Derzeit sind sieben Canon-Objektive mit EF-M-Anschluss erhältlich. Der Vorteil dieser Optiken besteht darin, dass sie sehr kompakt gebaut sind und perfekt mit dem Autofokussystem der EOS M5 zusammenarbeiten.

Die beiden Objektive ***EF-M 18–55 mm f/3,5–5,6 IS STM*** und ***EF-M 15–45 mm f/3,5–6,3 IS STM*** decken als handliche Allrounder einen sehr großen Bereich fotografischer Möglichkeiten ab, von der Sightseeing-Aufnahme über interessante Detailansichten bis hin zum prägnanten Porträt. Ersteres bietet etwas mehr Telebrennweite (gut für Porträts, Tiere, Details), das Zweite hat mehr Spielraum im Weitwinkelbereich (gut für Reportage, Landschaft, Architektur).

Bei beiden Objektiven lässt die Schärfe zu den Bildrändern allerdings etwas nach, vor allem im Weitwinkel. Daher ist es bei Landschafts- und Architekturbildern empfehlenswert, auf f/5,6 bis f/8 abzublenden. Bei Porträtaufnahmen mit der Teleeinstellung ist dies zu verschmerzen, denn der Randbereich zeigt meist nur den Hintergrund, der ohnehin meist weich und diffus aussehen soll. Im Bildzentrum liefern beide Objektive eine hohe Schärfe mit einem leichten Vorteil aufseiten des 18–55 mm-Objektivs.

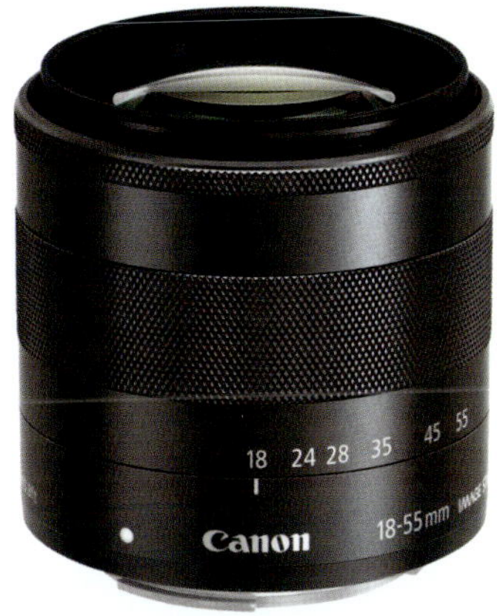

▲ *Das EF-M 18–55 mm f/3,5–5,6 IS STM mit Metallbajonett wiegt 210 g und ist 6,1 cm lang (Bild: Canon).*

Verzeichnungen, die im Weitwinkelbereich bei beiden Objektiven deutlich sichtbar sind, sollten in der Bildbearbeitung nachträglich korrigiert werden, vor allem, wenn es sich um Architekturmotive mit geraden Kanten handelt. Die stark ausgeprägte Vignettierung (abgedunkelte Bildecken) und die weniger starken chromatischen Aberrationen werden durch die kamerainterne ObjektivAberrationskorrektur gut in Schach gehalten.

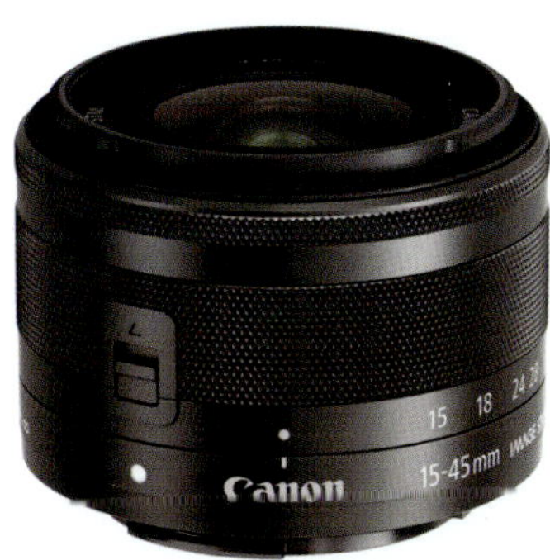

▲ *Mit einem Gewicht von 130 g und einer Länge von 4,45 cm ist das EF-M 15–45 mm f/3,5–6,3 IS STM mit Plastikbajonett äußerst kompakt und leicht (Bild: Canon).*

Abgesehen vom Brennweitenbereich unterscheiden sich die beiden Objektive vor allem in der Bauweise. Das 15–45 mm-Objektiv ist dank des mechanischen Einzugsmechanismus äußerst kompakt gestaltet. Das bedeutet aber auch, dass vor dem Fotografieren erst einmal der Schieber zum Aus-/Einfahren des Objektivs in Pfeilrichtung gedrückt und gleichzeitig am Zoomring gedreht werden muss, bis der Tubus voll ausgefahren ist und bei 15 mm Brennweite mit einem Klick einrastet. Das Objektiv ist daher nicht ganz so schnell einsatzbereit. Hinzu kommt die schlechtere Lichtstärke im Telebereich von f/6,3 im Vergleich zu f/5,6 des 18–55 mm-Objektivs. Mit dem 15–45 mm-Objektiv lässt sich der Hintergrund daher etwas weniger weich ausblenden und bei gleicher Lichtintensität werden höhere ISO-Werte benötigt. Auch die Qualität von Detailaufnahmen ist beim 18–55 mm-Objektiv besser.

Wer Entferntes näher heranholen möchte, kann dies mit dem ***EF-M 55-200mm f/4,5–6,3 IS STM*** in Angriff nehmen. Allerdings lässt die Schärfe bei voller Teleeinstellung auf 200 mm etwas nach. Für Porträtaufnahmen mit einem

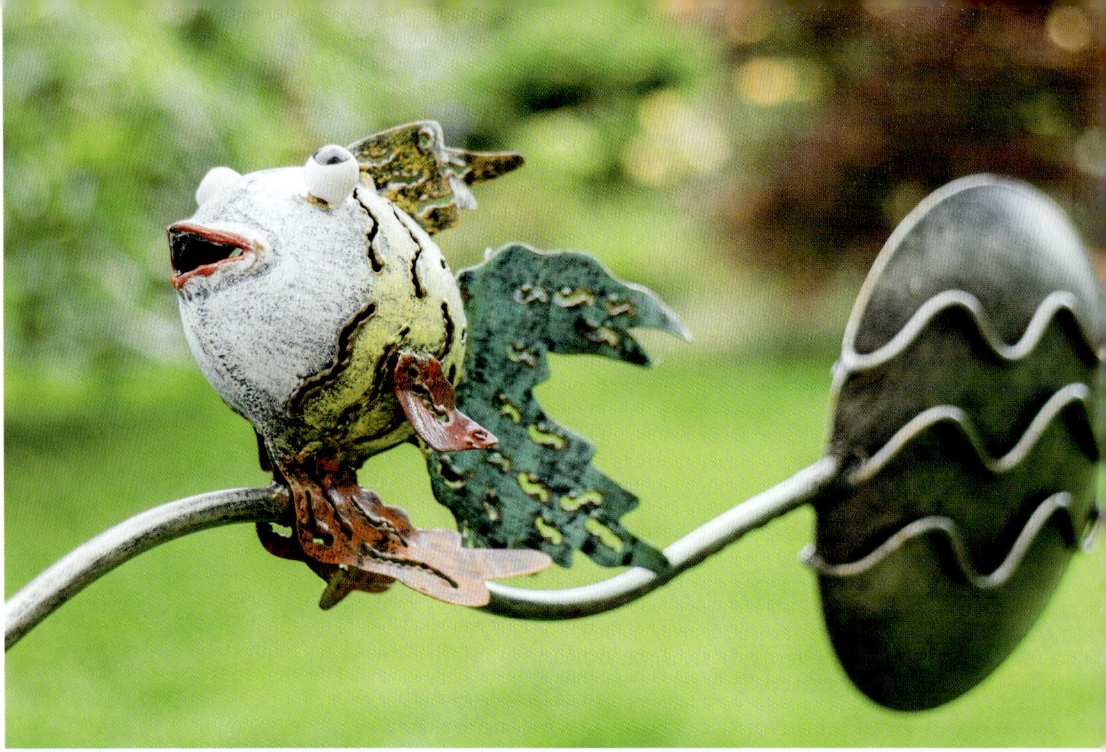

55 mm | f/5,6 | 1/30 Sek. | ISO 100 | +2/3

▲ *Detailaufnahme mit geringer Schärfentiefe und recht weichem Bokeh, aufgenommen mit dem EF-M 18–55 mm f/3,5–5,6 IS STM.*

möglichst unscharfen Hintergrund fotografieren Sie am besten mit ±100 mm Brennweite bei Blende f/5.

Eine hohe Bildschärfe liefern sowohl das Canon *EF-M 11–22mm f/4–5,6 IS STM*, das sich vor allem für weiträumige Landschafts- und Architekturmotive eignet, als auch das *EF-M 22 mm f/2 STM*, das für Freihandaufnahmen bei wenig Licht und Filmaufnahmen vorteilhaft ist. Die tonnenförmige Verzeichnung ist aber auch hier sichtbar und muss bei Bildern mit geraden Linien korrigiert werden. Um ein Maximum an Schärfe- und Kontrastleistung aus den Objektiven heraus zu kitzeln, ist es zudem sinnvoll, den Blendenwert ausgehend vom niedrigsten Wert um ein bis zwei ganze Stufen zu erhöhen.

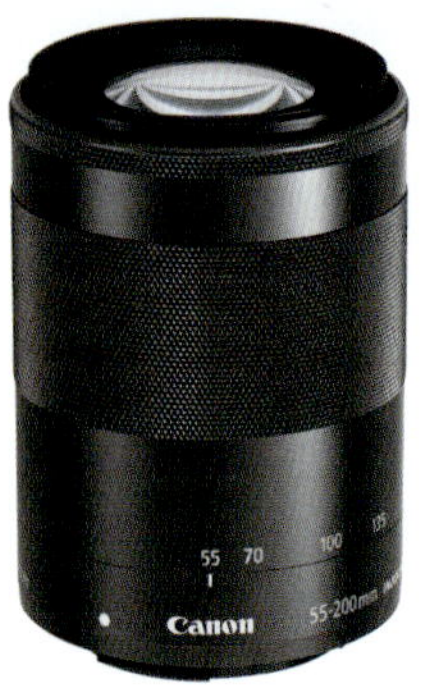

▲ *EF-M 55–200mm f/4,5–6,3 IS STM (Bild: Canon).*

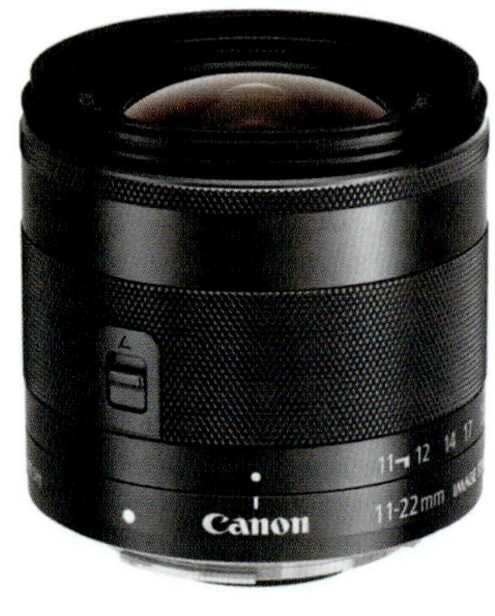

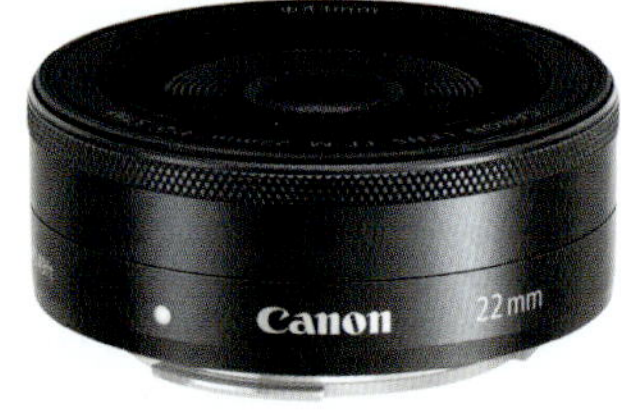

▶ *EF-M 11-22mm f/4–5,6 IS STM (links) und EF–M 22mm f/2 STM (rechts, Bilder: Canon).*

Vorteile einer hohen Lichtstärke

Mit der Lichtstärke wird die maximale Blendenöffnung eines Objektivs bezeichnet. Das ist der niedrigste verwendbare Blendenwert. Je höher die Lichtstärke (je kleiner der Blendenwert), desto größer die Objektivöffnung und desto mehr Licht gelangt bei gleicher Zeit bis zum Sensor. Dadurch verringert sich die Verwacklungsgefahr in dunkler Umgebung. Gleichzeitig können mit sehr geringer Schärfentiefe besonders gute Freisteller entstehen und die optische Qualität der Unschärfe (Bokeh) ist meist sehr hoch. Die aktuellen EF-M-Objektive bieten, bis auf das EF-M 22 mm f/2 STM, alle keine überragende Lichtstärke. Um professionelle Porträt-, Produkt- oder Makroaufnahmen mit schönem Bokeh zu gestalten, empfehlen wir daher schon an dieser Stelle das Adaptieren von EF- oder EF-S-Objektiven mit hoher Lichtstärke über den Mount Adapter EF-EOS M.

Für alle, die viel auf Reisen unterwegs sind oder häufige Objektivwechsel scheuen, könnte das Canon *EF-M 18–150 mm f/3,5-6,3 IS STM* sehr interessant sein. Es bietet einen großen Zoombereich und kann daher von der weitläufigen Landschaft bis hin zum freigestellten Porträt für fast alle Motivarten eingesetzt werden.

Die geringe Lichtstärke von f/6,3 im Telebereich erzeugt jedoch eine nicht ganz so optimale Hintergrundunschärfe (Bokeh). Dafür ist die Schärfeleistung aber über den gesamten Zoombereich hinweg im Bildzentrum sehr gut und an den Rändern ebenfalls erstaunlich hoch, besser als bei dem 55–200 mm-Objektiv.

Detailaufnahmen lassen sich bei 150 mm Brennweite mit einem maximalen Abbildungsmaßstab von 1:3,2 aufnehmen, die Objektive 18–55 mm und 15–45 mm bieten hier nur 1:4. Allerdings sollten die Bilder, da sie etwas weich wirken, im Kontrast leicht angehoben und eventuell auch nachgeschärft werden. Für ein Superzoomobjektiv bietet das 18–150 mm-Modell eine wirklich gute Performance.

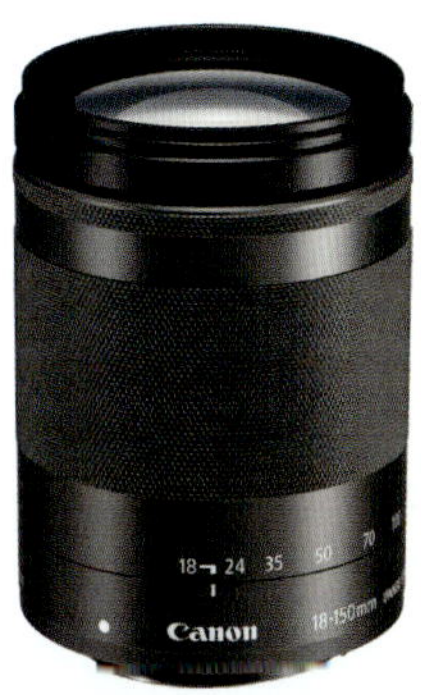

▲ *Wer viel mit dem EF-M 18-150mm f/3,5-6,3 IS STM fotografiert, besorgt sich am besten auch die Streulichtblende EW-60F, um bei Seitenlicht Linsenreflexionen zu vermeiden, die recht deutlich auftreten können (Bild: Canon).*

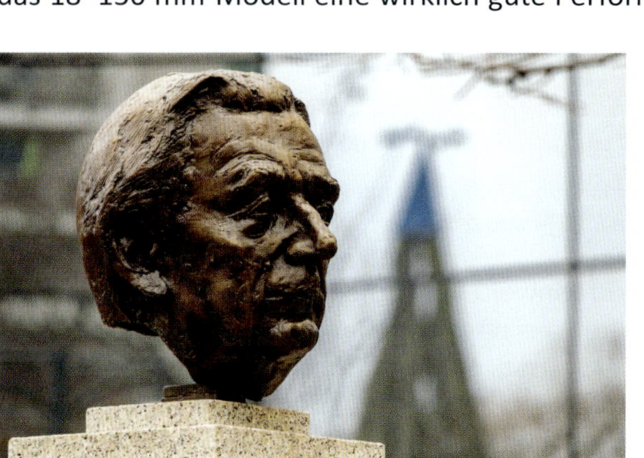

150 mm | f/6,3 | 1/320 Sek. | ISO 1600

◄ *Ist der Hintergrund fünf oder mehr Meter entfernt, lassen sich mit dem EF-M 18-150 mm f/3,5-6,3 IS STM Objektiv gute Freisteller gestalten.*

Mit dem Canon **EF-M 28mm f/3,5 Makro IS STM** können Sie sich die Welt der Makrofotografie erschließen, denn dieses Objektiv ist für kurze Aufnahmedistanzen optimiert. Es ermöglicht trotz seiner Weitwinkelbrennweite einen Abbildungsmaßstab von 1:1. Die Objekte werden in ihrer realen Größe dargestellt, so als würden Sie mit dem Sensor der EOS M5 einen Abdruck davon nehmen. Im Super-Makro-Modus ist sogar eine Vergrößerung von 1,2:1-fach möglich, dafür kann aber nicht mehr in die Ferne fokussiert werden.

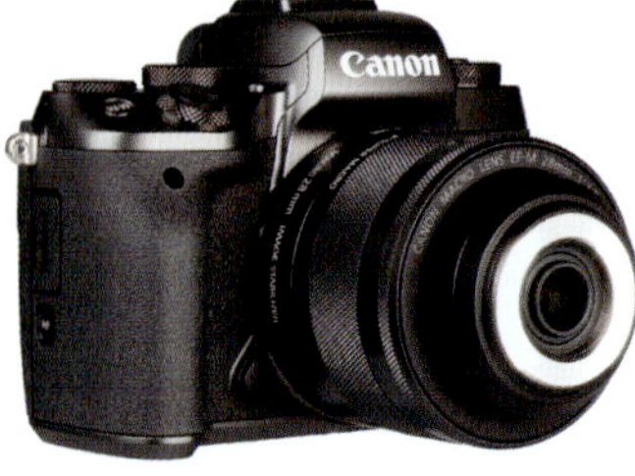

▲ *EF-M 28 mm f/3,5 Makro IS STM an der EOS M5, ein vielseitiges Makroobjektiv mit LED-Leuchte für die Aufhellung von Schatten auf kurze Distanz (Bild: Canon).*

Um bei dichtem Aufnahmeabstand eine gute Motivbeleuchtung zu gewährleisten, besitzt das Objektiv eine eingebaute LED-Makro-Leuchte, die in zwei Helligkeitsstufen von links und rechts oder auch nur von einer der beiden Seiten auf das Motiv leuchten kann. Damit kann die Verwacklungsgefahr weiter minimiert und Details können gut herausgearbeitet werden, wenn beispielsweise das Objektiv und die EOS M5 das Motiv abschatten, wie bei dem ersten Blütenbild zu sehen. Damit das LED-Licht weich aussieht, sollte der Abstand zum Objekt möglichst gering sein. Das Objekt sollte auch nicht metallisch, reflektierend oder flächig spiegelglatt sein, da sich die LED-Leuchten sonst scharf darauf abzeichnen.

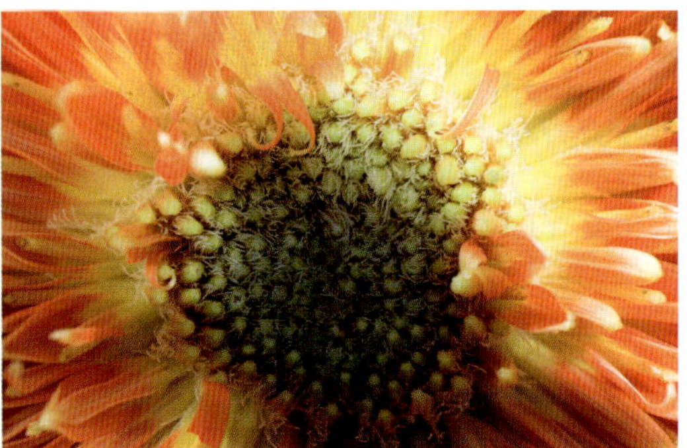

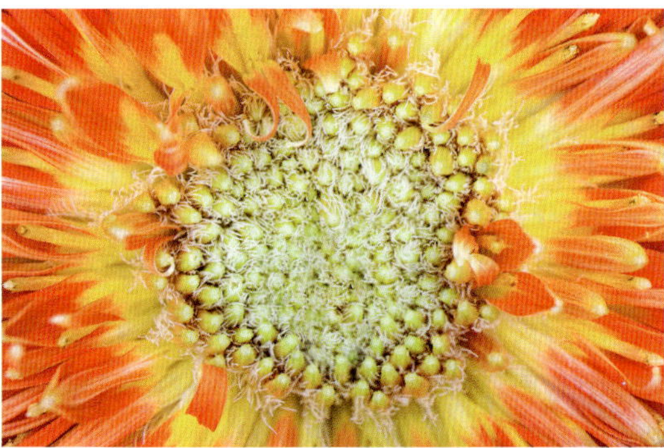

Beide Bilder: 28 mm | f/11 | 4 Sek. | ISO 100

▲ *Blütenmakro ohne (links) und mit eingeschalteter LED-Leuchte des EF-M 28 mm f/3,5 Makro IS STM.*

Die kurze Brennweite des Objektivs erleichtert zudem das Fotografieren aus der freien Hand und eignet sich auch für Ganzkörperporträts oder Landschaftsaufnahmen. Nachteilig ist, dass die Naheinstellgrenzen im normalen und im Super-Makro-Modus sehr gering sind. Der Abstand zwischen Frontlinse und Objekt beträgt gerade einmal etwas mehr als einen Zentimeter. Die Chance auf formatfüllende Fotos scheuer Insekten oder anderer Fluchttiere, wie Reptilien oder Frösche, sind eher gering. Das Objektiv ist primär für nicht flüchtende Objekte wie Uhren, Blüten, Steine, Schmuck etc. geeignet.

Alternativen für Tiermakros und Porträts

Wenn Sie stärker an der Tiermakrofotografie interessiert sind, empfehlen wir Ihnen, ein Standard-Makroobjektiv mit ±100 mm Brennweite über den Mount Adapter EF-EOS M an der EOS M5 anzubringen. Sehr empfehlenswert sind zum Beispiel die Modelle Canon EF 100mm f/2,8L Makro IS USM, Tamron SP 90mm F/2,8 Di MAKRO 1:1 VC USD oder Sigma MAKRO 105mm F2,8 EX DG OS HSM. Damit lassen sich auch wirklich schöne Porträts mit einem angenehm weichen Hintergrund und schönem Bokeh erzielen.

EF-M-Objektive anderer Hersteller

Neben Canon bieten auch Tamron, Walimex und Samyang Objektive mit EF-M-Bajonettanschluss an. Interessant sind hierbei vor allem die lichtstarken Festbrennweiten, wie etwa die Porträtobjektive Walimex *Pro 85mm 1:1,4* und Samyang *1,4/85 AS IF UMC*. Diese Objektive bieten allerdings in der Regel keinen Autofokus. Auch müssen Blende und Belichtungszeit manuell vorgegeben werden.

Ein qualitativ gutes Allround-Objektiv mit Autofokus ist mit dem Tamron *18-200 mm F/3,5-6,3 Di III VC* zu haben. Es liefert eine durchgehend gute Bildqualität und ist vor allem für Standbilder geeignet. Bei Videoaufnahmen ist der nahezu lautlose STM-Motor des EF-M 18-150 mm Objektiv besser geeignet. Damit das Tamron-Objektiv optimal mit der EOS M5 zusammenarbeitet, ist ein Firmware-Update des Objektivs notwendig. Informationen dazu finden Sie auf den Support-Seiten von Tamron (*http://www.tamron.eu/de/service/service-news/*).

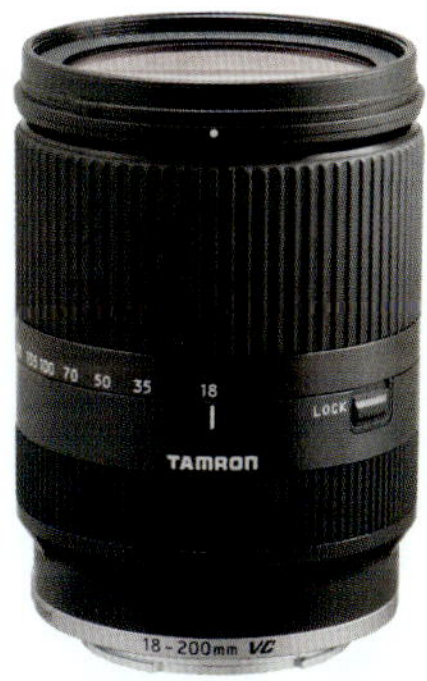

▲ *Tamron 18-200 mm F/3,5-6,3 Di III VC, Allround-und Reiseobjektiv mit guter Bildqualität von Tamron (Bild: Tamron).*

EF-S-Objektive ausgeschlossen

Werden manuelle Fremdobjektive oder Adapter eingesetzt, kann die Elektronik der EOS M5 das Zubehörteil nicht erkennen und löst möglicherweise kein Bild aus. In solchen Fällen aktivieren Sie im Individualmenü bei ***C.Fn II: Andere*** die Option ***Ohne Objektiv auslösen***, was in den Modi P, Tv, Av, M, C1, C2 und Movie möglich ist.

Objektive per Mount Adapter anschließen

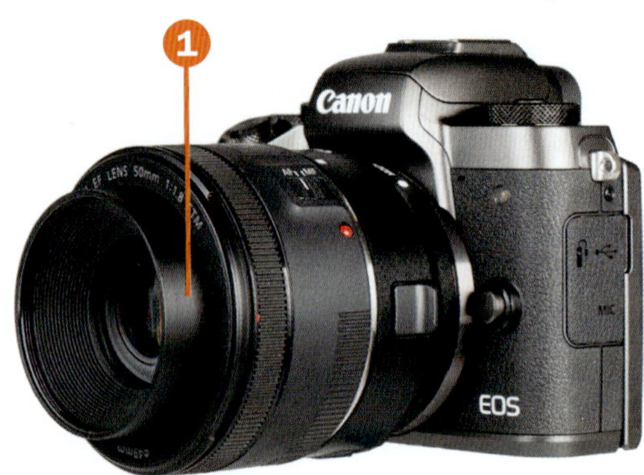

▲ *EOS M5 mit Mount Adapter EF-EOS M und Canon EF 50 mm f/1,8 STM Objektiv.*

Mit dem von Canon angebotenen *Mount Adapter EF-EOS M* können Sie aus der vollen Objektivpalette der EF- und EF-S-Objektive schöpfen. Hier haben wir beispielsweise das lichtstarke Porträtobjektiv Canon EF 50 mm f/1,8 STM an der EOS M5 angebracht.

Der Canon Mount Adapter überträgt alle elektronischen Signale zwischen Kameragehäuse und angeschlossenem Objektiv, was auch mit EF-/EF-S-kompatiblen Objektiven anderer Hersteller wie Sigma, Tamron oder Tokina funktioniert. Somit stehen Ihnen alle Kamerafunktionen zur Verfügung. Die Autofokusschnelligkeit variiert jedoch abhängig vom jeweiligen Objektivmotor. Im Canon-System stellen die EF-/EF-S-Objektive mit Schrittmotor (STM) vergleichbar schnell und nahezu geräuschlos scharf wie ihre EF-M-Pendants. Objektive mit Ultraschallmotor (USM, zum Beispiel EF 70–200 mm f/2,8 L IS USM) oder Mikro-Motor (zum Beispiel EF-S 18–200mm f/3,5–5,6 IS) sind vergleichbar schnell, fokussieren aber nicht geräuschlos, was sich bei Filmaufnahmen als störend erweisen kann.

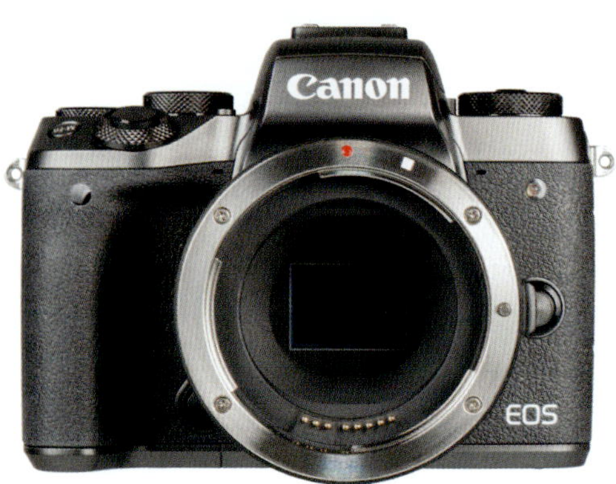

▲ *EF-Objektive werden an der roten Punktmarkierung angesetzt, EF-S-Objektive am weißen Quadrat.*

Damit die Verbindung zwischen der EOS M5 und dem Mount Adapter fehlerfrei funktioniert, schalten Sie die Kamera vor dem Anbringen des Adapters und des Objektivs aus. Auch beim Objektivwechsel am Adapter sollten Sie die EOS M5 stets ausschalten. Denken Sie zudem daran, dass das Umschalten zwischen Autofokus und manuellem Fokus und das Ein- und Ausschalten des Bildstabilisators nun am Objektiv erfolgt und nicht mehr über das Kameramenü gesteuert wird.

Neben dem Canon Mount Adapter EF-EOS M gibt es auch günstigere Modelle auf dem Markt. Gerne würden wir hier eine Empfehlung aussprechen. Da die Autofokusschnelligkeit oftmals aber nicht mit dem Canon-Modell mithalten kann, raten wir Ihnen in dem Fall zum etwas kostenintensiveren Originalzubehör.

Objektiv einfahren

Bei manchen STM-Objektiven, wie dem EF 40 mm F2,8 STM oder dem EF 50 mm F1,8 STM, fährt der Tubus (1) im Zuge des Scharfstellens aus dem Objektiv heraus. Damit er beim Abschalten der Kamera automatisch wieder in das Objektivgehäuse eingezogen wird, ist es sinnvoll, im Individualmenü ***C.Fn II: Andere*** die Option ***Obj. beim Aussch.einfahren*** zu aktivieren. Wenn Sie die EOS M5 häufig ein- und ausschalten, deaktivieren Sie die Funktion, um die Objektivmechanik zu entlasten. Dies ist aber nur in den Modi P, Tv, Av, M, C1, C2 und Movie möglich.

Kamerainterne Objektivkorrektur

Wenn Sie Canon-Objektive verwenden, können Sie einige objektivbedingte Bildfehler bereits in der EOS M5 korrigieren lassen. Dazu zählen abgedunkelte Bildecken (*Vignettierung*), die oft bei niedrigen Blendenwerten auftreten, und die bunten Farbsäume an kontrastreichen Motivkanten (chromatische Aberration, *Farbfehler*). Zudem kann die Unschärfe, die durch Lichtbeugung bei hohen Blendenwerten entsteht, mit der Korrektur der *Beugung* reduziert werden. Die entsprechenden Einstellungen finden Sie im Aufnahmemenü 4 bei *ObjektivAberrationskorrektur*.

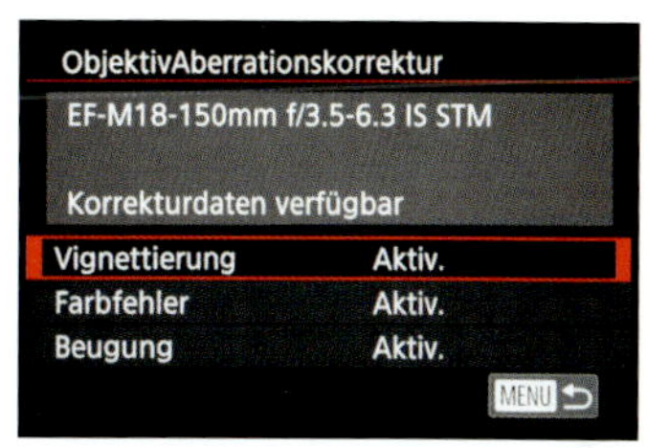

▲ *Kamerainterne Korrekturfunktionen gegen objektivbedingte Bildfehler.*

Sollte das Profil Ihres Canon-Objektivs noch nicht in der EOS M5 vermerkt sein, schließen Sie Ihre Kamera per USB-Kabel an Ihren Computer an (siehe Seite 173). Im Startfenster von EOS Utility 3 wählen Sie *Kamera-Einstellungen* und dann *Objektivfehler-Korrekturdaten registrieren*. Mit den Schaltflächen oben können Sie nun einen Objektivtyp auswählen und unten das Objektiv markieren. Wenn alles ausgewählt ist, bestätigen Sie die Aktion mit der Schaltfläche *OK*. Nachdem das Herunterladen der Daten abgeschlossen ist, schließen Sie die Software, schalten die Kamera aus und ziehen das USB-Kabel wieder ab.

▼ *Registrierung neuer Objektive in der EOS M5 mit dem in EOS Utility 3 enthaltenen EOS Lens Registration Tool.*

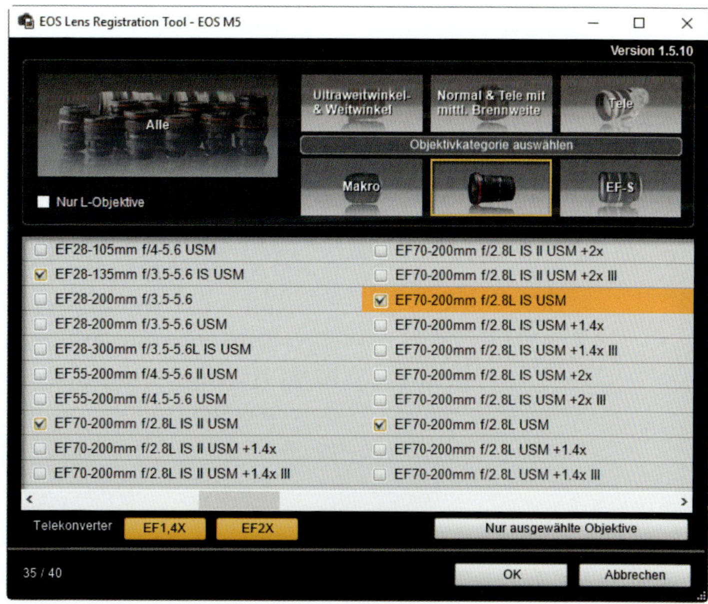

Bei RAW-Bildern greifen die kamerainternen Korrekturen nicht. Hier ist es notwendig, die Objektivschwächen bei der Konvertierung zu entfernen, entweder mit der kamerainternen RAW-Verarbeitung oder am Computer. Im Falle von Objektiven anderer Hersteller müssen alle Objektivfehler am Computer entfernt werden. Wenn Sie für die RAW-Konvertierung einen hochwertigen RAW-Konverter verwenden, der über eine profilbasierte Objektivkorrektur verfügt, wie Photoshop, Lightroom, DxO Optics Pro oder Capture One Pro, sind dafür nur wenige Mausklicks notwendig. Vorteilhaft ist, dass die RAW-Korrektur in der Regel noch bessere Resultate liefert als die kamerainterne.

Sinnvolle optische Filter

Auch im digitalen Zeitalter gibt es noch zwei Filtertypen, die selbst die beste Software nicht wirklich nachstellen kann: den zirkularen Polfilter und den Neutraldichte- bzw. Graufilter. Die Anschaffung dieser Filtertypen ist daher immer noch lohnenswert.

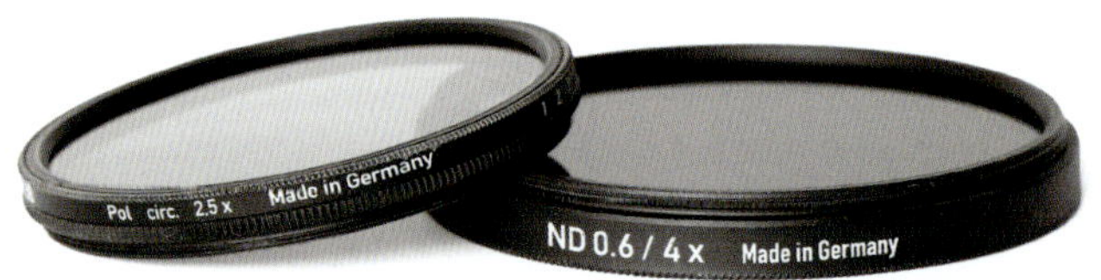

▲ *Hochwertige Zirkular-Polarisationsfilter (links) und Neutralgraufilter (rechts) gibt es zum Beispiel von B+W, Hoya, Hama oder Rodenstock.*

Der zirkulare Polfilter wird häufig in der Landschafts- und Architekturfotografie eingesetzt, um die Spiegelung von Wasser oder Glasscheiben zu verringern oder zu verstärken und den Himmel abzudunkeln, damit die Wolken sich plastischer davon abzeichnen. Bei Pflanzen wird die Reflexion des Lichts auf den Blattoberflächen reduziert – toll für farbintensive Waldaufnahmen. Am besten ist die Wirkung, wenn die Sonne etwa im 90°-Winkel zur Kamera steht, also nicht von hinten oder vorne auf die Kamera trifft. Da Polfilter getönt sind, ist es sinnvoll, zu sogenannten High-Transparency- oder High-Transmission-Polfiltern zu greifen (zum Beispiel dem Hoya HD High Transparency Filter CIR-PL). Diese vermindern die Lichtmenge nur um etwa 1/2–1 Stufe.

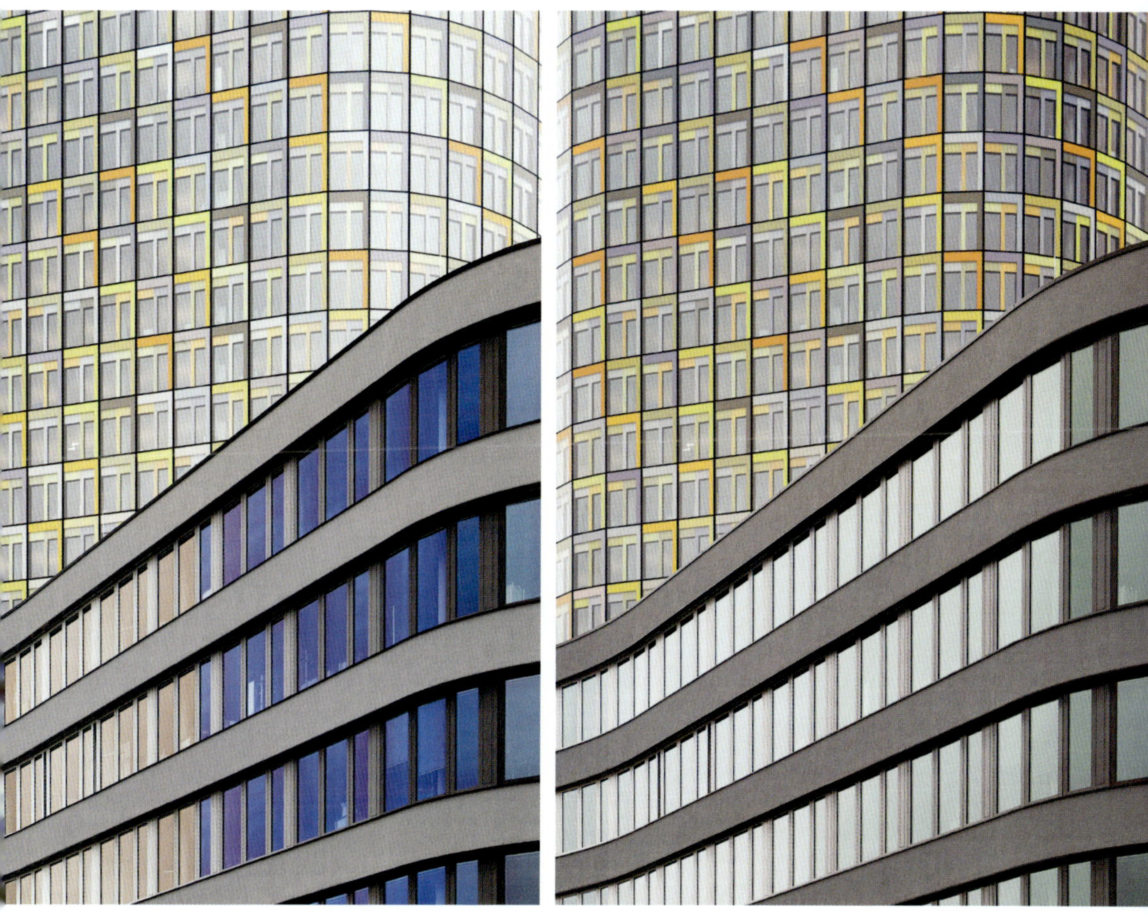

Links: 42 mm | f/5,6 | 1/60 Sek. | ISO 250 | +1/3
Rechts: 42 mm | f/5,6 | 1/80 Sek. | ISO 250 | +1/3

▲ *Je nach Drehrichtung des Polfilters ließ sich die Reflexion auf den unteren Fensterscheiben einmal entspiegelt und dadurch bunt reflektierend und einmal stark spiegelnd und einheitlich gefärbt darstellen.*

Mit einem Neutraldichte- oder Graufilter können Sie den Lichteinfluss ins Objektiv absichtlich verringern. Dadurch verlängert sich beim Fotografieren mit der Zeitvorwahl (Av) die Belichtungszeit und Sie können beispielsweise Wasser in Brunnen, Flüssen oder die Brandung an der Küste stark verwischt abbilden. Sekundenlange Belichtungszeiten bei Tage erzielen Sie mit Graufiltern, die die Belichtungszeit um 8 bis 10 Stufen verlängern. Durch diese Filter kann man aber überhaupt nicht mehr hindurchsehen. Daher fotografieren Sie am besten im manuellen Modus.

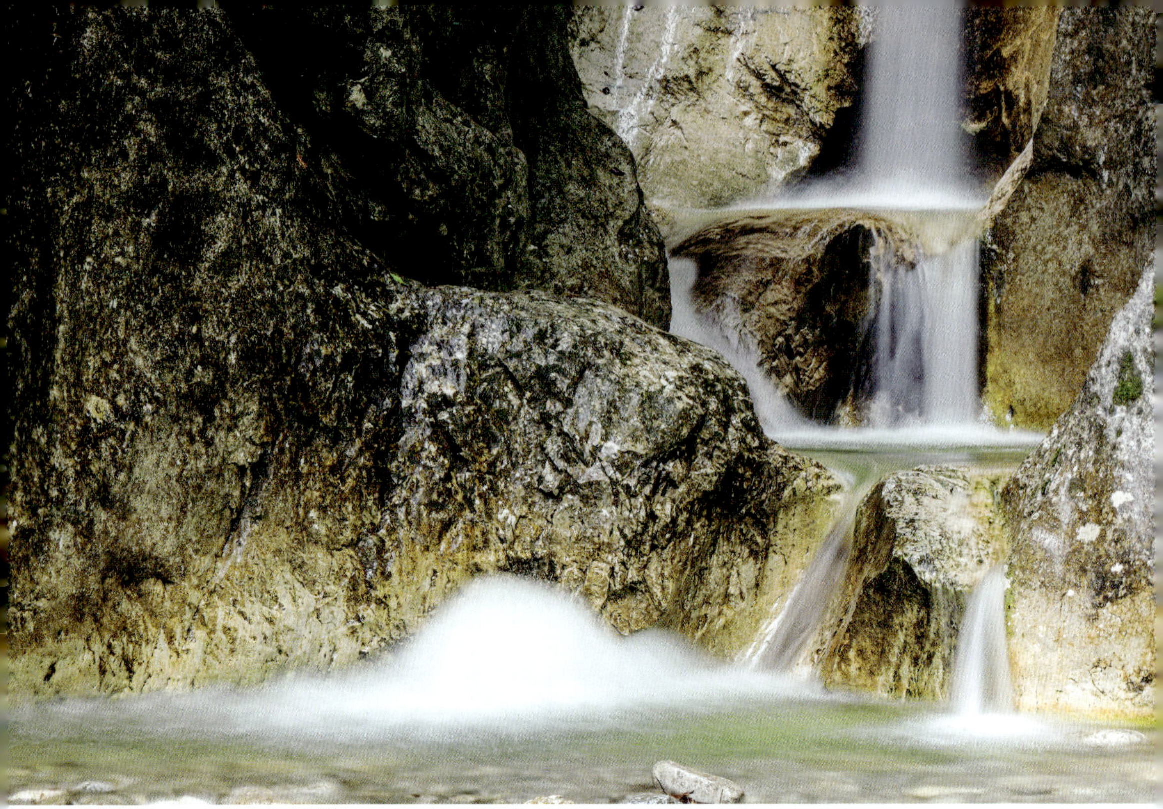

60 mm | f/11 | 1,6 Sek. | ISO 100

▲ *Mit dem Graufilter konnte die Belichtungszeit um neun Stufen verlängert werden, sodass das Wasser sanft über die Steine hinabfließt.*

Da starke Graufilter die Bildfarben immer etwas verfremden, fotografieren Sie am besten im RAW-Format und passen den Weißabgleich am Computer an. Empfehlenswerte Modelle sind beispielsweise der RODENSTOCK Graufilter Digital HR ND4 (2 Stufen Lichtverlust), Dörr DHG ND8 (circa 3 Stufen), Hoya HMC ND×400 (circa 9 Stufen) und LEE Filter Big Stopper (10 Stufen).

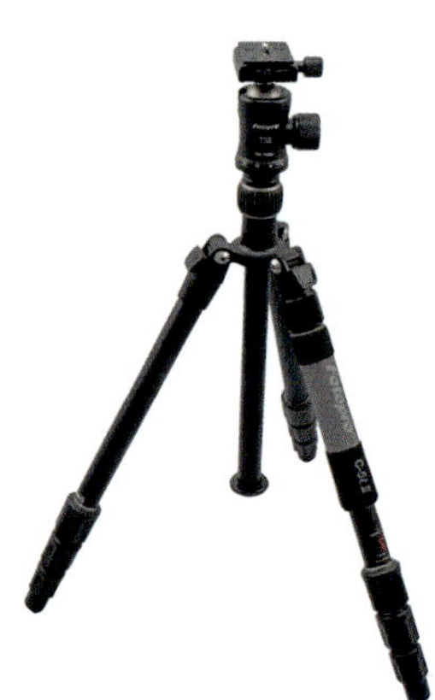

▲ *Das Rollei C5i II + T3S hat ein kleines Packmaß und ein Bein kann abgeschraubt als Einbeinstativ verwendet werden (Bild: Rollei).*

10.2 Empfehlenswerte Stative

Es ist zwar nicht immer die bequemste Art zu fotografieren, und man fällt mit auch schneller auf als ohne, aber ein stabiles Stativ sollte in keiner gut geführten Fotoausrüstung fehlen. Schließlich gibt es viele Situationen, die nur mit einem Dreibein zu verwacklungsfreien und gut belichtete Bildern führen. Daher haben wir Ihnen eine kleine Auswahl empfehlenswerter Modelle aus verschiedenen Materialien (leichteres Carbon, günstigeres Aluminium) und mit unterschiedlichen Arbeitshöhen zur Orientierung in der Tabelle auf der rechten Seite zusammengestellt.

Damit das Stativ beispielsweise die EOS M5 plus 18-150-mm-Objektiv mit ihren etwa 730 g stabil halten kann, sollte es mindestens eine Nutzlast von 3 kg aufweisen, gleiches gilt für den Stativkopf. Ist die Haltefähigkeit höher, haben Sie Reserven für adaptierte, schwerere Telezoomobjektive und eventuell zusätzliche Systemblitzgeräte. Am besten planen Sie nicht allzu knapp.

Stativ	Packmaß	Gewicht/Nutzlast	Maximale Höhe	Mittelsäule umkehr- oder kippbar	Stativkopf
Feisol CT-3441S (Carbon)	43 cm	1,15 kg /10 kg	178 cm	ja	nein
Hama Traveller 170 Duo (Alu)	56,5 cm	1,70 kg /4 kg	170 cm	nein	3-Wege-Neiger
Manfrotto MK190X3 2W (Alu)	69 cm	2,75 kg /4 kg	170 cm	ja	Videoneiger
Manfrotto MT055XPRO3 (Alu)	61 cm	2,5 kg /9 kg	170 cm	ja	nein
Rollei Stativ C5i II+T3S (Alu/Mg)	44,5 cm	1,83 kg /10 kg	159 cm	ja	Kugelkopf
Sirui T-1004XL (Alu)	46,5 cm	1,23/12 kg	160 cm	ja	nein
Sirui T-1204XL (Carbon)	46,5 cm	1,00/12 kg	160 cm	ja	nein

▲ *Eine kleine, keinesfalls allumfassende Auswahl interessanter Stative für die EOS M5.*

Sollte das Stativ Ihrer Wahl keinen Stativkopf besitzen, empfiehlt sich für die meisten fotografischen Aktivitäten mit der EOS M5 die Anschaffung eines Kugelkopfes. Stabile Modelle mit Schwalbenschwanz-Klemmsystem gibt es beispielsweise von Tiltall (BH-07), Arca Swiss (Monoball P0), Feisol (CB–40D), Manfrotto 468MGQ6 oder Sirui (G-20X). Sie ermöglichen es, verschieden lange Schnellwechselplatten, Winkelschienen oder Panoramaköpfe zu befestigen.

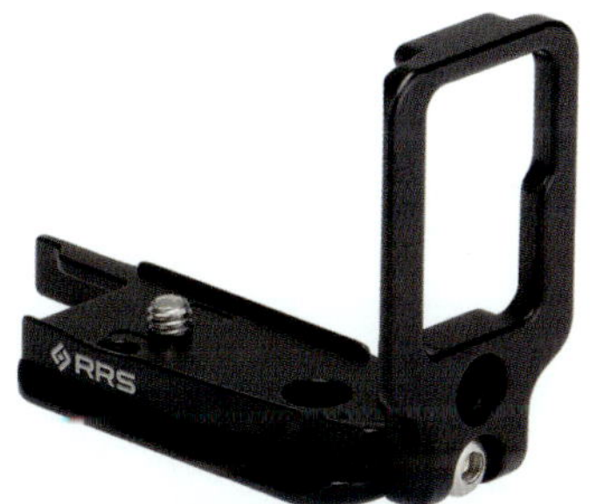

▲ *Winkelschiene BCM5 für die EOS M5 von Really Right Stuff (Bild: Really Right Stuff).*

Allerdings ist das Stativgewinde der EOS M5 so unpraktisch platziert, dass es kaum eine Schnellwechselplatte gibt, die nicht das Akku- und Speicherkartenfach versperren würde. Von Really Right Stuff gibt es jedoch eine spezifische Kameraplatte für die EOS M5 (BCM5), die den Zugriff auf das Akkufach erlaubt.

Als kleines Immer-dabei-Stativ sind Stative mit biegsamen Beinen sehr interessant, wie zum Beispiel von Joby der GorillaPod Hybrid (Traglast 1 kg) oder GorillaPod SLR-Zoom (Traglast 3 kg) oder von Rollei der Monkey Pod (Traglast 1 kg). Sie können an Ästen, Geländern, Rückspiegeln von Autos, Fahrrädern und vielem mehr befestigt werden.

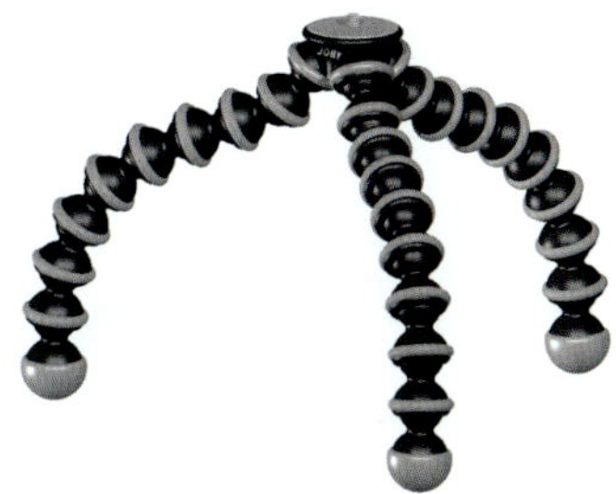
▲ *Gorillapod SLR-Zoom (Bild: Joby).*

Die EOS M5 hält damit zwar nicht so bombenfest wie mit einem gängigen Stativ. Wenn Sie jedoch mit dem Fernauslöser oder dem 2-Sek.-Selbstauslöser fotografieren, verwackelt trotzdem nichts.

10.3 Fernauslöser

Sobald Sie mit der EOS M5 vom Stativ aus mit längeren Belichtungszeiten als etwa 1/30 Sek. fotografieren, ist es sinnvoll, einen Fernauslöser zu verwenden, um jegliche Vibration zu vermeiden, auch die, die beim Drücken des Auslösers oder beim Touch-Auslösen entstehen.

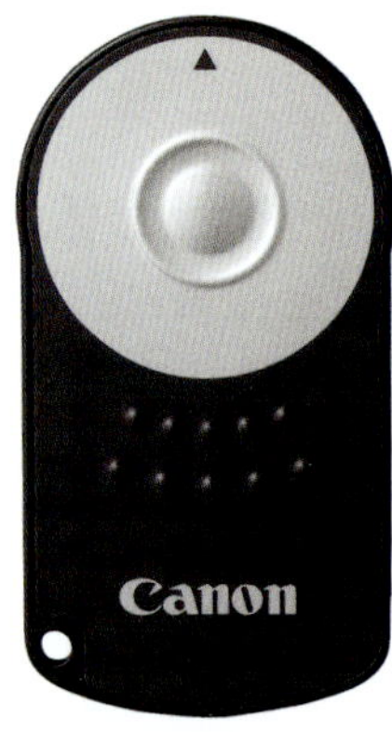

▲ *Infrarot-Fernauslöser RC–6 (Bild: Canon).*

Als ***Kabelfernauslöser*** für die EOS M5 bieten sich der Canon RS60-E3 mit 60 cm Kabellänge oder vergleichbare Modelle mit teils längeren Kabeln an, zum Beispiel von Hama oder JJC.

Da die EOS M5 auf der Vorderseite unterhalb des Auslösers einen Infrarotsensor besitzt, können auch kabellose ***Infrarotauslöser*** verwendet werden. Mit dem IR-C2 von JJC oder dem Canon RC-1, RC-5 oder RC-6 sind diese Wireless-Modelle recht günstig zu haben.

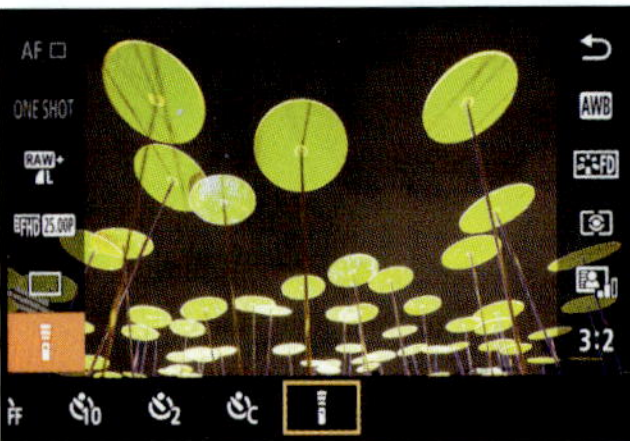

▲ *Einschalten des Fernsteuerungsmodus.*

Um die kabellosen Infrarotempfänger nutzen zu können, muss sich die EOS M5 in der Fernsteuerungsbetriebsart befinden. Dazu stellen Sie im Aufnahmemenü 6 (7 bei P bis C2 und) bei ***Selbstausl./Fernsteuer.*** oder im Schnellmenü Q bei den Fernauslöser-Optionen die Vorgabe ***Fernsteuerung*** ein. Achten Sie darauf, dass der Infrarotsensor der Kamera durch nichts abgedeckt wird. Am besten halten Sie den Fernauslöser vor die Kamera, da die Reichweite so am größten ist – bei den Canon-Modellen etwa 5 m.

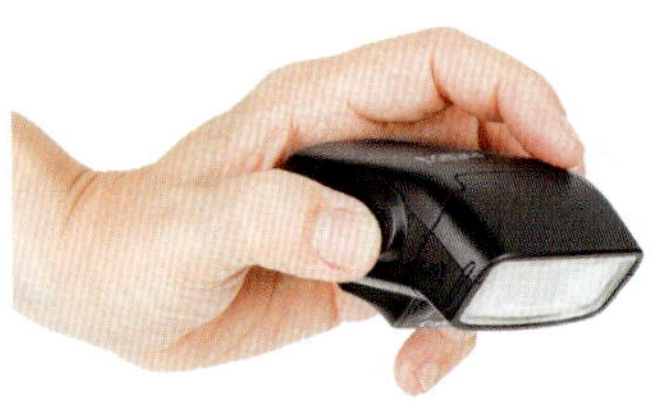

▲ *Fernauslöseknopf am Speedlite 270EX II.*

Wenn zusätzlich die schnelle H oder langsame Reihenaufnahme aktiviert ist, werden mit dem Start der Belichtung per Fernauslöser kontinuierlich Bilder aufgenommen und Sie müssen die Aufnahmetaste des Fernauslösers erneut drücken, um die Kamera in ihrem Aufnahmedrang zu stoppen. Bei Langzeitbelichtungen (Bulb) im manuellen Modus (M) starten Sie die Belichtung per Fernauslöser und drücken die Taste am Ende der gewünschten Zeit nochmals, um die Aufnahme zu beenden.

Praktischerweise können Sie Ihre EOS M5 auch mit dem Canon Speedlite 270EX II per Infrarot fernauslösen. Dazu stellen Sie die Kamera auf Fernsteuerung und drücken die seitliche Taste am Blitz.

10.4 Den Bildsensor reinigen

Staub ist allgegenwärtig. Er setzt sich nicht nur gern auf der gesamten Wohnungseinrichtung ab, sondern bahnt sich mit Vorliebe auch den Weg in die Kamera, um sich genüsslich auf dem Sensor zu platzieren - insbesondere, wenn das Objektiv häufig gewechselt wird. Wenn Sie den Eindruck haben, dass Ihre Bilder immer an den gleichen Stellen dunkle Staubflecken aufweisen, prüfen Sie einmal den Status Ihres Sensors.

Stellen Sie dazu die Blendenvorwahl (Av) ein und geben Sie f/22 vor. Setzen Sie außerdem den ISO-Wert auf 100. Aktivieren Sie den manuellen Fokus und stellen Sie die Schärfe auf unendlich ein. Nähern Sie sich einem strukturlosen, hellen Motiv auf 10 cm, zum Beispiel einem weißen Blatt Papier. Die Aufnahme darf ruhig verwackeln. Die Staubpartikel werden Sie bei der Bildbetrachtung am Computer in der 100 %-Ansicht dennoch sehr genau erkennen können. Erhöhen Sie im Bildbearbeitungsprogramm gegebenenfalls den Bildkontrast, dann werden die Körnchen noch besser sichtbar.

▲ *Einige Staubpartikel sind deutlich sichtbar.*

EOS Integrated Cleaning System

Wenn Staubflecken sichtbar sind, können Sie verschiedentlich dagegen vorgehen. Am einfachsten lässt sich das eingebaute ***EOS Integrated Cleaning System*** dafür verwenden. Der Bildsensor wird hierbei in hochfrequente Schwingungen versetzt, sodass locker sitzende Staubpartikel heruntergeschüttelt werden. Dies unternimmt die EOS M5 automatisch bei jedem Ein- und Ausschalten.

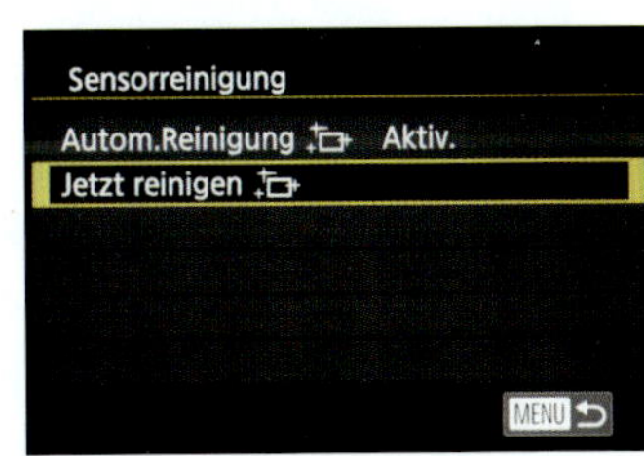

▲ *Sensorreinigung manuell starten.*

Sie können die Reinigung aber auch manuell initiieren, indem Sie im Einstellungsmenü 3 bei ***Sensorreinigung*** die Option ***Jetzt reinigen*** wählen. Stellen Sie die EOS M5 dazu am besten aufrecht auf einer geraden Fläche auf und führen Sie den Vorgang einmal aus.

Sensorreinigung mit dem Blasebalg

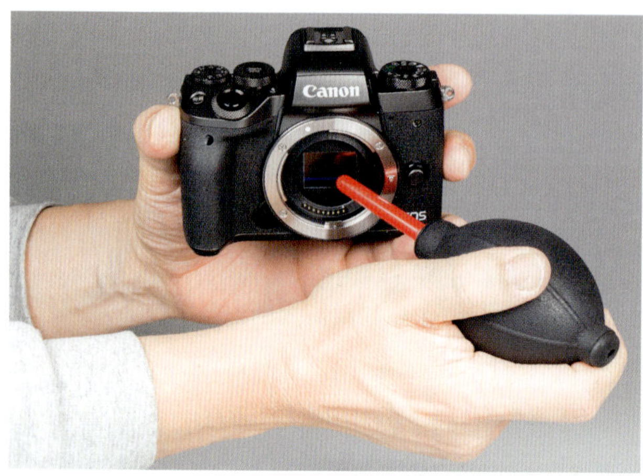

▲ *Berührungslose Sensorreinigung mit dem Blasebalg.*

Sollte die kamerainterne Sensorreinigung nicht alle Staubkörnchen entfernen, können Sie den Staub einfach und sicher mit einem Blasebalg vom Sensor pusten. Dazu schalten Sie die EOS M5 aus und nehmen das Objektiv ab.

Die Sensoreinheit ist nun freigelegt, wobei Ihnen trotzdem nicht der Sensor direkt entgegen schaut. Dieser ist nämlich noch vom gläsernen Tiefpassfilter überdeckt. Dennoch ist Vorsicht geboten, um auch dieses Element nicht zu verkratzen. Führen Sie nun das Ende des Blasebalgs in die Nähe des Sensors. Halten Sie dabei einen gewissen Sicherheitsabstand ein, damit er den Sensor auf keinen Fall berührt. Pumpen Sie einige Male kräftig.

Bringen Sie das Objektiv wieder an und führen Sie am besten gleich eine Kontrollaufnahme des weißen Papiers auf, wie zuvor beschrieben. Sind noch immer Flecken zu erkennen, wiederholen Sie den Vorgang oder erwägen eine Feuchtreinigung.

Feuchtreinigung des Sensors

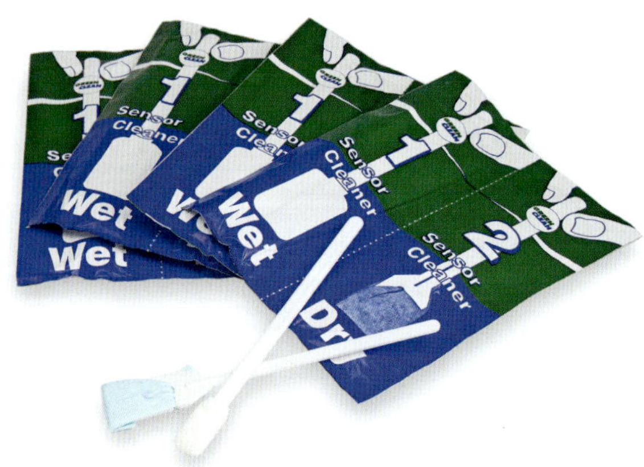

▲ *Einzeln verpackte Feucht- und Trockenreinigungsstäbchen sind vor allem auf Reisen sehr praktisch, da sie garantiert staubfrei transportiert werden können.*

Verwenden Sie zur Feuchtreinigung des Sensors spezielle Reinigungsflüssigkeiten und dazugehörige Reinigungsstäbchen, zum Beispiel von Green Clean, Photographic Solutions oder VisibleDust. Diese Mittel hinterlassen keine Schlieren und können den Sensor nicht verkratzen.

Der Reinigungsablauf entspricht praktisch dem zuvor beschriebenen Prozedere: Führen Sie immer zu Beginn eine Luftreinigung mit dem Blasebalg durch. Streichen Sie dann das feuchte Reinigungsstäbchen sanft und ohne Druck über den Sensor. Trocknen Sie den Sensor anschließend mit dem Trocknungsstäbchen, am besten von den Sensorrändern zur Mitte hin.

Den Sensor günstig reinigen lassen

Auch die mehrfache Feuchtreinigung hat unserer Erfahrung nach keine negativen Folgen für den Sensor. Dennoch können wir Ihnen natürlich keine Garantie für Ihre Aktion abgeben. Sollten Sie unsicher sein und um das Wohl Ihres Sensors fürchten, können Sie Ihre EOS M5 auch zu Canon senden bzw. eine Vertragswerkstatt oder einen Fotofachhändler mit dieser Aufgabe betrauen. Mit etwas Glück erwischen Sie aber auch den Canon Professional Service – zum Beispiel auf einem Fotofestival – und können die Reinigung vor Ort umsonst durchführen lassen.

10.5 Die Kamerasoftware updaten

Im folgenden Workshop erfahren Sie, wie Sie die kamerainterne Software, die Firmware Ihrer EOS M5, wieder auf den neuesten Stand bringen können, sobald Canon eine neue Firmware-Version zur Verfügung stellt. Da zum Zeitpunkt der Drucklegung dieses Buches noch keine neue Firmware für die EOS M5 veröffentlicht war, zeigen wir Ihnen die Vorgehensweise anhand der Canon EOS 5D Mark IV.

Bevor Sie zum Update schreiten, informieren Sie sich erst einmal, welche Softwareversion auf Ihrer EOS M5 bereits installiert wurde. Stellen Sie dazu die Programmautomatik (P) ein und öffnen Sie im Einstellungsmenü 4 den Eintrag *Firmware-Ver.:*. Darin finden Sie die Software-Informationen für die Kamera und je nach Modell auch für das Objektiv und den Systemblitz.

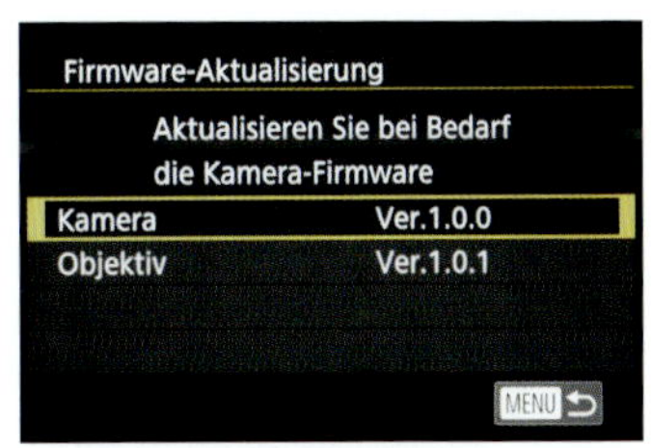

▲ *Firmware-Version der EOS M5 und des angesetzten 18-150 mm-Objektivs.*

Prüfen Sie nun auf den Internetseiten von Canon, ob für die EOS M5 eine aktuelle Software zur Verfügung steht. Folgen Sie dazu dem Link *http://www.canon.de/support/* und geben Sie im Suchfeld den Begriff *EOS M5* ein. Klicken Sie den Reiter *Firmware* an.

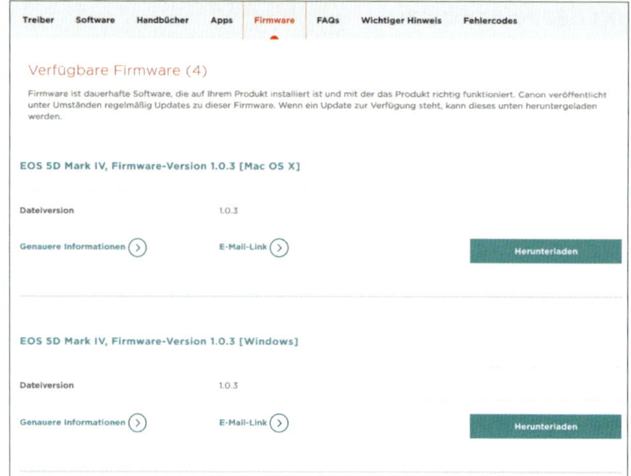

▲ *Verfügbare Updates.*

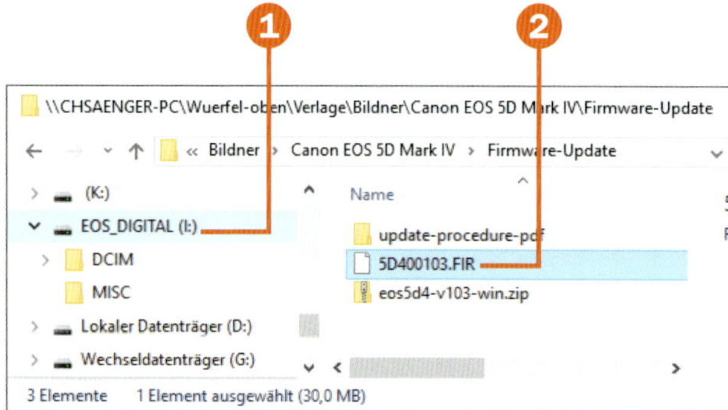

▲ *Verschieben der Firmware-Datei auf die oberste Ebene der Speicherkarte.*

Wird ein Update bereitgestellt, klicken Sie den Link passend zum Betriebssystem (Windows oder Mac OS X) Ihres Computers an und laden Sie die Datei herunter. Öffnen Sie die heruntergeladene ZIP-Datei. Sie enthält die eigentliche Firmware-Datei, die in diesem Fall die Bezeichnung *5D400103.FIR* trägt. Als nächstes leeren Sie die Speicherkarte vollständig mit der Funktion *Formatieren* im Einstellungsmenü 1 🔧.

Anschließend verbinden Sie die Speicherkarte mit Ihrem Computer, zum Beispiel über ein Kartenlesegerät. Schieben Sie die Firmware-Datei ② in die oberste Ordnerebene der Karte ①, hier *EOS_DIGITAL (I:)*.

Legen Sie die Speicherkarte nun wieder in die Kamera ein. Im Einstellungsmenü 4 🔧 wählen Sie wieder den Eintrag *Firmware-Ver.:* aus und öffnen den Eintrag *Kamera* mit der Q/SET-Taste oder durch Antippen.

Bestätigen Sie die Schaltfläche *OK* im Menüfenster *Firmware-Aktualisierung* ebenfalls mit der Q/SET-Taste oder per Fingertipp. Im nächsten Fenster bestätigen Sie die ausgewählte Firmware-Datei, hier *5D400103.FIR*, um das Update zu starten.

Warten Sie, bis der Vorgang abgeschlossen ist, und schließen Sie den Prozess durch Bestätigen der *OK*-Schaltfläche ab. Im Einstellungsmenü 4 🔧 bei *Firmware-Ver.:* können Sie die aktuelle Softwareversion prüfen. Formatieren Sie die Karte am Ende erneut, um die Firmware-Datei wieder zu entfernen.

Sollte für Ihr Canon-Objektiv eine Aktualisierung vorliegen, wie zum Beispiel für das EF 40 mm F2,8 STM, läuft der Update-Vorgang prinzipiell genauso ab wie beim Aktualisieren der Kamerasoftware. Wichtig ist, dass Sie das zu aktualisierende Objektiv an die Kamera angeschlossen haben.

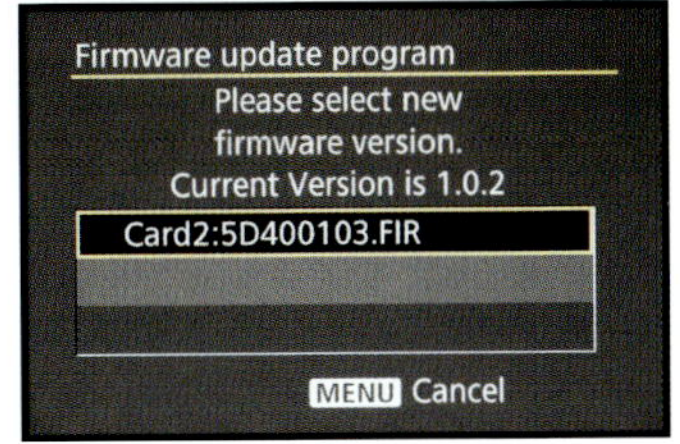

▲ *Start des Firmware-Updates nach Auswahl der Firmware-Datei 5D400103.FIR.*

Akku fit?

Achten Sie beim Updaten darauf, dass der Akku vollständig geladen ist. Die Stromzufuhr darf während des Updates nicht unterbrochen werden, schalten Sie die EOS M5 daher keinesfalls aus. Alternativ zum Selbstupdaten können Sie die Prozedur natürlich auch vom Canon-Service durchführen lassen.

Stichwortverzeichnis

Symbole

A

B

C

D

E

F

G

H

I

N

O

P

Q

R

S

T

U

V

W

Z